다문화사회와 다문화교육(3판)

김경식 권민석 김원영 박명희 박형진 서봉언 윤미정 이현철 공저

신정

머리말

1990년 이후 우리 사회는 급속히 세계화의 흐름에 편승하여 다양한 분야에서 개방화의 물결과 함께 사회 전반의 변화가 일어나고 있다. 그중 하나가 다민족 다문화사회로의 진입이다. 다문화사회로의 변화는 우리의 학교도 급속도로 다문화체제로 변화할 것을 요구하고 있다. 하지만 학교현장의 다문화사회에 대한 준비는 학교교육 전반에 걸쳐 미약한 수준에 있으며, 다문화학생과 그 특성에 대한 실태조차 파악하지 못한 실정이다. 그동안 우리 교육은 다문화가정 자녀들의 교육문제를 해결하기 위하여 교육기회의 제공이라는 소극적인 수용에 초점을 맞춰왔다. 이제는 이들이 한국 사회와 학교에 제대로 적응해 살아갈 수 있도록 적극적인 보상적 지원책과 함께 사회 구성원에게 머지않아 도래하게 될 다인종 다문화사회에서 다인종 다문화가 평화적인 공존을 이룰 수 있도록 다문화교육이 마련되어야 할 것이다.

학교 다문화교육에서 무엇보다 중요한 부분은 교육과정의 실행 주체이며, 이는 학생들의 교육 경험을 직접적으로 매개하고 조정하는 교사의 역할이다. 교사들이 여러 측면에서 부족한 다문화가정 학생들에게 그 부족한 부분을 기능적으로 채워가야만 하는 상황에서 교사의 역할은 부모보다 더 중요할 수 있다. 일부 교사들의 경우는 교사로서 다문화가정의 학생들을 어떻게 지도해야 될지 몰라 막연한 두려움과 함께 스트레스를 받기도 하고, 학생 또한 그로 인해 어려움을 겪고 있다고 한다. 다양한 문화적 배경을 지닌 학생들이 증가하고 있는 가운데, IMF 경제위기를 겪은 이후 교직에 입문하고자 하는 사람들은 안정직을 선호하는 중산층과 여성들로 채워지고 있다. 이러한 문화적 배경의 불균형은 교사들로 하여금 다양한 배경을 지닌 학생들이 학교에서 성공적인 생활을 영위할 수 있도록 하기 위해서는 어떻게 해야 하는지와 관련하여 다양한 배경을 지닌 학생들에게 불평등을 초래할 가능성이 높다. 따라서 문화적으로 다양한 학생들을 효과적으로 지도하기 위해서는 예비교사들에게 그에 합당한 교사의 자질을 함양시킬 필요가 있다.

이처럼 다문화교육과 다문화 교사교육의 필요성이 제기되면서 교육부는 다문화가정 자녀의 학교 부적응 문제, 다문화가정 자녀를 지도하기 위한 학교의 준비, 교사의 다문화 역량 배양 등에 관심을 기울여 왔다. 학교 다문화교육에서 학생들의 다양성에 효과적으로 대처할 수 있는 교사의 양성과 전문성 계발은 그 성공 여부를 결정짓는 핵심적인 요소라 할 것이다. 그런데 다문화교육에 대한 역사가 일천한 탓인지 중등예비교사들의 다문화교육을 위한 2010년 사범대학 다문화교육과정 지원사업을 시행하면서 사업의 목적에 부합하는 교재가 없음을 알게 되었다. 이에 강의를 담당했던 교수자들과 교재집필의 필요성을 공감하며 학교현장에서 다문화교육을 담당하는 현직교사들과 앞으로 교직에 입문할 예비교사들에게 조그마한 도움을 줄 수 있기를 바라는 마음으로 2012년 초판, 2017년 2판을 출간하게 되었다. 하지만 그동안 급속한 다문화사회로의 진입과 다양한 다문화교육 관련 사업들이 활발하게 진행되었으므로 교재의 내용도 최신 자료로 수정 · 보완의 필요성이 제기됨에 따라 개정판을 마련하게 되었다.

이러한 목적을 위해 이 책을 구분하지는 않았지만, 기존 초판의 체제를 따라 크게 세 부분으로 구성하였다. 다문화사회의 형성배경과 다문화교육의 전반, 그리고 다문화가정과 학생의 이해를 다룬 부분, 다문화교육의 교육과정, 방법, 평가, 상담 등을 다루는 다문화교육 실제 부분, 그리고 해외 다문화교육 사례와 한국 다문화 학교교육 사례 등을 다루는 부분이다. 이들 각 장의 집필을 맡아 수정 · 보완한 분들을 소개하면 다음과 같다.

제1장 다문화사회의 형성배경과 그 특징, 제6장 다문화가정 학생의 가정생활과 학교생활 이해는 김원영 박사, 제2장 다문화사회와 다문화교육은 박형진 박사, 제3장 다문화교육의 현황은 이현철 교수, 제4장 다문화교육을 위한 교육정책적 방향과 과제와 제11장 외국의 다문화교육 사례는 권민석 박사, 제5장 다문화교육과 교사는 김경식 교수, 제7장 다문화교육과정 개발과 제8장 다문화교육을 위한 교수-학습방법은 박명희 박사, 제9장 다문화교육과 평가와 제10장 다문화가정 자녀의 생활지도와 상담은 윤미정 박사, 제12장 초 · 중등 다문화교육의 현장 사례는 서봉언 박사이다.

끝으로 집필에 참여해 주신 여러분께 감사의 마음을 전하며, 앞으로 이 책을 처음 집필하고자 했을 때의 기본적인 입장을 견지하여 이점을 보완하는 노력을 게을리 하지 않을 것을 여전히 약속드리며, 여러 독자들의 많은 지도편달을 부탁드린다. 아울러 이 책의 출판을 맡아주신 신정에도 감사드린다.

2022년 2월

저자 대표

차례

chapter 05 다문화교육과 교사

chapter 06 다문화가정 학생의 가정생활과 학교생활 이해

chapter 07 다문화교육과정 개발

chapter 08 다문화교육을 위한 교수–학습방법

chapter 12 초 · 중등 다문화교육의 현장 사례

chapter **01**

다문화사회의 형성배경과 그 특징

- 1. 다문화사회의 형성배경
- 2. 다문화사회의 특징

01 chapter 다문화사회의 형성배경과 그 특징

1 다문화사회의 형성배경

1) 이론적 배경

다문화사회 형성배경의 이론적 핵심은 바로 다양성(variety)이다. 문화의 다양성을 이해하지 못하면 다문화사회를 이해할 수 없다. 언어, 의상, 전통 같은 명백한 사람들 간의 문화적 차이와 마찬가지로, 각 사회가 조직되는 방식, 공유되는 도덕관념, 주변 환경과 상호작용하는 방식에는 분명한 차이가 있다. 문화다양성(cultural diversity)은 언어나 의상, 전통, 사회를 형성하는 방법, 도덕과 종교에 대한 관념, 주변과의 상호작용 등 사람들 사이의 문화적 차이를 포괄한다.

문화란 사회사상, 가치관, 행동양식 등의 차이에 따른 다양한 관점의 이론적 기반에 따라 여러 가지 정의가 존재한다. 인류학 사회 전반의 기술, 예술, 관습, 양식 등 보다 광범위한 것들을 가리키는 용어로서 문화를 정의한다. 또한 '문화'와 '문명'을 대비시켜 쓰는 경우도 있다. 문화는 비교적 내부적인 것, 문명은 비교적 외부적인 것을 가리키나, 그 구별은 엄밀하지 않다. 유네스코는 2002년 "문화는 한 사회 또는 사회적 집단에서 나타나는 예술, 문학, 생활양식, 더부살이, 가치관, 전통, 신념 등의 독특한 정신적 · 물질적 · 지적 특징"으로 정의하였다. 일찍이 테일러(Taylor, 1871)는 그의 저서 《사회인류학》에서 "문화 또는 문명이란 제 민족의 양식을 고려할 때 한 사회의 구성원이 갖는 법, 도덕, 신념, 예술, 기타 여러 행동 양식을 총괄하는 것이다."라고 정의한 바 있다. 인류학자들은 정형화할 수 있고 기호로서 의사소통할 수 있는 모든 인간의 능력을 문화로서 정의하는가 하면, 굿델(Goodal, 1986)은 문화를 동물 생태계에서 위치하고 있는 인류의 행동양식으로 이해하였고, 문화인류학에서는 규범과 가치로서 문화를 다룬다. 가치관, 행동양식 등의 차이에 따라 다양한 관점을 가진 이론 기반에 따라 여러 가지 정의가 존재한다. 또한 사회인류학은 문화를 사회제도와 인간의 상호관계로서 파악한다. 따라서 문화는 사상, 의상, 언어, 종교, 의례, 법이나 도덕 등의 규범, 가치관과 같은 것들을 포괄하는 "사회 전반의 생활양식"이라 할 수 있다(Jary & Jary, 1991).

최근 '다문화'에 관련된 논의가 붐을 이루면서 다문화사회, 다문화주의, 다문화정책, 다문화가정 등 '다문화' 관련 개념이 다양하게 쓰이고 있다. 그러나 '문화'라는 개념 자체에 대한 정의가 다양하듯이 '다문화' 역시 매우 다의적인 개념이다. 따라서 다문화가 정확히 무엇을 의미하는지는 분명하지 않다. 게다가 최근 다문화와 관련된 용어의 범람은 개념을 더욱 혼란스럽게 만들고 있다. 우선적으로 구분해야 할 것은 '다문화'가 사회적 현상을 지칭하는 기술적 용어(descriptive term)이면서 동시에 특정한 사회구성을 목표로 하는 이념적인 지향을 의미하기도 한다는 점이다(김이선 외, 2007).

다문화사회(multicultural society)는 다양한 문화로 이루어진 사회를 지칭함은 물론 그 이념인 다문화주의(multiculturalism)로 이루어진 사회를 의미하기도 한다. 다문화주의의 이념은 1970년대에 서구 민주주의 사회에서 전면적으로 등장했고, 대한민국은 1980년대 말 이후에 다문화주의의 민족국가와 소수집단 현상이 등장했다(박병섭, 2009). 다문화사회와 다문화주의는 서로 다른 의미를 가질 수 있다. 기술적 개념으로서의 '다문화'는 문화적 다양성의 존재 자체를 의미한다. 문화적 다양성은 정도의 차이는 있겠지만 모든 사회에 존재한다고 보아야 할 것이다. 좁은 의미의 문화적 다양성은 국민국가 내에 인종·언어·역사 및 문화적 동질성에 기반을 둔 공동체가 다수 존재하는 현상을 의미하며 그 종류도 민족국가의 성립 이전부터 다양한 인종 및 문화공동체가 존재했던 국가도 있으며, 단일한 민족으로 구성된 공동체가 외부로부터 이민을 받아들이면서 문화적 다양성을 가지게 된 경우도 있다. 어떤 경우든 상이한 인종 및 문화공동체를 복수로 가지고 있는 사회는 일단 다문화사회라고 부를 수 있다. 그러나 전체 인구의 어느 정도를 소수민족이 점유해야 다문화사회가 될 것인가에 대한 확실한 기준이 없으므로 다문화사회는 사회의 특정한 상태를 의미하기보다는 과정적인 개념으로 이해해야 할 것이다. 즉 인종적 구성이 다양해지고, 문화적 다양성이 증대할 경우, '다문화사회로 이행하고 있다'고 표현할 수 있다(박세훈 외, 2009). 다른 한편, 다문화는 지향해야 할 이념을 의미하기도 한다. 이 경우 다문화사회는 '국가 구성원으로서 누릴 수 있는 사회 · 경제 · 정치 · 문화적 권리를 취득하고 향유하는 데 인종과 민족이 차별의 근거가 되지 않는 사회'를 뜻하며, 다문화주의는 그러한 사회를 견인하는 이념체계와 이를 실현하고자 하는 정부 정책과 프로그램을 의미한다(김혜순, 2007; 윤인진, 2008).

테일러(Taylor, 1992)는 '다문화주의'는 문화적 다수집단이 소수집단을 동등한 가치를 가진 집단으로 인정하는 '인정(認定)의 정치(politics of recognition)'라 하였다. 소수집단이나 위험에 처한 사회들을 보호하기 위한 국제기구로서 서바이벌 인터내셔널(Survival International)과 유네스코(UNESCO)가 있다. 특히 유네스코 만국 문화다양성 선언(UNESCO Universal Declaration on Cultural Diversity)은 2001년 185개 회원국에서 채택되었다. 물론 다문화주의라는 사상이 등장했다고 해서 그 국가가 다문화사회가 되는 것은 아니다. 이 말은 처음 1957년 스위스를 기술할 때 사용되었으나 1960년대 후반기 캐나다에서 대중화되었으며 이후 영어권에서 빠르게 퍼지게 되었다. 세계화로 인하여 현재 다문화가정이 늘어나면서 다문화주의와 다문화사회에 대한 관심이 증가하고 있다.

엄한진(2006)은 상당수 학자들이 이중국적 인정, 종교 · 식생활 · 의복 · 가족문화 등에서 문화적 다양성의 인정, 문화 활동의 장려, 민족에 따른 정치적 대표성의 인정 등을 잘 실천하는 국가로 캐나다를 지적하고 오스트레일리아와 네덜란드와 같은 국가들도 다문화주의를 정책적으로 추진하는 국가로 보고 있음을 주장하였다. 이들 국가가 다문화주의의 핵심으로서 '다문화'를 지향해야 할 이념으로 규정할 경우, 우리 사회가 다문화사회로 가야 하는가, 혹은 우리나라가 다문화주의를 정책적으로 수용해야 하는가에 대해서는 논란의 여지가 있다.

2) 우리나라의 다문화사회 형성배경

한때 TV에서 '외국인 장기자랑'이 방영되던 시절, 우리나라에 살고 있는 외국인은 유명 관광지에서나 가끔 볼 수 있었다. 매스컴에서도 설날이나 추석에 하는 특별 방송 프로그램에서나 외국인들을 볼 수 있었는데 그들이 아무리 말을 잘한다고 해도 무엇인가 어색한 모습을 보고 신기해하면서 웃음꽃을 피웠다. 그런데 언제부터인가 '외국인 장기자랑'에서가 아니라 거의 대부분의 안방 드라마에서 경쟁이나 하듯 외국인이 등장하기 시작했다. 이것이 정책적이든 아니든 다른 프로그램에서 외국인을 볼 수 있고 이제는 거의 모든 프로그램에 외국인이 등장하므로 특별한 호기심도 갖지 않게 되었다. 바로 다양한 민족이 우리나라에서 살아가고 있다는 증거이다. 이들은 우리와는 생각과 행동이 많이 다르다. 같은 인간으로서 보편성과 서로 다른 점을 부각시키는 특수성을 함께 겪으며 좋든 싫든 이들과 더불어 살아가야 한다. 즉 우리나라도 이제 다문화사회가 상당히 진행되었음을 의미한다. 우리나라의 다문화사회는 세계 대부분의 다른 국가처럼 외국인 근로자와 결혼이민자들의 유입도 있지만, 우리 민족만이 가지고 있는 특성으로 한반도 분단 이후 서로 다른 체제에서 살다가 유입된 북한이탈주민을 논의에 포함하여야 할 것이다. 또한 요즈음 유럽에서 심각하게 문제가 되고 있는 난민들도 일부 나라만의 문제가 아니라 인류 전체의 심각한 문제로 등장하였다. 탈북자문제와 함께 다문화사회로 나아가야만 하는 우리나라도 예외가 아닐 것이다.

(1) 외국인 근로자

우리 대한민국은 역사적으로 외국과 많은 교류가 있었으나 그 규모가 커지기 시작한 것은 개항시기로 이때부터 외국인이 국내에 체류했다고 보아도 무방할 것이다. 이때부터 근대적 국민국가의식이 나타나기 시작했으며, 국적 개념도 생겨났다. 해방 전까지는 주로 일본인과 중국인들이 대부분이었으며, 그밖에 독일, 프랑스, 러시아인들도 있었으나 그 수는 무시할 만큼 적었다. 한일합병이 되던 1910년 일본인은 서울 인구의 14%였다.

1910년에 171,543명이었던 재한일본인은 1911년에는 210,689명으로, 1915년에는

303,659명으로 증가하였고, 이후 식민지 말기에는 75만 명에 이르렀다. 중국인들은 1882년 임오군란을 진압하기 위해 파병된 청국의 군대와 이와 동행한 군역상인들이 조선에 거주하기 시작한 것이 시초가 되어 오늘날 한국화교의 기원이 되었다. 일제강점기 동안 산동성 출신 화교들의 수는 급증하여 한반도의 화교 인구는 최고에 달해 1942년에는 8만 2천여 명에 이르렀다(양필승・이정희, 2004). 그 외의 외국인들은 미미한 숫자에 불과했다.

해방 이후 1960년대까지는 주한미군의 주둔으로 한반도에 거주하던 일본인은 대부분 일본으로 돌아갔다. 1961년 외국인 토지법의 시행은 화교경제에 큰 타격을 주어 화교의 수도 크게 감소하였다. 주한미군은 1945년 광복 직후 7만 7천 명 정도였고 한국전쟁 발발과 함께 32만 5천 명까지 늘어났다가 1960년대 초반까지는 5만~6만 명 선을 유지했다(서울특별시사 편찬위원회, 1981). 한영주(2001)는 오늘날 이태원의 모습은 1970년대 121후송병원이 미8군 영내로 이전하여 1만여 명의 미군과 관련 종사자 및 기지촌 상인이 이주하면서 형성된 것으로 보았다. 물론 오늘날 이태원은 미군과 미국인들만의 공간이 아니라 이슬람계, 아프리카계 사람들이 늘어나면서 다국적 공간으로 변모해 가고 있어 신윤동욱(2007)은 문화적으로 매우 복합적인 공간으로 진화하고 있음을 인정하였다. 1970년대 이후부터 1980년대는 해외 선진국가들과의 국교 수교가 이루어지면서 한국에 진출한 현지 주재원들과 그 가족이 증가하였다.

1980년대 한국경제는 급성장하였으며 1986년 아시안게임과 1988년 올림픽을 개최하면서 노동자의 임금 수준 역시 껑충 뛰어올랐다. 국내 임금이 상승함에 따라 저임금 단순노동 직종을 중심으로 노동력 부족 현상이 심화되었다. 이는 1990년대 초반 외국인노동자 수입정책과 맞물리면서 한국에서 이주노동자의 유입이 시작되는 계기가 되었다. 한국은 출입국관리법에 의해 외국인의 취업관련 증명발급을 엄격히 제한하여 외국인 근로자의 국내 입국을 통제해 왔다. 그러나 1987년 무렵부터 외국인 근로자들이 비공식적인 방법으로 입국하여 국내에 취업하기 시작하였다. 1980년대 후반부터 경영계와 학계는 노동시장 개방과 외국인 인력수입, 외국인 고용허가제 도입[1]을 건의하였고, 경제기획원, 법무

1) 외국인 고용허가제는 기업이 외국인 고용자를 합법적으로 고용할 수 있도록 한 제도로서 2004년 8월 17일부터 시행되었다. 이 제도는 외국인과 내국인 근로자 모두를 동등하게 노동관계법을 적용하며 산재보험, 최저

부, 노동부, 보건사회부의 반대의견에도 불구하고, 상공부, 건설부의 의견을 따라 외국 인력의 도입을 허용하는 방향으로 가닥을 잡았다. 이는 일본의 외국인 연수생 제도를 모방하여 외국 인력을 근로자 신분이 아닌 연수생 신분으로 받아들이기로 결정한 것이다. 이에 따라 정부는 1991년에는 해외투자 기업연수생 제도, 1993년에 산업연수생 제도를 도입하였으며, 이것이 2004년 고용허가제로 통합되어 오늘에 이르고 있다.[2)]

한편 1990년대에 들어서면서 한국화교들도 새로운 기회를 맞이하였다. 한국정부의 규제로 인해 쇠퇴하던 화교경제가 1992년 한・중수교와 중국경제의 부상에 힘입어 활력을 되찾게 된 것이다. 한국정부는 더 이상 화교들을 규제대상으로 인식하는 것이 아니라 중국 투자유치를 위한 매개집단으로 생각하기 시작하였다. 노동자들의 문화를 보면 먼저 외국인노동자들은 주로 공업단지 주변의 기숙사나 다세대주택에 자리를 잡았으며, 그중에서 한국계 중국인의 상당수는 도심지 가까운 곳에 모여 살게 되었다. 외국인노동자들이 모여 거주하는 곳은 곧 관련 상가, 술집, 음식점 등이 생겨나면서 소수민족집단의 지역경제를 형성하며 그들 나름대로의 문화를 이어나갔다.

1990년대 중반 이후 공단 노동자들 중심으로 그들의 문화 근거지가 시작되었는데 중국, 파키스탄, 인도네시아, 필리핀 등 주로 동남아시아 중심으로 국적이 다양하였다. 외국인들을 위한 거리가 생겨나고 국적별로 다양한 밀집지역이 생겨난 것이다. 주거지를 중심으로 형성되는 경우도 있고, 주거지는 산재해 있지만 관련 서비스 기능이 한데 모여서 되는 경우도 있다. 또한 종교시설을 중심으로 일주일에 하루 동안만 교류의 장이 형성되는 경우도 있다. 또 1990년대 후반부터 러시아와 카자흐스탄, 우즈베키스탄, 키르기스스탄, 투르크메니스탄, 최근에는 몽고인들이 늘면서 '몽골타워'가 형성되고 필리핀 장터가 열린다. 성당에서 필리핀인들을 위한 미사도 열린다. 다문화사회가 도래한 것이다. 뿐만 아니라 취업과 결혼을 통해 한국 사회에 정착한 이주노동자와 결혼이민자의 수가 1990년대 이후 급증하였다. 이들이 장기적 또는 영구적으로 국내에 머물게 되면서 오늘날의 우리

임금, 노동 3권 등을 보장하여 외국인 근로자를 유입하는 데 공헌한 셈이다.

2) 산업연수생제도는 최장 2년까지 외국인을 연수생이라는 신분으로 활용하는 제도이고, 고용허가제는 연수기간 없이 3년간 외국인 근로자를 정규근로자로 취업 허용하는 제도이다.

사회를 다문화사회로 불리게 한 결정적인 요인으로 작용하고 있다. 외국인 근로자는 현재 수적으로 상당한 비율을 차지하고 있다. 1987년 6,409명이 국내에 유입된 것을 시작으로 해마다 그 수가 꾸준히 증가해 왔다.

법무부의 보도에 따르면 2007년 8월 단기 체류 외국인을 포함한 국내 체류 외국인이 사상 처음 100만 명을 돌파하였으며, 이에 정부는 '외국인과 더불어 사는 열린사회 구현'을 정책목표로 삼고 매년 5월 20일을 '세계인의 날'로 지정하는 등 다문화 이해 증진을 위하여 다각적인 노력을 기울일 방침을 표명하였고, 2008년에는 다문화가족지원법이 제정되었다. 이어 이명박 정부는 2008년 12월 17일 외국인정책위원회를 개최하여 '개방을 통한 국가경쟁력 강화', '인권이 존중되는 성숙한 다문화사회로의 발전', '법과 원칙에 따

표 1-1 체류 외국인 연도별 증감 추이 (단위: 명)

연도	총계	등록외국인	단기체류 외국인	거소신고
2006년	910,149	631,219	249,542	29,388
2007년	1,066,273	765,746	266,011	34,516
2008년	1,158,866	854,007	263,402	41,457
2009년	1,168,477	870,636	247,590	50,251
2010년	1,261,415	918,917	258,673	83,825
2011년	1,395,077	982,461	277,596	135,020
2012년	1,445,103	932,983	324,504	187,616
2013년	1,576,034	985,923	356,842	233,269
2014년	1,797,618	1,091,531	419,673	286,414
2015년	1,899,519	1,143,087	431,646	324,786
2016년	2,049,441	1,161,677	518,902	368,862
2017년	2,180,498	1,171,762	597,399	411,337
2018년	2,367,607	1,246,626	679,874	441,107
2019년	2,524,656	1,271,807	792,853	459,996
2020년	2,036,075	1,145,540	425,752	464,783
2021년	1,980,557	1,097,697	409,686	473,174

출처: 법무부(2021). 통계월보 10월호.

른 체류질서 확립'을 외국인정책의 기본방향으로 하는 '제1차 외국인정책 기본계획'을 확정하였다. 또한 '외국인과 함께 하는 세계 일류국가'를 외국인정책의 비전으로 설정하고, 이를 달성하기 위한 4대 목표와 13대 중점과제 속에 12번째 과제로 '더불어 사는 다문화사회 구현'을 포함시켰다.

우리나라 귀화자 수는 2000년까지만 해도 연평균 34명에 불과했으나 2001년부터 2010년까지 연평균 9,816명에 달했다. 국내 체류 외국인이 2010년 12월 126만 명(남자 706,918명, 여자 554,497명으로 전체 1,261,415명)으로 우리나라 인구의 약 2.34%를 차지했으나. 2017년 5월 기준으로 4%에 진입하여 2021년 10월 기준 1,980,557명으로 확인된다(법무부, 2021).

한편 국내 체류 외국인 가운데 불법체류자도 매년 전체 체류자의 10% 정도를 유지하고 있다. 한 사회의 형성과정에서 불법이 없을 수는 없다. 당연히 다문화사회의 문제점으로 나타난다. 그들을 법테두리 안으로 끌어들이는 방법을 슬기롭게 모색해야 할 것이다. 민감한 문제로서 다문화사회의 성공과 실패의 갈림길이 될 수도 있다.

전체 체류자의 국적은 2021년 10월 기준으로 중국인이 42.9%로 한국계를 포함한 중국인이 과반수에 가까운 높은 비율을 차지하고 있으며, 베트남(10.6%), 태국(8.8%), 미국(7.5%), 우즈베키스탄(3.4%) 순으로 나타나고 있다.

우리나라 사람들의 힘든 일 기피 현상으로 특히 제조업이나 건설업의 경우 3D 업종에서 극심한 인력난에 허덕이고 있는데, 이들 외국인 근로자들이 이 '공동화' 부문을 메우면서 한국 경제를 지탱하는 역할을 하고 있다. 중소제조업이나 건설업의 경우 이들이 없으면 가동이 불가능한 경우도 적지 않다. 서비스업의 경우도 다른 업종에 비해 외국인의 취업이 늘어나고 있는데, 인건비를 줄여 이윤을 늘리고자 하는 고용주의 입장과 맞닿으면서 외국인노동자의 유입이 증가하고 있다. 2011년 법무부 통계에 따르면 취업자격별 체류외국인 현황을 보면 총 체류자 557,941명 가운데 전문인력은 44,320명이고 단순기능인력이 513,621명이었다. 이 가운데 연고, 유학 등의 방문 취업자가 단순기능인력 가운데 286,586명이고 선원취업 6,716명을 제외한 비전문 취업 인구가 220,319명이었다. 이들에 대한 업종별 현황을 보면 166,354명으로 75% 이상이 제조업에 종사하고 있으며 다음으로 건설업, 농축산업, 어업, 냉장냉동 순으로 일하고 있는 것으로 나타났다. 2017년 법무부에 통계에서도 마찬가지로 전체 570,533명 취업자격자 가운데 전문인력은 48,908명, 단순기능인력은 521,625명으로 비율상 큰 차이가 없다. 이들은 때로는 사회 내부의 갈등을 야기하는 요인이 되기도 하지만, 긍정적으로 보면 산업현장의 부족한 노동력을 채워주고 우리 사회의 문화적 토양을 풍부하게 해줄 뿐 아니라 단일민족을 넘어 세계와 소통할 수 있는 좋은 통로가 되고 있다.

전체 체류자의 국적은 한국계 중국인이 32.4%, 중국인이 15.8%로 중국인이 과반수에 가까운 높은 비율을 차지하고 있으며, 그 다음 미국(10%), 베트남(8.2%), 일본(3.9%), 필리

표 1-2 불법체류자 증감 추이 (단위: 명)

연도	총계	장기체류			단기체류
		소계	등록	거소신고	
2006년	211,988	108,153	106,657	1,496	103,835
2007년	223,464	109,169	107,278	1,891	114,295
2008년	200,489	94,003	93,461	542	106,486
2009년	177,955	84,342	83,729	613	93,613
2010년	168,515	79,277	78,545	732	89,238
2011년	167,780	83,426	82,848	578	84,354
2012년	177,854	94,141	92,562	1,579	83,713
2013년	183,106	97,170	95,637	1,533	85,936
2014년	208,778	95,990	93,924	2,066	112,788
2015년	214,168	86,083	84,969	1,114	128,085
2016년	208,971	76,182	75,241	941	132,789
2017년	251,041	83,909	82,837	1,072	167,140
2018년	355,126	91,082	90,067	1,015	264,044
2019년	390,281	97,131	95,815	1,316	293,150
2020년	392,196	110,339	108,665	1,674	281,857
2020년 10월	393,045	107,410	106,200	1,210	285,635
2021년 10월	391,548	124,339	122,986	1,353	267,209

출처: 법무부(2021). 통계월보 10월호.

핀(3.7%), 타이(3.5%), 인도네시아(2.5%), 몽골(2.4%), 대만(2.0%) 순으로 나타나고 있다.

우리나라 사람들의 힘든 일 기피 현상으로 특히 제조업이나 건설업의 경우 3D 업종에서 극심한 인력난에 허덕이고 있는데, 이들 외국인 근로자들이 이 '공동화' 부문을 메우면서 한국 경제를 지탱하는 역할을 하고 있다. 중소제조업이나 건설업의 경우 이들이 없으면 가동이 불가능한 경우도 적지 않다. 서비스업의 경우도 다른 업종에 비해 외국인의 취업이 늘어나고 있는데, 인건비를 줄여 이윤을 늘리고자 하는 고용주의 입장과 맞닿으면서 외국인노동자의 유입이 증가하고 있다. 2011년 법무부 통계에 따르면 취업자격별 체류 외국인 현황을 보면 총 체류자 557,941명 가운데 전문인력은 44,320명이고 단순기능인력이 513,621명이었다. 이 가운데 연고, 유학 등의 방문 취업자가 단순기능인력 가운데 286,586명이고 선원취업 6,716명을 제외한 비전문 취업 인구가 220,319명이었다. 이들에 대한 업종별 현황을 보면 166,354명으로 75% 이상이 제조업에 종사하고 있으며 다음으로 건설업, 농축산업, 어업, 냉장냉동 순으로 일하고 있는 것으로 나타났다.2021년 법무부에 통계에서도 마찬가지로 전체 424,610명 취업자격자 가운데 전문 인력은 44,703명, 단순기능 인력은 379,907명으로 전년도에 비해 전문 인력과 단순기능 인력 모두 감소하였는데, 특히 단순기능 인력은 코로나19로 입국이 제한되면서 크게 감소하였다. 이 가운데 연고, 유학 등의 방문 취업자가 단순기능 인력 가운데 141,898명이고 선원취업 17,252명을 제외한 비전문 취업 인구가 220,605명이었다. 이들은 때로는 사회 내부의 갈등을 야기하는 요인이 되기도 하지만, 긍정적으로 보면 산업현장의 부족한 노동력을 채워주고 우리 사회의 문화적 토양을 풍부하게 해줄 뿐 아니라 단일민족 이데올로기에 갇힌 우리에게 세계와 소통할 수 있는 좋은 통로가 되고 있다.

▌표 1-3▌ 체류 외국인 국적별 현황

(단위: 명, %)

구 분	2017년	2018년	2019년	2020년	2021년 10월
총계	2,180,498	2,367,607	2,524,656	2,036,075	1,980,557
중국[3)]	1,018,074	1,070,566	1,101,782	894,906	849,576
한국계	679,729	708,082	701,098	647,576	617,224
베트남	169,738	196,633	224,518	211,243	209,721
태국	153,259	197,764	209,909	181,386	173,751
미국	143,568	151,018	156,982	145,580	148,237
우즈베키스탄	62,870	68,433	75,320	65,205	66,829
러시아(연방)	44,851	54,064	61,427	50,410	48,706
필리핀	58,480	60,139	62,398	49,800	47,392
캄보디아	47,105	47,012	47,565	41,405	41,452
몽골	45,744	46,286	48,185	42,511	37,236
네팔	36,627	40,456	42,781	39,743	36,922
인도네시아	45,328	47,366	48,854	36,858	34,125
카자흐스탄	22,322	30,717	34,638	29,278	30,401
일본	53,670	60,878	86,196	26,515	28,792
미얀마	24,902	28,074	29,294	26,412	25,929
캐나다	25,692	25,934	26,789	21,794	22,681
스리랑카	26,916	25,828	25,064	22,466	20,250
타이완	36,168	41,306	42,767	19,444	18,806
방글라데시	16,066	16,641	18,340	16,823	16,257
파키스탄	12,697	13,275	13,990	12,842	12,523
인도	11,244	11,945	12,929	10,892	11,332
오스트레일리아	13,008	14,279	15,222	7,913	7,382
영국	6,727	6,972	7,550	5,871	6,508
키르기즈	5,790	6,385	6,618	5,710	6,383
기타	99,652	105,636	125,538	71,068	79,366

출처: 법무부(2021). 통계월보 10월호

(2) 결혼이민자

외국인 근로자와 더불어 국내 체류 외국인의 다수를 차지하고 있는 구성원은 바로 결혼이민자들이다. 결혼이민자는 우리나라 사람과 혼인한 재한 외국인을 일컫는데, 2010년 12월 141,654명의 결혼이민자가 국내에 거주하고 있다. 2001년의 경우 불과 25,182명이었던 것을 볼 때 10년 사이에 약 6배 증가한 셈이다. 이와 같은 결혼이민자의 급증은 곧 국제결혼의 증가에 따른 결과이다. 국민 배우자의 국적은 한국계 포함한 중국이 37.1%, 베트남 25.0%, 일본 7.4%, 필리핀 5.3%순이며 특이한 사항은 농촌총각 장가보내기를 시작으로 우리 사회가 외국인 신부를 주로 데려오는 형식이 되었고, 또 우리나라의 남자들은 고령자가 대부분이고 거기에 약간의 장애를 지닌 사람들이 상당수를 차지하고 있어 매매혼이라는 오명을 듣기도 하였다. 따라서 여성이 86.9%로 남성 13.1%보다 절대적으로 많은 셈이다(법무부, 2010). 이후 결혼이민자는 꾸준히 증가하여 2021년 10월 168,590명으로 집계되었고 그 중 혼인 귀화자는 146,953명으로 결혼 이민자의 대부분을 차지하며, 국적은 한국계를 포함한 중국이 35.4%, 베트남이 24.9%, 일본이 8,9%순으로 나타났다. 성비율은 남성 18.8% 여성 81.2%로 2010년 보다 남성이 약간 늘어나긴 했지만 여전히 고령자 남성중심의 오명을 벗어나기엔 역부족이다(법무부, 2021).

표 1-4 결혼이민자 체류 현황 연도별 증감 추이 (2011 이전, 단위: 명)

연도	2001	2002	2003	2004	2005	2006	2007	2008	2009	2010.12
인원	25,182	34,710	44,416	57,069	75,011	93,786	110,362	122,552	125,087	141,654
증감률 (전년대비)	—	378%	280%	285%	314%	250%	177%	110%	21%	132%

출처: 법무부(2010). 통계월보 12월호.

3) 한국계 포함.

표 1-5 결혼이민자 체류 현황 연도별 증감 추이

(2012 이후, 단위: 명)

연도	2012	2013	2014	2015	2016	2016.5	2017	2018	2019	2020	2020.10	2021.10
인원	148,498	150,865	150,994	151,608	152,374	151,843	155,457	159,206	166,025	168,594	167,894	168,590
증감률 (전년대비)	2.6%	1.6%	0.1%	0.2%	0.5%	—	2.0%	2.4%	4.3%	1.5%	-	0.4%

출처: 법무부(2021). 통계월보 10월호.

표 1-6 혼인귀화자 체류 현황

(2013 이전, 단위: 명)

연도	2005	2006	2007	2008	2009	2010	2011	2012	2013
혼인귀화자 (누계)	7,075	10,419	14,609	22,525	39,666	66,474	77,203	84,933	93,953

출처: 법무부(2013). 통계월보 12월호.

표 1-7 혼인귀화자 체류 현황

(2014 이후, 단위: 명)

연도	2012	2013	2014	2015	2016	2017	2018	2019	2020	2021.10
혼인귀화자 (누계)	84,933	93,953	101,560	108,526	114,901	121,339	129,028	135,056	141,773	146,953

출처: 법무부(2021). 통계월보 10월호.

표 1-8 결혼이민자 국적별 · 성별 현황

(2010, 단위: 명)

국적 구분	계	중국	한국계 중국	베트남	일본	필리핀	캄보디아	타이	몽골	기타
계	141,654	35,023	31,64	35,355	10,451	7,476	4,195	2,533	2,421	12,536
남자	18,561	3,594	7,605	164	848	204	7	39	55	6,045
여자	123,093	31,429	24,059	35,191	9,603	7,272	4,188	2,494	2,366	6,491

※여성 86.9%, 남성 13.1%

※중국(한국계 포함) 47.1%, 베트남 25%, 일본 7.4%, 필리핀 5.3%

출처: 출처: 법무부(2010). 통계월보 12월호.

▌표 1-9▐ 결혼이민자 국적별 · 성별 현황 (2021, 단위: 명)

구분＼국적	계	중국	한국계 중국	베트남	일본	필리핀	태국	캄보디아	미국	기타
계	168,590	59,743	22,358	42,060	14,986	12,024	6,390	4,581	4,491	24,315
남자	31,744	13,918	8,385	3,514	1,265	522	120	531	3,172	8,702
여자	136,846	45,825	13,973	38,546	13,721	11,502	6,270	4,050	1,319	15,613

※여성 81.2%, 남성 18.8%
※중국(한국계 포함) 35.4%, 베트남 24.9%, 일본 8.9%
출처: 법무부(2021). 통계월보 10월호.

(3) 북한이탈주민

다문화사회의 구성원으로서 우리와 다른 인종적 · 민족적 특성을 지닌 외국인은 아니지만 때로는 이들 못지않게 한국 사회에서 적응을 힘들어하고 있는 우리 사회의 다문화 성원으로 북한이탈주민(北韓離脫住民)의 존재를 간과할 수 없다. 비록 같은 언어를 쓰는 같은 민족이지만 반세기에 걸친 남북 분단의 역사를 통해 남한과 북한에는 이질적인 사회적 · 경제적 · 문화적 환경이 고착되어 있다. 이로 인해 북한을 탈출하여 남한에 정착한 이주민들은 외국인 근로자나 국제결혼이민자만큼이나, 경우에 따라서는 그 이상으로 어려움을 겪을 수 있다. 우리에게는 낯선 이방인이 될 수도 있으나, 통일을 대비한 실험적 과제를 성공적으로 수행해야 할 책임과 부담이 있다.

북한이탈주민은 북한에서 이탈한 주민을 가리킨다. 흔히 '탈북자(脫北者)' 또는 '새터민'이라고 부른다. 대한민국에서 북한이탈주민을 가리키는 용어는 다음과 같이 몇 차례 바뀌었다. 1990년대 이전에는 '귀순자(歸順者)', 혹은 '귀순용사(歸順勇士)', 그리고 1990년대부터 2004년에는 '탈북자', 2005년 이후에는 '새터민'이라고 하다가 2008년 12월부터는 통일부에서 가급적 '새터민'이라는 용어는 쓰지 않기로 하였다. 현재는 북한이탈주민이라는 용어를 주로 사용하고 있다.

북한이탈주민 지원정책의 변천과정을 구체적으로 살펴보면 다음과 같다. 최초로 체계적인 지원의 실시로 간주될 수 있는 것이 1962년 '국가유공자 및 월남귀순자 특별원호법'으로 귀순자에게 국가유공자와 동일한 지위를 부여하여 원호대상자로 우대하였고, 1979

년 정부는 '월남귀순용사 특별보상법'으로 북에서 탈출한 귀순자를 사선을 넘어 자유민주주의를 택한 '귀순용사'로 간주하며 이전보다 더욱 체계화된 지원을 실시하였다. 그러나 1993년 귀순자를 국가유공자에서 생활능력이 모자라는 생활보호대상자로 전환하는 '귀순북한동포보호법'을 제정하여 정착금을 하향조정하는 등 지원규모를 대폭 축소하였다. 1997년에는 '북한이탈주민의 보호 및 정착지원에 관한 법률'로서 기존의 '귀순'의 개념을 '북한이탈'로 대체하고 1999년까지 자립 자활 능력배양에 중점을 두었다. 이후 2004년까지 교육지원 연령범위를 확대하는 등 북한이탈주민의 생활안정 및 정착지원에 역점을 두어 2006년까지 정착금의 인센티브제, 임대주택 제공 확대, 정착도우미 제도를 도입하고 2008년까지는 이혼특례조항 신설하고, 자격인증제도 개선, 취업보호기간을 확대하여 내실을 꾀하였다. 2009년 해외장기 체류자 보호범위를 확대하고 지역적응교육과 청소년학교 설립 등 지원근거를 마련하여 2010년 북한이탈지원단, 예비학교 설립 등 취업지원을 강화하였고, 2013년부터는 북한이탈주민의 자산형성을 지원하고 취업교육을 함으로써 실태조사 근거를 마련하였다(2017, 통일부).

표 1-10 북한이탈주민 입국현황 (~2021년 9월 말 입국자 기준, 단위: 명, %)

구분	~'98	~'01	'02	'03	'04	'05	'06	'07	'08	'09	'10
남	831	565	510	474	626	424	515	573	608	662	591
여	116	478	632	811	1,272	960	1,513	1,981	2,195	2,252	1,811
합계	947	1,043	1,142	1,285	1,898	1,384	2,028	2,554	2,803	2,914	2,402
여성비율	12%	46%	55%	63%	67%	69%	75%	78%	78%	77%	75%
'11	'12	'13	'14	'15	'16	'17	'18	'19	'20	'21.3	합계
795	404	369	305	251	299	188	168	202	72	29	9,464
1,911	1,098	1,145	1,092	1,024	1,119	939	969	845	157	19	24,336
2,706	1,502	1,514	1,397	1,275	1.418	1,127	1,137	1,047	229	48	33,800
70%	72%	76%	78%	80%	79%	83%	85%	80%	68%	39%	72%

출처: 통일부(2021).

북한이탈주민의 현황을 보면 국내 입국 탈북자가 1000명을 넘어선 것은 1999년, 1만

명을 돌파한 것은 2007년이다. 통일부 당국자는 '정부는 1948년 정부 수립 이후 월남한 귀순자들부터 북한이탈주민으로 관리해왔다'며 '첫 1만 명 돌파엔 59년이 걸렸지만 다시 1만 명이 늘어나는 데는 3년밖에 안 걸렸다'고 말했다. 연도별 증가는 2005년부터 증가하다가 2012년 이후부터는 연간 1,500여 명대로 입국인원이 감소하였다. 2020년은 코로나 19로 인한 이동제한의 영향으로 229명이 입국하였다. 입국자들의 성별 입국비율을 살펴보면 여성의 입국비율은 2002년을 기점으로 남성을 추월하여 2021년 9월 기준 39%, 전체 이탈주민 33,800명에서 여성 비율이 71%(24,336명)을 차지하고 있다.

표 1-11 재북 직업별 유형 (~2010년 7월 입국자 기준)

구분	무직	부양노동자	관리직	전문직	예술체육	봉사분야	군인 및 공작원	계
누계(명)	9,579	7,528	371	419	177	744	573	19,391
비율(%)	49	39	2	2	1	4	3	100

표 1-12 재북 직업별 유형 (~2021년 9월 말 입국자 기준)

구분	관리직	군인	노동자	무직 부양	봉사 분야	예술 체육	전문직	비대상 (아동등)	계
남(명)	411	718	4,154	3,215	92	84	232	541	9,447
여(명)	140	161	9,207	11,952	1,449	221	526	662	24,318
합계	551	879	13,361	15,167	1,541	305	758	1,203	33,765

표 1-13 재북 학력별 입국현황 (~2010년 7월 입국자 기준)

구분	취학전 아동	유치원	인민학교	고등중	전문대	대학 이상	기타(불상)	계
누계(명)	526	179	1,200	13,634	1,749	1,447	656	19,391
비율(%)	3	1	6	70	9	8	3	100

표 1-14 재북 학력별 입국현황

(~2021년 9월 말 입국자 기준)

구분	취학 전 아동	유치원	인민학교	고등중	전문대	대학 이상	기타(불상)	계
남	418	136	804	5,728	851	1,115	361	9,447
여	404	215	1,497	17,712	2,675	1,215	515	24,318
합계(명)	822	351	2,301	23,440	3,526	2,330	876	33,765

*최근 입국하여 보호시설에 수용 중인 일부 인원은 제외됨

통일부 내부자료(2010)에 따르면 북한이탈주민의 직업 유형은 무직이 9,579명으로 49%로서 거의 절반을 차지하고, 부양노동자가 30%에 달한다. 학력별로 보면 고등중학교 졸업자가 13,634명으로 전체의 70% 이상이다. 이는 생활고에 시달려 북한을 이탈했음을 단적으로 보여주는 예라고 할 수 있다. 최근 통일부 내부자료(2021)역시 북한이탈주민의 직업 유형은 무직이 15,167명으로 45%, 노동자가 13,361명으로 40%로서 전체 85%를 차지한다. 학력별로 보면 고등중학교 졸업자가 23,440명으로 전체의 70%가까이 되는 것으로 미루어 과거나 지금이나 북한은 기본 생계유지가 절박하여 살기위하여 북한을 이탈한 것으로 간주된다.

표 1-15 연령별 유형

(~2010년 7월 입국자 기준)

구분	0~9세	10~19세	20~29세	30~39세	40~49세	50~59세	60세 이상	계
누계(명)	754	2,238	5319	6,297	2,987	916	880	19,391
비율(%)	4	12	27	33	15	4	5	100

표 1-16 연령별 유형

(~2021년 9월 말 입국자 기준)

구분	0~9세	10~19세	20~29세	30~39세	40~49세	50~59세	60세 이상	계
남	651	1,703	2,622	2,152	1,388	582	349	9,447
여	646	2,105	6,967	7,547	4,601	1,457	995	24,318
계(명)	1,297	3,808	9,589	9,699	5,989	2,039	1,344	33,765

연령별로 보면 2010년 기준 20대와 30대가 60%를 차지하고 10대와 40대가 비슷하게 나타나고 있다. 2021년 10월을 기점으로 보아도 역시 20대, 30대가 19,288명으로 전체의 57%를 차지하고 있다.

많은 탈북자들이 아직도 자신들을 '2등 시민'이라 자조하는 가운데 탈북자 3만 명 시대가 열렸다. 중동을 비롯한 북아프리카 지역에서 도미노 현상으로 연쇄반응을 일으키고 있는 반정부 투쟁, 민주화 열풍은 결코 북한을 보는 데 있어 강 건너 불구경하는 식으로 대처해서는 안 된다는 것을 알려준다. 정부와 학계, 사회단체는 미리 만반의 대비책을 강구해야 할 것이다. 무엇보다 민족의 동질성 회복이 절실해질 수 있다. 이렇게 우리 사회가 다문화사회로 나가는 데는 우리나라만의 독특한 상황인 북한이탈주민들의 문제가 가시적으로 나타나므로 앞으로 여러 가지 정책을 시행할 때에도 외국인 문제만이 아니라 북한이탈주민에 대한 대책도 마련함이 마땅하다고 하겠다.

북한이탈주민과 함께 고려해야 할 문제가 바로 난민이다. 북한이탈주민도 우리와는 특수한 관계지만 난민에 해당되는 것은 사실이다. 난민에 대한 용어는 베트남 패망 이후 난민이라는 말이 많이 등장하다가 시리아 내전 이후 난민 문제가 세계적인 이슈가 되어 인류역사상 심각한 문제가 되었다. 앞으로도 이 문제는 줄어들 기세가 보이지 않고 있다. 우리나라는 1994년 이후 2021년 10월까지 난민 신청자가 72,996명이며, 심사가 완료된 사람은 40,803명이다. 이 가운데 1,137명이 난민 인정을 받았고, 2,410명이 인도적 체류허가를 받아 총 3,547명이 난민 인정(보호)을 받고 있다. 난민 신청사유는 정치적 사유 13,301명, 종교적 사유 17,328명, 특정사회 구성원 7,381명, 인종적 문제 3,911명 국적인 사유 384명으로 나타났다. 전 세계는 난민 돕기를 이해타산으로 접근하기도 하지만 인간으로서의 도리라고 규정하고 고민하는 것이 주요 흐름이 되어야 할 것이다. 우리나라도 난민에 대한 보호(인정)를 받아들이고 있으므로 다문화사회의 한 구성원으로서 받아들이는 긍정적인 자세가 필요하다고 하겠다.

▮표 1-17▮ 연도별 난민현황

(1994.01~2021.10.31, 단위: 건)

연도 \ 구분	신청	직권종료	자진철회	심사완료
총계	72,996	12,910	6,407	45,104
'94–'13	6,643	622	545	3,499
2014	2,896	284	78	2,388
2015	5,711	175	103	4,244
2016	7,541	572	163	6,326
2017	9,942	1,017	180	5,219
2018	16,173	1,735	570	4,297
2019	15,452	2,620	1,518	5,876
2020	6,684	4,013	1,916	8,104
2021. 1~10.	1,954	1,872	1,334	5,151

*심사대기: (1차) 8,575건 / 이의신청 4,301명

출처: 법무부(2021) 통계월보 10월호.

▮표 1-18▮ 연도별 심사 종료자 현황

(1994.01~2021.10.31, 단위: 건)

연도 \ 구분	심사결정종료	난민인정(보호)			불인정
		소계	인정	인도적 체류	
총계	40,803	3,547	1,137	2,410	37,256
'94~'13	3,169	558	381	177	2,611
2014	1,574	627	94	533	947
2015	2,755	303	105	198	2,452
2016	5,665	350	98	252	5,315
2017	5,874	437	121	316	5,437
2018	3,954	651	144	507	3,303
2019	5,068	310	79	231	4,758
2020	6,243	223	69	154	6,020
2021. 1~10.	6,501	88	46	42	6,413

출처: 법무부(2021) 통계월보 10월호.

▌표 1-19▐ 사유별 난민인정(보호)신청현황

(1994.01~2021.10.31, 단위: 건)

구 분	계	정치적 사유	종교	특정 구성원	인종	국적	기타
총 누계	72,996	13,301	17,328	7,381	3,911	384	30,691
당해 연도	1,954	488	450	112	69	4	831

출처: 법무부(2021) 통계월보 10월호.

3) 외국의 다문화사회 형성배경

외국의 다문화사회 형성은 나라마다 조금씩 다르다. 일반적으로 민족공동체의 단일성을 주장하는 국가는 처음부터 외국인의 수용을 찬성하지 않는다. 출발부터 여러 민족이 함께하는 복합민족국가가 더 수용적인 태도를 취한다. 여기서는 이념적 모델이라 할 수 있는 동화주의 모델(assimilation model), 배제모델(exclusionary model), 다문화주의 모델(multicultural model)로 분류할 수 있다. 소수민족집단에 대한 국가정책 형태로 다문화주의에 대한 이념적 비판은 먼저 동화주의 혹은 공화주의 입장에 의한 비판으로, 정치적인 국민국가에 대한 의무는 윤리적인 것으로 문화적 차이에 우선해야 한다는 입장이다. 다음은 자유주의적 비판으로, 다수문화든 소수문화든 개인이 집단에 비해 우선성을 가지므로 문화적 권리가 개인의 자유와 권리를 침해할 수 없다는 주장이다. 캐슬러와 밀러(Castlers & Miller, 1993)에 의하면 국가가 소수민족을 다루는가 하는 문제는 이념의 문제이면서 동시에 역사적 산물로서 개별국가의 정책은 매우 다양하고 모순적이며, 무엇보다 계속 변화한다. 따라서 개별국가 사례가 특정 모형이 전형적인 예로 간주될 수는 없으나 각 국가의 다문화사회 형성배경을 어느 정도 설명할 수는 있다고 하겠다. 이는 국가 정책에 초점을 맞추고 있는 분류이다. 여기서 동화주의와 배타적인 모델을 간략히 살펴보고 주로 다문화주의 모델을 살펴봄으로써 다문화사회 형성배경을 살펴보고자 한다.

먼저 동화주의 모델은 공화주의 모델(republican model) 혹은 제국주의 모델(imperial model)이라고도 불린다. 이 형태의 핵심은 시민권 및 정치적 권리에 대한 대가로서 문화적 동화를 요구한다는 것이다. 프랑스, 영국을 예로 들 수 있는데, 이는 이 모델을 택하고 있는 국가들이 공화주의 전통 혹은 제국주의 경험을 가지고 있기 때문이다.

초기 미국의 다문화사회를 알려면 그들의 동화주의를 이해하여야 한다. 동화주의(assimilation)는 백인 청교도 문화와 새로 이주해 온 소수민족 문화 간의 갈등을 해소하기 위하여 나타났다. 커벌리(Cubberly, 1909)는 "우리의 과업은 민족집단을 분해하여 미국 인종의 일부로서 이들 집단들을 동화 또는 융화시키기 위하여 그들의 자녀에게 앵글로색슨의 법, 정의, 질서와 정부의 개념을 심어주고 그들로 하여금 우리 민주제도의 존엄과 인간존중의 미국 생활을 깨닫게 하는 것이다."라고 동화주의 개념을 주장하였다. 그러나 나중에 미국의 이민자 수가 늘어남에도 동화주의가 제기능을 발휘하지 못하자 용광로(melting pot) 이론으로 대치되었다. 흔히 '용광로'의 메타포는 미국식 다문화주의를 요약하는 개념으로 알려져 있다. 실제로 많은 유럽계 이민자들이 무리 없이 미국 사회에 녹아들었다. 그러나 유럽계 이민자들과 달리 아시아계 이민자들은 미국 사회에 녹아들기보다는 자신들의 공동체를 형성하고 고유의 언어와 문화를 유지해 나갔다. 이러한 상황 속에서 '용광로'의 메타포는 더 이상 다문화주의의 상징이라기보다는 유럽계를 제외한 소수민족집단에게 미국의 국가정체성을 유지하기 위한 통합의 기제로 받아들여지는 것이 현실이다. 용광로 이론은 전통적 앵글로색슨 문화로 이 동화이론에 대한 도전인 동시에 대안적인 성격을 띠고 있었다. 메이오 스미스(Mayo-Smith, 1904)는 "어느 국가도 동질문화 없이 강대국이 될 수 없고 존재할 수도 없다. 따라서 우리가 해결해야 할 인종 간의 갈등 해결방안은 이질적 요소들을 용해시켜 하나의 공통 국가 내에서 단일 언어, 단일 정치제제, 단일국가주의, 단일 사회발전의 이상을 추구하는 것이다."라고 그 필요성을 역설하였다. 그러나 여전히 용광로 이론은 백인 문화를 우위에 두고 소수인종 문화를 용해시켜 하위에 둠으로써, 이상과 현실 간의 괴리로 인한 갈등이 나타났다. 그럼에도 불구하고 미국은 오스트레일리아나 캐나다와 달리 인종문제에 대한 국가개입의 정도가 약한 편이다. 그 이후에 용광로 이론은 다양한 민족문화가 미국 문명을 풍부하게 한다는 샐러드 볼(salad bowl)이라는 개념으로 발전하였다.

프랑스에서는 소수집단의 존재를 공식적으로, 제도적으로 인정하는 것은 그들과 우리는 다르다는 것을 인정함으로써 프랑스인들이 말하는 소위 '모든 사람이 법 앞에 평등하다'는 원칙에 위배되는 것이다. 이러한 평등의 원칙이 사회통합의 근거가 되었다. 프랑스 동화주의의 핵심에는 이주민들의 정치적 통합은 결과적으로 문화적 통합을 가져올 것이라는 상당한 신념이 자리잡고 있어 대규모의 이민에 의존하면서도 동시에 '완벽한 국가', 즉 동질적인 국민과 견고한 정치체제를 제시하였다. 그러나 프랑스의 동화주의는 무척 모순적이었다. 왜냐하면 프랑스에서 정치적인 시민권과 문화적 다양성은 소수집단으로서는 지속적인 투쟁의 장이었기 때문이다. 1980년대 소수민족 조직은 지방 선거권을 요구했으나 이는 국가에 의해 거부되었고 1980년대 말, 소수민족집단들은 지방 선거권보다 더욱 완전한 형태의 시민권을 요구하기 시작했다. 소수민족들이 그들만의 공동체가 필요한 상황에서 문화적 동화를 요구하는 것은 터무니없다는 것이다. 결국 이러한 요구는 오늘날 시민권과 문화적 권리 두 가지 모두에 대한 요구로 발전되고 있다. 이는 이주민이 궁극적으로 자신들의 문화적·민족적 특성을 상실하고 프랑스의 시민이 될 것이라는 잘못된 신념이 초래한 결과이다. 사실 프랑스는 평균 10년에 한 번 꼴로 사면령[4]을 내려 불법체류자들을 프랑스 사회에 편입시켜 왔다. 이는 이미 프랑스 사회에 익숙해진 사람들을 체제내로 흡수하여 긴장을 완화시키는 효과는 있지만, 외국인 정책에 있어 원칙이 없다는 비판을 초래하고 있다.

사회정책에서 동화주의를 보면 '관용의 한계(threshold of tolerance)'라는 개념을 주택과 교육 분야에 도입하여 한 지역에 이주민의 비중이 10~15% 이상을 초과하지 못하도록 하였고, 학급에서는 25%를 초과하지 못하도록 하여 사회나 학교에서 문제화되는 것을 방지하였다(Castlers & Miller, 1993: 209). 그러나 이러한 노력에도 불구하고 1980년대에 이르자 많은 소수민속집단은 도시 내부에 그리고 도시 외곽의 공공주택 밀집지역에 모여들었고 가난과 빈곤을 극복하지 못하였다. 1985년 이후 집권한 사회주의 정부는 소수민족 밀집지역에 대해 다양한 정책과 재정지원을 강화하였으나 2002년 중도우파정권이 집권하면서 프랑스의 인민정책은 다시 보수화되어 결국 2005년 무슬림 소요사태[5]로 이어지게 되었

4) 1981년 13만 명, 1992년 17만 명, 그리고 1997년 7만 7,000명이 합법화되었다.

5) 2005년 10월 27일 파리 외곽 빈민촌에서 무슬림 10대 소년 두 명이 경찰의 검문을 피해 변전소 안으로 달아나다 감전사한 것을 계기로 무슬림의 소요사태가 2주일이 넘게 지속되었다. 프랑스의 무슬림 수는 500

다. 오늘날 프랑스의 소수민족정책은 대체로 실패한 것으로 평가되고 있다. 사회정책의 모든 분야를 민족문제와 결합시킨 것이 오히려 화근이 되어 사회정책 프로그램으로 민족 간의 공간적 분리는 오히려 강화되었으며, 주류사회와 이민자 간의 보이지 않는 벽은 높아졌다. 그렇지만 프랑스는 프랑스어, 프랑스 문화 교육을 강조하며 여전히 동화주의 기조를 유지하고 있다. 다만, 무슬림 폭동 이후에는 다각적인 다문화교육정책을 개발, 실질적 지원을 통해 격차를 해소함으로써 통합에 접근하고 있다. 직업교육 확대, 교육우선지역 선정 등 지역 중심 교육 불평등현상 해소를 지원하고, 기초 학력 보장 교육에 중점을 두어 지원하고 있다(박성혁, 2008). 독일은 전통적으로 배제모델이지만 최근 동화주의 모델을 수용한 바 있다. 독일의 다문화교육은 자문화 중심주의에 기초한 동화주의 관점에서 출발하여 모든 문화의 동등한 가치, 다문화성, 문화 간 이해능력을 중시하며 이를 훈련시키는 것을 목표로 하는 문화 간 이해교육으로 변화한 것이 특징이다. 문화 간 이해교육은 학교의 독립 교과는 아니지만 모든 교과영역에 다양한 형식으로 반영되어 있으며, 각종 프로젝트와 이중언어교육을 통해 구체적으로 실천되고 있다. 유네스코 프로그램에 참여하여 문화 간 이해교육을 실시하는 학교는 베를린시에서 13개 학교에 이르며 교육방식은 각 학교에 따라 다양하게 이루어진다. 예를 들어 '다양한 나라 출신의 예술가를 초청해 창작시간 가지기' 등의 프로젝트를 통해 학생들로 하여금 외국인에 대한 불안이나 거부감을 없애고, 외국계 학생들은 스스로 자신들의 정체성을 확립하는 데 기여하고 있다. 그러나 여전히 독일 모델은 기본적으로 선택과 배제를 그 원칙으로 한다(최종렬 외, 2008).

두 번째, 배제모델(exclusionary model)은 단일민족집단으로 이루어진 정치공동체가 소수민족과 그 문화의 도전에 직면했을 때 배척하게 되는데 대부분 이러한 국가는 이주민을 그 사회의 구성원으로 인정하지 않는다. 이주민의 정착을 인정하지 않으며 귀화 조건 역시 매우 엄격하다. 그런데 스위스나 벨기에 같은 국가들은 역사적으로 단일한 민족집단이 아니었지만 배제모델을 취하였고, 독일의 경우 역사적으로 국경의 정복과 투쟁, 국가의 분열과 재통합의 길을 걸어왔기 때문에 자연스럽게 이 배제모델을 취하게 되었다.

만 명으로 프랑스 인구의 10%에 이르는 규모다. 대부분 과거 프랑스 식민지였던 알제리와 모로코 등 북아프리카 대륙에서 건너온 이민자와 후손이다.

먼저 스위스의 경우를 보면, 많은 이민자들이 머물고 있음에도 불구하고 아직까지 '이민국가(immigration country)'가 아님을 분명히 하고 있다. 모든 외국인이민자들은 정치적 권리를 가지지 못하며, 거주지도 철저히 당국에 의해 관리되고 있다. 시민권의 취득은 12년 동안 같은 주(州)에 거주해야 하고 동화가 잘 되었는지 심사를 거치며 외국인의 자녀들이 스위스에서 태어나더라도 시민으로 곧바로 인정하지 않는다. 사회정책도 이주민을 위한 특별한 것은 없으며 대체로 시민단체의 활동에 의존하고 있다(Castlers & Miller, 2009).

다음은 독일의 경우를 보자. 독일은 제2차 세계대전 이후 경제가 급성장하면서 노동력이 부족해지자 1955년부터 소위 '손님노동자(Gastarbeiter)' 제도를 통해 저임금 노동력을 받아들였다. 이 정책은 국가 간 협정에 의해 독일로 이주한 외국인노동자는 일정 기간의 계약기간이 지나면 본국으로 돌아가야 하며 가족의 재결합을 위한 초청도 금지된다. 이는 외국인노동자의 고용과 귀국을 반복하도록 함으로써 영구 정착을 최소화하려는 정책이었다(김용찬, 2008). 그럼에도 불구하고 고도성장기에 받아들인 외국인노동자들 중 상당수가 독일에 정주하게 되었다. 또한 1980년대 중반 이후 동유럽 국가로부터의 대규모 이민, 그리고 독일 통일로 인한 환경변화로 인해 사회통합에 대한 정책전환이 불가피해졌다. 이에 따라 1980년대 후반에 들어서 비로소 이주국가로 규정하였으며, 보수적 이민법을 고수해 온 정권이 1998년 교체되면서 정책적 대전환을 이루게 된다. 독일의 이민자 사회통합정책은 독일 노동시장의 필요에 따른 부족한 인력을 유입하되, 독일에 정착하는 초기부터 사회통합정책을 통해 이민과 관련된 문제를 최소화하는 것이다. 그러나 이때의 사회통합도 독일사회가 원하는 목적과 기준을 충족시킬 것을 요구한다. 즉 이민자들의 다양한 문화와 차이를 인정하는 정책이라기보다는 이민자들을 독일사회로 통합시키는 것이 정책의 초점이다. 이 점에 있어서 독일은 배제모델과 동화 모델의 중간 정도에 와 있다고 할 수 있다.

세 번째로 다문화주의 모델(multicultural model)은 거주지와 핵심적 정치이념에 대한 동의를 전제로 하여 그야말로 시민권을 부여하는 이념이다. 오스트레일리아, 캐나다, 스웨덴, 그리고 약간 다르긴 하지만 미국이 이 모델에 해당한다. 이 네 국가에서 시민사회에서의 권리는 곧 국민이 되는 권리로 이어진다. 전통적인 이민국가인 오스트레일리아, 캐나다, 미국이 자연스럽게 이 모델을 취하고 있다. 이 국가들에서는 국가 형성 이전부터 일정한 지역 내에 자체의 독특한 문화와 언어를 공유하고 어느 정도의 제도적 기반을 갖춘 민족공동체가 존재했다.[6)]

이는 다문화주의가 짧은 시기 동안 다양한 배경의 이민자 집단을 통합시키는 가장 좋은 방법이기 때문이다. 또한 이주민을 시민으로 통합시키는 것은 그 자체가 다문화주의 정책을 강화시킨다. 이주민들은 투표자가 되고, 소수집단은 정치적 권리를 얻게 된다. 그러나 이러한 모델이 자동적으로 이루어진 것은 아니다. 이 세 국가 모두 강력한 배제주의와 동화주의 저항을 경험하였으며, 다문화주의는 여전히 하나의 논쟁거리로 남아 있다.

먼저 오스트레일리아의 경우 토착 원주민과 영국 식민지배의 배경, 그리고 다른 나라에서 다양한 문화적 배경을 가진 이민자들이 오스트레일리아 인구의 구성원들이다. 오스트레일리아 통계청(2006)에 의하면 오스트레일리아의 토착 원주민은 2%이고 부모 중 한 명이 외국에서 태어난 비율이 41%이지만 오스트레일리아에서 탄생한 사람은 전체 인구의 70.9%로 나타났고, 약 전체 주민의 22%가 이민자로서 200여 국가에서 들어왔다. 따라서 언어도 200개국 이상의 언어가 사용된다. 가장 많이 쓰이는 것이 영어로서 약 16%이고 그 다음이 이탈리아, 그리스, 중국어 순이다(Racism, no way, 2008). 1978년대부터 백호주의를 벗어나 인종과 민족집단에 대한 차별도 엄격하게 금지했다. 인종차별법과 기회균등법은 오스트레일리아 정책 국가존립의 제1순위로 매겨지고 있다. 다문화주의 정책에 의해 교육계에도 사회통합과 관용, 오스트레일리아 사회의 문화적 · 언어적 다양성에 관한 이해를 증진하기 위한 교육이 실시되었다. 오스트레일리아나 미국 등 전통 다문화국가의 다문화교육의 특징은 주로 공교육을 중심으로 이루어진다는 데 있다. 오스트레일리아는 주별로 다양하게 특성화된 다문화 프로그램을 실시하고 있으며, 주로 언어 관련 정책과 문화 간 이해교육 위주로 이루어지고 있다. 관련 프로그램으로는 언어교육, 문화 간 이해교육이 있으며, 교육과정 내에서 편견, 인종차별주의 극복을 지원하고 있다. 날이 갈수록

6) 국가 형성과정에서 이들은 침략이나 식민지배 등 비자발적인 과정을 통해 국가로 통합되면서 주류사회와 지역적으로 분리되고, 수적으로나 권력 면에서 소수자의 위치에 놓이게 되었다. 그러나 오늘날은 국가체계 내에서 자신들의 독특한 언어와 문화, 토지사용권, 정치적 권한 등에 있어 자율권을 부여받고 있다.

한편으로는 동화주의 정책이 나타나기도 하지만, 오스트레일리아의 오랜 다문화사회의 전통이 다문화교육정책을 뒷받침하고 있다.

캐나다는 1970년부터 인구 구성이 다양한 문화와 민족으로 이루어져 있으므로 나름대로 다문화를 인정하고 다문화교육의 필요성을 인정하는 것이 국가 형성의 주요 과제임을 받아들였다. 그런데 1980년 초반부터 이민자 중에서 소수민족의 비율이 높아지면서 1990년대에는 그 비율이 더욱 커지고 특히 주요 도시인 토론토와 밴쿠버에서 전체 인구의 각각 37% 정도 차지할 정도로 그 비율이 높아 인종 평등과 다문화사회에 대한 제도적 지원을 마련하기 시작하였다(Joshee, 2004).

1988년 세계 최초로 캐나다 다문화주의법(The Canadian Multicultural Act)을 제정하고 1990년 캐나다 다문화주의법에 대한 공식 보고서를 발표하였다. 그리고 1991년 다문화주의와 시민성을 담당하는 부서(Department of Multiculturalism and Citizenship)를 설립하고 1996년 연방정부의 캐나다 인종관계 재단(Canadian Race Relations Foundation)을 설립하여 지원을 꾸준히 늘려가며 마침내 2002년 11월에 캐나다 다문화주의의 날(Canadian Multicultural Day)을 매년 6월 27일로 지정했다(Dewing & Leman, 2006).

캐나다는 원주민과 소수민족의 특성을 이해하고 문화를 이해하는 내용으로 교육목표를 정하고 다문화교육을 네 가지로 세분하여 제시하고 있다.

첫째, 공식언어 습득을 목적으로 하는 이민자를 위한 공식언어교육, 둘째, 모국문화를 간직하도록 하여 소수민족 아동의 자부심을 유지하는 문화유지교육, 셋째, 민족집단에 대한 편견 교정을 위한 다문화교육, 넷째, 반인종차별 교육 등이 그것이다. 그러나 소수집단의 언어와 문화를 국가 정책적으로 강력히 지원하여 '모자이크 다문화주의'라는 별칭을 얻은 캐나다 내에서도 최근에는 이러한 정책이 분리와 분열을 조장한다는 비판이 제기되고 있다(박성혁, 2008). 이는 또 하나의 쟁점사항으로 풀어야 할 과제이다.

캐나다는 오늘날 모범적으로 다문화주의를 실천하는 국가로 알려져 있다(Kymlicka, 2007). 캐나다에서 다수를 차지하는 영국계 연방주의자와 프랑스계 분리주의자 사이의 대립과 갈등이 다문화주의의 확립에 큰 영향을 주었다. 가장 큰 소수민족이라고 할 수 있는 프랑스계의 적응방식은 영국계 연방주의자의 문화에 동화되려고 노력하기보다는 자기의 문화적 정체성을 더욱 공고히 하려는 방식으로 진행되었다. 지역적 공동체를 형성하고 독자적인 언어를 쓰며, 종교적 · 문화적 전통을 더욱 강하게 지키는 방식이었다. 이에 대하여 주류 영국계 연방주의자들은 억누르고 제압하여 통합하기보다는 인정해 주면서 융화하는 쪽으로 나아간 것이다. 이러한 해결방식은 다른 소수민족들에게도 동일하게 적용되었다. 1960년대 이후 아시아계 이민자, 특히 중국인들이 많이 유입되었는데, 이들 역시 자신들의 공동체를 형성하면서 문화와 관습을 유지해 나갔다. 캐나다 정부는 이중언어, 이중문화정책을 통하여 이민자들의 정체성을 보호해 주었다. 오늘날 캐나다의 다문화주의는 의식주 등의 관습, 언어, 종교 등과 같은 전통적 차원에서뿐만 아니라 민족정체성, 자치권 등과 같은 이데올로기 영역에서도 인정되고 있다(최종렬 외, 2008).

미국은 수정헌법의 시민권 조항을 근거로 하여 미국에서 태어났거나 귀화한 모든 사람을 미국의 시민으로 보고 있다. 미국의 다문화주의는 미국을 구성하는 구성원들, 즉 성별, 민족별, 출신국가별 정체성을 인정하면서도 동시에 다양한 정체성이 녹아들거나 어우러져 새로운 종족으로서의 미국인을 만들어 낸다는 개념을 바탕으로 한다. 즉 초기의 이민자와 후기의 비영국계 이민자들을 구분하기 시작한 것이다.

뱅크스(Banks, 1988)는 제1차 세계대전 발발로 인하여 미국은 이민자 집단에 대한 의심과 불신이 증가하였음을 지적하였고, 구 이민자 중심의 원주민 보호주의(nativism)자들은 100% 미국주의를 주장하며 자신들만의 미국 건설을 시도하였다. 이에 1640년에 인종차별이 없었던 공립학교에서 인종차별이 등장하여 급기야 아프리카계 미국인들은 자신의 아이들을 별도의 학교에 보내기 위해 학교를 설립하려 했고 불평등한 대우를 받으며 국가에 대한 충성심을 맹목적으로 강요받았다. 영국계 미국인들은 대학과 학교가 정부의 지원을 받아 자신의 문화를 중심으로 미국을 만들어 나갔다.

소수민족문제에 있어 미국 정부는 명확한 목표를 제시하기보다는 자유방임적 입장을 취하고 있다. 이 점에 있어서 미국은 다문화주의라기보다는 다원주의적(pluralist)이라고 할 수 있다.

미국 사회에서 다문화사회는 진보주의 운동과 관련되어 있다. 물론 거슬러 올라가면 미국은 1620년부터 다문화의 요소로 출발하여 긴 세월 동안 WASP 중심 사회로 시작되었다. 처음에는 영국의 백인 청교도 문화의 이식에 지나지 않는 미국 문화를 형성하게 되었고 1870년까지 미국으로 건너온 유럽 이민자들은 주로 영국, 독일, 스웨덴, 스위스 등 북부와 서부 유럽 출신으로 학교 교육의 사명과 역할도 백인 청교도 문화의 이식에 불과하였다. 그러나 20세기에 남부, 중부, 동부 유럽 출신의 이민자들이 미국으로 몰려왔다. 이들은 이전 사람들과는 달리 영국계 문화에 익숙하지 않아 미국 주류사회에 적응하는 데 곤란을 느끼고 그들 나름대로의 전통문화를 유지하려 하였다(안경식 외, 2009).

제2차 세계대전으로 나타난 다양한 변화는 미국 북서부에 많은 일자리를 만들었고 아프리카계 미국인과 멕시칸계 미국인들이 전쟁 관련 산업에 종사하기 위하여 북서부 도시로 이주하면서 인종적 갈등과 긴장이 1940년대 후반과 1950년대 서부 몇몇 도시에서 몇 차례의 인종폭동으로 나타났다(Banks, 1988). 이로 인하여 국가적 조치가 필요하였고 이것이 집단 간 교육(inter group education)을 야기했다. 집단 간 교육의 목표는 인종 간의 조화와 인종차별대우 금지로 이어졌고 1960년대와 1970년대 초에 인권운동(civil rights movement)으로 출발하였다. 이는 미국의 주류문화와 구분되는 문화적 배경을 가진 학생들에게 보다 나은 기회를 제공하는 것을 목적으로 하며 주로 소수민족을 배려한 교육 기회 배분 방안과 다문화의 공존을 위한 교육과정 구성에 주목한다. 이를 위해 교과서에 다양한 민족과 인종집단에 관련된 주제 포함, 교원 연수에서 교사들이 다문화 학습자료 구성법과 상호관계 촉진 수업방법 연수, 타 문화와 인종 이해, 문화적 자아정체성 형성, 타 문화에 대한 경험 등이 교육과정의 주요 내용으로 다루어지고 있다. 미국은 다문화교육을 위하여 연방정부의 지원은 물론이고 주 정부에서도 지원을 아끼지 않고 방대한 계획을 갖고 실천에 옮기고 있다. 오늘날은 소수 학생들의 학습방식의 특성과 방언의 교육적 의미를 연구하고 이중언어교육을 시행하고 있으며, 공교육에서 이민자 학생들을 위한 ESL프로그램을 운영하여 미국 사회의 적응을 돕고 있다. 소수민족뿐 아니라 다수학생들을 대상으로 하는 다문화 이해교육과정에 대해서도 폭넓은 연구가 진행되고 있다. 미국에서 앞으로의 다문화사회는 문화다원주의와의 융합 없이는 교육의 평등과 수월성을 추구할 수 없을 것이며, 인종적인 측면에서 어느 정도의 성공을 예감하지만 종교적인 측면에서 여전히 부족한 점이 없지 않다.

미국통계청(The U.S. Census Bureau, 2004)에 의하면 미국은 이민개혁법(Immigration Reform Act)이 제정된 1965년 이후로 인종 구성이 급격히 변화하였다. 19세기 후반에서 20세기 초까지만 해도 미국으로 이민 온 사람들의 대부분은 유럽 출신이었다. 그러나 오늘날 이민자의 대부분은 아시아, 남미, 카리브해 등지의 국가 출신이다. 현재 대부분의 이민자들은 멕시코, 카리브해, 필리핀, 중국, 한국 그리고 인도 등지에서 유입되고 있다. 지금 미국은 1900년대 초 이래로 가장 규모가 큰 이민자가 유입되었으며, 2000년에 미국 인구 중 28%가 소수인종으로 구성되어 있었으나, 이러한 소수인종 비율은 2025년에는 38%, 2050년에는 50%로 증가할 것이라고 내다보았다.

스웨덴은 다문화주의 국가 중 예외에 해당한다. 최근까지 매우 동질적인 사회를 형성해 왔지만 스웨덴이 강력한 사회민주주의적 국가개입 전통을 지니고 있기 때문에 최근 대규모의 이주민이 정착하면서 다문화주의 정책을 채택한 경우에 해당된다. 다시 말하면 노동자들을 사회에 통합시켰던 것과 같은 방식으로 이민자들을 사회에 통합시키는 정책을 추진한 것이다. 오늘날 스웨덴이 자유로운 선택과 문화적 권리를 누리는 것도 강력한 국가적 통제를 기반으로 하고 있기 때문이다. 예를 들어 외국인은 당국에 등록되어 있을 경우에만 사회복지 혜택을 받을 수 있으며, 비(非)스칸디나비아 인들은 스웨덴에서 일하기 위해 노동허가 및 거주허가가 필요하다. 정부는 이주민 조합을 지원하는 국가시스템을 통해 재정지원의 가치가 있는 집단을 선별하고 또한 영향력도 행사한다.[7)]

최근 스웨덴 모델은 여러 가지 어려움에 직면하고 있다. 가난한 남부지방, 특히 이슬람 국가로부터 이민자가 증가하면서 스웨덴의 문화와 사회적 가치가 위협받는 상황에 이르게 된 것이다. 이에 따라 1989년 스웨덴 정부는 난민의 인정에 관한 규제를 엄격하게 강화하였다. 세 가지 모델에 대하여 정리하면 〈표 1-20〉과 같다.

---

7) 시럽(Schierup, 1991: 40)은 이를 '처방된 다문화주의(prescribed multiculturalism)'라고 부른다. 즉 이주민과 소수인종집단은 조합주의적 국가에 의해 포섭되어 있으며(co-opted), 결국 정치적으로는 주변화된다는 것이다.

표 1-20 소수민족집단에 대한 국가정책 모델들

구분	동화주의 모델	배제모델	다문화주의 모델
특징	문화적 동화를 전제로 하여 시민권 인정	소수민족에게 시민권을 인정하지 않음	소수민족의 문화적 정치적 권리 인정
주요 국가	프랑스	스위스, 벨기에	오스트레일리아, 캐나다, 미국, 스웨덴
사회정책	동화를 끌어내기 위한 사회정책 추진. 프랑스의 '관용의 한계'가 예가 됨	별도의 사회정책 없음	교육, 의료, 복지 등에 있어서 적극적인 정책 추진

출처: 국토연구원(2009).

이상에서 논의한 세 가지 유형은 개별 국가의 역사적 경험을 추상화한 것일 뿐 하나의 모델이 다른 모델에 비하여 우월하다고 할 수는 없다. 그렇지만 지난 20여 년간 다문화주의 모델이 많은 시민활동가와 학자들에서 지지를 받았으며, 이를 기반으로 전 세계적으로 다문화주의의 입지가 강화된 것은 사실이다

다문화주의 정책을 취하는 국가들은 동화주의, 배제주의보다 대체로 소수민족집단에 대해 매우 적극적인 사회정책을 펼치고 있다. 이 국가들에서는 이민자들이 언어, 교육, 주택 등의 분야에서 특정한 정책서비스가 필요하다는 사실이 인정된다. 적절한 정책이 없는 이민자와 그 자녀들은 주류사회 구성원들에 비해 불리한 위치에 처하게 되며, 그로 인해 사회적 신분상승의 기회를 박탈당할 수 있기 때문이다. 다문화주의적 입장을 취하는 국가들은 사회정책이 분리주의를 초래하는 것이 아니라 오히려 성공적인 통합의 전제조건이 된다고 본다. 문화적 차이가 사회참여의 장벽이 되어서는 안 되기 때문이다.

2 다문화사회의 특징

1) 우리나라 다문화사회의 특징

(1) 다문화사회의 이념적 특징

① 다문화주의 지향이다.

우리 사회가 인종과 민족이 차별의 근거가 되지 않는 사회를 지향한다고 할 때 다문화사회로의 지향은 원칙적 수준에서 동의할 수 있을 것이다. 그러나 이를 위해 '다문화주의(multiculturalism)'를 국가정책 혹은 이념으로 택해야 하는가는 다른 문제이다. 왜냐하면 정책은 무엇보다도 국가의 역사적·정치경제학적 경험과 조건을 전제로 하고 있으며, 그 위에서 수립하는 것이 타당하기 때문이다. 정책을 추진하기 위해서는 그에 부합하는 역사적·정치적·경제적 조건이 필요하다.

2006년 5월 교육인적자원부는 '다문화가정 자녀교육지원 대책'을 내놓으면서 "문화민주적 통합(Cultural Democratic Integration)으로, 한국을 문화적 용해의 장(cultural melting pot)으로 전환"하는 것을 정책목표로 제시한 바 있다. 여기서 '문화적 용해의 장'이라는 표현은 사실상 특정한 다문화주의 이념을 의미하는 것으로 받아들여질 수 있다. 그러나 정책내용 전반을 살펴보면 이주민을 대상으로 한 한국어교육 강화 중심으로 되어 있어 다문화주의의 이념과는 거리가 있다. 즉 해당 문구는 이념적으로 다문화주의를 지향한다기보다는 수사적 표현에 불과한 것으로 보아야 할 것이다. 이에 반해 박경태(2008)는 한국사회의 소수자들을 논의한 저서에서 "한국정부는 별다른 논의 없이 다문화주의를 국가의 공식적인 입장으로 선택했다."라고 지적하고 있다. 그러나 이 역시 몇몇 정책의 수사적 표현에 근거한 분석으로 보인다. 실제 한국정부가 다문화주의를 공식적으로 천명한 적은 없으며, 정책내용 역시 다문화주의와는 거리가 멀다(박세훈 외, 2009). 정부는 다양한 다문화정책을 내놓았지만 아직 한국이 공식적으로 다문화주의를 채택한다는 입장을 밝힌 적은 없다. 이혜경(2007)이 지적한 바와 같이 한국의 다문화 관련 정책은 아직까지 다문화사회 지향정책이지 다문화주의 정책으로 볼 수는 없다. 한국 사회에서 다문화에 관련된 논의의 색깔은 비교적 밝은 톤이다. 즉 다문화로 인한 부정적인 영향보다는 긍정적인 전망이 다양하게 나오고 있다. 우선 외국인이 한국 사회의 인력부족 문제를 해소하여 결국 경제성장에 도움이 될 것이라는 시각이 있다. 노동연구원의 연구에 따르면, 국내에서 외국인력의 1인당 GDP 기여 가치가 260만 원에 이르는 것으로 보고되고 있으며, 다문화사회가 가져올 창의성, 개방성이 우리 사회의 경쟁력을 높여줄 것이라는 논의가 심심치 않게 들린다. 다문화를 포용하여 차이나타운, 베트남거리 등을 육성하는 것이 내수시장 확대에 기여하는 길이라는 목소리도 있다(내일신문, 2008.3.11).

② 민족주의는 여전히 중요하다.

스위스 국제경영개발연구원(IMD)이 발표한 '세계경쟁력 보고서 2008'에 따르면 한국은 외국문화에 대한 개방수준에서 조사대상 56개국 중 55위로 최하위 수준으로 나타났다. 한국의 강력한 민족주의 정서를 다문화사회로의 진전에 있어 장애요소로 바라볼 수 있다는 말이다. 한국은 외형적인 측면에서 볼 때 민족국가의 이념형에 가깝다. 역사적으로 다양한 종족과 공존 혹은 혼합을 경험하였지만 오랜 시간 동안 비교적 동일한 언어, 역사 및 문화적 특징을 유지해 왔다. 일제강점기의 식민지 지배의 경험과 연이은 민족 분단은 오히려 민족주의 이념을 강화시켰으며, 이후 민족주의는 국가형성의 기초가 되었다. 한국에서 소수민족은 매우 미미하며, 분리주의운동이라 불릴 만한 인종에 따른 지역갈등 역시 존재하지 않는다. 이러한 사정은 한국 사회가 외국인의 증가에 대면하여 열린 다문화주의로 나아갈 가능성보다 민족주의로 흐를 가능성이 높음을 의미한다. 아직까지 분명한 형태로 나타나고 있지는 않지만, 동포 노동자와 내국인 노동자 간의 경쟁, 외국인 증가로 복지비용 증가 등 일정한 조건이 갖추어질 경우에는 민족주의가 가시화될 가능성이 크다(엄한진, 2007).

다양한 민족과 언어가 사용되는 나라의 경우에는 사회적 통합을 이루고 사회적 안정을 추구하기 위하여 다문화정책이 반드시 필요하다는 데는 의견을 함께할 것이다. 그런데 이는 다양한 언어, 인종, 민족으로 구성된 해당 국가의 사회적 약점을 극복하기 위한 하나의 방책일 뿐이지 우리가 지향해야 할 목표는 결코 아니다.

국내에 들어온 이민족이 상당하다. 한 예로 서울 모스크에서 개최된 여성 무슬림 세미나 이슬람선교회 자료에 의하면 한국의 이슬람은 서울, 부산, 대구, 광주, 안양의 다섯 곳의 모스크와 두 개의 문화센터를 두고 4만 명의 무슬림이 포교활동을 펼치고 있다고 조사되었다. 국내에는 무슬림과 무슬림 외국인 근로자까지 합하면 모두 14만 명이 머물고 있다. 적극적인 포교활동을 하는 이슬람은 정작 자신들의 국가 내에서는 타 종교의 선교활동은 물론 종교행사, 집회활동까지 제한하고 있으므로 상호주의 원칙을 위배하고 있다(김지희, 2008). 이들은 자신들의 종교를 위해서 결혼을 통한 다산주의 원칙을 내걸고 포교활동에 전념하고 있다. 이들과 비교할 때 우리의 민족주의는 그렇게 배타적이 아니며 순리에 따르고 있다고 볼 수 있다. 여전히 가족에 대한 사랑이 이웃보다는 먼저고 우리 민족이 다른 민족보다 먼저란 사실이 잘못된 생각이 아니듯 여전히 민족주의는 중요하다. 유학의 존비(尊卑), 친소(親疎)의 원리가 적용되는 것이다.

김이선(2007)의 연구에서 행한 설문조사에 의하면 한국 국민들의 외국인에 대한 태도는 유럽국가 평균보다 개방적이고 우호적인 것으로 나타났다. 그러나 이러한 조사결과가 곧 한국인이 외국인에 대해 관용적인 태도를 가지고 있다고 말할 수는 없다. 이 조사결과는 한국인들이 다문화사회를 아직 일상적으로 경험하지 못하였고, 인종문제로 인한 사회갈등이 본격화되지 않았음을 반영한다. 그동안 한국에서 이주민에 관련된 문제는 주로 인권침해나 소수자 권리보호 차원에서 논의되어 왔다. 만약 소수자의 이해관계가 다수자의 이해를 침해하거나 지배적인 가치관에 문제를 제기하는 상황에 이르게 되면 한국인의 표면적 관용은 다른 방향으로 전환될 가능성이 크다.

③ 국론통일을 위한 사회통합 수준의 이념이다.

이주현상을 경험하는 대부분의 국가에서 외국인 정책은 초기 '인력정책'으로부터 시작하지만 이민현상이 장기화되고 이민자의 정주화가 진행됨에 따라 이들에 대한 '사회통합정책'으로 나아가는 것이 일반적이다. 그러나 자칫하면 사회통합정책은 이주민을 정책 대상 집단으로 규정하면서 또 다른 차별을 불러일으킬 수 있다. 이주민을 대상화시키는 것이 아니라 이주민과 주류한국인이 함께 새로운 공동체를 만들어 갈 수 있도록 지원할 필요가 있다. 특히 북한이탈주민을 받아들여야 할 당위성에도 불구하고 현재 우리의 정책은 아직 이질화된 그들을 동질화시켜 우리나라의 건전한 시민으로 받아들일 준비가 미흡하다고 하겠다. 다문화사회에 대응하는 정책의 궁극적인 목표로서 사회통합 수준을 넘어서는 '시민통합(박세훈 외, 2009)'이라는 용어는 우리의 공동체 의식이 비록 가족공동체 수준까지는 안 되더라도 사회보다는 '가까운 이웃'에 더 어울리는 용어일 것이다.

(2) 다문화사회의 현실적인 특징

더불어 살아가고자 하는 다문화의 정신은 누구라도 한번쯤은 간직했을 것이다. 그러나 현실적인 문제에 직면하면 사정이 달라진다. 현재 우리나라의 정책과 외국인들의 거주 실태를 살펴봄으로써 다문화사회의 현실적인 특징을 알아보고자 한다.

① 다문화정책 주체들 간의 교류가 부족하다.

다문화정책이라는 용어는 한국 사회의 특수한 상황을 반영하고 있다. 왜냐하면 다문화사회와 다문화주의라는 용어 이외에 한국 사회에서 특이하게 유통되고 있는 용어가 '다문화정책'이라는 용어이다. 다문화사회(multicultural society)와 다문화주의(multiculturalism)와는 달리 오늘날 한국에서 다문화정책이라는 이름 아래 추진 중인 법・제도를 살펴보면 '한국적' 다문화정책의 몇 가지 특징이 드러난다. 현재 많은 지역에서 중앙정부기관, 지방정부기관, 시민단체 등이 함께 사업을 펼치다 보니, 업무의 중복뿐만 아니라 주체들 간의 경쟁과 갈등도 나타나고 있다. 각 주체들 간의 역할분담과 협력체계가 구축되어 있지 못한 것이다. 이러한 문제를 해결하는 길은 다문화정책을 위로부터, 즉 중앙정부로부터 추진하는 것이 아니라 아래로부터, 즉 지역에서부터 추진하는 것이다. 아래로부터 다문화정책을 추진함에 있어서 중요한 점은 관련 주체들이 협력적 추진체계를 구축하는 것이다. 특히 지역의 시민단체와 중앙과 지방정부의 협력은 다문화정책의 효과를 높이는 데 매우 중요하다.

② 외국인의 증가속도가 빠르다.

UN(2010) 자료에 의하면 OECD 국가와 비교해볼 때 우리나라에 거주하는 외국인의 증가속도가 매우 빠르다. 물론 최근 유럽의 외국인 증가속도와 단순 비교하는 것은 무리가 있어 보인다. 이는 중동의 내전 발생으로 나타난 난민들의 유입으로 비정상적인 현상이다. 그럼에도 불구하고 천재지변을 고려하지 않고 난민 문제가 비교적 덜한 시점을 기준으로 논의한다면 비교가 가능한 OECD 19개국의 평균 증가율은 5.89%이다. 우리나라는 19.86%로서 그들 국가와 비교해 보면 상당히 높은 수준이다. 특히 2000년부터 2008까지 8년간 4배 이상 증가하여 내국인 인구증가율 연평균 0.42%에 비하면 외국인 증가속도가 매우 빠름을 알 수 있다.

표 1-21 OECD 국가별 입국 · 거주 외국인 수 및 증가율 비교 (단위: 천 명, %)

구분	입국 외국인 수			거주 외국인 수		
	2000	2008	2000~2008 증가율	2000	2008	2000~2008 증가율
전체	2,151.0	3,015.1	0.046	19,062.9	30,139.7	5.89
한국	185.4	311.7	6.71	210.2	895.5	19.86
스페인	330.9	692.2	9.67	1,370.7	5,598.7	19.23
이탈리아	(-)	(-)	(-)	1,379.7	3,891.3	13.84
그리스	(-)	(-)	(-)	304.6	733.6	11.61
체코	4.2	77.8	43.92	201.0	437.6	10.22
기타	이하 14개국 자료는 생략					

출처: OECD, UN.(2010).

③ 단순기능인력 종사자가 많다.

체류 외국인 취업자격을 보면 최근(2021)에도 여전히 단순기능인력에 종사하는 이주민의 유입이 두드러진다. 전체 취업자격자 중에서 무려 88.9%에 이른다. 이는 2005년 이후 2009년까지 87.5%에서 92.6% 비중을 차지한 것과 별다른 변화가 없어 보인다. 이를 미루어 보면 저소득층이 증가할 수밖에 없고 이는 우리나라 사회복지 정책에 영향을 끼칠 수 있다. 이미 소위 3D업종이라 할 수 있는 노동현장에는 이미 한국계 중국인들이 주류를 이루어 나름대로의 영역을 구축하고 그들만의 밀집지역을 구성하고 있다. 외국인 밀집지역은 양날의 칼과도 같다. 적절히 관리되고 활용된다면 도시의 중요한 문화자원 및 관광자원이 될 수 있지만 적절히 관리되지 못할 경우 범죄와 실업, 빈곤 등이 고착화된 문제지역이 될 수도 있다. 따라서 우리는 외국인 단순기능인력을 받아들일 때보다 신중을 기하고 그들의 생활 밀집지역 역시 적절한 지원과 복지문제에 소외되지 않도록 해야 하며 우리 사회의 건강한 구성원으로 받아들여야 할 것이다.

표 1-22 취업자격 체류 외국인 업무 유형별 현황 (2021.10.31, 단위: 명)

구분	총계	전문인력	단순기능인력
총 체류자	414,968	46,443	368,525
비율(%)	100	11.1	88.9

출처: 법무부(2021).

표 1-23 취업자격별 체류 외국인 수 및 비중 (단위: 명, %)

구분	전문인력	단순기능인력	총계
2005	24,789 (12.5)	173,549 (87.5)	173,461
2006	29,011 (11.1)	231,773 (88.9)	231,684
2007	33,502 (7.0)	442,677 (93.0)	442,584
2008	37,304 (6.8)	511,249 (93.2)	511,156
2009	40,698 (7.4)	511,160 (92.6)	511,067

주: 괄호 안은 전체 체류 외국인 대비 비중.
출처: 법무부(2009). 2009 출입국·외국인정책 통계연보.

④ 외국인 범죄가 늘어나고 있다.

체류 외국인 범죄율 자체는 아직 상대적으로 낮은 수준이나 최근 몇 년간 빠르게 증가하고 있다. 2009년 기준 체류 외국인 범죄율은 2.0% 수준으로 내국인 범죄율인 4.0%보다 낮으나 장담할 수 없다. 2005년 외국인 범죄는 9,402건에서 2009년 2만 3,322건으로 2배

이상 늘었으며 이는 체류 외국인 증가 속도를 상회한다.2020년 경찰청 범죄통계에서 외국인 범죄통계 결과를 보면 범죄건수가 35,390명으로 전체외국인 2,036,075명 가운데 1.7%에 해당한다. 이 가운데 폭력범죄가 7,917명(전체 범죄인 수 가운데 22.3%)으로 가장 많고, 교통범죄가 7,910명(22.3%), 사기 등 지능범죄가 5,011명 절도범죄가 2,756명 그리고 특별경제범이 1,228명 강력범죄가 753명, 마약범죄가 1,383명으로 나타났다(경찰청, 2020). 외국인 수의 증가와 함께 강력범죄와 마약사범이 2000명이 넘어서고 있다. 최근 세계를 공포의 도가니로 몰아넣는 폭탄테러 등을 감안하면 다문화사회로 접어들고 있는 우리나라로서는 심히 걱정이 아닐 수 없다. 당연히 극단적 이기적 민족주의나 국가주의로 대처하는 것이 아니라 더불어 살아가는 이웃으로 남아야 할 것이다. 외국인 범죄가 꾸준히 증가하는 가운데 상당히 불안정성이 나타난다. 일부 다문화가정에서 미취학 초등학교 학생이 방치되는 사례가 발생하고, 학대 대상 90%가 자기방어가 어려운 주로 1~12세이며, 다문화가정은 4년 내 이혼율이 79%에 달하며 이혼사유도 정신·육체적 학대의 비중이 비교적 높다.

표 1-24 체류 외국인 범죄건수 추이 (단위: 건, %)

구분	외국인 범죄		외국인 강력범죄		외국인 범죄율
	건수	증가율	건수	증가율	
2005	9,042	−0.7	228	−15.2	1.21
2006	12,657	40.0	247	8.3	1.39
2007	14,524	14.8	286	15.8	1.36
2008	20,623	42.0	332	16.1	1.78
2009	23,344	13.2	489	47.3	2.001

주: 증가율은 전년대비 수치.
출처: 경찰청(2009). 2009 출입국 외국인 정책 통계연보.

▌표 1-25▐ 외국인 범죄통계

(2021. 단위: 명)

구분	합계	폭력 범죄	교통 범죄	지능 범죄	절도	특별 경제범	강력 범죄	마약 범죄	기타
범죄인	35,390	7,917	7,910	5,011	2,756	1,228	753	1,383	6,070
비율(%)	100	27.6	27.1	19.7	6.5	4.8	2.4	1.1	18.8

출처: 경찰청(2020). 외국인 범죄통계.

2) 외국의 다문화사회의 특징

캐나다 통계청(2000)에 따르면 1960년대 후반부터 캐나다, 독일, 프랑스, 네덜란드 등의 국가에서는 수천 명의 사람들이 이주해 들어와 인종, 문화, 언어, 종교, 민족의 다양성이 증가하고 있다(Luchtenberg, 2004). 1970년대 중반 이래로 그 경향이 더욱 심화되어 전 세계적으로 인종적, 민족적, 문화적 그리고 특히 종교적 다양성을 증가시켜 왔다. 보다 나은 삶을 꿈꾸는 이민자들이 과거 식민지 국가로부터 유입되면서 영국이나 프랑스, 네덜란드와 같은 서유럽국가에서 이러한 다양성은 증대되고 있다. 브라질, 오스트레일리아, 캐나다, 미국과 같은 이민자 국가들(immigrant nations)은 국가를 처음 설립하기 위해서 그리고 국가의 번영과 번창을 위해서 이민자들 혹은 노예들에 의존해 왔다. 비록 이 국가들이 맞아들인 집단은 시대에 따라 달랐지만 설립 단계에서부터 이민자 국가였던 것이다. 이들 다문화사회의 특징을 살펴보면 상황에 따라 달라지지만 크게는 민족주의적인 흐름이고, 다른 하나는 통합주의 흐름이다. 이 두 가지 흐름이 갈등과 조화를 거듭하고 있다.

먼저 민족주의 흐름을 보면 배타적 민족주의 입장이든 동화주의 입장이든, 다문화주의 입장이든 분명한 사실은 여전히 자국의 민족주의는 중요한 위치를 차지하고 있다는 것이다. 이러한 흐름을 살펴보면 2005년 프랑스 무슬림 폭동에서도 민족주의, 인종주의 색채가 잘 드러난다. 이들은 제2차 세계대전 후 '기회의 땅'을 찾아 프랑스로 대거 몰려들었고 프랑스에 머무르면서 많은 자녀를 낳았다. 하지만 이들은 종교적 이질성과 주류사회의 보이지 않는 차별에 좌절해야 했으며, 중심부로 녹아드는 대신 대도시 외곽의 집단 주거지로 밀려나와 슬럼가를 형성했다. 이는 프랑스만의 문제가 아니라 전 유럽의 고민이기도 하다.[8] 이들은 주류사회와 통합의 길보다는 자신만의 거주단지를 고집한다. 또 높은 범죄율, 열악한 교육, 높아가는 실업률이라는 삼중고 속에서 자신의 정체성을 이슬람 종교와 문화에서 찾고 있다. 게다가 더욱 비관적인 것은 최근 젊은 층에서 이러한 경향이 더욱 강화되고 있다는 사실이다. 유럽으로서는 생존과 안녕을 위해 이제는 커질 대로 커진 무슬림 인구를 동화시켜야 한다는 절체절명의 과제에 직면했다. 하지만 이들의 사회통합 문제는 좀처럼 실마리를 찾지 못하고 있다. 향후 10년간 무슬림의 마음을 사기 위한 싸움에서 가장 중요한 것은 팔레스타인이나 이라크가 아니라, 바로 런던이나 파리 등 유럽 대도시의 주변부가 될 것이라는 진단이 나오고 있다.[9] 프랑스 사르코지 대통령은 "물론 우리는 모든 다양성을 존중해야 하지만 우리들은 여러 커뮤니티가 공존하는 하나의 사회를 원한다."며 이렇게 밝혔다. 그는 "만약 당신이 프랑스로 왔다면 (프랑스라는) 한 사회에 녹아드는 것을 받아들여야 한다. 만약 그것을 받아들일 수 없다면 프랑스에서 환영받을 수 없다."고 분명히 하였다. 이어 그는 "우리들은 이민자들이 어느 곳에서 왔는가라는 그들의 정체성에 대해 너무 많은 관심을 쓰는 바람에 정작 그들을 받아준 프랑스의 정체성에 대해서는 충분히 고려하지 않았다."고 설명했다. 한편 이에 앞서 유럽 각국에서는 다문화주의 실패 선언과 이로 인한 정책 선회 입장이 이어졌다. 지난 30년간 이주노동자를 대거 받아들이고 이들의 문화를 인정해 온 영국의 캐머런 총리는 "다문화주의가 실패했다."며 '젊은 이슬람인들은 극단주의를 버릴 것'을 촉구했다(문화일보, 2011.02.11). 메르켈 독일 총리도 "독일에서 살아가는 이주민들은 독일어를 배우고, 독일에 융화할 수 있도록 노력해야 한다."며 "독일이 추구해 온 다문화주의는 실패했다."고 밝혔다. 또 존 하워드 전 오스트레일리아 총리도 오스트레일리아의 다문화주의가 실패했다고 밝혔다(한국일보, 2010.10.17).

다음은 보편적 입장에서 통합주의의 흐름이다.

---

8) 영국의 파키스탄계 이민자, 독일의 터키계 이민자, 네덜란드의 이슬람계 이민자 역시 유사한 상황에 처해 있다(Castles & Miller, 2009).

9) 2015년까지 유럽 인구는 지금보다 약 3.5% 줄 것으로 예상되지만 무슬림 인구는 두 배에 이를 것으로 전망된다. 매년 유럽으로 들어오는 이민자 수가 약 90만 명을 헤아리는 가운데 중동・북아프리카 출신자 수는 갈수록 늘고 있다(전병관, 2006).

오늘날 세계화에 의한 국제이주가 보편화됨에 따라서 전통적으로 단일민족에 기초를 둔 국민국가 형성 전략은 점차 유효성을 잃어가고 있다. 그에 비해 캐나다는 다문화주의의 성공적 모델을 보여주면서 주목받고 있다. 캐나다는 소수민족지원제도, 이중언어 정책, 원주민에 대한 자치권 보장 등의 다문화주의 정책을 실천하면서도 통합된 국가의 정체성을 유지하고 있다. 이러한 사례는 대안적인 모델을 탐구하는 많은 학자들과 정치인들에게 중요한 시사점을 제공한다.

오스트레일리아, 캐나다, 영국, 스웨덴은 대체로 이민자를 대상으로 한 다문화주의에 해당하는 정책을 가지고 있는 것으로 평가된다(Castles & Miller, 2009). 이민자 대상의 정책들은 초기 '다문화주의 정책(multicultural policy)'이라는 명칭을 사용하였으나 최근 다문화주의에 대한 비판이 거세지면서 '사회통합(social cohesion, social integration) 정책'과 같은 이름으로 많이 바뀌고 있다. 그러나 이 국가들은 여전히 유사한 정책을 시행하고 있다. 미국의 경우 소수민족집단에 대한 사회정책적 지원을 불필요한 국가 개입으로 보고 최소화하고 있지만, 그럼에도 불구하고 기회보장 정책, 반차별 정책, 차별철폐 조치(affirmative action) 등의 프로그램은 분명 이주민들에게 도움이 되고 있다. 그것이 소수민족 정책(minority policy)이라 불리든 사회통합이라 불리든 이는 보편적인 통합정책이다. 예를 들어보자. 예전에는 미국을 여러 민족이 모여 새로운 미국 국민이 된다는 의미로 인종의 용광로라 불렀지만, 이제는 샐러드 볼(salad bowl)이라고 부른다. 이는 비록 여러 민족이 모였으나 그 각각의 민족성을 상실하고 미국 국민이 되는 것이 아니라 샐러드 볼 속의 채소, 과일들처럼 각각의 고유한 민족성을 간직하면서 미국 국민으로 살아간다는 의미이다. 이것이 선언적인 수준이고 실제상황은 알 수 없지만 지난번 미국의 유색인종 대통령 탄생을 보아도 형식적인 수준은 뛰어넘은 것 같다. 최근 아쉬운 점이 있다면 미국의 행정부가 바뀌면서 외국인 입국 금지와 국가주의를 표방하면서 중동의 여러 나라를 비롯하여 중남미와 아시아의 관계가 염려스럽지만, 한편으로는 다민족 국가인 미국이 다문화주의를 포기하거나 정책을 멈추지는 않을 것 같다. 따라서 미국을 생각해 본다면 다문화사회란 각기 여러 민족 사람이 모여 살아가는 상황에서 각자 출신지역의 문화를 서로 인정하고 간직하고 살아간다는 것이 아주 실현 불가능한 이상이 아니라는 것이다.

어쩌면 잘사는 국가, 잘사는 세상의 조건은 무엇인가에 대한 해답은 이미 세상에 나와 있는지도 모른다. 그 사회에 대한 다원성의 성숙도 정도를 측정한다면 행복과 성숙도는 비례하거나 일치할지 모른다. 다른 사람과 서로 다름을 먼저 이해하고, 다음으로 서로 다름을 인정하고, 서로 다름을 존중해 주는 사회풍토가 얼마나 무르익어 가느냐 하는 것이 행복한 사회, 더불어 살아가는 아름다운 사회에 한 걸음 다가가는 길이 될 것이다.

chapter **02**

다문화사회와 다문화교육

- 1. 다문화사회
- 2. 다문화교육
- 3. 다문화교육의 목표
- 4. 다문화교육의 방향
- 5. 다문화교육의 실행전략
- 6. 다문화교육에 대한 시사점

02 chapter 다문화사회와 다문화교육

우리는 단일민족 사회인가?

아니다.

다민족, 다문화사회다.

1 다문화사회

우리나라는 역사적으로 오랫동안 같은 언어와 문화, 단일 혈통을 가진 민족임을 자랑스럽게 여기며 살아왔다. 이는 우리의 단일민족 개념이 역사적으로 수많은 외침에서 국가를 존속시키고 삶을 영위해 나가기 위한 민족적 단결의 과정에서 '우리'라는 의식이 강하게 나타났기 때문이다. 그 결과 하나 됨을 강조하는 한민족의 단일의식을 바탕으로 어떤 나라와도 비교가 되지 않을 정도로 강한 민족성을 띠게 되었다.

강창동(2010)은 이러한 우리의 단일민족 의식은 단군 이래 반만년 동안 지속되어 왔고 한국인의 내면에 강하게 각인되어 있다는 것이다. 더군다나, 일제강점기 아래서 저항의 구심점으로 부상한 민족주의는 이후 경제개발 과정에서도 민족중흥이라는 이름 아래 지속적으로 강조되어 왔다. 21세기 세계화 시대에 이르러서도 대한민국의 이름으로 국경 없는 경쟁에서 이겨야 한다는 민족국가 중심적인 가치관이 여전히 강력한 힘을 발휘하고 있다.

실제 우리나라는 짧은 기간 동안 그야말로 기적에 가까울 정도로 비약적인 경제성장을 이룩하였고, 각종 경제발전 지수나 국제 스포츠 대회에서도 강력한 힘을 발휘하고 있다. 이는 세계가 놀랄만한 발전이다. 이러한 배경에는 우리나라, 우리 민족이라는 우리에게는 너무나도 익숙한 민족적 자부심이 바탕에 깔려 있기 때문일 것이다. 하지만 오늘날 세계화 시대의 급변하는 흐름 속에서 단일민족이라는 민족적 자부심은 많은 도전에 직면하게 되었다.

최근 우리 사회의 다문화적 사회변화 모습을 살펴보면, 법무부 출입국 · 외국인 정책본부(2020)의, 연도별 인구 대비 체류 외국인 현황('16~'20년)을 보면, 2016년(204만9,441명) 3.96%에서 2019년(252만4,656명) 4.87%로 코로나19 이전에는 매년 증가하다가 2020년에는 체류 외국인(203만6,075명)은 3.93%로 감소한 모습을 보이고 있다. 이는 코로나19의 영향으로 일시적인 현상이며, 전반적으로 매년 지속적으로 증가하는 추세를 보이고 있는 것이다. 국적별로는 중국이 89만4,906명(44%)으로 가장 많았고, 그 뒤로 베트남 21만1,243명(10.4%), 태국 18만1,386명(8.9%), 미국 14만5,580명(7.2%) 등의 순으로 나타났다. 연도별 인구 대비 체류 외국인 현황('16~'20년)은 다음과 같다.

표 2-1 연도별 인구 대비 체류 외국인 현황('16~'20년)

구분	2016	2017	2018	2019	2020
전체 인구	51,696,216	51,778,544	51,826,059	51,849,861	51,829,023
체류 외국인	2,049,441	2,180,498	2,367,607	2,524,656	2,036,075
인구 대비 체류 외국인 비율	3.96%	4.21%	4.57%	4.87%	3.93%

출처: 법무부 출입국 · 외국인 정책본부(2020).

이러한 추세로 본다면, 경제협력개발기구(OECD)에서 총인구 대비 5%를 넘으면 다문화 · 다인종 국가로 분류하고 있어 코로나19 이전의 증가 추세로 진행될 경우 2030년에는 400만 명에 달할 것이라는 전망이 예측된다. 이는 1990년에는 체류 외국인이 차지했던 비율이 0.1%이었던 것과 비교하면 큰 변화라고 할 수 있으며, 이러한 사회 현상은 학교 현장에서도 쉽게 찾아볼 수 있다.

학교 현장의 다문화 현상을 살펴보면, 교육부(2021)의 '2021 교육 기본통계'에 의하면, 초·중등 다문화 학생 수는 2021년 16만56명으로 2020년(14만7,378명) 대비 1만2,678명(8.6%)이 증가하였고, 아래 표와 같이 2010년 3만1,788명, 2015년 8만2,536명, 2020년 14만 7,378명으로 해마다 급속도로 늘어나는 추세다. 이는 저출산 현상으로 초, 중, 고 학생 수가 20% 감소한 것과 대비되는 모습으로 지난 2010년과 2020년의 전체 학생 수는 782만 명에서 601만 명으로 크게 줄어든 반면, 다문화 학생 비율은 2010년 0.41%에서 2015년 1.21%로 3배 이상 증가하였다. 더욱이 2020년에는 2.45%, 2021년에는 2.69%로 그 증가 속도가 더욱 빠르게 진행되고 있다는 것이다.

표 2-2 다문화학생 증가 추이

(단위: 명)

연도 / 인원수	2010	2011	2012	2013	2014	2015	2016	2017	2018	2019	2020	2021
다문화 학생수(A)	31,788	38,678	46,954	55,780	67,806	82,536	99,186	109,387	122,212	137,225	147,378	160,056
전체 학생수(B)	7,822,882	7,601,338	7,384,788	7,187,384	6,986,116	6,819,927	6,635,784	6,468,629	6,309,723	6,136,794	6,010,006	5,957,087
다문화 학생 비율 (A/B*100)	0.41	0.51	0.64	0.78	0.97	1.21	1.50	1.69	1.94	2.24	2.45	2.69

출처: 교육부(2021).

따라서 위의 통계치들을 기준으로 판단할 때, 외국에서 유입된 이주 노동자와 결혼이민자의 증가로 인해 한국은 인종적, 문화적으로 다양한 그러면서도 급속도로 다민족·다문화사회에 접어들었음을 알 수 있다.

한편, 한국인 10명 가운데 8명은 한국이 단일민족 국가가 아니라 다문화사회라고 인식하고 있는 것으로 나타났다. 2017년 시장조사 전문기업 엠브레인 트렌드모니터(trendmonitor.co.kr)가 전국 만 19세~59세 성인 남녀 1,000명을 대상으로 '다문화가정'에 대한 인식 조사를 한 결과, 많은 사람이 오늘날 한국 사회가 '다문화사회'에 가까워졌다고 생각하고 있다고 서술했다. 즉, 조사 대상 77.9%는 "앞으로 우리나라가 다문화 국가 될 것 같다"라고 보고 있는, 반면 "단일민족국가를 유지해야 한다."라는 의견은 22%에 그쳐 한국 사회가 전반적으로 '다문화사회'에 가까워진 것으로 인식되고 있다.

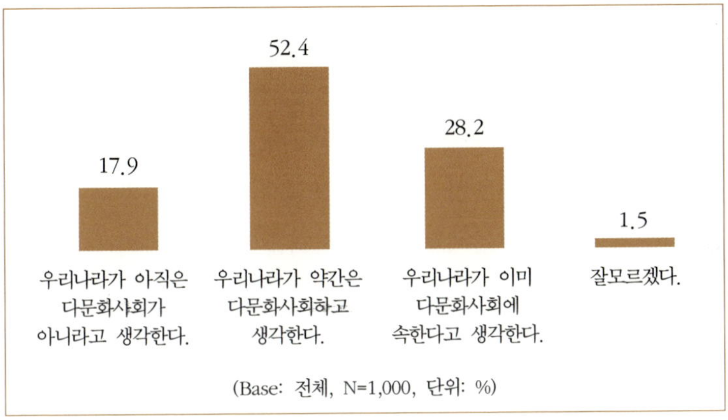

▌그림 2-1▐ 한국은 다문화사회인가?

출처: 트렌드모니터(2017.06.14).

이처럼 우리 사회는 한민족 순혈주의에 익숙해 온 한민족으로서 급격한 다문화사회에로의 이행은 매우 이색적이고 불편한 경험일 수 있다. 그러나 이와 같은 한국의 다문화사회화는 자의적인 선택의 문제라기보다 범지구적 차원에서 진행되는 거대한 변화를 반영하는 필연적 추세라고 보아야 할 것이다(오만석, 2011).

1) 다문화사회란

몇십 년 전만 해도 주변에 외국인을 볼 기회가 거의 없었다. 간혹 대중매체를 통해서 띄엄띄엄 접했을 뿐 거리에서는 외국인은 거의 볼 수 없었다. 우연찮게 거리에서 보게 되면 신기한 듯 몇 번이고 쳐다보고 때론 따라다니기까지 하였다.

이러한 때가 엊그제 같은데 이제는 우리나라 어디에 가도 외국인을 쉽게 볼 수 있으며, 과거처럼 신기해하거나 몇 번 더 쳐다보게 되는 경우는 거의 없는 것 같다. 그만큼 우리는 급속도로 변화하는 다문화사회 속에 살고 있다.

최근에는 이러한 다문화사회에 대한 관심이 정책과 제도는 물론 사회적 다양성을 인정하고 함께 살아가는 공동체적 사회 분위기 속에서 다문화에 대한 시각이 달라지고 있다. 이러한 점에서 급변하는 한국적인 상황에서의 다문화 현상에 따라오는 사회적 문제는 매우 중요한 과제이며, 기본적으로 우리 민족이 갖고 있는 단일민족 내지 민족적 분위기에 젖어 이러한 변화에 대처하지 못한다면 많은 도전에 직면하게 될 것이다.

따라서 지금 논의되고 있는 다문화사회에 대한 우리들의 준비와 적응이라는 과제를 슬기롭게 대처하고 보다 개방적인 자세로 다문화사회를 만들어 가려는 노력이 절실히 요구된다.

다문화란 무엇일까?

먼저 한국 사회에서 '다문화(multi-cultural)'라는 용어는 정확한 정의 없이 통상적으로 다인종, 혹은 다민족 등과 동의어처럼 혼용되어 쓰이고 있다. 그렇지만, 다문화사회란 다양한 문화적 가치와 태도들이 공유되는 사회라는 점에서 다인종, 다민족사회와는 차별성을 갖는다. 다인종사회, 혹은 다민족사회와 달리 다문화사회란 다양한 삶의 가치들이 존중되고 모든 사회 구성원이 각자의 문화적, 사회적 배경에 의해 차별받지 않는 사회에 대한 지향이 강하게 담겨 있는 것으로 본다(이민경, 2008).

서종남(2009)은 다문화를 인종·민족·언어·종교·성·장애 등을 포괄하는 용어로서 여러 유형의 이질적인 문화가 하나의 제도권 안에서 상호 교류를 통해 형성되는 것으로 정의하고 있다. 즉, 단일문화에 또 다른 문화들이 통합되어 여러 문화가 공존하는 상태를 말하고, 다문화사회는 여러 단일문화가 모여 공존하며, 서로 영향을 주면서 그 나름의 문화를 유지, 발전시키는 사회라고 할 수 있다. 또한 다문화사회는 급속한 세계화의 추세와 국제적 경제이동, 자유로운 여행 및 난민 증가로 다양한 인종이 함께하는 사회와 그러한 인종들이 만들어 낸 다양한 가치와 문화를 존중하고 인정하는 다양성의 사회가 복합적으로 내포된 사회로 설명된다.

종합하자면, 김학태(2015)는 다문화사회를 인간 또는 시민으로서 누릴 수 있는 정치, 사회, 경제 그리고 문화적 권리를 갖고 누림에 있어서 인간으로서 인종이나 민족, 종교, 언어 등에 의해 차별받지 않고 동등하게 살아갈 수 있는 통합된 공동체 사회로 정의하고 있다. 따라서 다문화사회란 시민 혹은 국민으로서 누릴 수 있는 사회·경제·정치·문화적 권리를 취득하고 누리는 데 있어 개인의 인종과 민족이 차별의 근거가 되지 않는 사회라고 볼 수 있다.

2) 다문화사회의 특성

우리나라의 경우 다문화사회가 급격하게 형성되고 있음에도 불구하고 우리에게 있어서 다문화사회란 아직도 매우 낯선 개념이라 할 수 있다. 하지만 최근 증가하는 외국인 이주노동자, 결혼이주자들의 지속적인 국내 유입으로 이제 우리 사회도 다문화, 다인종, 다언어 형태로 변하고 있으며, 점차 다문화사회로 전환되어 가고 있다.

단군 이래 반만년 동안 지속되어 왔다고 믿는 단일민족 의식은 적자생존의 냉혹한 국제상황에서 민족의 응집력을 높일 수 있는 이념적 기제라는 장점이 있지만, 혈통적 폐쇄성으로 인해 다문화주의를 포용하기 어려운 단점이 있다. 다문화주의는 인간 존엄에 기초한 자유와 평등이라는 인류의 보편적 가치를 지향하는 장점이 있지만, 민족의식을 약화시킬 수 있는 단점이 함께 내재되어 있다(강창동, 2010).

또한, 다문화사회라는 용어는 한 국가 내에 구성원 상호 간에 인종, 민족의 다양성을 인정하고, 그들이 속해 있는 국가의 이익과 시민으로서의 권리와 책임을 다하는 사회가 다문화사회라는 것이다. 이런 이유로 다문화사회는 문화적 요소나 인종적 요소의 구조적 다양성을 의미하는 것이 아니라, 다양한 문화적 요소나 인종적 요소가 어떻게 드러나는가의 시각으로 바라보아야 한다(이용재, 2010).

이러한 맥락에서 최근 우리나라에서도 국내 경제 규모 확대와 개방화, 국제 교류의 증가 등으로 인해 외국인 이주 노동자, 결혼이주자들의 지속적인 국내 유입으로 인종 · 언어 · 문화 형태가 다양화되고 있는 다문화사회로 점차 바뀌어 가는 우리나라만의 독특한 사회 모습을 살펴보면 다음과 같다.

먼저, 경제 규모의 확대와 국력의 신장으로 다문화사회가 빠르게 형성되고 있으며, 더욱이 외국인과 유학생이 급증하고 있다는 것이다. 앞서 행정안전부의 발표(2020)에 의하면 2006년에 53만6,627명에서 2020년 국내 거주 외국인은 214만6,748명으로 전체 국내 총인구 4.1% 수준으로 우리 사회의 외국인이 빠른 속도로 증가하고 있다.

이는 경제협력개발기구(OECD)에서 총인구 대비 5%를 넘으면 다문화·다인종 국가로 분류하고 있어 다문화사회로의 변화가 급속도로 이루어지고 있음을 보여주고 있다.

둘째, 이주 근로자 집단의 형성이다. 저출산 고령화 사회로의 진전과 더불어 우리나라 경제의 세계화는 외국 노동력의 증가로 이주 근로자 집단이 형성되었다. 외국인 근로자의 도입이 합법화된 1992년 말부터 해외에 지사를 둔 해외 투자기업이 외국 인력을 도입하기 시작하였고, 1993년에 산업 연수생 제도를 도입하면서 업종별 단체를 통해 외국인 근로자들이 입국하였다. 이후 국내에 장기 체류하는 외국인 근로자들이 점차 늘어나면서 이들은 특정 국가나 민족별로 집단거주지를 형성하고 있다(윤인진, 2008). 예컨대, 경기도 안산과 서울시 구로구 등은 외국인 근로자들이 한국인들과 함께 공존하는 다문화공동체를 형성하는 대표적인 지역공동체이다.

셋째, 결혼이민자의 증가이다. 법무부 출입국·외국인 정책본부(2020)에 따르면, 2002년 이후 매년 28% 이상의 높은 증가율을 보이던 결혼이민자는 2014년 국제결혼 건전화를 위한 결혼이민 사증 발급 심사강화 및 국제결혼 안내 프로그램 이수 의무화 조치 등으로 인하여 증가세가 낮아진 이후 최근 3년간 평균 증가율은 2.7로 나타났다.

표 2-3 결혼이민자 현황

(단위: 명, %)

구분	2016	2017	2018	2019	2020
현황	152,374	155,457	159,206	166,025	168,594
[전년대비]	100.5%	102.0%	102.4%	104.3%	101.5%

출처: 법무부 출입국·외국인 정책본부(2020).

1990년대까지는 종교단체를 통해 입국한 일본 여성이 다수를 차지하고 있었으나, 2000년대 초부터 중국 및 필리핀 국적 결혼이민자의 증가가 두드러졌으며, 베트남, 캄보디아,

몽골, 태국 등 국적이 다양해지는 경향을 보이고 있다. 2020년 결혼이민자를 국적별로 보면 중국이 35.6%로 가장 많으며, 다음으로 베트남 26.1%, 일본 8.7%, 필리핀 7.1% 순으로 나타났다. 성별로는 여성이 13만7,878명으로 전체의 81.8%로 다수를 차지하고 있으며, 남성은 3만716명으로 18.2% 차지하고 있다는 것이다(법무부 출입국 · 외국인 정책본부, 2020).

넷째, 저숙련·저임금 부문에 종사하는 이주 노동자의 비율이 매우 높다는 것이다. 1990년대부터 산업현장에 인력수급불균형 현상이 심화되고, 최근에는 저출산 고령화로 생산가능 인구가 빠르게 감소하는 상황에서 노동력 부족 현상에 대처하기 위해 저숙련 · 저임금 부문의 외국인 근로자에 대한 의존도가 높다는 것이다(뉴스워커, 2016). 이철희 · 정선영(2014)의 외국 인력의 산업별 고용을 분석한 결과, 우리나라에 유입된 외국 인력이 평균 임금 수준 및 상용직 비율이 낮고, 근로자들의 평균 교육 연수가 짧은 산업 또는 직종에 집중되는 경향이 있다는 것을 보여준다. 반면 장기적으로 성장하는 부문에서는 외국 인력 유입이 제한적인 것으로 나타났다. 이 결과는 외국 인력의 유입이 저숙련 · 저임금 부문의 인력 부족 문제를 해결하는 역할을 수행해 온 것으로 평가되지만, 향후 성장잠재력이 높은 부문이 필요로 하는 인력을 탄력적으로 공급하기가 어렵다는 것을 보여준다는 것이다.

다섯째, 주요국과 비교해 보면 다문화 여건이 여전히 저조한 수준이다. IMD가 발표한 '세계경쟁력보고서'에 따르면, 국가경쟁력 지수중 외국 문화에 대한 개방도 항목은 조사대상국 중 여전히 낮은 수준을 벗어나지 못하고 있는 것으로 나타났다. 하성란, 박균열(2021)의 한국 사회 구성원들이 다문화사회를 살아가는 데 맞는 인식을 함양하였는지를 알아보기 위해 세계가치관 조사협회(The World Values Survey Association)에서 실시한 '세계가치관 조사' 통계에 따르면, 우리나라는 다른 인종과 종교인이 이웃이 되는 것에는 각각 92.5%와 97.5%의 높은 수용성을 보여주지만, 다른 언어자와 이주 외국인 노동자에 대해서는 87.1%와 82.5%로 수용성이 다소 낮게 나타나는 것으로 확인되었다.

또한, 다른 언어를 사용하는 것은 소통의 어려움을 줄 수도 있고, 이주 외국인 노동자는 본인의 일자리 문제와 관련하여 상대적으로 꺼리는 것으로, 이주 외국인 노동자에 대한 선입견과 편견이 많은 것으로 나타났다. 이처럼 우리나라 주류사회의 다문화가족을 바라다보는 부정적인 시각은 해가 거듭되면서 점차 개선되는 면이 있으나 아직도 다소 부정적인 모습을 보이는 것이 사실이다. 즉, 우리 사회 공동체의 구성원으로 미래를 함께 만들어 가는 또 다른 주체의 대상이 아닌 농촌 총각의 배우자, 저소득층, 사회적 약자, 후진국 여성, 복지의 대상으로 보고 있다는 것을 의미한다는 것이다.

여섯째, 우리나라만의 독특한 다문화 유형으로서 북한이탈주민들의 유입이 늘어나고 있다는 것이다. 먼저, 북한이탈주민은 북한이탈주민의 보호 및 정착지원에 관한 법률 제2조에 의해 '북한에 주소를 두고 직계가족, 배우자, 직장 등을 두고 있는 자로서 북한을 벗어난 후 외국 국적을 취득하지 아니한 자'로 정의(네이버 지식백과, 2021)된다.

2020년 말 기준 국내 거주 북한이탈주민은 3만 5천여 명으로 2000년대 이후 지속 증가하여 2003~2011년에는 연간 입국 인원이 2,000명~3,000명 수준에 이르렀다. 2012년 이후부터 최근까지는 연간 평균 1,300명대로 감소, 2020년에는 229명 입국에 달하고 있는 추세이다. 이러한 북한이탈주민들이 우리 사회에 적응하는 데에는 상당한 시간이 소요되고 있는 것으로 볼 수 있는데, 남한에서의 정착 과정에서의 어려움을 살펴보면 다음과 같다. 2020 북한이탈주민 사회통합조사(정인성, 2021)에 따르면, 북한이탈주민이 남한 사회에서 체감하는 차별의 정도는 줄어들고 있지만, 여전히 다양한 이유로 차별을 겪고 있으며, 의사소통 방식의 차이나, 문화와 생활방식의 차이, 편견과 위축감에서 오는 갈등 및 법 · 제도의 차이에서 오는 갈등이 정착 과정에서의 어려움으로 호소하고 있다. 구체적으로 살펴보면, 먼저, 1순위(61.6%)로서 말투, 생활방식, 태도 등 문화적 소통 방식이 다르다는 점, 2순위(14.1%)로 남한사람이 북한이탈주민의 존재에 대한 부정적 인식을 가지고 있으며, 3순위(9.5%)로는 전문적 지식과 기술 등에 있어 능력 부족, 4순위(6.3%)는 언론에서 북한이탈주민들에 대한 부정적 보도의 영향, 5순위(3.7%)는 남한 사회에서 경제적 소득수준이 낮은 계층으로 분류, 6순위(3.3%)는 북한의 호전적인 도발의 영향으로 남한 사회에서 차별 및 무시당하는 이유로 꼽고 있었다.

일곱째, 다문화에 대한 내 · 외국인 간의 이해 격차로 사회갈등의 격화 가능성이 증대되고 있다. 특히, 외국인 근로자의 근로조건과 생활 등의 영역에 많은 부작용과 문제점이 나타났으며, 결혼이주자의 증가는 가족과 문화 등의 영역에서 전통적인 가치관과 의식의 차이에 따른 많은 갈등을 이야기시켰다(김학태, 2015). 결국, 이러한 외국인에 대한 차별이 지속되고 이주 외국인에 대한 사회적 포용이 지연될 경우 더 큰 사회적 문제를 일으키어 사회적 비용이 발생할 가능성이 크다는 것이다(유병규, 2009).

이상에서처럼 우리에게는 이미 급속도로 도래하고 있는 다문화사회적 물결에 적극적으로 대응할 수 있는 잰 발걸음이 요구된다고 할 것이다. 특히 한국적인 상황은 급격한 경제발전과 개방화된 사회 분위기 전환, 세계 유일의 분단국가로서 독특하고 다양한 다문화사회 풍경을 가지고 있으며, 여타 다른 나라와는 다름을 인정할 수밖에 없는 독특한 다문화사회로서, 그에 따른 즉각적이고 지속적, 체계적인 프로그램이 절실히 필요하다고 볼 수 있다. 또한, 사회 구성원들의 다문화사회에 대한 인식 전환 역시 지속적인 교육을 통해 준비되어야 할 것으로 본다.

3) 다문화사회에 대한 대응 전략

어떻게 하면 다문화사회에 대한 이해의 격차를 줄이고 더불어 살아가는 슬기로운 공동체 사회를 만들 것인가? 다문화사회에 대응할 수 있는 대응 전략을 제시해 보자.

첫째, 사회통합을 향한 정책적 방향에 대한 모색이 필요하다. 현재 한국 사회는 다문화사회에 대한 논의를 시작하는 단계에 서 있음에도 불구하고, 정부의 다문화사회 관련 정책은 속도만 빠르게 추진되고 있다는 문제가 제기되고 있다. 즉 현실과 향후 전개 방향에 대한 체계적 점검이 이루어지지 않은 상황에서 피상적 모토 이상의 의미를 지니지 못한 채, '다문화사회'만이 반복적으로 공표되는 수준에 그치고 있다는 것이다.

둘째, 다문화사회 정책 거버넌스 확립이 필요하다. 현재 한국 사회는 이주민 집단이 가시화되고 사회적 관심사로 등장했다는 점에서는 다문화사회에 진입했다고 할 수 있다. 하지만 이들을 사회 주체로 인정하는 경향이 현저히 제한되어 있다는 점에서 진정한 다문화사회에는 이르지 못하고 있다. 이런 상황에서 다양한 배경을 지닌 주체들이 함께 참여하여 생산적인 사회질서를 구현해 나가기 위해서는 정부 정책에서 이주민의 사회적 위상을 정립하는 것이 중요하다.

셋째, 주류 원주민들의 인식개선이 필요하다. 결혼이주민, 외국인노동자, 북한이탈주민에 대한 부정적 인식이나 편견이 있지만, 적극적인 인식개선 요구와 교육활동을 통해 인식개선이 가능할 것이다. 한국인의 세계시민으로서의 인식 수준이나 다문화 수용성은 아직 낮은 수준에 머물러 있다. 2015년 우리나라 성인의 다문화 수용성 지수는 젊은 연령대일수록 다문화 수용성이 높고, 다문화교육이나 자원봉사 등 관련 활동 참여 경험이 긍정적인 인식 제고에 효과가 있는 것으로 나타났다. 따라서 이주민과 자연스러운 접촉과 다문화에 대한 이해의 폭을 넓힐 수 있는 경험을 제공하는 대책 교육 등을 통해 원주민의 인식개선이 이루어져야 할 것이다(김종갑, 2017).

넷째, 다문화교육이 확대되어야 한다. 다문화사회의 궁극적 지향은 일상을 살아가는 시민들이 생활 속에서 대면하는 다양한 민족적·문화적 배경의 주체들과 소통하면서 생산적 시너지를 구현하는 데 있다. 이런 점에서 문화적 다양성에 대해 관심을 갖는 기본적 소양과 지식, 그리고 다양한 배경의 주체들과 대면하고 소통할 수 있는 실천적 역량 등을 갖춘 다문화적 시민성의 함양이 정책적으로 다루어져야 한다(정영근, 2009). 그뿐만 아니라 지원과 복지사업 중심의 다문화 사업은 '참여'의 관점에서 재구성되어야 하며, 주민참여 및 주민자치에 이주민들이 참여하는 방식, 관계 맺기를 통한 성장, 지속적인 교육과 멘토링 등에 대한 모색도 함께 이루어져야 한다는 것이다(김종갑, 2017).

정리하자면, 유병규(2009)는 다문화사회의 건전한 발전을 위해서는 다문화가정을 비롯한 이주 외국인 및 북한이탈주민들의 생활 안정과 내국인의 다문화사회 이해 증진이 절실히 요구되고 있고, 이에 따른 교육·문화·경제·지역 정책을 통합한 적극적인 정책 대응이 필요하다고 주장하고 있다. 즉, 다문화 인력 양성(다문화 전문 강사 및 일선 교사에 대한 연수 교육), 다문화가정의 기초 생활 안정 지원, 국가적 차원에서의 다문화사회 이행을 위한 기반을 구축하기 위해서 일반가정과 다문화가정 간의 자매결연 맺어주기 등의 사업, 북한이탈주민에 대한 정착 장려금의 연계성 확보, 중복지원 사업으로 인한 다문화 사업의 이용자 혼란 초래 및 재원의 낭비를 막기 위해 상시적인 정책 조율이 필요하다고 주장하고 있다.

2 다문화교육

최근에 다문화사회에 대한 관심이 증폭되면서 다문화교육에 대한 지원이나 교육서비스가 급속도로 이루어지고 있다.

하지만 한국적인 상황에서 다문화에 대한 이야기는 위에서 밑으로 뿌려지는 형태의 다문화정책이나 교육이 이루어지는 것으로 보인다. 예컨대 다문화의 다양성을 바탕으로 모두가 주체적으로 참여하는 함께하는 사회가 이루어져야 함에도 불구하고 일방통행식의 지원이나 교육서비스가 무분별하게 이루어지는 경향이 강하다.

1) 다문화교육이란

다문화교육(multicultural education)은 많은 유사한 용어들과 혼용되어 사용되고 있다. 예컨대, 다민족교육(multiethnic education), 다문화적 교육(education that is multicultural), 간문화교육(intercultural education) 등으로 혼용되고 있지만, 그중에서 다문화교육(multicultural education)이 가장 자주 사용되는 용어로서 여기서는 다문화교육으로 설명하고자 한다.

다문화교육은 한 국가 내에서 문화적, 사회적 다원성의 가치는 서로를 보호 및 확장하기 위한 귀중한 자원으로 인식되고 있으며, 이를 바탕으로 각기 다른 인종, 성, 언어, 계층 등을 이해하고 존중하도록 하여 학생들의 삶을 긍정적으로 변화시켜 다양한 문화 세계에서 공동목표를 향해 생활하고 의사소통하는 지식, 태도, 기술을 가질 수 있도록 준비하는 교육이라 할 수 있다(정희태, 2008).

한편 뱅크스(Banks)는 다문화교육을 "각각 배경이 다양한 학생들이 학교에서 평등한 성취 경험을 갖도록 교육에의 기회균등 실현 및 교육에서의 차별을 제거하는 끊임없는 노력의 과정 내지 학교 개혁운동"으로 본다. 그는 다문화교육의 개념에 대해 학교 교육 개혁운동의 일환으로써 교육에서의 기회균등은 물론 성별, 인종, 종교, 정치, 경제 등에 의해 차별을 받지 않고 능력에 따라 누구나 교육을 받을 수 있는 기회를 제공받는 것이라고 정의하였다(Banks, 2008). 덧붙이자면, 다문화교육은 모든 학생이 자신의 성(gender), 성적 지향, 사회계층, 민족적 · 인종적 · 문화적 특징에 구애받지 않고 동등한 학습 기회를 얻어야 하며, 이를 위해서는 학교 전체의 개혁이 필요하고 교사를 비롯한 학교 구성원의 마인드와 교육과정, 교재가 다문화적으로 변화해야 한다는 것이다(Banks, 2013).

따라서 다문화교육은 자신이 속한 문화에 대한 긍정적인 정체성 확립을 기초로 서로 다른 집단들의 문화가 동등하게 가치 있는 것으로 인식하는 지식, 태도, 가치교육으로서 자신의 문화와 다른 문화에 대한 편견을 없애고, 다양한 문화집단의 사람들과 상호 이해와 평등 관계를 중시하는 것이며, 나아가 모든 문화에 속한 아이들에게 동등한 교육적 기회를 주고, 긍정적인 문화 교육적인 태도와 인식, 그리고 행동을 발달시키도록 돕는 평등한 교육이라고 볼 수 있다(권충훈 · 김훈희, 2008).

실제 '다문화교육'은 미국 사회에서 민주주의의 신념과 가치에 기초를 두고, 상호 의존성이 높은 세계, 문화적으로 다양한 사회 안에서 문화 다원주의(cultural pluralism)를 지지하는 교수-학습 방법으로 정의된다. 따라서 미국 사회에서 다문화교육은 모든 학생의 지적발달, 사회적 발달, 개인적 발달의 가능성을 최대한 촉진하는 것이 공교육의 핵심적 목표로 인식하고 있다. 다문화교육의 핵심적 영역들을 살펴보면 다음과 같다. ① 평등 지향 운동, ② 교육과정 개혁, ③ 다문화적 역량, ④ 사회정의를 지향하는 가르침으로 설명한다. 평등 지향 운동은 소수민족이나 경제적으로 불리한 조건에 있는 아동 · 청소년에게 교육 기회를 공평하고 동등하게 제공하는 것을 목적으로 하고 있으며, 교육과정 개혁은 단일민족 중심적 관점에서만 기술되었던 기존의 교육내용에 다민족적이고 전 지구적인 관점을 포함함으로써 전통적인 교육내용을 확장하려는 의도이다. 다문화적 역량은 다양한 방식으로 인식하고 평가하고 생각하고 행동할 수 있는 역량을 발달시켜 나가는 과정이라 할 수 있다. 마지막으로 사회정의를 지향하는 가르침은 다문화교육의 핵심적 구성요소로서 학생에게 인종차별이나 성차별주의, 계급 차별주의에 대한 이해력을 향상시키고 그와 관련된 적절한 사회적 행동기술을 발달시킴으로써 차별에 대한 투쟁과 문제해결 과정에 헌신적으로 참여하도록 하는 것이다. 더욱이 이 영역은 타인종, 타민족에 대한 잘못된 사회적 통념과 고정관념들을 타파하고 인간의 동질성을 강조하는 데 초점을 맞추고 있다(Bennett, 2009).

한편 한국적 상황에서의 다문화교육은 이주자를 대상으로 하는 교육활동을 통칭하는 것으로 이주자의 자녀 문제와 관련된 것으로 받아들여지고 있다. 따라서 다문화교육을 단순히 다문화가정 자녀(외국인 근로자 자녀, 국제결혼자 자녀)를 대상으로 하는 한국어, 한국문화교육을 의미하는 것으로 이해하고 있다. 접근방식으로는 한국화 교육, 한국 전달 교육, 이중언어 교육, 귀국학생 적응교육, 국제이해 교육, 문화상대주의를 구현하는 수단으로서의 교육으로 보는 입장 등이 혼재되어 있다(양영자, 2008). 따라서 우리나라 상황에 맞는 다문화교육에 대한 개념 정립이 필요하다고 본다(박재의 · 강현석, 2009 재인용).

이러한 맥락에서 다문화교육을 종합적으로 정리하자면, 다문화교육은 한 국가 내에 존재하는 문화적, 사회적 다양성이라는 가치가 보호되고 확장되어야 할 중요한 자원이라는 인식을 바탕으로, 각기 다른 인종, 성, 언어, 계층 등을 이해하고 존중하도록 함으로써 학습자들에게 다양한 문화 세계에서 공동목표를 향해 생활하고 의사소통하는 지식과 태도, 기술을 가질 수 있도록 준비하는 교육이고(장사형, 2017), 더 나아가 학교 교육 개혁운동의 일환으로서 인종, 민족, 언어, 종교, 계층, 성 등 문화적인 집단들의 다양한 구분에서 발생하는 차이로 인해서 개인과 집단이 차별받지 않고 자신의 정체성과 사회적 권리를 인정받을 수 있는 평등한 교육 기회를 보장하는 폭넓은 의미의 교육이라고 볼 수 있다(김진희, 2019, 재인용).

2) 다문화교육의 역사적 배경

초기 다문화교육의 관점은 배척주의(nativism), 동화주의(assimilation), 용광로주의(melting pot) 등으로 대변되었고, 1970년 중반부터 다문화주의적 교육의 진화가 이루어지면서 학교 및 다른 교육기관의 변화를 가져오게 되었다. 이러한 다문화교육의 관점들에 대해서 구체적으로 살펴보면 다음과 같다.

(1) 배척주의(nativism)적 관점

초기 배척주의 관점은 학교에서 미국 이민자들에게 주류사회의 문화에 대한 맹목적 복종 또는 충성을 통한 미국화 작업으로서의 다문화교육이 이루어졌다. 이는 소수집단이 자신의 전통을 포기하고 주류사회나 문화에 흡수되거나 혼합되기를 기대하는 것이었다.

(2) 동화주의(assimilation)적 관점

동화주의는 소수문화가 주류문화(White Anglo-Saxon Protestant 문화: WASP)로의 일방적으로 편입되는 것을 전제로 이민자가 주류사회의 지배적 가치와 규범에 접근하는 것으로서 일종의 일방통행적인 문화적 영향이라 볼 수 있다. 따라서 주류문화의 정의, 법질서와 정부의 개념을 심어주고 소수민족으로 하여금 미국제도의 존엄과 인간 존중의 미국 생활을 깨닫게 해야 한다고 주장하면서, 소수민족의 원문화는 포기해야 한다고 강조하였다. 즉, 동화모형은 소수문화를 주류적 문화에 흡수하고 동화시키려는 모형으로, 소수인종 · 이민자 · 외국인노동자 집단이 이주한 지역의 주류문화에 동화되는 것을 정책 목표로 한다. 결국 동화주의는 국가의 단위는 개인인 시민일 뿐 한 국가 내에서 민족 등 특수한 집단적 정체성은 인정되지 않으며(이민경, 2008), 강한 문화가 약한 문화를 흡수하는 것을 목표로 한 국가 내에 공존하는 주류문화와 비주류문화 중에서 주류문화를 통한 사회통합을 목표로 하는 것이라 볼 수 있다(한승준, 2008).

결국 초기의 동화주의는 소수민족이 청교도 문화에 동화될 때만이 그들이 처한 편견이나 차별대우가 사라질 것이라고 보았다. 하지만 이러한 동화주의는 이주자들이 어느 정도 문화적으로는 주류문화에 동화되게 하였으나, 미국 사회에서 다른 유색인종에 대한 생리적 차이에 의한 동화가 불가능해짐으로써 편견과 차별은 사라지지 않은 문제점을 야기시켰다.

(3) 용광로주의(melting pot)적 관점

1870년부터 1920년까지 홍수처럼 밀려온 이주자들로 전통적 미국화(Anglo-conformity)

가 어려워지자, 동화주의에 대한 대안으로 등장한 개념이 문화적 용광로 개념(the melting pot ideal)이다. 용광로 동화는 이민자들이 주류사회의 수많은 새로운 행동 유형과 가치를 받아들이며 문화적으로 섞이는 과정을 뜻한다. 즉 흡수 동화가 이민자들이 이민 온 사회에 편입되는 것을 가리킨다면, 용광로 동화는 이민자들과 주류사회의 문화가 한데 섞여 새로운 문화가 만들어지는 것을 의미한다(이재분, 2009). 이렇듯 용광로 동화는 미국이 다양한 인종과 문화를 흡수하는 사회라는 개념으로 사용되어 미국이라는 사회를 하나의 거대한 용광로로 보고 수많은 이민자를 철광석에 비유하여 그들이 미국 사회에 정착하는 과정에서 주류(WASP)문화에 용해되어 미국인이라는 새로운 인종으로 바뀐다는 것이다(서종남, 2009).

결국 강력한 미국문화가 마치 용광로처럼 작용하여 여러 다양한 이주민들의 문화가 미국문화 속에 녹아 들어가서 더 새롭고 더 매력적인 문화를 만들어낸다는 것이지만 기본적인 미국문화의 정체성이 급격히 변화하는 것은 아니라는 점을 의미한다.

하지만 이러한 용광로 이론은 용광로에 넣고 융화시키려는 시도가 오히려 소수문화의 정체성을 흐리기보다는 뚜렷한 집단 정체성을 구성해 나가는 현상으로 나타났다. 즉, 일방적인 주류사회로의 편입 추구는 주류사회 구성원뿐만 아니라 주변부 이민자 집단 구성원에게도 불필요한 갈등과 긴장을 조성하여 문화적 충돌까지 야기되었다. 이 때문에 용광로 이론은 백인지배문화가 소수문화를 억압하기 위한 수단으로 비판받았다(김용신, 2009).

(4) 샐러드 볼(Theory of salad bowl), 모자이크 이론(Theory of mosaic)

다문화주의는 흔히 샐러드 볼이나 모자이크 이론이라고 한다. 문화적 다양성과 고유성을 그대로 인정하고 이들이 정체성을 유지한 채로 주류사회와 소통하며 평화문화를 구축한다는 관점이다(김용신, 2009).

샐러드 볼 이론은 미국에서 만들어져 동화주의적인 용광로 이론과는 달리 이민자들이 모국의 문화와 언어를 유지하면서도 새로운 정주국인 미국의 일원으로 살아갈 수 있도록 하자는 것으로서, 20세기 후반 세계화 시대로 진입하면서 제기된 다문화교육 이론이다. 국가나 민족의 경계를 허물어 이민자들의 정체성을 지니게 하려는 것이다.

한편 모자이크 이론은 캐나다에서 1960년대 기존 정책인 용광로 이론이 이민자들의 뿌리를 없애려고 시행한 정책이라는 비판을 하면서 생성된 이론이다. 즉 모자이크의 다양한 모양과 색상의 조각들인 이민자들이 모여서 하나의 아름다운 모자이크가 완성을 이룬다고 보는 관점으로 '모자이크 다문화주의'라고도 한다.

(5) 다문화주의(multiculturalism)적 관점

1980년대와 1990년대를 거치면서 급격히 증가한 이민자 및 또 다른 사회적 집단은 '다문화주의(multiculturalism)'의 새로운 의미 형성을 가능하게 하였으며, 기존의 한 사회에서 각 집단이 독특하게 형성한 문화들이 조합을 이룬 상태로서의 다문화 개념을 포함하는 문화적 다원주의로서 광의의 개념으로 등장하게 되었다(김상돈, 2010). 더욱이 1980~1990년대에는 북아메리카와 남아메리카, 유럽과 오스트레일리아에서 사회과학과 공적인 논의에서 상당한 자리를 차지하게 되었고, 다문화주의는 구체화된 경계 내에서 가치관, 상징, 해석, 관점과 같은 다양한 정신적 측면이 공존하는 공동체주의가 발현되는 사회로 인식되기 시작하였다(박기범, 2009).

이러한 맥락에서 다문화주의는 다양성이 단일성으로 통합되는 방식이 아니라, 다양성을 유지하면서 상호 유기적으로 연계되어 있는 '공존'의 형식, 차이의 지속적인 생성이라는 재현의 과정에서 다양성을 역동성으로 이해하고, 그것을 통해 삶을 풍족하게 만들어 가는 것을 말한다. 즉, 한 국가 내에 각 구성원과 집단들 간의 다양성을 존중하고 인종, 민족, 사회계층, 성별 등 특수한 집단에 대한 이해와 수용을 촉진함으로써 차별이나 편견을 줄이고 균등한 교육의 기회와 문화적 선택을 제공하는 것을 목표로 한다(이민경, 2008).

따라서 최근에는 이러한 다문화주의가 일방적인 동화보다는, 동등한 교육 기회를 실질적으로 보장하는 수준의 전략적 접근으로서 정의 · 평등 · 자유 · 관용과 같은 민주적 원리의 정교한 실천을 요구하는 균형주의적 관점이 대두되었다.

이러한 균형주의 관점의 새로운 다문화교육 이론이 뱅크스의 문화민주주의이다. 문화민주주의(cultural democracy)는 민주주의 사회에서 개인이 누리는 자유와 평등, 기회균등의 원리들이 그대로 각각의 문화집단에 적용되고, 소수와 다수집단들은 민주적 원리를 실천함으로써 국가 사회의 발전에 기여한다는 관점이다.

문화민주의의는 학교 교육이 학생들의 문화를 존중하고 이해하는 것이 중요하므로 모든 청소년들이 성찰적이고 명료한 국가 정체성과 정의, 평등, 인간 존엄성과 같은 민주적 이상에 대한 의무를 발달시키는 것 역시 중요하다고 본다. 이에 학교의 역할은 청소년의 사회화를 도움으로써 국가 시민생활에 참여하는 데 필요한 태도, 가치, 기능을 발달시키도록 하는 것이다. 이러한 맥락에서 문화민주주의는 소수와 다수, 주류문화와 주변부 문화, 개인과 국가, 학생과 학교가 민주적 원리에 따라 눈에 보이는 실제적 형평을 추구하는 것이 문화 민주주의적 접근이라 볼 수 있다(김용신, 2009 재인용).

이상으로 오늘날의 다문화주의(multiculturalism) 관점은 보다 적극적인 다문화주의 관점으로서 다문화주의는 다양성의 가치 속에서 사회통합을 이루기 위한 사회적 노력으로 보고 있다. 따라서 통합은 동화가 아니라 공존의 형식으로 공존하는 문화집단이 상호 존중하고 평등한 사회적 조건을 형성하며, 사회 전체 속에서 조화롭게 공존할 때 소수집단의 정체성을 유지할 뿐 아니라 인종주의적 관점에서 차별을 배제하고 문제 상황에 적극적으로 대응할 수 있다는 관점으로 전환되고 있다.

3 다문화교육의 목표

다문화교육의 목표는 각 개인이 속한 집단에 대한 긍정적 정체성을 증진시키고, 타문화에 대한 편견을 없애는 것뿐 아니라 존중하는 마음을 배양시키고, 불공평한 상황에 직면했을 때, 다른 사람을 위해 이의를 제기하고 행동을 실천할 수 있는 능력을 길러주는 것이라고 볼 수 있다(최관경, 2007). 뱅크스는 "다문화사회로의 흐름은 이미 거역할 수 없는 세계적인 현상이 됐다."라며 "학생들이 문화적 다양성의 가치를 배우고 세계시민으로 거듭날 수 있도록 다문화교육을 해야 한다."고 강조했다. 과거에는 통합만을 강조하는 교육이 효과적이었지만 세계화 시대에는 그렇지 않다는 것이다. 그는 "국가 영웅을 찬양하고 존경하도록 강요했던 교과서 내용을 이제는 찾아볼 수 없다."며 "다문화사회의 학교 교육도 바뀌어야 한다."고 주장했다(동아일보, 2009).

한국의 다문화 전문가들 역시 "다문화가족을 위한 정책은 많이 늘었고 섬세해졌지만, 한국 사회의 뿌리 깊은 민족주의와 배타적 태도는 여전하다."며 "앞으로 다문화교육의 초점은 '다문화 수용성 제고'에 맞춰야 한다."고 강조했다. 다문화 수용성은 외국인노동자나 이주민 등 자신과 다른 구성원이나 문화를 동등하게 받아들이는 자세를 의미한다. 이에 전문가들은 "앞으로 다문화에 대한 정책이 특수한 배려로 비쳐서는 안 된다."고 강조했다. 또한 "다문화가족을 동등한 시각에서 바라보는 '주류화 전략(mainstreaming)'이 필요한 시점"이라고 보고 있으며(동아일보, 2016), 다문화교육에 있어서 이주민의 증가에 따른 다문화사회로의 전개에 있어 한국 사회의 가장 도전적인 과제의 하나는 인종이나 문화적 이질성에 대한 태도라고 지적하고 있다. 이는 혈통과 문화적 정체성에 대한 강한 신념을 유지하고 있던 한국인의 태도 변화와 관련한 것으로, 학령기 아동 및 청소년에게 있어 다문화 수용성은 중요한 의미를 갖는다고 강조하고 있다(설진배 · 김소희, 2017).

이를 바탕으로 구체적으로 다문화교육의 목표에 대해서 진술하자면, 베넷(Bennett, 2007)의 경우는 다문화교육의 목표에 대해서 다음과 같이 설명하고 있다.

첫째, 다양한 역사 인식 발전시키기이다. 다문화적 역사 인식은 자신의 것을 포함해서 다른 나라와 다른 민족집단의 유산과 기여에 대한 지식과 이해로서, 다양한 나라들과 민족집단 사이에서 현대의 경험과 역사의 인식을 발전시키는 것이 목표이다. 이러한 인식은 소수민족의 관점과 소수의 문화와 국가의 구성원이 가지고 있는 관점을 포함한다.

둘째, 문화 인식 강화하기에서 문화 인식은 다른 국가와 민족집단의 구성원으로서 가지고 있는 보편적이지 않으며 근원적으로 다른 그 또는 그녀가 가진 세상을 보는 관점에 관한 지각과 인식이다. 그것은 인간 사회에서 발견되는 다양한 아이디어와 실행의 인식과 다른 국가와 민족집단의 구성원으로서 행하는 행동들이 어떻게 이뤄지는지에 관한 지각을 포함한다.

셋째, 간문화적 능력 강화하기에서 간문화적 능력은 문화 간 의사소통(언어, 신호, 몸짓)과 단서들, 다양한 문화 속 관습을 해석하는 능력이다. 즉, 감정이입과 대화가 중요하며,

다른 문화적 배경의 사람들 행동과 지각을 만들어 내는 문화적으로 조건화된 가정들을 인식하는 것이 목표이다.

넷째, 인종차별, 성차별, 온갖 종류의 차별과 편견에 맞서 싸우기에서 인종차별, 성차별, 온갖 종류의 차별과 편견을 줄이는 것은 다른 문화와 인종적 열세에 관한 오해와 성에 관한 선입관에 토대를 둔 부정적인 태도와 행동을 줄이는 것이다. 인간의 기본적인 유사성을 바탕으로 성과 다른 인종, 다른 민족에 관한 선입관과 사회적 통념을 명확히 하는 것이 중요하다는 것이다.

다섯째, 역동적인 세계와 지구의 상태에 관한 인식 증가시키기에서 역동적인 세계와 지구의 상태에 관한 인식은 일반적인 세계의 상황, 추세, 발전에 관해 아는 것이다.

여섯째, 사회적 행동 능력 훈련하기에서 사회적 행동 능력은 인류의 행복과 지구의 미래를 위협하는 중요한 문제들을 해결하는 데 도움을 줄 만한 지식과 태도, 행동을 포함한다. 즉 지구적으로 생각하고 지역적으로 행동하는 것이 중요하며, 사회의 성인 구성원으로 참여적인 태도를 보임으로써 개인적인 감성과 정치적인 영향력, 지구적 책임감을 발전시키는 것이 목표이다.

이처럼, 다문화교육에서 중요시하는 것은 문화적 다양성을 가치 있는 것으로 보고, 문화적 다양성을 증진시키는 데 역점을 두는 교육으로서 민족 정체성 교육, 국제이해교육, 세계교육을 포괄적으로 아우르는 지구촌 다문화교육의 성격을 띠는 것이 바람직하다. 또한 다문화교육은 문화적 다양성, 국가와 민족 정체성과 세계 시민의식을 함양한 다문화적 시민 양성에 두어야 한다는 것이다(김상돈, 2010).

덧붙이자면 오은선(2009)은 우리나라 다문화교육을 위한 교수학습의 관점으로는 다문화주의적 입장을 취할 것을 제안한다. 그리고 관점에 근거한 정체성 확립, 다양성 이해·존중, 평등과 정의 실현, 세계 시민성 발달, 새로운 문화 창조를 교육목적으로 설정하고 있다.

결론적으로 다문화교육의 목표는 다문화주의적 입장에서 자신과 타인을 존중하는 태도를 갖게 함으로써 결과적으로 나와 다른 외모, 문화, 생각, 생활방식을 가진 다양한 사람들을 이해하고 수용하여 더불어 살 수 있는 기반을 만들고자 하는 것이다. 따라서 다문화교육은 단순히 특정한 문화에 대한 이해나 특정한 문화적 특성을 가진 집단에 대한 태도만을 목표로 삼지 않으며, 다문화적인 상황과 맥락에서 요구되는 자질과 역량, 즉 종합적인 다문화 역량을 함양하는 것에 주안점을 두어야 한다(Banks, 2014; Bennett, 2007).

4 다문화교육의 방향

다문화교육에 대한 논의에서 다문화교육의 방향성을 설정하는 것은 매우 중요하다고 볼 수 있다. 왜냐하면 한국적 상황이 안고 있는 강한 단일민족 의식의 뿌리는 쉽게 바뀌지 않는 것이고, 자칫 다문화교육의 방향이 부정적 결과를 초래할 수 있기 때문이다.

따라서 개방화된 다른 서구 사회와는 달리 다소나마 강한 단일민족 의식이 자리 잡고 있는 우리의 사회적 분위기를 과감히 탈피하여 문화적 다양성을 가치 있는 것으로 보고, 문화적 다양성과 상대성을 바탕으로 다문화주의적 입장에서 자신과 타인을 존중할 수 있는 교육의 방향성과 인식 전환이 지속적으로 요구된다.

아울러 다문화교육의 실행과정에서 제기되는 한국 사회에 이주하여 다문화사회를 만들어 가는 이주민들의 입장에서 생각하는 다문화교육의 주요 이슈는 무엇인지 살펴보는 것이 무엇보다 의미 있다고 볼 수 있다.

이주민들은 첫째, 한국 사회에 체류하는 과정에서 출신 배경, 피부색 등과 관련하여 한국인들이 갖고 있는 편견이나 고정관념이 개선될 수 있는 교육이 우선되어야 함을 지적하였다.

둘째, 이주민들은 일반적으로 다문화교육을 통해 강조되고 있는 문화 간의 차이나 다양한 문화에 대한 소개보다는 인간으로서 존중받아야 하는 보편적인 권리에 대한 교육이 우선시되어야 함을 지적하고 있다. 차이 또는 다름이 일상생활에서 자연스럽게 수용되지 않는 현실에서, 이주민이 갖고 있는 문화나 배경의 다양성과 차이에 대한 소개보다는 그 이면에 존재하는 보편성과 인권 보장이 더 중요하다는 것이다.

셋째, 이주민들은 한국 사회에 이주하여 정착하는 과정에서 일방적인 동화를 요구받기보다는 실천하는 주체로서 인정받기를 원하고 있다. 이주민들은 이주 전 사회의 문화를 그대로 가지고 들어오지 않으며, 또 이주를 통하여 일방적으로 새로운 사회 문화를 수용하는 것도 아니다. 주어진 상황이나 입장에 따라 다양한 문화적 흐름을 취사선택하여 수용하고 만들어 가는 것으로 이해해야 한다는 것이다.

이에 뱅크스(Banks)는 한국의 높은 교육열에 관심을 보이며 "소수민족 집단과 주류집단의 학업성취도 수준은 차이가 날 수밖에 없다"며 "한국과 같이 교육열이 높은 사회에서는 그 격차가 더 벌어지게 될 것"이라고 말했다. 그는 "소수민족 집단의 아이들이 언어 장벽을 극복하고 학업성취도 격차를 줄여나가고 함께 어울릴 수 있도록 다문화교육을 더욱 강조해야 한다."라고 덧붙였다(동아일보, 2009). 또한 다문화교육은 결코 소수집단에 주어지는 시혜나 복지정책이 아니다. 차이에 대한 관용과 배려가 단순히 다수집단이 소수집단에게 베풀어야 할 윤리적 덕목인 것은 아니다. 다문화교육이 내국인과 이주민이라는 이분법적인 구도 속에 양자 사이에 일어나는 갈등의 해소나 혹은 이주민들의 사회적응교육의 측면에서만 편협하게 인식되고 실천된다면, 그것은 오히려 이주민을 내국인으로부터 구분시키고, 문화적 소수자로 전락시켜 사회적으로 소외시키는 결과를 초래할 수도 있다고 지적하고 있다(장사형, 2017). 따라서 다문화교육은 다양한 문화적 배경을 가진 사람들이 그 누구도 차별이나 배척 없이 서로의 문화와 가치를 존중하며 공생하는 사회를 위한 교육이기에, 다문화교육이 기대하는 사회적 통합은 양 방향적 과정으로 이루어져야 한다. 즉, 다문화교육은 한편으로는 이주민이 수용국 사회의 공동체적 가치를 존중하고 시민으로서의 책임과 의무를 이행하는 과정임과 동시에, 다른 한편으로는 수용국의 주민이 이주민을 수용하고 차이와 다양성을 존중하며 포용하는 과정을 모두 포함해야 한다고 지적하고 있다(조혜영, 2013).

이러한 맥락에서 김경근(2006)은 학교 교육의 방향이 학업성취 중심의 수월성 추구와 같은 수직적인 능력관보다는 지식 기반 사회에서 요구되는 다원적이고 수평적인 능력관에 조응하는 방향으로 변화되어야 한다고 주장한 바 있다. 즉, 다문화교육은 본질적으로 수월성 추구의 문제보다는 다양성과 수평적인 능력관을 바탕으로 공평한 교육 기회와 성취에 대한 적절한 보상을 기반으로 한 형평성의 추구에 보다 초점을 맞추고 있는 것으로 이해할 필요가 있다는 것이다.

오은선(2009)은 우리나라 다문화교육의 기본방향으로서 다문화주의적 관점을 지향해야 할 것과 정체성, 다양성, 평등과 정의, 세계 시민성, 새로운 문화 창조를 국가적 목적으로 하여 교과 프로그램과 적응 프로그램을 개발 · 운영할 것을 제안하고 있다.

또한, 다문화교육은 먼저 단순히 사람이나 집단 혹은 문화 간 접촉을 넘어 체계적인 훈련에 의해 습득해야 하는 '기본적인 태도 기르기'를 강조하고, 세계시민교육으로서의 다문화교육을 부각시키고, 다문화사회의 교육적 과제에 대한 논의를 지속적으로 확장할 필요가 있다. 이러한 맥락에서 무엇보다도 다문화교육의 패러다임을 전환해야 한다는 것이다. 즉, 무조건적인 한국화 교육이 아니라 다문화 자녀들이 가진 특성과 장점을 계발하고, 이에 바탕을 두는 다문화교육이 필요하다. 따라서 현재 국민이 인식하는 다문화의 실태를 조사하고, 이를 바탕으로 올바른 다문화에 대한 인식과 태도를 형성하는 교육방법이 모색돼야 할 것이다. 다문화교육은 외국인의 정착과 한국화 지원을 뛰어넘어 '모두'를 위한 교육으로 전환해야 한다(배현주, 2009). 지금까지 사회의 재생산을 위해 이주민의 주류사회 동화와 '사회화'에 치중했다면, 이제는 가르침과 배움의 상호작용과 공감 능력 배양 및 사회변화를 목적으로 하는 '쌍방향적 다문화교육'이 필요하다. 다문화교육이 사회체제의 현상 유지와 재생산을 목적으로 할 것이 아니라 참여적 교육활동을 통해 타 문화의 처지에서 생각할 수 있는 '공감 능력'과 '표현 능력'을 배양해야 한다는 것이다(네이버 지식백과, 2013).

한편 뱅크스(2008)는 다양한 접근방식과 복합적 열린 교육을 지향하는 학교 교육으로서 다문화교육의 올바른 방향성을 다음과 같이 제시하고 있다(이민경, 2008 재인용).

먼저, 편견 줄이기(prejudice reduction)로 인종적, 민족적 편견을 줄이는 방법론을 모색해야 하고, 학생들이 지식이 어떻게 구성되는지를 이해하게 하여 학생들에게 문화적 틀을 이해하게 해야 한다는 것이다.

또한 통합적 내용(content integration)으로, 교사가 다양한 문화적 콘텐츠를 사용하여 문화적 다양성을 통합적으로 제시할 수 있고, 다양한 배경을 가진 아이들이 균등한 학업성취를 할 수 있도록 교수법을 개발하는 등의 균등교육(equity pedagogy)을 실시해야 하며, 나아가 학교문화와 사회구조에서의 권력 기르기(empowering school culture and social structure)로 다양한 민족, 인종, 문화적 그룹의 학생들이 학교에서 균등하게 힘을 행사할 수 있도록 균등하고 정의로운 학교문화를 창출해야 한다는 것을 강조하고 있다.

5 다문화교육의 실행전략

1) 학교에서의 다문화교육

학교에서의 다문화교육은 공식적인 교육과정을 바탕으로 다분히 체계적이고 지속적이며 그 효과 또한 매우 크다고 볼 수 있다. 따라서 학교에서의 다문화교육은 보다 밀도 있게 다양한 영역으로 프로그램이 만들어져야 하며, 체계적인 교육 훈련을 통한 다문화 인식 교육이 이루어져야 할 의무를 가진다고 본다. 뱅크스(2008)가 주장한 것처럼 현존하는 편견과 불평등에 대한 적극적 개선 노력을 강조하는 방향으로 교육과정 및 사회구조의 전면 개혁이 이루어져야 하며, 이를 위해서는 교육과정의 근본적 변화를 강조하는 사회행동(social action) 접근법이 유용할 것이다(동아일보, 2009).

이러한 맥락에서 먼저, 다문화 학교 교육의 내용적 측면에서 다루어야 할 부분들을 살펴보면, 교육부의 다문화교육 계획에서는 다문화교육의 주요 내용 요소를 '평등성', '반편견', '정체성', '다양성 존중', '상호문화이해', '협력성'으로 제시하고 있으며(교육부, 2021), 양영자(2008)는 다문화교육에 있어서 다음과 같은 내용 체계를 강조하고 있다.

첫째, 소수자 적응교육으로서 기존의 주류사회가 새로운 이주자를 받아들이는 첫 단계에서 사회통합을 위해 가장 보편적으로 행해지는 교육으로 동화주의자(assimilationist)의 관점에 기초하여 주류사회로의 동화에 초점을 맞추는 것으로서 소수자 적응교육은 기초학습능력과 한국문화 정체성 함양, 한글 능력 향상과 한국문화 이해의 심화 등이 교육의 주된 내용이 되어야 한다는 것이다.

둘째, 소수자 정체성 교육으로서, 다문화주의자(multiculturalist)의 관점에 기초하여 이들이 자존감을 회복하고 자신이 속한 문화집단에 자부심을 가지도록 하는 데 관심을 기울이는 교육이 이루어져야 한다.

셋째, 소수자 공동체 교육으로서 소수자들의 정서적 지지를 위한 정서적 지원망 확보와 소수인종 문화집단 간, 혹은 소수집단 내에 갈등이 생길 때 요구되는 교육으로서 집단 간 이해를 도모하여 긴장과 갈등을 경감시키고 이들의 집단 간 사고의 지평을 확장시켜 주는 데 초점을 두는 교육이다.

넷째, 다수자 대상의 소수자 이해 교육으로서 다수자를 대상으로 소수자에 대한 차별과 편견 의식을 극복하고자 하는 데 초점을 맞추는 것이다. 소수자에 대한 편견 제거와 차별 철폐를 이루려면 다수의 인식 변화를 꾀할 수 있는 반편견교육(non-biased education)이 동시에 이루어져야 하며, 따라서 국가 교육과정을 통해 가장 적합한 교육내용으로 제시해야 한다.

한편, 차윤경(2008)은 한국의 다문화교육은 날로 증대되는 사회의 다원화에 대응하기 위한 전략으로 다양한 문화 요소들을 백화점식으로 나열하기보다는 이질적인 문화를 관통하는 보다 보편적이고 핵심적인 원리와 가치들(민주주의, 인권, 평등, 사회정의, 세계시민 의식 등)을 강조하는 데 역점을 두어야 한다는 것이다.

다음으로, 다문화 학교 교육의 방법론적 측면을 살펴보면, 김선미(2009)는 다문화교육을 어떻게 실행해야 하는지에 대해서 다음과 같이 강조하고 있다.

첫째, 다문화교육은 성별, 종교, 직업, 서로 다른 관심과 능력의 차이 등 인종적, 민족적 다름에서 오는 문화적 차이를 통해서 이루어져야 한다는 것이다.

둘째, 다문화교육은 다문화적인 태도, 정의적 특성을 위한 교육 자체만을 목적으로 교육프로그램을 운영하거나 언어, 문화교육 등을 통해서 다문화교육을 실행할 수도 있지만, 무엇보다도 다문화교육이 모든 교과목에 접목되어 교실의 교과목 수업 속에서 또한 학생들의 생활 실천과 연계하여 이루어지도록 해야 한다.

셋째, 다문화교육은 체험활동 위주의 교수학습법을 통하여 성취되어야 한다. 즉 학생들의 가치체계와 태도의 형성 등과 같은 정의적인 영역의 학습은 지식의 학습을 보조적으로 활용하여 직접 체험해 보면서 느끼고 활동을 통해 경험으로 이루어질 때 가장 효과적일 수 있다는 것이다.

또한, 다문화 역량을 효과적으로 함양하기 위한 적절한 교수·학습 방법도 고려해야 한다는 것이다. 다문화교육의 교수학습과 관련한 논의에서는 일반적인 교육에서 간과되기 쉬운 학생의 문화적 특성과 다문화적 교수학습 환경을 수업 계획의 단계부터 고려해야 한다는 점(Sleeter & Grant, 2009), 교실의 교수학습 과정 그 자체가 다양한 문화적 차이에 대한 경험을 제공할 수 있도록 협동 학습을 적극적으로 활용할 필요가 있다는 점(Aronson et al., 2015), '문화적으로 적합한 교수법(Culturally relevant pedagogy)' 원리를 적용하여 다양한 학생들의 배경 문화와 특성을 고려한 교수학습이 이루어져야 하며 이를 위한 교사의 역할이 중요하다는 점(Ladson-Billings, 1994; 2014)을 지적하고 있다(김동진·이슬기, 2021, 재인용).

나아가 설동훈(2009)은 다문화교육의 방법론과 관련해서 중요한 것은 다문화교육의 주체가 정부, 학교뿐만 아니라 대중매체, 기업, 사회단체, 가족 등 사회 구성원 전체로 확대되어야 한다고 강조하고 있다. 따라서 다문화교육은 정부와 학교 등 공식적 교육을 담당하는 기관뿐만 아니라 시민사회의 자발적 참여는 물론 위로부터의 정책과 아래로부터의 자발적 참여가 함께 어우러져야 한다고 주장하고 있다.

종합하자면 김용신(2009)은 다문화교육에 대해 교육목적, 교육내용, 교육방법 측면에서 다음과 같이 정리하고 있다.

먼저, 교육목적 측면에서 가장 중요한 것은 한국 사회의 특수한 분단 상황과 다문화 상황에서 비롯되는 민족주의적 단일성과 문화적 다양성의 갈등과 조정과제이다. 따라서 북한이탈주민이나 재외동포 자녀를 대상으로 하는 민족 정체성 교육과 외국인 근로자와 국제결혼가정 자녀를 대상으로 하는 다문화교육의 이론적·경험적 조정 과정이 필요하다.

둘째, 교육내용 측면에서 다문화교육은 대부분 한국문화, 한국어 교육 등 소수자의 적응을 중시하는 내용으로 구성되어 있으며 소수자의 정체성 문제에 관심을 기울이는 교육이 이루어져야 할 것이다.

셋째, 교육방법 측면에서는 분리교육과 통합교육의 문제가 거론될 수 있다. 기본적으로 한국의 다문화교육은 방과 후 학교 등을 통한 분리교육이 실행되고 있어 의사소통과 문화 차이로 인한 정서적 불안, 학력 부적응 등이 나타나는 등 궁극적으로 분리교육의 근본 한계를 인식하고 다문화 협력 학급과의 통합, 문화적 소수자 대안학교와 일반 대안학교 간 통합 등의 방법이 고려되어야 할 것이다.

2) 다문화 교사교육

학교 현장에서 다문화교육 목표를 실천하기 위해서는 세계화의 흐름을 이해하고 다문화적 소양과 교수학습 능력을 갖춘 교사의 역량 강화가 무엇보다 중요하다. 이는 급격하게 확대되고 있는 다문화사회에서의 다문화교육의 주체는 교사일 수밖에 없으며, 보다 체계적인 다문화교육의 선봉 역할은 교사의 몫이라고 볼 수 있기 때문이다. 학교 현장에서 가장 강력한 목소리를 가진 교사의 교육적 힘은 결국 다문화교육의 성공과도 밀접하게 관련된다. 따라서 다문화교육을 위해서는 교사의 지식이나 태도 가치는 물론 교육적 힘을 발휘할 수 있는 교사의 자질과 능력이 절실히 요구된다. 이에 다문화교육이 교사에게 요구하는 전문성의 요소는 자신의 문화적 태도에 대한 반성 능력, 사회의 문화적 다양성에 대한 이해, 다문화가정 출신 학습자의 특성에 대한 지식, 다문화교육 자료를 개발하고 활용할 수 있는 능력과 효과적인 교수전략 탐색 능력 및 교수에 대한 자신감, 소수자에 대한 관용과 배려, 다문화적 갈등 상황 해결 능력 등을 강조하고 있다(모경환, 2009 재인용). 이민경(2008) 역시 다문화교육의 핵심은 교사의 다문화 감수성에 있으며, 교사들에게 다른 문화를 직접 접하고 공부할 수 있는 기회를 제공하거나 관련 연수를 통하여 다문화 감수성 훈련이 이루어져야 한다고 주장하고 있다. 아울러 학생들에게 불평등, 인종주의, 편견에 민감한 정서를 갖도록 북돋우며 일상생활에서의 편견적이고 차별적인 상황 등을 비판적으로 성찰할 수 있는 능력을 키워주는 교육은 교사 스스로의 인식 변화와 방법론적인 훈련이 선행되어야 한다는 것이다.

다문화 교사교육에 대한 방향성과 방법을 제시해 보면 다음과 같다(장원순, 2009).

첫째, 다문화 교사교육은 지식과 기능, 가치 태도가 균형 있게 이루어져야 한다. 문화는 겉으로 드러나는 부분보다 중요한 것이 심층문화이며 이는 대부분 정서와 느낌, 가치관과 밀접하게 연관되어 있다. 이들은 단지 지식교육을 통하여 얻어지기보다는 느끼고 감동하고 체험하는 과정에서 얻어지는 것이다. 따라서 다문화 교사교육과정에는 많은 실습과 체험, 여행, 견학 등이 강조되고 포함되어야 한다.

둘째, 다문화 교사교육과정에서 강조해야 하는 것 중 하나는 일방적 가르침이 아니라 가르침과 동시에 배워야 한다는 것이다. 이는 교사와 학생 그리고 학생과 학생 간에서도 마찬가지이다. 이러한 과정을 통하여 교사와 학생은 간문화 학습과정과 공존, 존중, 다양성의 인정이라는 가치 태도를 습득할 수 있을 것이다.

셋째, 다문화 교사교육의 토대로서의 민주시민교육이 강조되어야 한다. 다문화교사는 학습자들이 한국 사회의 시민으로서 행동할 수 있도록 이에 필요한 자질을 교육해야 한다. 이를 통하여 이들은 한국 사회에 일원으로 소속감을 느끼게 될 것이다. 그리고 민주시민 교육과정은 민주적으로 이루어져야 한다.

넷째, 다문화 교사교육은 유관기관과의 긴밀한 협조 속에 이루어져야 한다. 가깝게는 교육대상자들이 실습할 수 있는 초·중등학교, 다문화교육센터, 사회복지기관과 긴밀히 협조해야 하며, 더 나아가서는 언어교육기관, 각국 문화원, 대사관 등과도 협조체제가 이루어져야 한다.

다섯째, 외국인노동자, 결혼이민자, 북한이탈주민들이 교육에 적극적으로 교사 교육 대상자들에게 그들의 목소리를 제시하거나 자신들의 역사와 문화들에 대하여 교육할 수 있도록 시간과 공간을 배려해야 한다. 이를 통하여 진정한 의미의 문화통합과 발전이 가능할 것이다.

3) 다문화가정 부모교육

다문화교육은 일반가정과 다문화가정 모두에서 요구된다. 이 두 구성원 모두가 함께 살아가야 하는 한국 사회의 일원이기 때문이다. 따라서 일반 학부모들에게는 다문화 이해교육을 통해 자신의 자녀와 다문화가정 자녀들이 함께 어울리는 것을 자연스럽게 받아들일 수 있도록 하는 것이 중요하다. 외국인 주민 다문화가정 학부모들에게는 정주국인 한국의 문화 이해교육을 통해 그 자녀로 하여금 우리 사회에 잘 적응하도록 지도할 수 있게 한다. 한편 한국인 다문화가정 학부모들은 그들 배우자의 한국 적응을 도울 뿐만 아니라 그들 나라의 언어와 문화도 익힘으로써 부부간의 갈등을 줄이고 화합할 수 있도록 해야 할 것이다(서종남, 2011).

다문화교육의 일환으로 이루어지는 부모교육은 개별 다문화가정이나 지역사회 내의 다문화교육센터, 결혼이주민지원센터, 지역사회복지관, 건강가정지원센터, 종교기관, 기타 유관기관 등을 통해서도 실시될 수 있지만, 다문화교육의 차원에서 부모교육을 실시하는 장소를 학교로 선정할 때 특별히 다음과 같은 측면에서 주목할 만한 의미와 가치를 지니게 된다.

첫째, 자녀들이 다니는 학교와 학교에서 이루어지는 교육활동에 대한 이해를 도모할 수 있다. 즉, 자녀가 속해 있는 학교의 물리적 환경, 자녀와 상호작용하는 또래나 교사의 인적 상호작용 환경, 교육의 운영시스템과 관련된 구조적 환경 등에 대한 폭넓은 이해를 높임으로써, 가정과 학교 간의 유기적인 공조 및 협력체제기반을 구축할 수 있다.

둘째, 자녀에 대한 이해를 높일 수 있다. 그동안 주로 가정의 울타리 안에서만 자녀들을 보아온 부모들에게 가정 밖의 환경인 학교라는 공간을 통해서 자녀를 바라보게 하는 것은 사뭇 다른 경험을 하게 할 수 있다. 즉, 학교에서 교사나 또래들로부터 받는 평가를 통해 부모는 자녀에 대한 객관적인 시각을 가질 수 있고, 자녀에 대한 이해를 바탕으로 부모·자녀 관계를 향상시킬 수 있다.

셋째, 접근성이 좋은 학교에서의 부모교육을 통해 다문화가정 부모들의 사회적 적응을 도울 수 있다. 즉, 학교에서의 부모교육은 다문화가정의 외국인 부모들이 어려움을 겪고 있는 언어 소통의 문제와 이질감 극복의 문제를 해소하는 효과적인 방편이 될 수 있을 것이다.

넷째, 다문화가정의 부모들을 인적자원으로 활용할 수 있다. 이제는 다문화가정의 부모들을 무엇인가 가르쳐야 할 교육의 대상으로 바라보는 제한된 시각에서 탈피할 필요가 있다. 이들을 다른 언어나 다른 문화의 효과적인 전달자, 교육매체로 보고 다문화가정 부모들의 자원적 가치를 고려하고 반영하여 학교 교육에 적용해 볼 수 있다.

다섯째, 다문화가정의 자녀에게는 자아정체성 강화의 효과를, 일반가정의 자녀에게는 반편견교육의 효과를 도모할 수 있다. 학교에서 실시하는 다문화가정의 부모교육이나 부모참여는 다문화가정 자녀들로 하여금 모국 문화에 대한 자부심을 심어주고 교직원과 학생들에게는 다른 문화를 경험해 봄으로써 자연스럽게 서로 다름을 이해하고 '차이'를 '차별'로 귀인하는 잘못을 범하지 않게 하며, 다양한 사회 구성원이 조화롭게 더불어 살아가는 공동체 의식을 함양하도록 할 수 있다(김향은, 2007).

한편, 다문화가족의 부모교육 프로그램으로 송채림 외(2016)는 보편적인 부모교육의 목표가 균형 있게 반영된 다문화가족 부모교육 프로그램이 개발되어야 한다고 주장하고 있다. 즉, 정보제공, 기술습득, 신념 변화 및 문제해결 능력이라는 일반적인 부모교육의 4가지 목표 중 정보제공과 기술습득에 주로 치중되어 있으며, 신념 변화와 문제해결 능력의 목표는 다소 취약함을 지적하고 있다. 또한, 다문화가족의 건강성 증진과 한국 사회적응을 위해 다문화 수용성, 아버지 역할, 개인과 부모로서의 정체감 등의 내용이 반영된 부모교육 프로그램이 요구된다고 주장하고 있으며, 아울러 다문화가족의 부모 역할이라는 한정된 내용에서 벗어나, 결혼이주민 여성 개인으로서의 정체감 확립과 다문화가족 내 아버지의 민주적 역할에 대한 내용 보강이 필요하다는 것이다. 나아가 생애주기별 균형성 차원에서 성장과 발달의 속도가 빠른 청소년기의 특성에 대한 이해, 사춘기 자녀와의 소통, 눈높이 부모 역할 수행, 진로지도 등은 청소년기 자녀를 둔 모든 부모의 자녀교육 및 한국 사회에서 정보접근성의 차원에서 더욱 필요한 부모교육의 내용이라고 주장하고 있다.

4) 다문화가정 자녀교육

다문화교육에 있어서 주된 교육 대상자는 다문화가정의 학생들일 것이다. 먼저, 다문화학생이란 국제결혼가정과 외국인 가정의 자녀로 구성되며, 국제결혼가정 자녀는 친부모 중 한 명만 외국 국적인 경우이고, 외국인 가정 자녀는 친부모 둘 다 외국 국적인 경우를 의미한다. 국제결혼가정 자녀를 좀 더 자세히 구분하면 국내 출생과 중도입국 자녀로 나눌 수 있다. 국내 출생 자녀는 한국인과 결혼한 외국인 배우자 사이에서 태어난 자녀 중 국내에서 출생한 자녀를 의미하며, 중도입국 자녀는 국제결혼가정 자녀 중 외국에서 태어나 부모와 함께 중도에 국내로 입국한 자녀를 말한다. 이러한 다문화학생들은 다문화사회에서 주류가 아닌 비주류로서 미성숙한 아이들이 감당하기에는 다소나마 많은 어려움에 직면해 있는데 이러한 어려움을 해소해 주는 교육적 조치나 배려는 매우 중요한 의미를 가진다.

실제 다문화사회에서 비주류로서 생활한다는 것은 매우 고달픈 일이라 볼 수 있다. 그 구체적 어려움이란 바로 언어능력의 부진으로 인한 학습 부진, 다른 문화적 배경에서 성장한 탓에 빚어지는 정체성 상실, 같은 또래 다수자 집단으로부터 당하는 집단따돌림 등으로 인한 문제일 것이다. 실제 다문화가정 아이들이 겪고 있는 적응의 어려움을 구체적으로 살펴보면 다음과 같다.

첫째, 언어 문제이다. 한국어의 습득이 단기간에 해결될 수 없으므로 지속적인 교육이 필요하다.

둘째, 부모의 가치관이다. 교육열과 같은 사회문화적 가치관이 다를 때, 한국 사회에 적응하는 데 어려움이 있고, 그에 따라 가정에서의 다양한 지원의 결핍으로 인해 학교생활에서 소외당하거나 부적응의 형태로 나타나고 있다는 것이다.

셋째, 문화적 차이에 따른 갈등도 교육에 영향을 미친다. 자아정체성은 한 개인이 '자기가 누구이며 어디에 있었으며 어디로 향해 가고 있는가?'에 대한 사항이며 자신에 대한 명확한 인식으로 자신의 삶에서의 동일성과 연속성을 확보하려는 것이다. 특히 청소년기에는 동년배와 가족 이외의 지도자들과 새로운 동일시를 통해서 자아정체감이 형성된다고 보고 있다.

한편으로, 다문화가정 청소년들이 학교생활 적응에 많은 어려운 점을 가지고 있다. 무엇보다 학교 현장에서 다문화가정 청소년들은 다문화적 특성이 있는 외모로 인하여 스트레스를 받고 친구, 교사와의 관계에 소극적인 모습을 보이는 것으로 나타났으며, 스스로 일반가정 청소년과 비교하여 한국어가 부족하다고 여기는 위축감으로 인하여 학업에 어려움을 겪고 있는 것으로 볼 수 있다. 실제로 여성가족부의 '전국 다문화가족 실태조사 보고서(2016)'에 따르면, 다문화가정 자녀가 학교에 적응하지 못하는 가장 큰 이유는 '친구들과 어울리지 못해서'(64.7%)로 나타났다. 이어 '학교 공부에 흥미가 없어서'(45.2%), '한국어를 잘하지 못해서'(25.3%) 등이 뒤를 이었다. '외모 때문에'도 7.7%를 차지했다. 이러한 보고서에 따라 다문화가정 자녀들의 이국적인 외모는 친구들에게 괴롭힘을 당하는 요인이 되기도 한다는 것이다.

덧붙여 박희훈 · 이유정(2019)에 의하면 다문화가정 청소년은 본인이 다문화가정에서 자라났다는 것 자체를 부정적으로 인식하여 숨기려고 하거나 부끄러워하고 정체성에 혼란을 겪는 경향이 있는데, 정체성에 대한 혼란감이 원활한 학교적응을 방해하는 것으로 나타났다. 다문화가정 청소년은 일반가정 청소년이 경험하는 학교적응의 어려움에 더하여 문화적인 차이와 갈등으로 인한 어려움을 동시에 경험할 수 있기에, 학교적응에 더 큰 어려움을 겪을 수 있다는 것이다.

이러한 맥락에서 다문화 학생의 학교적응 관련 요인들을 살펴본다면, 먼저, 개인적 요인으로 자아존중감이나 개인의 의사소통 능력이나 한국 문화에 대해 능동적으로 수용하는 자세 등이 학교적응에 매우 중요하다는 것이다. 둘째, 사회적 요인으로는 우선, 부모 요인에는 부모-자녀 관계, 양육 태도, 부모의 한국어 능력과 문화적응 스트레스 같은 변수들이 중요한 요인이며, 또한 가족 관련 요인으로는 부부 갈등이 양육 스트레스에 영향을 주어 다문화 학생의 학교생활 적응에 부정적 영향을 미치는 것으로 볼 수 있다. 학교 관련 요인으로는 교사와 학생 간의 관계, 교사의 지지, 다문화교육에 대한 교사의 인식, 교우 관계 등이 다문화 학생의 학교적응에 영향을 주는 요인이라는 것이다(노보람 · 정정화 · 최나야 · 이강이, 2019).

이에 다문화가정 학생이 겪는 어려움의 원인을 일상생활과 학교 적응과정에서 나타나는 어려움에 대해서 정리하면 다음과 같다(손민정, 2008).

▌표 2-4▌ 다문화가정 학생이 학교 적응과정에서 겪는 어려움의 원인과 내용

일상생활에서 어려움을 겪는 원인	
심리적 요인	• 또래에 비해 언어발달의 지체로 인한 자신감 결여 • 다른 인종적 영향으로 인한 외모에 따른 정체감의 혼란
사회적 요인	• 외국인 어머니의 부족한 교육적 지지
⬇	
학교 적응과정에서 겪는 어려움	
심리적 경험	• 외로움, 소외, 고립감 • 학업에 대한 기대와 성취의 차이로 인한 자신감 결여 • 부정적인 자기개념 • 민족적 · 문화적 정체감 혼란
친구관계	• 언어능력 부진으로 소극적인 또래관계 형성 • 집단따돌림 경험
교사관계	• 교사의 배려와 관심에 대한 부담 • 소극적 태도 • 친밀하지 못한 관계 형성
학교수업	• 형식적인 말하기에 대한 어려움 • 수업내용에 대한 불충분한 이해 • 학습준비물 및 과제해결의 어려움

출처: 손민정(2008).

이처럼 다문화가정 학생들이 학교적응과정에서 겪는 어려움은 대단히 종합적이고 복합적인 문제로 나타나고 있으며, 이러한 문제해결 과정에서 보다 지속적이고 체계적인 다양한 지원이 이루어지지 않는다면, 다문화교육이나 다문화정책 실행은 실패로 돌아갈 확률이 높다. 그뿐만 아니라 다문화사회에서 다문화교육에 대한 각계각층의 목소리는 현장감을 상실한 공허한 메아리에 불과할 것이다.

따라서 다문화가정 아이들이 학교적응 과정에서 겪는 어려움을 해결하기 위한 기본적인 방안을 제시할 필요가 있다. 조혜영 · 서덕희 · 권순희(2008)는 다문화가정 아이들의 학교 부적응 해결의 다방면적 대안을 제시하고 있다. 첫째, 다문화가정 자녀들의 부모가 가진 사회문화적 자본이 교육적, 사회적으로 활용 가능한 것으로 전환될 수 있도록 해야 한다. 둘째, 다문화가정 자녀들이 다니고 있는 학교가 위치한 지역 여건을 고려해야 할 것이며, 다문화가정 자녀들의 분포 특성도 고려하여 지원 주체 간의 충돌이 없도록 지역사회의 지원센터와 학교와의 유기적 연계가 필요하다. 셋째, 다문화가정 자녀의 적응 정도 및 생활환경에 따라 지원의 방식을 달리해야 한다. 예컨대, 보충학습 지도나 숙제 지도 등을 위해서는 이러한 지도가 필요한 일반 학생들도 함께 모아 지도하는 것도 한 방법일 것이다. 즉, 이들이 다문화가정 자녀라서 지도를 받는 것이 아니라 기본학습 능력을 배양하기 위해 지원이 필요하기 때문에 지도를 한다는 방향으로 진행되어야 한다.

종합하자면, 다문화가정의 아이들이 겪는 문제점을 교육적으로 인식해야 하며, 실질적으로 다문화가정 및 다문화가정 자녀 지원정책이 체계적으로 이루어져야 한다. 결국 다문화가정 지원정책은 다문화가정 부모에 대한 지원정책만이 아니라 다문화가정 자녀에 대한 교육지원정책이 되어야 한다. 그뿐만 아니라 모든 이주 아동이 각자의 문화적 정체성을 기반으로 하여 한국문화를 주체적으로 수용할 수 있도록 하는 교육이 되어야 한다.

6 다문화교육에 대한 시사점

우선 다문화교육의 실행과정에서 제기되는 한국 사회의 다문화교육에 대한 시사점을 살펴보면 다음과 같다.

첫째, 한국 사회의 다문화에 대한 논의의 가장 큰 특징은 그 대상의 편향성이다. '다문화'에 대한 논의라고 하기에는 여전히 논의의 내용에 민족주의적 사고가 강하게 작동하고 있다. 한국 사회의 '다문화'에 대한 논의와 관련 정책들이 탈북자들이나 결혼이주자 여성과 그 자녀의 교육문제 등 궁극적으로 한국인으로 포함되는 대상에 관심이 집중되어 있다.

둘째, 현장에서의 다문화교육에 대한 내용 구성과 방향성 문제를 들 수 있다. 학교를 비롯한 각종 현장에서 이루어지는 다문화교육 프로그램의 경우 주로 결혼이민자와 그 자녀들의 언어 교육과 문화 체험에 치우쳐 있어 다문화교육을 지나치게 협소하게 이해하고 있는 측면이 있다.

마지막으로, 다문화교육 대상 범위의 한정성이다. 다문화교육은 이주자들을 위한 교육이라는 의미만을 지니지 않는다. 다문화교육을 대상에 따른 범주로 이주민 혹은 소수자를 대상으로 하는 다문화교육은 학교와 사회적응을 위한 교육적 지원과 배려를 중심으로, 정주자(다수자)를 대상으로 하는 다문화교육은 타자를 받아들이고 평등과 공존의 삶을 모색하는 데 중심을 두는 교육이어야 한다(이민경, 2008).

또한 다문화가정 자녀교육은 학교와 학교 밖 교육을 아우르는 다문화 학습망(multicultural learning)의 형태로 학교 밖에서 이루어지는 다문화교육과 연계하여 이루어져야 한다. 다문화가정 자녀교육은 국제결혼가정과 외국인 근로자 자녀만을 대상으로 하는 교육이 아니라 모든 이를 위한 교육의 일환이 되어야 한다. 뿐만 아니라 다문화가정 자녀교육은 학교 교육을 통한 교육과 일반인을 위한 사회교육을 포괄해야 한다. 물론 다문화가정의 자녀들이 경험하는 학습 부진, 생활 부적응, 사회적 통합에 따른 소외와 차별을 극복하기 위한 인권적 차원의 특별한 관심과 배려가 필요한 것은 두말할 필요가 없을 것이다.

최성보(2010) 역시 다문화가정 학생의 바람직한 학교생활 적응을 돕기 위해 일반가정 학생과 담임교사 등을 대상으로 실시하는 지속적이고 일관성 있는 다문화 이해교육이 필요하며, 실질적인 다문화가정 학생의 올바른 학교생활 적응을 위해 맞춤형 지원교육과 주말 학교 교육 프로그램의 개발과 적용이 필요하다고 하였다. 맞춤형 지원교육 프로그램의 경우 다문화가정 학생의 학력 향상과 심리, 정서적 문제를 해결할 수 있는 프로그램이어야 한다.

또한, 주말 학교 교육 프로그램의 경우는 다문화가정 학생의 독특한 문화, 민족 정체성과 언어를 잃지 않고 주류의 삶의 양식을 수용할 수 있는 교육적 프로그램이 마련되어야 할 것이며, 나아가 다문화가정 학생을 포함한 가족 구성원들의 올바른 정착을 위한 여러 환경을 마련해야 한다고 주장하고 있다.

chapter 03

다문화교육의 현황

- 1 다문화가정 취학연령 아동 현황과 교육 기회
- 2. 국가 수준의 다문화교육 현황
- 3. 교육현장에서의 다문화교육

03 chapter 다문화교육의 현황

최근 법무부 자료에 따르면 국내 체류 외국인이 2020년 기준 2,036,075명이며, 이는 연도별 인구대비 체류외국인 현황('16~'20년)으로 볼 때 전체 인구 대비 체류외국인의 비율이 증가하고 있음을 의미한다. 실제로 2016년 3.96%(전체인구: 51,696,216, 체류외국인: 2,049,441)에서 2019년 4.87%(전체인구: 51,849,861, 체류외국인: 2,524,656)로 매년 증가 추세에 있으며, 2020년 코로나19의 영향으로 2020년에는 3.93%(전체인구: 51,829,023, 체류외국인: 2,036,075)로 감소한 실정이다(법무부, 2021). 체류외국인의 증가 추세는 한국사회가 급속하게 다문화사회로 변화하고 있음을 의미하는 것이다. 이러한 변화는 한국 사회가 그동안 경험해보지 못한 다양한 사회적 문제와 갈등 그리고 잠재적인 딜레마 요소들을 양산해내고 있다고 판단이 된다. 실제로 최근 매스컴에서 확인할 수 있는 다문화와 관련된 사회적 갈등은 심각한 수준에 와 있으며, 특별히 다문화가정에 대한 사회적 우려의 목소리는 점점 높아지고 있다. 이제 한국 사회는 다문화 현상에 대한 적극적인 대처방안이 요구되고 있으며, 이를 효과적으로 제공해 주지 못할 시에는 프랑스와 같은 대규모의 소요 사태가 언제든지 발생될 수 있는 상황에 처해있다고 볼 수 있다. 한국 사회가 직면하고 있는 전술한 맥락은 자연스럽게 한국 사회의 기존 구성원들을 포함하고 현재 체류 중인 외국인들 그리고 그들 사이에서 형성된 다양한 수준의 다문화 공동체들에 대한 적극적인 다문화교육을 요구한다고 볼 수 있다. 이에 본 장에서는 실천적인 다문화교육 적용을 위한 선험적 과정으로서 한국 다문화교육의 현황에 대하여 살펴보고자 한다.

1 다문화가정 취학연령 아동 현황과 교육 기회

최근 국제결혼가정의 국내 출생 자녀와 중도입국 자녀, 외국인 가정 자녀의 재학생수는 매년 급격하게 증가하고 있다. 교육부에 따르면 2021년 현재 전국 초중고에 재학하는 다문화학생은 160,056명(전체 학생 대비 3.0%)으로, 16만 명에 도달하였다. 구체적으로 초등학교 111,371명, 중학교 33,950, 고등학교, 14,307명이다(교육부, 한국교육개발원, 2021). 다문화학생의 지역별로는 경기, 서울에 가장 많이 재학하고 있으며, 전체 학생 대비 다문화학생 비율은 전남, 충남이 가장 높게 나타나고 있다(교육부, 2021).

표 3-1 국내 초중고 다문화학생 현황 (단위: 명)

연도	초등학교	중학교	고등학교	각종학교	합계
2021	111,371	33,950	14,307	428	160,056
2020	107,694	26,773	12,478	433	147,378
2019	103,881	21,693	11,234	417	137,225

출처: 교육부, 한국교육개발원(2021). 2021 교육통계 주요지표.

2021년 현재 이들의 부모 국적을 살펴보면 초등학교는 베트남(38,791명), 중국(26,686명), 필리핀(10,360명), 중국 조선족(8,530명)이 높았으며, 중학교는 베트남(10,796명), 중국(7,471명), 중국 조선족(3,412명), 필리핀(3,236명), 일본(2,084명)의 순으로 나타났다. 고등학교의 경우는 중국(3,552명), 필리핀(2,307명), 일본(2,249명), 베트남(1,836명), 중국 조선족(1,170명)의 순이었다(교육통계서비스, 2021).

다문화학생 중 문제가 되는 것은 국제결혼이주여성의 자녀로서, 특히 동남아 출신 국제결혼이주여성의 자녀이다(이학춘, 2009). 전체 국제결혼이주여성 자녀 전체 취학아동 수 중 우리보다 저개발국가 출신자가정 자녀 수는 53.11%로 이들은 상대적으로 학교에서 왕따를 경험하는 아동들이다.

이러한 국제결혼가정 자녀의 경우 국적과 교육권이 보장되지만 학습자들의 국어 능력과 학습 부진이 문제점으로 대두되고 있다. 반면에 외국인 근로자 중 특히 불법체류자의 자녀인 경우에는 학습권(교육권) 자체가 사회적 문제로 대두되고 있다(조영달 외, 2006).

교육부는 2003년도부터 불법체류자 자녀의 경우도 국내 초·중등학교 입학을 희망할 경우 해당 지역의 거주 사실을 입증하는 서류(전월세계약서, 거주확인보증서)로 대신 제출할 수 있도록 하고 있으나, 부모의 신분 노출 위험 때문에 실제 취학률은 약 6%에 머무는 것으로 파악되고 있다. UN의 아동권리협약이나 '이주노동자와 그 가족의 권리보호에 관한 국제협약'에 따라 불법체류 노동자의 자녀들도 합법체류 근로자와 동등한 교육을 받을 권리가 보장되지만, 불법체류자 신분인 입장에서 자신의 신분 노출을 감수하면서까지 자녀를 공교육에 취학시키는 부모가 많지 않을 것이라는 점은 쉽게 이해할 수 있다.

국제결혼 자녀들은 2003년 이후 국제결혼 증가로 점차 공교육에 진입할 학생 수가 더욱 급증할 것으로 예상되는 가운데(빈부격차차별시정위원회, 2006) 교육 기회의 측면에서 어려움을 겪고 있다. 시설기관(유치원, 어린이집 등)에 등록된 유아 비율은 27.5%로 6세 이하 미취학 유아의 시설기관(유치원 또는 보육시설)에 등록된 비율 56.8%에 비하여 매우 낮은 상황이다(설동훈 외, 2005: 137).

이와 관련하여 최근 다문화가정 학생의 학업중단율도 발표되었는데, 국가평생교육진흥원 중앙다문화교육센터에서 2018년 다문화학생 학업중단현황을 분석한 것이다(중앙다문화교육센터, 2019). 해당 자료는 2018년 3월~2019년 2월 동안 국공사립초중고교의 학업을 중단한 학년별 다문화학생 수를 조사한 것으로 학업중단율은 1.03%로 나타났으며, 다행히 전년도(1.17%) 대비 0.14%감소한 모습을 보이고 있었다. 하지만 다문화 학생은 상급학교로 올라갈수록 높은 학업 중단율을 보이고 있음을 확인 할 수 있으며, 2017년 다문화 학생의 학업 중단율은 초등학생 1.3%, 중학생 2.1%, 고등학생 2.7%로 나타나 다문화 가정 초등학생의 학업 중단율은 일반 가정 자녀에 비해 약 4.5배 높은 수준임을 확인 할 수 있었다(매일경제, 2021. 10. 12.).

표 3-2 다문화학생 학업중단현황 (단위: 명, %)

구분	초등학생			중학생			고등학생			합계		
	재적 다문화 학생수	학업 중단자	학업 중단율	재적 다문화 학생수	학업 중단자	학업 중단율	재적 다문화 학생수	학업 중단자	학업 중단율	재적 다문화 학생수	학업 중단자	학업 중단율
'18	93,116	810 (102)	0.87 (0.11)	18,127	243 (80)	1.34 (0.44)	10,969	210 (148)	1.91 (1.35)	122,212	1,236 (330)	1.03 (0.27)
'17	82,806	819 (126)	0.99 (0.15)	15,983	235 (83)	1.47 (0.52)	10,598	224 (145)	2.11 (1.37)	109,387	1,278 (354)	1.17 (0.32)
'16	74,024	547 (84)	0.74 (0.11)	15,105	175 (78)	1.16 (0.52)	10,057	154 (121)	1.53 (1.20)	99,186	876 (283)	0.88 (0.29)
'15	60,283	423 (86)	0.70 (0.14)	13,865	159 (65)	1.15 (0.47)	8,388	118 (85)	1.41 (1.01)	82,536	700 (236)	0.85 (0.29)
'14	48,297	0.90 (0.23)	0.90 (0.23)	12,525	146 (75)	1.17 (0.6)	6,984	107 (73)	1.53 (1.05)	67,806	688 (258)	1.01 (0.38)
'13	39,430	0.83 (0.20)	0.83 (0.20)	11,294	140 (66)	1.24 (0.58)	5,056	104 (68)	2.06 (1.34)	55,780	572 (212)	1.03 (0.38)

주: 1) 학업중단율 = 학업중단자수 / 재적학생수 × 100 (학업중단자에서 사망자는 포함되지 않음)
2) ( ) 안은 질병, 미인정유학, 해외출국을 제외한 사유로 학업을 중단한 학생 수
출처: 국가평생교육진흥원 중앙다문화교육센터(2019). 다문화학생의 학업중단율(https://www.edu4mc.or.kr).

다문화가정 학생의 중도탈락의 이유는 가정의 경제적 어려움보다는 학교생활의 적응에 어려움을 겪기 때문이다(김정원 외, 2005). 이주노동자 자녀들에게도 학교 교육이 시혜적 차원에서 이루어지며, 상대적으로 관심을 적게 받아 중도탈락하는 경우도 많다. 특히 언어의 어려움을 지닌 결혼이주여성 어머니를 둔 자녀들은 언어발달 상태가 늦고 정체성 혼란으로 취학이 늦춰지는 경우도 있다(오성배, 2005). 이처럼 가정교육이 상대적으로 부족할 수 있는 다문화가정 자녀들은 다른 아동들보다도 공교육이 더욱 필요한 상황임에도 불구하고 공교육으로의 접근기회를 제대로 배분받지 못하고 있다. 이것은 언어와 문화의 차이를 완전히 극복하지 못한 이주 여성이 자녀교육의 상당 부분을 담당하는 경우가 많아 다문화가정 자녀들의 언어발달 정체와 정체성 혼란 등의 문제를 유발할 수 있음을 보여준다. 또한 중도탈락은 직업을 가질 능력을 제대로 갖추지 못한 채 사회에 내몰리게 한다.

2 국가 수준의 다문화교육 현황

정부는 2006년 4월 빈부격차차별시정위원회 주관으로 교육부(당시 교육인적자원부), 법무부, 보건복지부, 여성가족부 등이 참가한 가운데 '혼혈인 등 소수인종 사회통합대책'을 확대할 계획을 발표하였다. 이러한 계획은 시민권을 가진 또는 갖게 될 결혼이주자 및 그 자녀에게 초점을 맞추고 있으며, 다문화교육적 요소들이 포함되어 있다. 이후 이러한 정부의 노력은 다양한 부서와 기관들에 기반을 두고 진행되었는데 대표적으로 노동부, 법무부, 보건복지부, 여성가족부, 그리고 교육부를 중심으로 확인할 수 있다.

먼저 노동부는 '사단법인 외국인노동자 인권을 위한 모임'을 설립하여 외국인이주노동자 및 이주민들의 다양성을 인정하고 소수자의 인권을 존중하는 다문화사회를 지향할 것을 천명하고, 나아가 아시아지역의 인권과 민주주의 신장의 기여를 목적으로 국내 외국인 이주노동자의 인권보호활동과 한국생활적응 및 한국문화이해 프로그램 구축 등을 시행하였다(노동부, 2006).

법무부는 2008년 5월 다문화사회통합 주요 거점대학 ABT(Active Brain Tower)대학으로 전국 20개 대학을 선정하고 이를 중심으로 '다문화사회 전문가 양성과정'을 개설하기로 하였으며(법무부, 2008), 이에 따라 다문화사회 통합프로그램을 구축하게 되었다. ABT대학은 다문화 이해 증진과 이민자사회 통합을 위한 다문화사회 전문강사의 양성과 각종 이민자 프로그램을 추진하고 다문화사회 통합에 대한 연구를 위한 다문화사회통합연구소와 이민정책 전문대학원 개설 등의 다양한 노력을 펼쳤다. 이를 통해 다문화사회 전문가 자격과정을 시행하며, 이를 이수한 다문화 전문강사들이 교육기관, 기업체, 시민단체 등에서 다문화교육을 수행하는 활동을 하게 된다(파이낸셜 뉴스, 2008.11.28). 뿐만 아니라 실제 ABT 선정 대학의 프로그램을 통해 사회통합프로그램(Korea Immigration & Integration Program: KIIP) 한국 사회 이해과정 강사자격을 법무부로부터 인정받아 활동할 수 있다(newsis, 2010.07.09).

또한 보건복지부는 2008년 9월 22일부터 다문화가족지원법을 시행하고 있다(보건복지부, 2008). 한국 사회에서 다문화가족 구성원이 안정적인 가족생활을 영위할 수 있도록 함으로써 이들의 삶의 질 향상과 사회통합에 이바지하는 것을 그 목적으로 한다. 여기에는 국가와 지방자치단체의 제도 및 여건의 조성을 위한 시책을 수립·시행하도록 하고 있다. 또한 평등한 가족관계의 유지와 가정폭력 피해자에 대한 보호와 지원 및 교육 지원을 핵심으로 하고 있다. 특히 제10조 아동 보육·교육 항목에서는 국가와 지방자치단체가 다문화가족 구성원으로서 아동이 학교생활에 신속히 적응할 수 있도록 교육지원대책을 마련하고, 이들에 대해 학과 외 또는 방과후교육 프로그램을 지원하도록 하고 있다. 그리고 한국어교육을 위한 교재지원 및 학습지원 등 언어능력 제고를 위한 지원을 하도록 하고 있다.[1] 좀 더 구체적으로 보건복지부는 다문화가족지원센터를 통해 다문화교육 관련 활동을 진행하고 있는데, 동 센터에서는 한국어교육, 다문화사회 이해교육, 가족교육, 가족상담, 다문화가족 취·창업교육 등을 기본 사업으로 추진하고 있다. 전국 다문화가족지원센터의 사업을 총괄하는 '전국다문화가족사업지원단'에서는 각 지역센터(전국 80개소)의 사업운영결과 보고서를 기초로 당해 연도의 다문화가족 지원현황 및 성과에 관한 사업결과 보고서를 발간하고 있다(전국다문화가족사업지원단, 2009).

표 3-3 다문화교육 관련 다문화가족지원센터 운영내용

구분	사업영역	대상	사업범주	세부 추진내용
기본 사업	한국어 교육	결혼 이민자	초급	기초적인 단어 및 문장, 간단한 표현
			초급	기초적인 단어 및 문장, 다양한 표현
			중급	일상생활에 필요한 표준어 등으로 의사소통 가능 수준 * 온라인 교육 필수
			중급	구체적이고 폭넓은 의사소통 가능 수준 * 온라인 교육 필수
			고급	원어민과 일반 의사소통 가능 수준
	다문화 사회		법률 및 인권교육	국내 체류
				인권보호 및 권익증진

1) 다문화가족지원법 제10조(아동 보육·교육)에 관련된 세부 항목 중 ②번 항목의 내용이 이에 해당한다.

	이해교육			생활과 법
			결혼과 가족의 이해	결혼과 가족의 이해
				가족교육 관련 전문기관 안내
			한국 사회 적응교육	공공기관 및 공중도덕
				건강과 의료, 임신 및 출산
				정보화교육
				사회보장제도의 이해
				한국의 교육제도
				각종 분야의 정보 제공
			다문화 이해교육	다문화사회의 이해
				다문화가족의 문화갈등과 적응
				각 나라의 역사와 문화(한국문화와 결혼이민자 출신국 중심)
	가족교육	다문화 가족	다문화 가족 통합교육	가족 전체 통합교육
				부부 및 부모교육
				시부모 교육
		배우자	배우자 교육	예비배우자교육
				배우자교육
		다문화 가정 자녀	자녀지원	육아정보나눔터 및 놀이방 운영
				부모와 자녀 관계 및 자긍심 향상 프로그램
				다문화가정 아동청소년지원 프로그램(정체성, 사회성, 언어, 학습, 동아리 운영 등)
	상담	다문화가족 및 지역주민	가족상담	각종법률문제/부부문제/부모문제/자녀문제/성문제/경제문제/심리치료 및 기관연계/기타
			개인상담	
	다문화가족 취창업 지원	결혼이민자 및 배우자	직업교육	직업기초 소양교육(지역특성 고려)
				취업 관련 정보제공 및 상담
				취업 적합자에 대한 취업연계
기타 사업	통번역 자조모임	결혼 이민자	통번역 자조모임	초기 이민자들의 통역・정서지원 및 한국생활 멘토 역할
				가족갈등, 행정・사법기관 방문, 병원진료 등 통역 지원
				기타 한국어가 서툰 이민자의 생활현장 동행 등 다양한 지원활동

	다문화가족 자원봉사단	다문화가족 및 지역주민	다문화가족 자원 봉사단	지역 내 활용 가능한 인적자원 Pool 구성
				서비스 수요분석에 기반을 둔 멘토 양성·활용
				센터별로 지자체 등과 협력하여 다문화가족 자원봉사단 구성·운영
	협력 네트워크	지역 유관기관 및 센터, 지자체	협력 네트워크	사회복지관, 주민자치센터, 마을회관 등 지역 인프라를 적극 활용하여 다문화가족 지원프로그램 운영으로 서비스 접근성 강화
				일선서비스 전달체계는 센터가 중심이 되어 관련 기관-민간단체-기업 간 협력 네트워크 구성
	다문화인식 개선	다문화가족 및 지역주민	다문화인식 개선	프로그램 전시, 다문화 음식체험, 의상체험, 전통공연 등
				다문화강사를 학교와 유치원 등에 파견하여 어린이 대상으로 다문화인식개선교육
				다문화캠페인과 언론매체 인터뷰 등 홍보활동
	홍보		홍보	지역사회 내 결혼이민자가 필요로 하는 서비스 제공기관 파악 및 연락처, 주소 등 정보제공 강화
				센터홍보 및 언론매체 노출

출처: 전국다문화가족사업지원단(2009).

여성가족부는 여성결혼이민자에 대한 자녀양육법 지도를 주요 내용으로 사업을 전개하고 있다. 이는 여성결혼이민자에 대한 한국어·한국문화·이해교육 및 자녀양육법 지도 등을 통해 자녀들의 학교생활 적응을 유도하는 것을 의미한다. 그 외에도 부부교육 및 가족상담, 여성결혼이민자 멘토링, 한국어교재의 개발과 한국어교실의 운영, 결혼이민자지원센터의 설립 등이 있다. 초창기 여성결혼이민자에 대한 관심은 국내 외국인 관련 지원 노력들이 대부분 그렇듯이 시민단체에서 시작되었다. 이후 2005년 정부는 결혼이민자 생활안정대책을 논의하여, 결혼이민자지원센터를 운영하고 구축하는 등 결혼이민자 가족의 사회적응과 자녀양육을 지원하는 생활안정대책을 발표하였으며 현재는 새정부 조직개편과 함께 신설된 다문화가족과에서 이를 전담하게 되었다. 또한 결혼등록제 도입을 주된 내용으로 하는 '결혼중개업관리에 관한 법률' 시행(2008.6), 정보제공, 사회적응교육 등 다문화가족 지원정책을 체계화한 '다문화가족지원법'(2008.9)을 시행하게 되었다(정태영, 2009).

한편 여성가족부는 2021년 현재 '건강가정 · 다문화가족지원센터 통합 서비스' 운영을 통하여 다문화관련 교육과 지원을 내실있게 수행해나가고 있다(여성가족부, 2021). '건강가정 · 다문화가족지원센터 통합 서비스'를 통하여 가족의 유형별로 이원화 되어 있는 가족지원서비스를 가족의 유형에 상관없이 한 곳에서 다양한 가족에 대한 보편적이고 포괄적 서비스 제공하고자 한 것이다. 이를 통해 수혜자 중심의 서비스 확대 및 접근성을 제고하고, 지역여건 및 정책 수요자 특성에 맞는 맞춤형 서비스 강화할 수 있을 것으로 기대된다(여성가족부, 2021). 또한 '건강가정 · 다문화가족지원센터 통합 서비스'를 통해 다문화가족의 안정적인 정착과 가족생활을 지원하기 위해 가족 및 자녀 교육 · 상담, 통 · 번역 및 정보제공, 역량강화지원 등 종합적인 서비스를 제공하여 다문화가족의 한국사회 조기적응 및 사회 · 경제적 자립지원 도모할 수 있을 것으로 기대된다(여성가족부, 2021). 구체적으로 '건강가정 · 다문화가족지원센터 통합 서비스'는 다문화가족의 정착단계 및 생애주기에 따른 맞춤형 서비스 제공, 다문화가족 대상 통합교육 및 부모교육, 사회참여 지원 확대, 다문화가족 자녀의 건강한 성장지원 및 글로벌 인재 육성, 결혼이민자 맞춤형 일자리 참여 확대 등 사회경제적 자립 지원 등이 가능할 것으로 예상된다(여성가족부, 2021).

교육부는 다문화교육에 관련된 직접적인 사업을 하고 있는데, 다문화가정 교육 지원대책을 통해 인권보호 및 사회통합과 다문화가정 자녀들의 교육소외를 방지하고, 이들에 대한 인적자원개발 방안을 모색하고 있다(교육부, 당시 교육인적자원부, 2006). 주요 정책 대상은 국제결혼자녀와 외국인 근로자 자녀이며 정책과제로는 다문화가정 지원을 위한 부처간 협력체제 구축, 지역사회의 다문화가정 지원 협력체제 구축 지원, 학교의 다문화가정 자녀 지원 기능 강화, 다문화가정 자녀 교육을 위한 교사 역량 강화, 교육과정 및 교과서에 다문화교육요소 반영, '대학생 멘토링' 사업 확대 등이 있다. 또한 최근 다문화가정 자녀의 학교 진학이 본격적으로 이루어지면서 교육부와 시 · 도 교육청 차원에서 매년 지원계획이 발표되고 있는데, 교육부는 ① 결혼이민자와 외국인 근로자 등의 증가로 다양해진 우리 사회 구성원에 대한 맞춤형 교육 및 사회적응 지원 확대 ② 다문화가정 자녀들의 학습능력 향상 및 학교적응을 지원하기 위해 현장 및 수요자 중심의 교육 강화 ③ 국정지표인 '인재대국' 실현을 위해 다문화가정 학생을 다언어를 구사하는 글로벌인재로 육성 및 지원 등을 표방하고 있다(교육부, 당시 교육과학기술부, 2008; 주경란, 2009 재인용).

이러한 맥락 속에서 최근 교육부는 2021년 다문화교육 지원 및 개선 방향을 3가지 차원에서 설정하여 진행하고 있는데(교육부, 2021), 1) 다문화교육에 대한 법/제도 개선 차원, 2) 안정적인 한국어 교육지원 차원, 3) 코로나19에 대응하여 온라인 지원 기반 조성 차원이다. 첫째, 다문화교육에 대한 법/제도 개선 차원은 다문화교육의 근거를 시행령에서 「초 · 중등교육법」으로 격상하고, 밀집학교 교육과정의 자율성 등을 신설하여 안정적인 지원기반을 마련하고자 한다. 또한 다문화학생의 공교육 진입 기반을 조성하고자 고등학교 입학 및 편입학 절차 개선을 위한 「초 · 중등교육법 시행령」 등 법령 정비를 시도하고자 한다. 둘째, 안정적인 한국어 교육지원 차원은 중도입국 · 외국인학생 등에게 맞춤형 한국어교육을 제공하고자 한국어 교육과정에 맞춘 진단 · 보정시스템을 전 학년으로 적용하고자 한다. 그리고 조기 적응을 위한 한국어교실 및 징검다리 과정 등 적응과정 운영 확대, 교원 대상 한국어교육 연수과정 신규 개발을 추진하고자 한다. 셋째, 코로나19에 대응하여 온라인 지원 기반 조성은 중도입국 · 외국인학생이 원격으로 한국어수업을 들을 수 있도록 한국어교육 영상 콘텐츠 제작 · 보급 및 원격수업 플랫폼에 탑재를 추진하고자 하며, 기초학력 지원을 위해 대학생 다문화 멘토링 운영방식 개선 및 교과 보조교재 기반 핵심개념 중심 영상콘텐츠(120편)를 제작 · 보급하고자 한다.

3 교육현장에서의 다문화교육

1) 다문화교육에 대한 교사의 인식

교육주체들의 다문화교육과 관련된 이슈에 대한 인식을 살펴보는 것은 학교 수준의 다문화교육이 어떠한 맥락에서 진행되고 있는가를 볼 수 있는 주요한 측면이 될 것이다. 2000년대 초기 다문화교육이 대두될 초기 시점에는 주로 교육주체들의 다문화교육에 대한 경험과 필요성 등의 기초적인 조사들이 수행되었는다. 예를 들어 박순호(2009)는 교사, 학생, 학부모를 대상으로 다문화교육에 대한 이해와 경험, 다문화 학교 교육의 필요성 및 이유, 다문화 학교 교육의 교육과정과 실시 시기라는 주제로 해당 인식을 살펴본 것이다. 하지만 그동안 다문화교육에 대한 인식이 확장되고, 그 필요성이 인정되면서 기초적인 인식에 대한 내용 보다는 좀 더 심층적인 주제와 논의들이 교육주체들을 대상으로 분석되고 조사가 되고 있다.

이와 관련하여 대표적인 분석으로 한국교육개발원(2019)이 수행한 '중학교 교사의 인식을 통해 본 다문화교육의 현황과 과제'이다. 해당 연구는 OECD가 주관하는 교원 국제 비교 연구인 Teaching and Learning International Survey(이하, TALIS)를 통해서 한국의 다문화교육의 현황을 국제비교학적 관점으로 살펴봄으로써 다문화교육과 관련된 최근의 현황을 진단해 주었다.

주요 분석 결과를 보면 다문화 친화적 교수활동에 대한 한국 교사의 효능감은 OECD 평균에 크게 못 미치는 것으로 나타났으며, 한국 교사는 다문화 친화적 교수활동 관련 전문성을 양성 교육 단계보다 전문성 개발 단계에서 뒤늦게 획득하는 경향이 있는 것으로 확인되었다. 이는 다른 국가의 경우 주로 양성 교육 단계부터 조기에 다문화 관련 교육이 이루어지는 것과는 대비되는 모습으로 볼 수 있다(한국교육개발원, 2019). 또한 한국의 중학교 교사들은 전문성 개발 참여율과 필요정도 인식은 매우 높은 수치를 보이고 있으나, 다문화교육과 관련된 '타문화 타국 사람들과의 의사 소통' 및 '다문화 다언어 환경에서의 수업'의 경우 상대적으로 낮은 전문성 개발 참여율 및 필요 정도 인식을 나타내고 있었다. 이는 다문화 친화적 교수 활동 전문성 개발에 대한 한국 교사들의 상대적 무관심을 엿볼 수 있는 부분으로 볼 수 있다(한국교육개발원, 2019).

2) 다문화교육의 내용과 항목

다문화교육이 교육현장에서 어떠한 내용과 항목으로 구성되고 있는지를 살펴보는 것은 교육현장에서의 다문화교육의 현황을 파악하는 중요한 요소가 될 것이다. 이와 관련하여 박윤경(2009)은 교육부(당시 교육과학기술부) 지정 정책연구학교 7개, 경기도교육청 지정 시범학교 2개, 서울시교육청 소속 일반학교 29개, 총 38개의 초·중등학교(초등 22개교, 중등학교 16개교)를 분석하여 학교 다문화교육의 현황을 보고하였다. 학교 다문화교육의 목표 및 내용을 살펴보면 먼저 초·중등학교 모두 전체적으로 문화교육(43.4%)을 중심으로 하는 프로그램이 가장 높은 비율을 차지하였다. 그 다음으로 언어교육(20.0%)과 학교생활 적응(11.9%)의 순으로 구성되었으며, 다문화 이해력 증진, 자아정체성 강화, 공동체의식 함양의 순으로 나타났다.

▌표 3-4▌ 초·중등학교의 다문화교육 목표 및 내용 현황

구분	다문화 이해능력 증진	공동체 의식 함양	언어교육		문화교육		자아 정체성	학교생활 적응
			이중언어 교육	한국어 교육	외국문화 이해교육	한국문화 적응교육		
초등	16 (9.4%)	7 (4.1%)	11	28	34	37	15 (8.8%)	22 (12.9%)
			23.0%		41.8%			
중등	8 (12.3%)	3 (4.6%)	3	5	14	17	9 (13.8%)	6 (9.2%)
			12.3%		47.7%			
전체	24 (10.2%)	10 (4.3%)	47 (20.0%)		102 (43.4)		24 (10.2%)	28 (11.9%)

출처: 박윤경(2009). p. 84 재구성.

다문화교육의 목표와 내용에서 '문화교육'의 비중이 높게 나타난 것은 전체 학생을 대상으로 외국의 문화를 소개하거나 다문화가정 학생을 대상으로 한국의 문화를 알려주는 내용이 주를 이룬 데 기인하는 것이다(박윤경, 2009). 즉, 현재 학교 현장에서의 다문화교육의 목표와 내용의 핵심은 문화교육 중심으로 이루어지고 있음을 의미하는 것으로 볼 수 있다.

하지만 최근 다문화교육의 목표와 내용은 좀 더 심층적인 차원으로 발전하고 있는데 이는 2021년 교육부의 다문화교육 지원 계획의 내용을 살펴보면 쉽게 확인할 수 있다(교육부, 2021). 실제로 교육부의 다문화교육 지원 정책은 다문화 학생에 대한 실제적인 지원 내실화의 성격까지를 포함하여 추진하는 모습을 보이고 있다. 구체적으로 다문화교육의 목표와 내용이 다문화 학생의 적응을 위한 한국어 및 기초학력 지원과 이주 배경 특성을 살린 인재양성 지원이라는 측면에서 기획되고 수행되는 것이다(교육부, 2021). 학교 현장에서는 중도입국·외국인 학생 등을 대상으로 체계적인 한국어 교육과정 운영을 위해 원격콘텐츠 및 학습자료 제작·보급하고, '다문화학생 원격수업 콘텐츠 지원단'을 구성하여 한국어 교육과정을 기반으로 한 원격수업 영상콘텐츠 제작을 확대해 나가는 것이다(교육부, 2021). 더불어 다문화 학생들의 기초학력 증진을 위하여 다문화학생과 멘토 대학생의 1:1 멘토링을 통해 학습·숙제지도·고민상담 등 체계적·개별적 학습지원을 진행하고자 하며, 다문화학생이 어려워하는 교과 주요 개념·어휘 등에 대한 교과 보조교재와 연계한 영상콘텐츠 제작(6종, 약 120편)을 진행할 계획이다(교육부, 2021).

표 3-5 연도별 영상콘텐츠 제작 계획(안)

구분	2021	2022	2023
초등	수학(3종)·과학(2종)	과학(2종)	국어(3종)·사회(3종)
중학	수학(1종)	과학(1종)·국어(3종)	사회(1종)

출처: 교육부(2021). 다문화교육 지원 계획.

또한 유관기관과 협력하여 한국어 교육(교육과정, 한국어학급 등) 관련 교원 연수·워크숍 등 실시하여 안정적인 운영을 시도하고자 하는 것이다. 이러한 측면은 과거 교육현장에서 다문화교육의 목표와 내용이 기초적인 수준을 넘어 다문화 학생을 위한 본질적인 교육적 활동까지 고려하여 이루어지는 수준으로 고도화되어 가고 있음을 시사하는 것이다.

3) 다문화교육 지원 체계 구성 사례: 광주광역시 및 대구광역시 교육청 사례

교육부와 시·도교육청을 중심으로 교육현장의 다문화교육 강화를 위한 다양한 시도와 정책을 추진하고 있으며, 이를 위한 기능적인 지원체계를 구축하고자 노력 중이다. 이와 관련하여 최근 주동범·이현철·이원석·김광석(2020)은 다문화 관련 지원체계를 종합적으로 분석해주었으며, 본 절에서는 그 내용 중 시 · 도 교육청 지원체계 사례(pp.20~25)를 재구성하여 소개하고자 한다. 이는 최신의 다문화교육 관련 흐름과 교육현장의 모습들을 생생하게 보여줄 수 있는 내용으로 판단된다.

(1) 다문화교육 강화 추진 사례

다문화교육 강화 추진 사례로서 다양하게 확인할 수 있지만 '광주광역시교육청'과 '대구광역시교육청'의 내용이 의미있게 확인되었다. 우선 광주광역시교육청은 2019년 지역 다문화교육지원센터 성과평가에서 '우수기관'으로 선정되었으며, 「2020 다문화교육 지원 계획」을 중심으로 다문화교육지원 관련 체제들을 구성하고 있다. 광주광역시교육청은 (1) 다문화 감수성 제고를 위한 교육과정 운영, (2) 중도입국자녀 등 다문화가정 학생을 대상

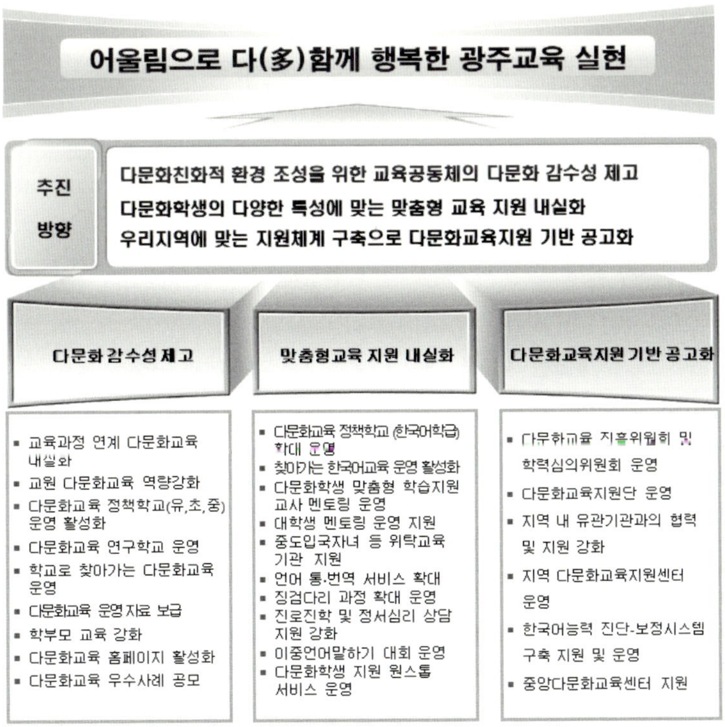

▌그림 3-1▌ 광주광역시교육청 2020 다문화교육 추진 방향

출처: 광주광역시교육청(2020).

으로 한 한국어교육 등을 통해 맞춤형 교육지원 내실화, (3) 다문화교육지원단을 통한 유관기관과의 협력 및 지원 강화의 특징을 확인할 수 있었다.

다음으로 대구광역시교육청은 (1) 홈페이지 운영을 통해 교사 · 학생 · 학부모에게 맞춤형 교육자료 및 프로그램 제공, (2) 홈페이지를 통한 다문화교육에 대한 공감과 소통의 공간 활용, (3) 유 · 초 · 중 · 고 교원으로 '다문화교육 지원단' 구성 및 운영, (4) 유 · 초 · 중 · 고의 학부모 중 희망자를 대상으로 다문화교육 지원 '학부모 인력풀' 구축 및 운영을 확인할 수 있었다. 특별히 학부모 지원단의 경우, 긴급한 통 · 번역, 다문화 관련 교육 · 체험 · 행사 지원 등을 통해 다문화학생의 원활한 학교생활을 지원하고자 시행되고 있었다. 대구광역시교육청은 그 외에도 다문화학생 학력심의위원회, 다문화교육 정책 포럼, 워크숍 운영 등을 통해 다문화 관련 체계적인 지원체계를 구축하고자 노력하고 있었다.

체제 정비	인적 구성
• 대구세계시민교육센터 홈페이지 운영 • 다문화교육진흥위원회 및 협의체 운영 • 다문화교육 정책학교 운영 - 유치원, 한국어학급, 중점학교, 다문화 연구학교 • 다문화학생 학력심의위원회 운영 • 대구세계시민교육센터 운영 • 다문화교육 정책포럼, 워크숍 운영	• 사교육청 조직 - 과장 1명, 장학관 1명, 장학사 1명, 수습전문직 1명, 파견교사 5면, 주무관 1명 • 다문화교육 지원단 및 연구회 운영 • 다문화교육 인력풀 구축 · 활용 - 한국어강사, 통역, 번역 지원 인력풀 구성

그림 3-2 대구 다문화교육 지원체제 구축

출처: 대구광역시교육청(2020).

(2) 다문화교육 강화를 위한 거버넌스 구축 사례

교육현장의 교육주체들을 향한 종합적인 다문화교육 강화를 위해서는 협력적인 거버넌스 구축을 통한 지원체계가 필요하다. 광주광역시교육청의 경우, 지역사회(지방자치단체) 및 유관기관(지역다문화가족지원센터, 청소년상담복지센터, 세이브더 칠드런 등)과 협력 사업 추진을 위한 '협의회'를 운영하는 등 긴밀한 협력 체계를 구축하고자 노력하고 있었다(광주광역시교육청, 2020). 광주광역시교육청의 다문화교육지원센터 지원체계와 유관기관과의 협력체계는 [그림 3-3]과 〈표 3-6〉을 통해서 확인할 수 있다.

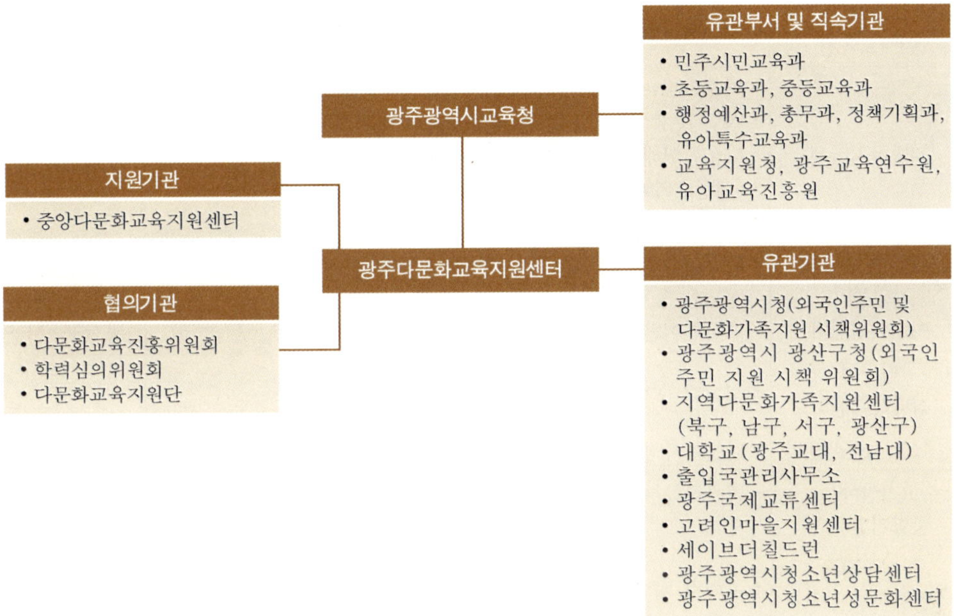

▌그림 3-3▐ 광주광역시교육청 다문화교육지원센터 지원체계

출처: 주동범 · 이현철 · 이원석 · 김광석(2020). p. 25.

광주광역시 이외의 타 시 · 도교육청의 거버넌스 구축을 위한 협력 사례를 살펴보면, '경찰청(예: 충북-다문화가정 학생의 공교육 진입)', '지역 도서관(예: 충남-다문화학생 대상 문해력 향상 교육, 독서교육 프로그램 지원)', '무지개청소년센터(예: 대전- 이주배경 청소년 상담, 신로교육, 공교육 진입 등)' 등과 연계 협력하여 다문화 관련 활동에 대해 체계적으로 지원하기 위한 협력체계를 구축하고 있는 것으로 확인된다.

표 3-6 광주광역시교육청 지역사회 및 유관기관 협력 체계

구분	기관별 협조사항	비고
유네스코 아태국제 이해교육원	• 다문화가정 대상국가와의 교사 교류사업 추진	-
지방자치단체	• 다문화교육 지원 정책 추진 체계 정비 • 지역 축제 및 행사 등 후원을 활용한 다문화친화적 분위기 조성 • 다문화이해교육, 다문화가족 지원 등의 역할 분담 • (시청) 외국인 주민 및 다문화가족 지원 시책위원회 • (광산구청) 외국인 주민 지원 시책위원회	연 2회
지역다문화가족 지원센터, 이주여성쉼터	• 다문화가정 학부모교육 지원(학교 생활 안내, 학습코칭, 자녀 성교육 등) • 유아언어발달 지원 서비스	5개구(동구, 북구, 남구, 광산구, 서구)
청소년 상담복지센터	• 청소년 상담 및 심리치유 프로그램 연계 지원	-
청소년 성문화센터	• 다문화학생 대상 성교육 및 성인지감수성 교육지원	'19년~
고려인마을 종합지원센터	• 다문화학부모 교육 지원 및 고려인 다문화학생 지원 관련 사업 연계	'17년~ 통역활용
이주민 종합지원센터	• 고려인 학생 상담 및 성장 프로그램 운영 협력	-
세이브더칠드런	• 유, 초, 중등 교원대상 다문화인식개선 교육 업무 협약 • 비차별이해교육 교사 연수 지원	'17년~
광주국제교류센터	• 교육지원 언어 통번역서비스 지원 업무	'17년~
지역대학	• 대학생 멘토링 사업 연계(광주교대, 전남대 등)	-

출처: 광주광역시교육청(2020).

chapter 04

다문화교육을 위한 교육정책적 방향과 과제

- 1. 우리나라 다문화교육을 위한 법률 · 제도적 환경
- 2. 우리나라 다문화교육정책 현황
- 3. 다문화교육정책의 기본방향

04 chapter 다문화교육을 위한 교육정책적 방향과 과제

우리 사회는 국내 체류 외국인, 결혼이민자 등의 증가로 새로운 형태의 가족이 등장하고, 다문화가정 자녀를 위한 맞춤형 교육 지원의 요청 등 급속도로 다문화사회가 진행되고 있다.[1] 이에 따라 여러 가지 다문화교육정책을 수립하여 실시하고 있으나, 우리나라의 다문화교육정책은 다문화교육 실태조사, 정책 제시, 다문화학생에 대한 지원방안을 마련하는 수준에 머무르고 있는 실정이다.

이 장에서는 다문화교육을 위한 교육정책적 방향과 과제를 살펴봄으로써 다문화교육정책에 대한 이해의 폭을 넓히고자 한다.

---

1) 법무부 〈출입국 · 외국인정책 통계월보〉에 의하면 2021년 9월 국내 체류 등록 외국인 수는 총 198만2,902명으로 우리나라 전체 인구의 3.9%에 해당하며, 2021년 교육부 조사 자료에 의하면 2021년 현재 초중고에 재학하는 다문화학생은 16만56명(전체 학생 대비 3%)으로, 16만 명에 도달하였다. 다문화가정 자녀 중 만 6세 이하 미취학 아동이 약 11만 7천 명으로 향후 학령기 자녀가 지속적으로 증가할 것으로 예상하고 있다.

1 우리나라 다문화교육을 위한 법률 · 제도적 환경

다문화교육을 위한 관련 법률과 제도를 살펴보면, 먼저 '교육기본법'[2]과 '초중등교육법 시행령'[3] 등에서는 교육을 함에 있어 인종 등을 이유로 차별하지 않도록 법으로 명시하고 있으며, 특히 외국인 보호 자녀 등의 학교 전입학 등이 자유롭게 허용되도록 지원하고 있다.

정부에서는 다문화가족 및 외국인을 제도적으로 지원하기 위해 2007년 5월에 '재한외국인처우기본법'[4], 2008년 12월 31일에 일부 개정한 '재한외국인처우기본법 시행령'(대통령령 제21214호), 2008년 9월에 '다문화가족지원법'[5], '다문화가족지원법 시행령', '다문화가족지원법 시행규칙'(보건복지가족부령 제62호), 2009년 9월 17일에 제정한 '다문화가족 정책위원회규정'(국무총리훈령 제540호)을 제정하여 외국인, 다문화가족 등의 국내 적응, 생활 개선 등을 지원하고 있다. 또한 국무총리를 위원장으로 하는 '외국인정책위원회'를 운영

2) 교육기본법 제4조(교육의 기회균등) ① 모든 국민은 성별, 종교, 신념, 인종, 사회적 신분, 경제적 지위 또는 신체적 조건 등을 이유로 교육에서 차별을 받지 아니한다.

3) 초중등교육법 시행령 제19조(재외국민 자녀의 입학절차 등) ① 재외국민 또는 외국인이 보호하는 자녀 또는 아동이 국내의 초등학교에 입학하거나 최초로 전입학하는 경우에는 거주지를 관할하는 해당 학교의 장은 전자정부법 제21조 제1항에 따른 행정정보의 공동이용을 통하여 출입국관리법 제88조에 따른 출입국에 관한 사실증명 또는 외국인등록사실증명의 내용을 확인함으로써 제17조 및 제21조에 따른 입학 또는 전학절차에 갈음할 수 있다. 다만, 그 재외국민 또는 외국인이 확인에 동의하지 아니하는 경우에는 출입국에 관한 사실이나 외국인등록사실을 증명할 수 있는 서류 또는 임대차계약서, 거주사실에 대한 인우보증서 등 거주사실을 확인할 수 있는 서류를 제출하도록 하여야 한다.

4) 제10조(아동 보육 · 보육) ① 국가와 지방자치단체는 아동 보육 · 교육을 실시함에 있어서 다문화가족 구성원인 아동을 차별하여서는 아니 된다. ② 국가와 지방자치단체는 다문화가족 구성원인 아동이 학교생활에 신속히 적응할 수 있도록 교육지원 대책을 마련하여야 하고, 특별시 · 광역시 · 도 · 특별자치도의 교육감은 다문화가족 구성원인 아동에 대하여 학과 외 또는 방과후교육 프로그램 등을 지원할 수 있다. ③ 국가와 지방자치단체는 다문화가족 구성원인 아동의 초등학교 취학 전 보육 및 교육 지원을 위하여 노력하고, 그 아동의 언어발달을 위하여 한국어교육을 위한 교재지원 및 학습지원 등 언어능력 제고를 위하여 필요한 지원을 할 수 있다.

5) 제10조(아동 보육 · 교육) ① 국가와 지방자치단체는 아동 보육 · 교육을 실시함에 있어서 다문화가족 구성원인 아동을 차별하여서는 아니 된다. ② 국가와 지방자치단체는 다문화가족 구성원인 아동이 학교생활에 신속히 적응할 수 있도록 교육지원 대책을 마련하여야 하고, 특별시 · 광역시 · 도 · 특별자치도의 교육감은 다문화가족 구성원인 아동에 대하여 학과 외 또는 방과후교육 프로그램 등을 지원할 수 있다.

하여 외국인 정책에 대한 범부처 차원의 협의와 조정을 통해 정책을 마련하여 추진하고 있다. 교육과학기술부에서는 '이주근로자와 그 가족의 권리에 관한 국제협약', '아동의 권리에 대한 국제협약'[6)]을 통해 외국인 근로자 자녀 등에 대한 교육권을 보장하고 있다.

위에 제시된 다문화가족을 위한 지원법, 시행령, 시행규칙을 비교하면 〈표 4-1〉과 같다.

▌표 4-1▐ 다문화가족지원법, 시행령, 시행규칙 비교

구분	다문화가족지원법	다문화가족지원법시행령	다문화가족지원법시행규칙
제정일	2008.3.21. 부칙: 2008.3.21.	2008.9.22. 부칙: 2008.9.22.	2008.9.22. 부칙: 2008.9.22.
시행일	공포 후 6개월 경과한 날부터 시행	공포한 날부터 시행	공포한 날부터 시행
목적	다문화가족 구성원이 안정적인 가족생활을 영위할 수 있도록 함으로써 이들의 삶의 질 향상과 사회통합에 이바지함을 목적으로 함	다문화가족지원법에서 위임된 사항과 그 시행에 필요한 사항을 규정함을 목적으로 함	이 규칙은 다문화가족지원법 및 같은 법 시행령에서 위임된 사항과 그 시행에 필요한 사항을 규정함을 목적으로 함
주요 내용	–	제2조(생활정보 제공 및 교육지원) 제3조(다문화가족지원센터의 지정신청 등) 제4조(권한의 위임)	제2조(다문화가족 실태조사의 대상 및 방법 등) 제3조(다문화가족지원센터 전문인력의 기준) 제4조(다문화가족지원센터의 지정 신청 등)

정부의 보건복지가족부와 법무부에서 입법한 다문화 관련 현황을 살펴보면 〈표 4-2〉와 같다.

6) UN 아동권리협약 제28조는 '당사국은 모든 아동에 대해 초등교육을 의무적으로 하고 고등교육의 기회를 적절히 보장해야 한다'는 등의 취지를 규정한 바 있다(1991년 국내비준 및 발효).

▌표 4-2▌ 주요 부처별 다문화 관련 입법 현황

관련 법	해당 부처	제정일 (시행)	입법 목적
결혼중개업의 관리에 관한 법률	보건복지 가족부	2007.12.14. (2008.6.15)	결혼중개업의 건전한 지도, 육성, 이용자 보호를 통한 건전한 결혼문화 형성
다문화가족 지원법	보건복지 가족부	2008.3.21. (2008.9.22)	다문화가족 구성원의 안정적인 가족생활을 통해 삶의 질 향상과 사회통합에 기여
재한외국인 처우기본법	법무부	2007.5.17. (2007.7.18)	재한외국인이 대한민국에 적응하여 개인능력을 최대한 발휘하도록 하고 대한민국 국민과 재한 외국인이 상호 이해하고 존중함으로써 대한민국의 발전과 사회통합에 기여
국적법	법무부	2007.7.5. 개정	대한민국의 국민이 되는 요건을 정함. 사회통합프로그램 이수제
출입국관리법	법무부	2005.8.4. 개정	대한민국에 입국하거나 대한민국으로부터 출국하는 모든 국민 및 외국인의 출입국관리와 대한민국에 체류하는 외국인 체류 관리 및 난민의 인정절차 등에 관한 사항 규정

출처: 이정선 외(2010).

2 우리나라 다문화교육정책 현황

1) 중앙부처의 다문화교육정책 현황

중앙부처에서 추진한 다문화교육정책을 소개하면 〈표 4-3〉과 같다. 이 내용은 2021년 다문화교육과 관련한 시행계획을 가지고 시행계획을 분석한 것이다.

표 4-3 2021년 다문화교육 관련 중앙부처 및 시행계획 현황

부처명	시행계획	시행 수
교육부	다문화 가족 장기정착 지원 등	16
외교부	귀환여성 및 한국국적 자녀 신분안정 지원 등	7
법무부	결혼이민자 사회·경제적 참여 확대 등	7
국방부	상호존중에 기반한 사회적 다문화 수용성 제고	1
행정안전부	결혼이민자 사회·경제적 참여 확대 등	2
문화체육관광부	상호존중에 기반한 사회적 다문화 수용성 제고 등	6
농림축산식품부	결혼이민자 사회·경제적 참여 확대	2
산업통상부	다문화가족 자녀의 안정적 성장과 역량 강화	1
보건복지부	협력적 다문화가족 정책 운영을 위한 추진체계 강화 등	4
고용노동부	결혼이민자 사회・경제적 참여 확대 등	4
여성가족부	귀환여성 및 한국국적 자녀 현지지원 등	56
국토교통부	다문화가족 장기정착 지원	1
중소벤처기업부	결혼이민자 사회·경제적 참여 확대	1
방송통신위원회	상호존중에 기반한 사회적 다문화 수용성 제고 등	3
경찰청	다문화가족 장기정착 지원 등	3
농촌진흥청	상호존중에 기반한 사회적 다문화 수용성 제고 등	3
소방청	다문화가족 장기정착 지원 등	2
계(18개 부처)	–	117

출처: 여성가족부(2021). p. 10. 재구성.

위에 제시한 중앙부처의 다문화정책 추진 부처로는 총괄기관으로 법무부가 있으며, 교육부, 행정안전부, 문화체육관광부, 농림수산식품부, 여성가족부, 보건복지부, 고용노동부, 여성가족부 등 18개 부처로 볼 수 있고, 다문화가정 지원은 여성가족부가 총괄하고, 이들의 학교 교육은 교육부가 담당하는 등 소관업무에 따라 〈표 4-4〉와 같이 다문화정책 업무를 추진하고 있다.

표 4-4 중앙부처 다문화정책 담당부서 및 주요 업무(2021.11. 기준)

부처 및 담당부서	주요 업무
법무부 출입국·외국인 정책본부	• 외국인정책의 기본계획 수립, 점검, 평가 등 총괄 • 중앙행정기관 및 지자체의 외국인정책 협의·조정, 업무협조 • 다문화 이해증진 사업 및 시책 등
교육부 학교혁신정책관 등	• 결혼이민자, 외국인 근로자, 북한이탈주민 등의 인적자원 개발 • 학부모 및 학생의 다문화 감수성 제고를 위한 각종 시책 추진 • 외국인 유학생 유치정책 수립 추진
행정안전부 자치행정과	• 지방자치단체의 외국인 주민 정착지원 시책 추진 • 다문화지역사회의 발전을 위한 지자체 시책 지원 • 외국인 주민의 지역사회 참여촉진방안 연구, 민간단체 지원
보건복지부 보험의료정책과 등	• 외국인의 건강보험 및 무료진료 사업
여성가족부 다문화가족정책과, 다문화가족지원과	• 다문화가족 사회통합지원 대책 추진, 지원 총괄 • 다국어 지원 시스템 구축·운영, 혼혈인 사회복지 정책 • 탈북여성 인권보호교육 등 권익보호에 관한 사항 • 폭력피해 이주여성 지원 및 국제결혼 프로그램 운영
문화체육관광부 문화여가정책과	• 다문화사회 문화환경 조성, 이해증진 홍보 • 이민자 문화 활동 등 사회통합프로그램 운영 지원
고용노동부 외국인력담당관	• 외국인 근로자 도입 및 고용 관리 • 외국인 근로자 취업교육 지원 관리
농림축산식품부 농촌여성정책팀	• 농촌 여성결혼이민자의 수준별 영농정착 지원

위와 같이 다문화정책의 수립과 실행에 있어 중앙부처의 역할도 중요하지만, 다문화가정이 실제 거주하고 있는 지역의 지자체의 역할 역시 중요하다. 지역별로 지자체는 지역실정에 맞는 조례를 제정하는 등 지역의 다문화가정 지원을 위한 법률적 근거 마련, 전담인력 및 예산을 확보하여 다문화가정 지원체제를 마련하고, 정기적인 실태 조사와 지원방안에 대한 평가를 실시한다. 이처럼 중앙부처가 다문화가정에 대한 기본정책방향을 제시하고, 지자체는 실질적인 다문화가정서비스에 대한 정책 수립과 집행을 한다고 볼 수 있다. 이외에도 직·간접적으로 다문화정책에 관여하고 이의 집행 등의 역할을 하는 공적기관과 민간기구, 단체가 많이 있다.

2) 교육부 다문화교육정책 현황

다문화교육정책은 교육을 매개로 주류사회 구성원과 비주류 구성원 사이의 상호이해를 증진함으로써 사회통합을 촉진시키려는 정책을 의미한다(박성혁 외, 2008).

우리나라의 다문화가정 학생을 위한 교육정책은 2006년 교육부에서 다문화가정 자녀의 증가 및 이들의 교육소외현상을 예방하기 위해 '다문화가정 자녀교육 지원대책'을 수립하면서 시작된 이후 매년 다문화교육에 대한 새로운 계획을 수립하여 추진하고 있다.

연도별로 추진한 다문화교육정책을 정리하면 〈표 4-5〉와 같다.

▌표 4-5▌ 연도별 교육부 다문화교육정책

연도	다문화교육정책
2006	• 최초의 공식적인 다문화교육정책인 '다문화가정 자녀교육 지원대책' 수립(2006.5) • 교사용 '교과서 지도 보완자료' 발간·배포, 시범학교 운영, 한국어학습 프로그램교재개발·보급, 한국어반 방과후학교 개설, 한국문화 이해 체험활동 실시
2007	• 서울대학교에 '중앙다문화교육센터'를 지정하여 자료개발, 핵심교원 양성 프로그램 운영 • 시·도교육청에 '다문화교육 지원협의회'를 구성, '시·도 다문화교육센터'를 지정·운영
2008	• 중앙다문화교육센터에서 다문화가정 자녀를 위한 초급 교재 발간, 지도교사 연수(300명) 실시 • 교육과학기술부와 시·도 교육청이 합동으로 '다문화학생을 위한 중장기 지원방안' 마련(2008.10)
2009	• 중앙다문화교육센터에서 다문화 이해교육을 위한 콘텐츠 개발 • '초등 교원양성대학 다문화교육과정 개설 지원사업'을 통해 다문화교육 강좌를 2학점 이상 정규 교과목으로 개설 • '초등 교원양성대학 재학생을 활용한 다문화가정 멘토링 사업'을 실시
2010	• 1 : 1 멘토링(대학생 2,500명 등), 다문화교육 거점학교 운영, 다문화가정 자녀 이중언어교육, 국제지도자 육성 프로그램 • 교대 및 국립대 사대에 다문화교육 강좌 개설, 사립 교원양성기관에 다문화교육 강좌 개설 유도 • 고학력 다문화가정 학부모 이중언어강사 요원으로 양성 • 학교 다문화 이해교육 콘텐츠 개발

2011	• 성장 단계별 맞춤 지원체제를 구축 • 다문화 학부모의 교육 활용(이중언어, 다문화 이해) • 교사의 다문화 역량 제고 • '글로벌브릿지 사업'(가칭) 추진
2012	• 다문화학생 교육선진화 방안 발표, 한국어 교육과정(KSL)도입 • 다문화학생과 일반학생이 함께하는 이중언어교육 강화 • 다문화학생 진로 · 진학지도 강화, 글로벌 선도학교 확대 • 다문화학생 실태조사 체계화
2013	• 다문화 '학력심사위원회' 설치 근거 마련 • 다문화학생이 많은 학교에 한국어 교육과정 및 한국문화체험 프로그램 운영 • 다문화 '특별학급' 운영 근거규정 마련, 다문화 강사 신설
2014	• 중국입국학생의 한국적응을 위한 예비학교 80개로 확대 • 중도입국학생 위한 학력심의평가지 개발 · 보급 • 다문화교육 중점학교 지정 · 운영, KSL운영학교 확대 • 대학생 멘토링 사업과 '글로벌브릿지'사업 확대 • 교원인식 및 역량제고, 다문화교육센터 역할 강화
2015	• 다문화 유치원 30개를 선정하여 시범운영 • 예비학교를 종전 확대 · 운영(80교 → 100교) • 글로벌브릿지 사업 운영 대학확대 · 운영(1교 → 17교) • 다문화 중점학교 150개교를 지정 · 운영
2016	• 다문화 유치원을 확대하여 운영(30개원 → 60개원) • '예비학교'를 확대 운영(100교 → 110교) • 교과보조교재를 개발 · 보급, 진로 · 진학 상담 보조자료 제공 • 다문화 중점학교를 150교에서 180교로 확대 지정 · 운영 • '다문화교육 콘텐츠 포털'을 운영 • 지역 다문화교육지원센터를 5개 지역에서 7개 지역으로 확대
2017	• 다문화 유치원을 전국으로 확대('16년 12개 시도 60개원 → '17년 17개 시도 90개원)하여 운영 • 중도입국 · 외국인학생의 공교육 진입과 적응을 지원하는 예비학교를 확대('16년 124교 → '17년 160학급) • 특별학급(한국어(KSL) 교육과정 운영 학급)을 다수 운영하는 예비학교의 지원을 강화 • 학생의 다문화 수용도와 이해도를 높이기 위해 다문화 중점학교('16년 180교 → '17년 200교)를 확대 · 운영

2018년	• '전국이중언어말하기대회'를 개편하여, 참가자격을 모든 학생으로 확대 추진 • 교원연수를 법제화하여 학교 교원에게 다문화 이해교육 연수를 실시 • 방과후학교 또는 창의적 체험활동 등에서 활용할 수 있도록 이중언어교재 보급(미래에셋박현주재단과 협업) • 초등학교 입학예정 다문화가정 아동 대상으로 학교적응교육을 실시하는 '(가칭)징검다리학교'도입 추진 • 글로벌브릿지를 통해 우수 다문화학생 발굴 및 교육하도록 특화 교육프로그램 제공(20개 사업단) • 중앙다문화교육센터 운영 '다문화교육 포털'(nime.or.kr)을 다문화교육 허브 공간으로 개편 추진
2019년	• 2019년은 체계적인 한국어교육을 위한 한국어 진단 지원을 위해 진단부터 보정 · 관리까지 맞춤형 한국어교육을 지원하는 '한국어능력 진단-보정 시스템' 개발시범 도입('19.하) • 학교급 전환기 다문화학생을 위한 유치원-초등학교, 초등학교-중학교 단계에 '징검다리과정' 지원 • 난민 · 무연고 아동의 경우 서류가 불충분하더라도 공교육에 진입할 수 있도록 지원하는 학력심의위원회를 개별 학교 단위에서 운영할 수 있도록 제도 · 운영방식 등 개선 추진 • 부처 간 협업을 강화하고, 사각지대 해소 등 정책효과 제고하기 위해 범부처 합동 정책방향 설정을 통한 총체적 지원 제공 • 2015 개정 교육과정 총론에서 범교과 학습 주제*로 '다문화교육' 제시
2020년	• 중도입국 다문화학생의 학교 배정 · 학력심의 등 공교육 진입 과정 개선을 위한 「초 · 중등교육법 시행령」 개정 • 2015 개정 교육과정을 반영한 다국어 학력심의 진단도구 개발 · 배포('20.하)로 학력증빙 절차 지원 • 대학생 멘토링을 통한 맞춤형 학습 지원을 위해 다문화학생과 멘토 대학생의 1:1 멘토링을 통해 학습 · 숙제지도 · 고민상담 등 체계적 · 개별적 학습지원 제공(4,000여명 예정) • 이중언어 강점 개발 지원을 위해 다문화학생의 이중언어 학습 장려를 위해 전자책 형태의 이중언어 교재를 개발하여 보급(웹기반, 어플리케이션) • 학교폭력 예방교육 프로그램(어울림 프로그램)에 다문화 관련 내용을 반영하여 개발 및 보급('20.3월), 피해학생 치유 · 상담 지원 시 다문화 전문가 참여를 강화
2021년	• 다문화교육에 대한 법 · 제도 개선하여 다문화교육의 근거를 시행령에서 「초 · 중등교육법」으로 격상 • 한국어 교육과정에 맞춘 진단 · 보정시스템을 전 학년으로 적용하고, 조기 적응을 위한 한국어교실 및 징검다리 과정 등 적응과정 운영확대, 교원 대상 한국어교육 연수과정 신규 개발 • 코로나19에 대응하여 온라인 지원 기반 조성하여 한국어교육 영상 콘텐츠 제작 · 보급 및 원격수업 플랫폼에 탑재 • 기초학력 지원을 위해 대학생 다문화 멘토링 운영방식 개선 및 교과 보조교재 기반 핵심개념 중심 영상콘텐츠(120편)을 제작 · 보급

2006년 처음으로 국가수준에서 다문화가정 자녀의 교육 소외를 방지하고, 사회통합을 도모하기 위해 '2006년 다문화가정 자녀교육 지원계획'을 마련하였다. 다문화가정 자녀 지원을 위한 구체적인 계획으로 방과후학교 프로그램 개설 지원, 대학생 멘토링제, 교사나 동료집단과의 1 : 1 결연을 통한 자녀의 정서적 안정, 소수자 배려교육, 한국어교원자격증교육, 교원연수 강화 등의 세부사업 추진계획을 발표하였다.

2007년은 학교 중심으로 다문화교육을 강조하기 위하여 교과서 및 교육과정에 다문화, 다인종 교육요소 등 다문화교육이라는 주제를 2007 개정교육과정 총론에 반영하였다.

2008년 10월 9일 교육과학기술부에서 발표된 '다문화가정 학생교육 지원방안'에서는 2009년부터 2012년까지 4년간 국가와 지방이 추진할 4대 정책과제 14개 세부 실행과제에 총 700억 원 정도의 예산이 투입될 예정이다. 구체적인 세부사업을 소개하면 다음과 같다.

첫째, 다문화가정 학생은 학령 단계별로 언어 및 학습능력 향상을 위한 맞춤형 교육서비스를 받게 된다.

둘째, 다문화가정 학부모에게는 자녀의 학습지도능력을 함양할 수 있는 기회를 갖도록 학기 초에 학생생활 설명회나 상담 시 한국의 학교 및 교육제도를 소개하고 학교생활 등을 안내하는 학교생활 안내책자를 다언어로 제작하여 제공한다.

셋째, 교사연수 등 다문화교육 저변 확대를 위해 다문화가정 학생 지도교사에게 교사용 매뉴얼을 개발·보급하고, 다문화가정 학생이 있는 학교의 교장·교감은 다문화연수를 받도록 하며, 교사의 직무연수에 다문화 이해 연수과정(30, 60시간)을 개설할 뿐만 아니라 예비교사에게는 다문화교육 이해 제고를 위해 전국 11개 교대에 다문화교육 강좌를 개설한다.

넷째, 우리 사회의 다문화 이해 제고를 위한 일반 학생들의 다문화 이해도를 높이기 위해 재량활동 시간에 다문화 이해교육을 실시하고, 다문화가정 학부모가 출신국의 문화·풍습을 소개하는 '다문화 이해교실'을 운영한다.

2009년은 전체적으로 다문화가정의 교육격차 해소와 일반학생의 다문화 이해 및 수용성 증진, 단위학교 다문화교육 역량 강화를 목표로 다문화가정 학생 특성별 맞춤형 교육을 지원하고, 단위학교 및 지역중심 다문화 체험 기회를 확대하고, 지역 유관기관 및 단체와의 연계협력 강화를 목표로 사업을 추진하였다. [그림 4-1]은 다문화가정 학생교육을 위한 시·도 교육청 맞춤형 사업 지원계획을 나타낸 것이다.

2010년은 〈표 4-6〉과 같이 다문화가정 학생 맞춤형 교육 지원, 교사의 다문화교육 전문성 제고, 다문화가정 학부모 지원, 다문화가정 유아교육 지원, 동반·중도입국 자녀교육 지원, 다문화교육 기반 및 지원체제 강화를 목표로 사업을 추진하였다.

2011년은 성장 단계별 맞춤 지원체제를 구축하고, 다문화 학부모의 교육 활용(이중언어, 다문화 이해), 교사의 다문화 역량 제고, 다문화가정 우수학생을 선정(100명)하여 우리나라와 부모출신국 간의 핵심 교류 인재로 육성하는 '글로벌브릿지 사업(가칭)'을 추진하여 해당국 자원봉사, 학생국제교류, 글로벌 리더십 교육 등을 통한 글로벌 리더 양성 사업을 계획하였다.

2012년은 다문화학생 교육 선진화 방안을 발표하여 다문화학생의 개인별 특징이 다양화되는 상황을 고려한 맞춤형 교육을 실시하기 위해 다문화학생 지원을 위한 전 사회적인 협력체계 구축을 통해 다문화가정 지원정책을 유기적으로 연계하여 다문화학생에 대한 교육 정책의 시너지 효과를 제고하겠다는 의지를 담았다.

2013년은 다문화가정 학생을 위한 초·중등교육법시행령이 개정되었고, 다문화학생도 학력심의위원회 심의를 거쳐 학력을 인정받을 수 있게 하였으며, 다문화 특별학급이 설치된 초·중학교로의 전입학이 용이해져 다문화학생들의 선택권과 학습권을 강화하였고, 이주 부모의 언어 교육의 실시와 다문화 이해교육의 활성화를 위해 다문화언어강사 운영 근거를 마련하였다.

2014년은 통합·육성의 관점에서 다문화학생 지원뿐만 아니라 모든 학생을 대상으로 하는 다문화교육 사업도 지원하고, 중도입국학생 등에게 한국어와 한국문화적응 프로그램을 집중 제공하는 예비학교를 종전 52교에서 80교로 확대하였다. 모든 학생을 대상으로 문화이해교육, 반편견 반차별 교육, 세계시민 교육을 하는 다문화교육 중점학교 120교를 지정·운영하였다. 아울러, 다문화학생에 대한 한국어 습득 지원을 위해 정규 수업시간, 방과후학교 등을 통해 KSL을 운영하는 학교를 100개교로 확대한다. 수학·과학, 예체능 등에 우수한 자질이 있는 다문화학생을 발굴하여 전문교육을 실시하는 글로벌브릿지

사업 운영 대학도 기존 7개 대학에서 10개 대학으로 확대하였다. 다문화학생이 희망하는 경우 주말이나 방학 등을 이용하여 직업교육을 받을 수 있도록 '직업교육 지원기관'을 종전 3개 기관에서 10개 기관으로 확대하였다.

2015년은 아동에게 취학 전 동등한 출발점을 보장하기 위해 유치원 단계부터 언어 및 기초학습 등을 지원하는 다문화 유치원 30개를 선정하여 시범운영, 국어 집중 교육이 필요한 중도입국학생 및 외국인 학생 등에게 한국어와 한국문화적응 프로그램을 제공하는 예비학교를 종전 80교에서 100교로 확대 운영, 이중언어, 수학・과학, 예체능 등에 우수한 다문화학생을 발굴하여 전문교육을 실시하는 글로벌브릿지 사업 운영 대학도 기존 10개 대학에서 17개 대학으로 확대 운영하였다.

일반학생의 다문화 수용도 및 이해도를 높이기 위해 다문화 중점학교 150개교를 지정・운영하며, 우수 교육사례를 발굴하여 지역 내 다문화정책자원을 연계・활용하여 학교의 다문화교육을 지원하는 지역다문화교육 모델을 개발하기 위한 시범사업을 2015년 5개 시・도 교육청(제주, 울산, 강원, 경기, 충남)에서 실시하였다.

2016년은 유치원 단계부터 조기 개입하여 다문화유아에게 언어 및 기초학습 등 맞춤형 교육을 지원하여 다문화 유치원을 확대하여 운영(30개원 → 60개원), 중도입국학생 및 외국인 학생 등에게 한국어와 한국문화적응 프로그램을 집중적으로 제공하여 공교육 진입과 적응을 지원하는 '예비학교'를 확대 운영(100교 → 110교), 모든 학생의 다문화 수용도와 이해도를 높이기 위해 다문화 중점학교를 150교에서 180교로 확대 지정・운영하였다. 아울러, 다문화교육에 대한 모든 정보(교육기관, 지원 사업, 교육 자료 등)를 한 눈에 확인할 수 있는 '다문화교육 콘텐츠 포털(www.nime.or.kr)'을 운영하여, 다문화교육과 관련한 현장 사례와 자료를 공유하였다.

2017년은 다문화 학생 맞춤형 교육 지원을 강화하기 위하여 다문화유아의 언어와 기초학습 지원 모델을 개발하기 위한 다문화 유치원을 전국으로 확대('16년 12개 시도 60개원 → '17년 17개 시도 90개원)하여 운영하였다. 교원의 역량을 제고하기 위해 예비교원 단계부터 다문화 관련 교육 및 연수 기회를 확대할 예정이다. 학생의 다문화 수용도와 이해도를 높이기 위해 다문화 중점학교('16년 180교 → '17년 200교)를 확대·운영하였다. 또한, 공모전을 통해 우수한 교육 사례와 교수학습 자료를 발굴하고, 자료집 발간과 중앙다문화교육센터 누리집(www.nime.or.kr)을 통해 보급하여 일반 교원들이 활용할 수 있도록 지원할 계획이다. 다문화교육 활성화의 기반을 마련하기 위하여 다문화학생이 우리 사회의 인재로 성장할 수 있도록 유관 부처와 적극적으로 협업하여 다문화교육을 지원하였다.

2018년은 이중언어학습을 장려하기 위한 '전국이중언어말하기대회'를 개편하여, 참가자격을 모든 학생으로 확대 추진하였고, 교원연수를 법제화하여 학교 교원에게 다문화이해교육 연수를 실시하도록 「다문화가족지원법」이 개정('17.12월)됨에 따라, 하위법령을 제정하고 세부계획 수립하였다. 방과후학교 또는 창의적 체험활동 등에서 활용할 수 있도록 이중언어교재 보급(미래에셋박현주재단과 협업)하였고, 교원 대상별로 다문화교육 역량강화 연수 실시하여 교원양성기관 및 시·도교육청에서 연수 프로그램 구성에 활용할 수 있도록 다문화교육 연수 표준 가이드라인 보급하였으며, 초등학교 입학예정 다문화가정 아동 대상으로 학교적응교육을 실시하는 '(가칭)징검다리학교' 도입 추진하였다. 글로벌브릿지를 통해 우수 다문화학생 발굴 및 교육하도록 다문화학생이 잠재능력을 개발하여 우수인재로 성장할 수 있도록 특화 교육프로그램 제공(20개 사업단)하였고, 중앙다문화교육센터 운영 '다문화교육 포털'(nime.or.kr)을 다문화교육 허브 공간으로 개편 추진하여 교원전용공간을 신설하여 현장의 교육자료 공유 지원, 다문화가정 학부모를 위한 사업설명 보강 및 다국어 지원 등으로 개편하였다.

2019년은 체계적인 한국어교육을 위한 한국어 진단 지원을 위해 진단부터 보정·관리까지 맞춤형 한국어교육을 지원하는 '한국어능력 진단-보정 시스템' 개발·시범 도입('19.하)하였고, 학교급 전환기 다문화학생을 위한 '징검다리과정' 지원하기 위해 유치원-초등학교 단계에서는 초등학교 입학예정 다문화가정 아동을 대상으로 학교생활 조기적응 지원을 위한 준비교육 운영하고, 초등학교-중학교 단계에서는 중학교 입학예정 다문화학생을 대상으로 학교적응교육을 실시하는 '징검다리과정' '20년 신규 도입 준비하였다. 학력심의위원회 운영을 통한 공교육 진입을 강화하기 위해 난민·무연고 아동의 경우 서류가 불충분하더라도 공교육에 진입할 수 있도록 지원하는 학력심의위원회를 개별 학교 단위에서 운영할 수 있도록 제도·운영방식 등 개선 추진하였다. 부처 간 협업을 강화하고, 사각지대

해소 등 정책효과 제고하기 위해 범부처 합동 정책방향 설정을 통한 총체적 지원 제공하였다. 다문화가족의 삶의 질 향상과 사회통합 심의·조정을 위한 국무총리실 산하 다문화가족정책위원회, 외국인 인권보호 및 권익증진위원회 등 범부처 연계를 추진하고, 법무부 · 여가부 · 문체부 등 관계 부처와 사안별 협력을 증진하였다. 학교 교육과정 전반에 걸친 다문화교육 실시하기 위하여 2015 개정 교육과정 총론에서 범교과 학습 주제*로 '다문화교육' 제시하여 범교과 학습 주제는 교과와 창의적 체험활동 등 교육활동 전반에 걸쳐 통합적으로 다루도록 하고, 지역사회 및 가정과 연계하여 지도하도록 하였다.

2020년은 중도입국 다문화학생의 학교 배정 · 학력심의 등 공교육 진입 과정 개선을 위한 「초 · 중등교육법 시행령」 개정하여 중도입국 다문화학생의 중학교 입학 · 전학 및 편입학 시 입학 허가에서 교육장의 학교 배정 방식으로 절차 개선(시행령 제75조)하였다. 기존 개발 · 배포('15.6월)된 학력심의용 평가지(초등학교 국어 · 수학 · 영어, 중학교 국어 · 수학 · 영어 · 사회 · 과학)는 2015 개정 교육과정 미반영되어 2015 개정 교육과정을 반영한 다국어 학력심의 진단도구 개발 · 배포('20.하)로 학력증빙 절차 지원하였다. 대학생 멘토링을 통한 맞춤형 학습 지원을 위해 다문화학생과 멘토 대학생의 1:1 멘토링을 통해 학습 · 숙제지도 · 고민상담 등 체계적 · 개별적 학습지원 제공(4,000여명 예정)하였고, 이중언어 강점 개발 지원을 위해다문화학생의 이중언어 학습 장려를 위해 전자책 형태의 이중언어 교재를 개발하여 보급(웹기반, 어플리케이션)하였다. 학교폭력 예방부터 사안 처리 등 전 과정에서 다문화학생에 대한 보호 장치 강화하기 위해 학교폭력 예방교육 프로그램(어울림 프로그램)에 다문화 관련 내용을 반영하여 개발 및 보급('20.3월), 피해학생 치유 · 상담 지원 시 다문화 전문가 참여를 강화하고, 다문화 관련 내용을 포함한 가해학생 특별교육 프로그램 개발('20.상)하였다.

2021년은 다문화교육에 대한 법 · 제도를 개선하여 다문화교육의 근거를 시행령에서 「초 · 중등교육법」으로 격상하고, 다문화학생의 공교육 진입 기반 조성하고자 고등학교 입학 및 편입학 절차 개선을 위한 「초 · 중등교육법 시행령」 등 법령 정비하였다. 안정적인 한국어 교육 지원을 위해 중도입국 · 외국인학생 등에게 맞춤형 한국어교육을 제공하고자 한국어 교육과정에 맞춘 진단 · 보정시스템을 전 학년으로 적용하고, 조기 적응을 위한 한국어교실 및 징검다리 과정 등 적응과정 운영확대, 교원 대상 한국어교육 연수과정 신규 개발(중앙교육연수원)하였다. 코로나19에 대응하여 온라인 지원 기반 조성하여 중도입국 · 외국인학생이 원격으로 한국어수업을 들을 수 있도록 한국어교육 영상 콘텐츠 제작 · 보급 및 원격수업 플랫폼에 탑재, 기초학력 지원을 위해 대학생 다문화 멘토링 운영방식 개선 및 교과 보조교재 기반 핵심개념 중심 영상콘텐츠(120편)을 제작 · 보급하였다.

이상과 같이 2006년부터 시작된 우리나라 다문화교육정책은 시기별로 태동기(2006~2007년) → 도입기(2008~2012년) → 발전기(2013~2017년) → 보완기(2018~2020년)의 4단계로 요약할 수 있다(양계민, 2016; 화소군, 2021).

첫째, 태동기(2006~2007년)의 다문화교육정책은 동화주의 다문화교육으로 언어, 문화적 이질성 제거를 통한 사회 통합 실현과 교육격차 해소, 사회통합 강화, 다문화 존중의 사회환경 조성이 그 특징이다.

둘째, 도입기(2008~2012년)의 다문화교육정책은 동화주의와 다원주의를 중심으로 한 다문화교육으로 교육격차 해소, 사회통합 강화, 다문화 학생의 언어, 문화적 이점을 활용한 사회통합 강화, 다문화 학생의 언어, 문화적 재능 발굴, 창의적 인재 양성, 일반 학생에 대한 다문화교육과 다문화 존중이 그 특징이다.

셋째, 발전기(2013~2017년)의 다문화교육정책은 동화주의 다문화교육의 약화와 다원주의 다문화교육의 강화로 상호 이해와 존중 속에서 사회 통합을 강화, 모든 학생을 대상으로 한 교육 기회의 평등 실현, 꿈과 끼 개발을 통한 다문화 인재 육성, 모든 학생을 위한 다문화 이해 교육이 그 특징이다.

넷째, 보완기(2018~2020년)의 다문화교육정책은 다문화교육의 지속적인 발전과 비판적 다문화교육의 등장으로 교육 기회의 평등 실현, 다문화 학생의 교육권 보장, 다문화 학생의 재능개발과 다문화사회에서의 인재양성, 전체 학교 구성원의 다문화 이해와 참여 증진, 모든 학생에 대한 존중과 반편견, 반차별이 그 특징이다.

3) 여성가족부 다문화교육정책 현황

여성가족부의 전신인 보건복지가족부는 2009년 기준 '다문화가족지원센터' 100곳을 설치 · 운영하고 있으며, 2008년 9월에는 '다문화가족법'을 제정하여 다문화가족 지원정책을 체계화하였고, '다문화가족 생애주기별 맞춤형 지원 강화대책'[7]을 발표하여 결혼준비기 → 가족형성기 → 자녀양육기 → 자녀교육기 → 가족역량강화기 → 가족해체 시의 생애주기별 정책과제 및 세부 추진과제를 설정하였다.

그후 2010년 3월 1일에 보건복지가족부가 보건복지부와 여성가족부로 조직이 개편됨에 따라 여성가족부에서는 〈표 4-6〉과 같이 다문화교육 시행계획을 수립하였다.

표 4-6 2021년 여성가족부 다문화교육 시행계획 현황

정책과제	시행계획
다문화가족 정착지원	• 결혼이주여성 인권 강화 및 국제결혼 피해예방 지원 • 다문화가족의 안정적 정착 지원
결혼이민자의 사회·경제적 참여확대	• 자립역량 강화 • 취·창업지원 서비스 내실화 • 사회참여 기회 확대
다문화가족 자녀의 안정적 성장과 역량강화	• 안정적 성장을 위한 환경 조성 • 학업 및 글로벌 역량강화 지원 • 중도입국 자녀 맞춤형 지원 강화
상호존중에 기반한 사회적 다문화 수용성 제고	• 인권 및 다양성이 존중되는 사회환경조성 • 수용성 제고를 위한 미디어 환경 조성 • 지역환경 조성 및 참여 교류 프로그램 활성화

7) 결혼준비기에는 결혼중개 탈법 방지 및 결혼예정자 사전준비 지원, 가족형성기에는 결혼이민자 조기적응 및 다문화가족의 안정적 생활지원, 자녀양육기에는 다문화가족 자녀 임신 · 출산 · 양육 지원, 자녀교육기에는 다문화아동 · 청소년학습 발달 및 역량 개발 강화, 가족역량 강화기에는 결혼이민자 경제 · 사회적 자립역량 강화, 가족해체 시에는 해체 다문화가족 자녀 및 한부모가족 보호 · 지원을 위한 정책과제를 수립하고, 세부추진과제를 마련하였다.

협력적 다문화정책운영을 위한 추진체계강화	• 정책추진체계간 협력 강화 • 다문화가족 지원체계 내실화 • 정규교육 접근 강화 등 자녀 교육 지원 • 보건 의료 서비스 제공

4) 시 · 도 교육청 다문화교육정책

2021년 우리나라 시 · 도 교육청에서 추진하고 있는 다문화교육정책을 정리하면 [그림 4-1]과 같다.

시도교육청의 다문화교육정책을 좀 더 자세히 살펴보기 위하여 2020년 4월 현재 다문화학생수가 36,411명으로 가장 많은 경기도 교육청, 다문화학생 비율이 5.13%로 가장 높은 전라남도 교육청, 광역시를 대표하는 대구광역시 교육청이 추진하고 있는 다문화교육 추진내용 및 체계를 살펴보면 다음과 같다.

(1) 경기도 교육청

경기도교육청에서 민주시민교육의 하위영역으로 다문화교육을 추진하고 있다[8]. 다문화교육 추진배경으로는 첫째, 다문화가정 학생의 배려와 지원을 넘어 다양한 문화가 학교 안에서 융합하여 새로운 문화를 창출하며, 세계시민으로 자라날 수 있도록 하는 다양한 학교 현장 교육수요는 증가하고 있다. 둘째, 급격한 저출산 · 고령화추세로 일반 학생들은 급감하는 반면 다문화 가정 학생은 매년 지속적으로 증가(경기도 초 · 중 · 고 일반학생 수: ('18)1,505,897명 → ('19)1,489,004명 → ('20)1,477,005명, 경기도 초 · 중 · 고 다문화가정학생 수: ('18)29,099명 → ('19)33,482명 → ('20)36,411명)하고 있으며, 문화적 배경과 관계없이 누구나 양질의 교육을 받을 수 있기 위한 교육환경 조성 필요하다. 셋째, 다문화가정 밀집학교,

8) 경기도 교육청은 2020년 4월 현재 다문화가정 학생수는 36,411명으로 전체학생 1,513,416명의 2.4%를 차지하고 있고, 4,781명, 중국(한국계) 2,382명, 대만 156명, 몽골 479명, 필리핀 2,071명 등매년 증가하고 있는 추세이다. 주요 출신국으로는 일본 2,690명, 중국의 순으로 나타났다.

밀집지역 발생으로 학교와 지역 상황에 따른 맞춤형 지원, 방법의 다각화 필요하다.

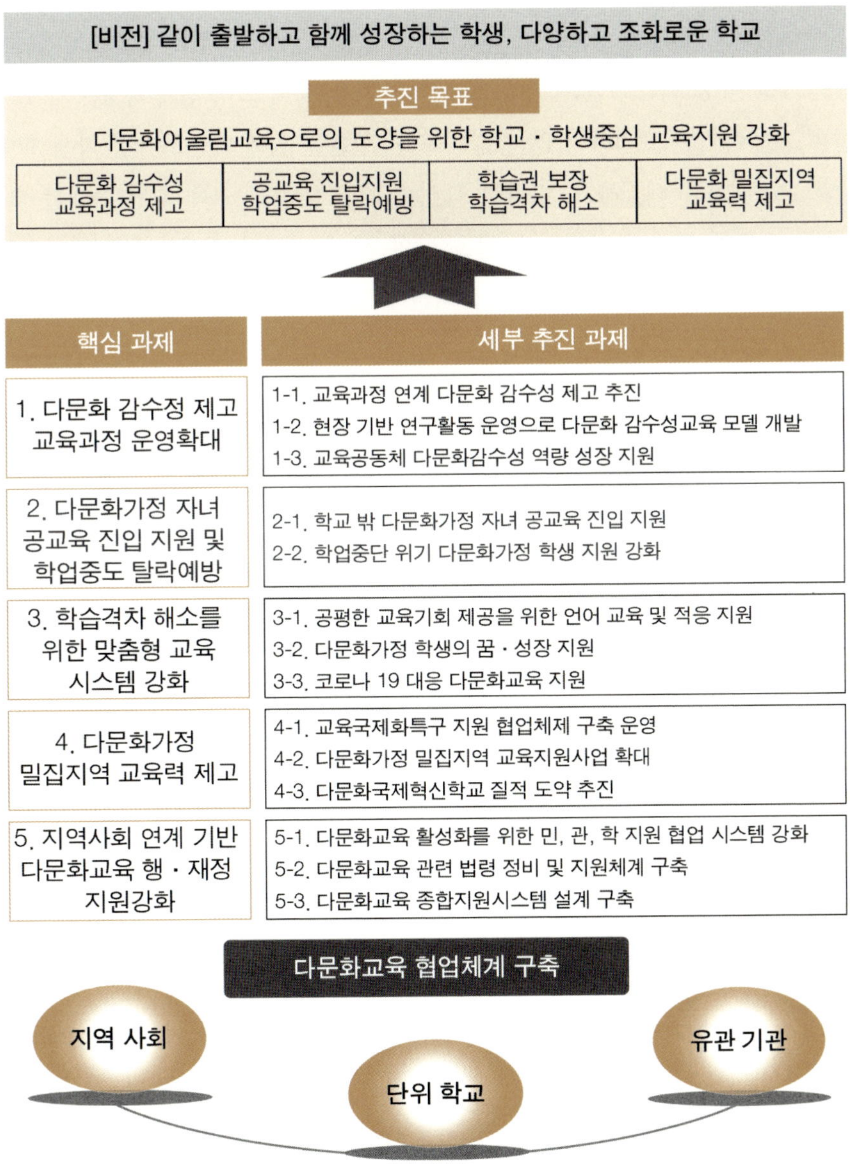

▌그림 4-1▌ 경기도 교육청 다문화교육 추진체계

(2) 전라남도 교육청

전라남도 교육청에서는 2021년에 다문화교육정책을 추진하기 위한 추진배경을 다음과 같이 도출하였다.[9] 첫째, 외국인 · 다문화가정 증가에 따른 다문화가정 학생의 지속적 증가 및 이주배경의 다양화로 상호문화 존중 및 성숙한 교육환경 조성의 필요성이 증대하였다. 다문화가정 학생 최근 5년간(2016~2020년) 증가율이 약 28%(전체 학생은 약 12% 감소)이다. 둘째, '한 아이도 포기하지 않는 전남교육' 실현을 위해 다문화가정 학생 교육의 사각지대 및 교육격차를 해소하고, 다양한 특성에 따른 맞춤형 교육 지원 확대를 요구하고 있다. 셋째, 다문화 학생의 잠재력 발현을 도와 사회 안에서 당당하게 성장하도록 지역 내 모든 인적 · 물적 자원 연계하여 전남 여건에 맞는 다문화교육 정책 추진을 요구하고 있다.

(3) 대구광역시 교육청

대구광역시 교육청에서는 2021년에 다문화교육정책을 추진하면서 다음과 같은 문제점을 도출하였다.[10] 첫째, 학업 측면에서는 언어문제로 인한 학업의 어려움, 학업에 대한 학부모 조력 부족 등이 있었다. 둘째, 대인관계 측면에서는 세대 간, 문화 간의 갈등에 따른 부모와 자식 간의 심각한 갈등, 차별과 편견에 따른 또래집단의 갈등 등이 있었다. 셋째, 심리적 측면에서는 자아정체성 혼란, 낮은 자기 존중감, 불안과 스트레스, 문제행동의 표출 등이 있었다. 넷째, 대표적인 측면에서는 산만한 학습태도, 친구들과 관계에서의 부적응 행동, 학교규칙에 어긋나는 행동 등이 있었다.

---

9) 2020. 4. 1. 기준 전라남도에서는 전체 학생수 206,785명 중에서 다문화가정 학생수가 10,701명으로 전체 학생수의 5.18%를 차지하고 있으며, 매년 다문화가정 자녀 취학 학생 인원이 증가하고 있는 실정으로, 전체 유초중고 1,143학교에 다문화가정 자녀가 재학하고 있으며, 국내 출생 10,157명(94,9%), 중도입국 310명(2.9%), 외국인 가정자녀가 234명(2.2%)으로 나타났다.

10) 2020. 4. 1. 기준 대구광역시에는 전체학생 수 288,389명 중에서 다문화 학생은 5,495명이고 전체 학습생수의 1.9%를 차지하고 있고, 이 중에서 국제결혼가정 4,978명, 외국인가정 517명으로 되어 있다. 부모의 출신국별로는 베트남 2,223명, 중국 1,105명, 필리핀 433명, 캄보디아 348명, 중국(한국계) 291명, 일본 231명 등의 순으로 나타났다.

비전 다양성을 존중하며 함께 배우고 성장하는 조화로운 학교 조성

목표
- 문화 다양성 공존 기반으로 구성원 모두 조화롭게 살아가는 성숙한 교육환경 조성
- 다문화가정 학생의 공평한 교육 기회 보장으로 조기적응력 제고 및 교육격차 해소

추진과제

모든 구성원의 다문화 감수성 제고 강화	공평한 교육 기회 보장의 맞춤형 교육 지원 확대	학교 지원중심의 다문화교육 지원체계 강화
■ [학교 다문화교육 활성화] - 교육과정 연계 다문화교육 강화 - 다문화교육 정책학교 운영 내실화 및 확산 - 학교자율사업선택제 참여 확대	■ [교육 기회 보장 · 조기적응 지원] - 공교육 진입 원스톱 지원 - 입학전 학교적응 준비 지원 - 유아 언어발달 지원 확대 - 맞춤형 한국어교육 지원 확대	■ [지원체계 강화] - 다문화교육진흥위원회 운영 - 다문화교육지원 TF 운영 - 다문화교육 전문가 양성 확대 및 활용 극대화 - 학교 다문화교육 통합지원 기반 구축
■ [교원 다문화교육 역량 강화] - 다문화 감수성 증진 및 실행 역량 강화 - 다문화교육 자율 연구활동 지원 - 예비교원의 다문화교육 역량 함양	■ [학습격차 완화 지원] - 맞춤형 기초학력 보장 지원 확대 (대학생 멘토링제) - 온라인학습 기반 교육격차 최소화 지원	■ [행 · 재정적 지원 및 제도적 보완] - 한국어학급 운영 기반 강화 - 조례 및 관련 법 규정 개선 - 학교 다문화교육 지원자료 개발 · 보급
■ [문화다양성기반교육환경조성] - 다문화친화적 분위기 조성 - 학부모 다문화교육활동 참여 및 인식 제고 - 다문화 학부모 자녀교육 역량 함양 - 지역 특성화 프로그램 운영 지원	■ [진로 · 사회성 함양 지원] - 맞춤형 진로탐색 지원 - 이중언어 강점 개발 지원 - 자긍심 · 사회성 함양 지원 (동아리, 자기성장프로젝트 등)	■ [유관기관 협력체계 활성화] - 협력 네트워크 다양화 및 활성화 - 위기대응 협력체계 강화 ■ [전남다문화교육지원센터의 역할 강화]
[전남다문화교육지원센터 운영 지원]		
■ 학교 구성원 모두의 다문화 감수성 교육 지원 ■ 다문화교육 전문 인력 양성 및 역량 강화 활동	■ 공교육 진입 지원 및 찾아가는 한국어교육 운영 지원 ■ 다문화교육 정책학교 운영 지원	■ 유관기관 연계 협력 활성화 ■ 센터 운영 및 성과 확산 ■ 다문화가정 학생 DB 구축

▌그림 4-2▐ 전라남도 교육청 다문화교육 추진체계

목 표	자긍심 함양과 다문화 역량 계발로 대구미래역량교육 실현
현황 및 요구	• 다문화 학생 수 4,773명(2020. 4. 1.기준, 대구광역시 초·중·고·특 학생의 1.9%) • 대구교육공동체의 다문화 이해교육 필요성 공감 • 다문화 학생 맞춤교육과 자긍심 함양 및 교육공동체의 다문화 역량 계발 필요

인프라: 다문화 교육 지원체제 구축

다문화교육 지원체제 구축

체제 정비	인적 구성
‣ 대구세계시민교육센터 운영 ‣ 다문화교육 정책학교 운영 55교(원) - 유치원, 한국어학급, 중점학교, 다문화 연구학교 ‣ 학력 인정 및 학년 결정 지정교 운영 49교 ‣ 다문화교육진흥위원회 및 협의체 운영 ‣ 다문화 학생 학력심의위원회 운영	‣ 시교육청 조직 - 과장 1명, 장학관 1명, 장학사 1명, 수습전문직 1명, 파견교사 4명, 주무관 1명 ‣ 다문화교육 지원단 및 연구회 운영 ‣ 다문화교육 워크숍 운영 ‣ 다문화교육 인력풀 구축 · 활용 - 한국어강사, 통역, 번역 지원 인력풀 구성

운영 중점	세 부 추 진 내 용	대구미래역량
맞춤형 교육	**맞춤형 교육 지원** • 센터형 한국어학급 운영 • 찾아가는 한국어교육 운영 • 대학생 멘토링제 운영 • 기초학력향상 지원(학습전담교사 배치) • 진로·직업교육 프로그램 지원 • 심리·정서 프로그램 지원 • 다국어 문자 및 안내장 번역 서비스 제공 • 다문화 학생 맞춤형 멘토링 운영	창의융합적 사고, 자기관리
원격수업 지원 (신설)	**다문화교육 원격수업 지원** • 다문화교육 교수·학습자료 보급 • 세계문화체험학습 콘텐츠 보급 • 다국어 상담 콜센터 운영 - 맞춤형 다국어 통역 서비스	공감 소통, 공동체
다문화 역량 강화	**교육공동체 다문화 역량 강화** • 어버이 나라 자긍심 함양 교육 • 모범 다문화 학생 표창 • 이중언어교육 운영 • 다다익선글로벌개척프로젝트 • 교원·학부모 다문화 역량 제고 - 교원 다문화교육 연수 - 학부모 다문화 이해교육 - 다문화 학부모 자녀지도 역량 제고	창의융합적사고, 공감 소통, 공동체
미래동행 공감확산	**미래동행 다문화 공감 확산** • 교육과정과 연계한 다문화교육 • 다문화교육 주간 운영 • 세계문화체험학습 운영 • 세계테마꾸러미 대여 • 세계문화축제 운영 • 다문화교육 우수사례 공모 • 글로벌 국악단 운영 • 가온 어울림 뮤지컬단 운영	공감 소통, 공동체

▌그림 4-3▐ 2021년 대구광역시 교육청 다문화교육 추진체계

사회통합과 성숙한 다문화사회를 대비하는 교육의 역할을 강조하고 있고, 일반 학령인구는 감소하는 반면, 다문화학생 수는 2016년 2,963명→2017년 3,420명→2018년 3,929명→2019년 4,427명→2020년 4,773명으로 꾸준히 증가하는 추세이다. 현장에 적합한 다문화교육 정책을 요구하고 있으며, 교육격차 해소 및 사회 구성원으로서 역할을 할 수 있도록 다문화학생의 특성을 고려한 맞춤형 지원 필요한 것으로 나타났다.

이를 보완하기 위하여 2021년 대구시교육청 다문화교육의 추진중점은 첫째, 맞춤교육, 둘째, 원격수업지원, 셋째, 다문화 역량 강화, 넷째, 미래동행교육으로 함께 살아가는 다문화사회를 구현하고자 하였다.

이상과 같이 경기도 교육청, 전라남도 교육청, 대구광역시 교육청에서 추진하고 있는 다문화교육 추진내용 및 체계를 살펴보면서 정책을 추진할 때 신중하게 고려되어야 할 사항들은 다음과 같이 정리할 수 있다(전경숙, 2007).

첫째, 다문화가정 자녀를 위한 정책을 수립할 때 대상이 지니고 있는 특징이나 문제점이 차이가 있을 수 있으므로 개별화된 정책을 추진하여야 한다는 점이다. 국제결혼가정 자녀와 외국인 근로자 가정 자녀의 상황과 겪고 있는 문제나 요구가 각기 다를 수 있다는 점을 고려하여 정책을 추진하여야 한다.

둘째, 정책이나 사업을 추진할 때 다문화가정 자녀 학생들이 심리적인 위축감이나 거부감을 나타내지 않도록 세심한 배려가 있어야 한다는 점이다. 다문화가정 학생에 대한 지원이나 지도가 주로 주말이나 방과후에 이루어지므로 이들이 거부감이나 수치심을 가질 수 있으므로 일반학생과의 융합을 저해하는 역효과가 발생하지 않도록 주의가 요구된다.

셋째, 교육청 단위에서 추진되고 있는 다문화정책이 다문화가정 자녀를 모두 교육 소외나 저소득 계층으로 낙인찍음으로써 개인에게 피해와 고통을 주는 폐단을 사전에 차단해야 할 것이다. 방과후 교육비 지원이나 기타 다문화가정 자녀들을 위한 지원이 단지 다문화가정 자녀라는 이유에서가 아니라 일반학생의 경우처럼 저소득층이므로 지원 대상이 되는 방향으로 운영된다면, 일반학생과의 차별적 대우로 인한 심적인 피해와 다문화가정 자녀에게 부과되는 낙인 문제를 해결할 수 있을 것이다.

6) 학교 다문화교육정책

학교에서 실시하고 있는 다문화교육정책은 크게 한국어교육, 생활적응교육, 현장체험학습, 다문화가정과 일반가정의 결연, 일반학생을 대상으로 한 다문화 이해교육 등으로 볼 수 있다. 〈표 4-7〉에 소개하는 내용은 일반적인 내용이므로 학교의 특성에 따라 다소 차이가 있을 수 있다.

▮표 4-7▮ 학교 다문화교육 프로그램

프로그램	내용
한국어교육	듣기, 말하기, 읽기, 쓰기를 매주 담임교사와 특수교사의 개별지도
생활적응활동	심리검사 실시, 일반학생과 놀이를 통한 마음열기 활동
현장체험학습	다문화가정의 부모와 자녀들, 친구들이 함께하는 현장학습 기회 제공
다문화가정과 일반가정의 결연	다문화가정과 일반학생 가정이 결연을 맺고 상호방문과 동반체험을 통하여 한국 사회의 생활적응, 문화이해, 자아정체성 확립을 도움
일반학생 및 학부모 대상 다문화 이해교육	학년별 창의적 체험활동(특별활동, 재량활동)에 외부강사를 초청하여 다문화 이해교육을 실시하고, 문화체험학습 실시

학교의 다문화교육 프로그램에 대한 내용분석(content analysis)을 통해 실태를 분석한 결과 학교 다문화교육의 목표와 내용은 [그림 4-4]와 같이 크게 다문화 이해능력 증진, 문화교육, 언어교육, 자아정체성, 공동체의식 함양, 학교생활적응의 여섯 개 영역으로 분석되었다(조영달 외, 2008).

첫째, 다문화 이해능력 증진은 여러 학교에서 다문화교육 프로그램의 목표로 제시하고 있는 대표적인 유형으로 인종, 성, 민족, 사회계층 간의 차이에 대한 이해와 불평등을 창출하는 요인에 대한 이해를 통해 학생들이 자민족중심적인 사고와 편견을 극복하고 자신들의 개인적인 배경뿐만 아니라 국내에 거주하는 다른 집단의 배경까지 이해하도록 돕는 것으로 볼 수 있으며, 프로그램의 내용 요소로는 문화, 협력, 반편견, 정체성 형성, 평등성, 다양성 등을 들 수 있다.

둘째, 문화교육은 문화를 대하는 태도나 다양성 존중과 같은 가치, 태도 등의 내용을 의미하는 것이 아니고, 단순히 특정 국가와 관련된 정보를 제공하는 것에 목적을 두고 크게 외국문화 이해교육과 한국문화적응교육으로 구분할 수 있다.

셋째, 언어교육은 특정 언어습득을 프로그램의 목표와 내용으로 하고, 이중언어교육과 한국어교육으로 구분할 수 있다.

넷째, 공동체의식 함양은 모든 학생들이 공동체의 구성원이라는 의식을 심어주기 위한 것으로 궁극적으로 사회통합을 지향하고 있다.

▌그림 4-4▌ 학교 다문화교육의 목표 및 내용

다섯째, 자아정체성은 학생들의 긍정적 자아정체성 및 집단정체성 형성 등과 관련된 것으로 주로 상담프로그램들과 많은 관련을 갖고 있다.

여섯째, 학교생활 적응(학습결손 보충)은 다문화가정 학생들의 교우관계 및 학업성취 등 학교생활 측면에서의 적응을 돕는 것이다.

또한 학교에서 이루어지는 전반적인 다문화교육의 경향 및 학교별 차이를 알아보기 위하여 빈도분석을 실시한 결과는 〈표 4-8〉과 같다.

분석 결과 문화교육(43.4%), 언어교육(20.0%)이 여섯 가지 영역 중에 가장 많은 비중을 차지하였으며, 학교급별로 초등학교와 중등학교 모두 문화교육의 비중이 가장 높고, 특히 초등학교에서는 한국어교육의 비중이 전체 언어교육의 70%를 차지하고 있으며, 중학교의 경우에는 언어교육보다 자아정체성 프로그램의 비율이 13.8%가 더 높게 나타났다.

▌표 4-8▐ 다문화교육 프로그램 목표 및 내용 빈도분석

<table>
<tr><th colspan="2" rowspan="2">목표 및
내용유형</th><th colspan="4">학교급별</th><th colspan="4">학교특성별</th><th colspan="2" rowspan="2">전체</th></tr>
<tr><th colspan="2">초등학교</th><th colspan="2">중등학교</th><th colspan="2">정책연구학교</th><th colspan="2">일반학교</th></tr>
<tr><td colspan="2">다문화 이해
능력 증진</td><td colspan="2">16(9.4)</td><td colspan="2">8(12.3)</td><td colspan="2">20(14.7)</td><td colspan="2">4(4.0)</td><td colspan="2">24(10.2)</td></tr>
<tr><td rowspan="2">문화
교육</td><td>외국문화
이해</td><td>34</td><td rowspan="2">71
(41.8)</td><td>14</td><td rowspan="2">31
(47.7)</td><td>36</td><td rowspan="2">55
(40.5)</td><td>12</td><td rowspan="2">47
(47.5)</td><td>48</td><td rowspan="2">102
(43.4)</td></tr>
<tr><td>한국문화
적응</td><td>37</td><td>17</td><td>19</td><td>35</td><td>54</td></tr>
<tr><td rowspan="2">언어
교육</td><td>이중언어</td><td>11</td><td rowspan="2">39
(23.0)</td><td>3</td><td rowspan="2">8
(12.3)</td><td>9</td><td rowspan="2">21
(15.4)</td><td>5</td><td rowspan="2">26
(26.3)</td><td>14</td><td rowspan="2">47
(20.0)</td></tr>
<tr><td>한국어</td><td>28</td><td>5</td><td>12</td><td>21</td><td>33</td></tr>
<tr><td colspan="2">공동체의식 함양</td><td colspan="2">7(4.1)</td><td colspan="2">3(4.6)</td><td colspan="2">9(6.6)</td><td colspan="2">1(1.0)</td><td colspan="2">10(4.3)</td></tr>
<tr><td colspan="2">자아정체성</td><td colspan="2">15(8.8)</td><td colspan="2">9(13.8)</td><td colspan="2">16(11.8)</td><td colspan="2">8(8.1)</td><td colspan="2">24(10.2)</td></tr>
<tr><td colspan="2">학교생활적응
(학습결손)</td><td colspan="2">22(12.9)</td><td colspan="2">6(9.2)</td><td colspan="2">15(11.0)</td><td colspan="2">13(13.1)</td><td colspan="2">28(11.9)</td></tr>
<tr><td colspan="2">계</td><td colspan="2">170(100)</td><td colspan="2">65(100)</td><td colspan="2">136(100)</td><td colspan="2">99(100)</td><td colspan="2">235(100)</td></tr>
</table>

출처: 조영달 외(2008). p. 164.

이를 통해 초등학교의 경우 한국어의 기초적인 의사소통능력을 중시하고, 중등학교의 경우 청소년기의 특성을 반영하여 자아정체성 확립을 중시하는 것을 알 수 있다.

다문화교육의 주된 목표이자 내용인 다양성 및 다원성에 대한 태도, 긍정적 정체성, 사회정의 및 인권 등과 관련된 프로그램들은 전체에서 차지하는 비중이 크지 않거나 발견되지 않았다.

3 다문화교육정책의 기본방향

1) 우리나라 다문화정책의 문제점

우리나라의 다문화정책은 다음과 같은 문제점을 갖고 있다(강휘원, 2006; 서범석, 2009; 이경희, 2011; 이정금, 2018). 첫째, 그동안 정부의 사회문화적 소수집단에 대한 대응책이 미비하여 오히려 시민단체를 중심으로 다문화정책이 추진되어 왔다. 둘째, 한국 사회 구성원 모두를 위한 정부의 대책이 주로 사회적 취약계층에 국한되어 추진되어 다문화교육 대상에 대한 이해가 부족하다. 셋째, 현재 도래한 다문화사회에 대비한 정책은 모든 국민에게 필요한 것인데도 불구하고, 현재의 정책들은 주로 외국인들을 대상으로만 정책이 수립되어 시행되고 있다. 넷째, 추진하고 있는 정책이 주로 외국인노동자, 이주여성, 국제결혼가정 자녀들의 한국 사회 적응 및 동화에 초점을 맞추고 있다. 다섯째, 현재의 다문화교육정책은 다문화가정 학생에 대한 지원대책 수준에 머물러 있고, 학계의 논의도 한국의 다문화교육정책을 포괄적으로 논의하기보다는 실태조사나 이에 대한 정책 제안이 주류를 이루고 있는 실정이다. 여섯째, 운영 및 성과에 대한 평가가 부재하다. 프로그램의 운영에 있어 효율성, 교육지도자 자격 및 질 관리, 교육성과에 대한 점검 등이 제대로 평가되지 않았다. 일곱째, 일관성 없는 다문화교육정책과 부처 간 소통이 부족하다. 정부의 일관성 있는 다문화교육정책 방향을 찾아보기 힘들고, 매년 새로운 슬로건을 제시하며 다문화교육정책을 발표하지만 다문화교육 정책에 우리 사회가 지향하는 다문화사회의 성향이 드러나거나 공표되고 있지 않다는 점이다. 또한 중앙정부 조직과 지방자치단체 조직 간의 나름대로 사업에 대한 입장이 서로 달라 협력이 부재하다.

이러한 문제점을 극복하기 위해서는 다문화가정 자녀들을 우리 사회에 적응시키기 위한 교육으로 국한해서는 안 되고, 반인종주의(anti-racism), 반편견(anti-bias) 교육에서 출발되어 반편견, 평등, 사회정의를 추구하는 시민교육으로 확산되어야 할 것이다.

2) 다문화교육정책의 기본방향

(1) 다문화교육정책의 지향점

다문화교육정책이 궁극적으로 지향해야 하는 점으로는 첫째, 동화주의보다는 다문화주의를 추구해야 할 것이다. 다문화주의는 역사적 보편성에 부합하고, 한국의 특수성에 비추어 타당하며, 수용가능성도 높다고 할 수 있다(서범석, 2010). 동화 정책과 함께 보다 장기적인 관점에서 소수집단의 문화에 대한 인정과 관용을 바탕으로 한 다문화적이고 양방향적인 접근이 필요하다(김욱, 2011). 다문화주의는 시대와 장소, 집단에 따라 사용하는 맥락이 달라서 한마디로 정의하기가 쉽지 않다. 1960년대 미국의 시민권 운동을 시작으로 논의되다가 최근에는 사회의 소외계층, 소수 이민자, 성의 차이 등에서 논의되고 있는 실정으로 다문화주의는 한 국가나 사회 내부의 다양한 문화를 인정하고 소수의 문화도 존중하며, 다인종·다민족 국가의 국민을 하나로 통합하는 정책이나 이를 뒷받침하는 이데올로기이자 세계화의 진전으로 인한 많은 사회 변화와 많은 수의 이민을 통한 사회갈등 등 새로운 문제를 해결할 수 있는 방안으로 논의되고 있다.

다문화주의의 유형은 국내외 학자들이 제시한 유형을 종합하면 [그림 4-5]와 같이 자유주의적, 조합적, 급진적, 연방제적 다문화주의로 나타낼 수 있다.

[그림 4-5] 다문화주의의 유형

출처: 서범석(2009). pp. 4-5 재구성.

'자유주의적 다문화주의'는 인종이나 집단의 차이, 문화적 다양성을 인정하지만, 전체적인 생활에서는 주류사회의 언어, 문화, 사회관습을 따라줄 것을 요구하는 것이다. '조합적 다문화주의'는 결과의 평등을 위하여 소수자를 위해 다언어방송, 다언어문서, 다언어교육, 다문화교육 등 취직이나 교육과 관련한 적극적인 조치를 취하는 것을 의미한다. '급진적 다문화주의'는 다문화사회에서 주류사회의 언어, 문화, 가치, 생활방식을 거부하고 독자적인 생활방식을 추구하는 것을 의미한다. '연방제적 다문화주의'는 지역마다 소수민족집단의 자치성을 인정하여 문화, 언어, 생활양식을 독자적으로 유지하도록 하는 것이다.

둘째, 우리나라의 단일민족 정체성 교육에서 탈피하여 다문화에 대한 다양성을 인정할 수 있도록 역사, 문화, 국민 정서 등에 대한 정밀하게 분석한 자료를 근거로 다문화교육정책의 단계적 적용 방안이 계획되어야 할 것이다.

셋째, 구체적인 정책방안을 수립하여 실시하는 데 많은 인적・물적 지원뿐만 아니라 장기적인 계획을 통해 지속적으로 추진하여야 하며, 지속적인 연구와 실천적 노력을 통해 앞으로는 사회 구성원들 모두가 다문화교육의 기반에서 배우고 살아갈 수 있도록 교육정책의 방향이 전환되어야 할 것이다. 또한 이러한 정책들이 일관성과 장기적인 비전을 갖고 다문화 구성원들이 우리나라에서 자신의 정체성을 잃지 않고 당당하게 자리를 잡을 수 있는 대책으로 수립되어야 할 것이다.

넷째, 우선적으로 다문화교육을 담당하는 교원의 전문성을 신장시키는 일이 중요하다. 보다 근본적으로 교원 양성과정에서부터 예비교사들이 다문화 역량을 갖출 수 있도록 해야 한다. 미국의 경우 다문화교사 자격증 제도까지 두고 전문교사 양성을 위해 노력하고 있는 실정이다.

다섯째, 다문화정책을 담당하는 기구를 한곳에 모아 정책 추진의 통일성을 기하여야 한다. 예를 든다면 교육과학기술부에 다문화교육 전담부서를 신설하여 다문화교육정책을 수립・시행하고, 법무부, 보건복지부, 기획재정부 등 다른 기구들과 시・도 교육청 및 일선학교를 연결하는 네트워크를 형성해야 할 것이다.

여섯째, 농촌 지역의 결혼이민자 중심의 정책지원에서 도시 지역에 급증하는 외국인 노동자를 포함하는 다층적인 정책 접근이 필요하다.

(2) 다문화가족의 자녀교육 역량 증진을 위한 지원방안

다문화가족의 자녀교육과 관련한 정책은 크게 부모 대상 지원과 자녀 대상 지원으로 구분할 수 있다. 여기에서는 김이선 외(2009)가 제시한 자녀 대상 지원정책을 중심으로 살펴보고자 한다.

① 지원의 사각지대 해소 및 정책 대상에 따른 세부적 접근 강화

지원의 사각지대에 있는 다문화가족에 대해서는 전면적 지원을 통해 자녀발달 초기단계부터 방문서비스 등 여러 가지 지원이 지속적으로 제공될 수 있도록 특별한 지원을 고려하여야 하며, 자녀교육 역량 증진을 위한 개인 및 가족 단위의 자체 활동을 지원해야 한다.

② 사전 준비 중심의 종합지원체계 구축

가족 내외에서 관련된 주제들에 대한 포괄적인 접근을 할 수 있도록 먼저 부모 정체성 발달을 위한 지원과 자녀의 발달단계에 따른 사전 준비가 충분하게 이루어질 수 있도록 초기 양육단계에서부터 자녀 입학 이전에 학업 및 학교생활에 접할 수 있는 여러 가지 문제에 대한 정보, 기술, 태도 등을 갖출 수 있는 기회를 제공해야 한다.

③ 지역사회 차원의 지원 모델 개발

지역별로 다문화가정에 대한 지원 프로그램의 불균형 문제가 발생하는데 이를 해결하기 위해서는 정부부처와 지역기관 간의 연계를 통한 예비 학부모를 대상으로 한 학교 교육 안내 프로그램을 실시하여야 하며, 지역의 관련된 기관분포, 인프라 수준, 지역의 특수한 자녀교육 환경 등을 토대로 다문화가족 자녀교육 지원을 위한 기관 협력 모델이 개발될 필요가 있다.

④ 학부모 지원 프로그램의 실효성 확보

다문화가정의 자녀교육을 위해서는 기본적으로 부모가 자신의 자녀에 대한 교육적인 마인드와 역량을 갖추는 것이 중요하다. 이를 위해 공식 교육제도와 문화에 대한 사전 정

보를 획득할 수 있는 기회를 확대해야 하며, 결혼이민자 학부모들이 쉽게 교육정보를 접할 수 있도록 다언어 교육정보 콘텐츠를 개발하여 온라인에 탑재하여 활용할 수 있도록 해야 한다.

또한 다문화가족을 대상으로 자녀교육에 대해 실질적인 상담이 이루어질 수 있도록 전문상담사를 배치하여 언제 어디서나 의사소통이 가능하도록 열어두어야 할 것이다.

⑤ 출신언어 사용을 통한 부모 역할 수행 지원

대부분의 여성결혼이민자들이 한국어를 자유롭게 사용하기 힘든 상황에서 자녀를 출산, 양육하면서 언어 사용에 있어 여러 가지 어려움을 겪고 있는 실정이다. 이를 해결하기 위하여 어머니 출신언어의 중요성에 대한 사회적 인식을 형성하고, 출신언어 사용을 통한 부모 역할 프로그램을 추진하며 자녀교육을 위한 교육자료를 개발 · 보급한다. 또 다양한 형태의 '어머니 출신언어 · 문화 학교'를 추진하여 어머니 나라의 언어와 문화를 배울 수 있는 기회를 제공한다.

⑥ 여성결혼이민자의 자녀교육 관련 활동 활성화

다문화가족이 자녀교육에서 발생하는 여러 가지 문제를 스스로 해결할 수 있도록 여성결혼이민자 자조모임을 자발적으로 결성하여 자녀교육활동을 활성화하고, 여성결혼이민자들이 학교 관련 활동에 참여하여 부모의 역량을 강화하고 학교 교육활동에 대한 이해의 폭을 넓힐 수 있도록 참여 기회를 확대하여야 한다.

⑦ 아버지의 자녀교육 참여 모델 개발

자녀교육에 한국인 배우자인 아버지가 참여할 수 있도록 아버지 자조모임을 활성화하여 한국인 남편의 자녀양육자로서의 역량을 강화하고, 사회복지사 참여를 통해 사회적 실천역량을 이끌어낼 수 있도록 해야 할 것이다.

(3) 다문화가정 교육지원 방안

다문화가정의 교육지원 방안은 크게 통합적 교육지원 방안, 학교에서의 지원 방안, 자녀교육지원 방안, 지역사회 다문화가정 교육지원 방안 등으로 살펴볼 수 있다. 다문화가정 교육지원 방안을 네 가지 관점에서 제시하면 〈표 4-9〉와 같다(이재분 외, 2009).

표 4-9 다문화가정 교육지원 방안

프로그램	내용
통합적 지원	• 정부 정책과 평생교육 지원정책을 연계하고 재정지원을 강화하고 효율적으로 지원할 수 있는 시스템과 정보공유망을 구축 • 다문화가정 구성원들의 요구와 실정에 맞는 맞춤형 교육 프로그램을 개발 운영 • 다문화가정 교육지원 교사 및 프로그램에 대한 체계적인 질 관리와 평가 관리
학교 지원	• 다문화가정 학생들의 실태를 파악하여 누구도 소외되지 않은 교육지원 시스템 구축 • 상급학교와 연계되어 지속적인 지원 및 학습자의 요구와 문제해결, 진로지도를 돕는 교육지원 강화 • 학부모에게는 교육력 강화를 위해 교사 멘토링, 신입생 오리엔테이션 등 맞춤형 교육지원 실시 및 가족 단위의 교육지원을 통한 교육지원 기반 구축
자녀교육 지원	• 다문화가정 지원대상의 전면적 지원과 초기 양육단계-취학 전-입학 전 등 자녀 발달단계별 사전 준비 지원 • 출신언어 사용을 통한 부모 역할 수행 지원, 여성결혼이민자의 자녀교육 관련 활동 활성화 • 아버지의 자녀교육 참여 모델 개발, 지역사회 차원의 지원 모델 개발 등을 추진
지역사회 다문화가정 교육지원	• 교육서비스의 지속적 제공과 질적 담보를 위한 예산 확대 조성 및 지원, 다문화가정을 위한 교육서비스 실시 단체 활성화 • 다문화가정을 위한 다양한 유형의 기관 확충, 다문화가족의 교육지원을 위한 지자체 인력 확충 등의 지원 방안을 강구

출처: 이재분 외(2009). pp. 115-133.

3) 학교 다문화교육정책

(1) 학교 다문화교육정책의 문제점

다문화가정 지원을 중심으로 하고 있는 현행 학교 다문화교육정책의 문제점은 다음과 같다(김현주 · 정영근, 2009).

① 중앙부처－지방자치단체－교육청－학교 간의 협력체제가 미흡하다.
② 수요자의 요구에 의한 정책수립과 사업추진이 미흡하고, 다문화교육에 대한 개념정의, 내용, 범위, 대상별 교육내용과 방법이 불명확하다.
③ 각 교육청마다 가족 간 화합과 친교 도모를 위한 행사나 각종 문화공연, 체험마당 등 일회성에 그치는 행사들이 지나치게 많다.
④ 학교 현장 중심의 다각적인 관련 시책과 일반인들의 다문화 이해 증진대책이 미약하다.
⑤ 지역단위 역량 결집이 미흡하고 전문적인 지원체제 마련이 시급하다.

(2) 학교 다문화교육정책의 추진방향

2015 개정교육과정에서는 관련되는 교과와 창의적 체험활동 등 교육활동 전반에 걸쳐 통합적으로 다루어지도록 하고 있고, 지역사회 및 가정과의 연계 지도에 힘쓰도록 하고 있다. 10개 범교과 학습 지도 영역의 하나인 다문화교육은 범교과 학습 지도의 한 영역으로 언급되고 있지만, 교과와 창의적 체험활동과 연계되어 국가 및 학교 교육과정에 적용되어야 한다.

엄선희 · 정영근(2009)은 학교 교육과정에서 다문화교육이 수정 · 보완되어야 할 점을 다음과 같이 요약하였다.

첫째, 다문화교육이 초 · 중학교 교육과정 안에 좀 더 적극적으로 도입되어야 한다. 이는 초등학교 1학년 교과서부터 교과서 내에 제시되는 삽화나 등장인물부터 다양한 인종과 다문화적인 이름이 사용되어야 하며, 일상생활에서부터 서로 구성원들끼리 배타적인 대립 없이 공존하며 살아갈 수 있는 마인드를 키워 주어야 할 것이다.

둘째, 학교 교육과정의 재량활동에서 다문화교육을 범교과 학습에 꼭 이수되어야 할 필수 주제로 선정하여 교육과정에 편성되어야 한다. 2015 개정교육과정에서는 창의적 체험활동에 필수 주제로 선정하여 공통으로 모든 학교가 다문화교육을 실시할 수 있도록 해야 할 것이다.

셋째, 다문화교육이 지필평가가 요구되는 수업시수가 많은 교과목 중심으로 이루어져야 한다. 교과시간에도 교육과정 분석을 통해 다문화교육 요소를 추출하여 통합적으로 지도할 필요가 있다.

넷째, 다문화가정 학생들을 위한 별도의 학습부진 보충프로그램을 정규 교육과정과 병행하여 운영할 필요가 있다. 다문화학생의 학습부진 및 기초학력이 증진되어야 학교 문화에서 성취감을 맛볼 수 있고, 긍정적인 자아정체감을 형성할 수 있기 때문이다. 또한 전문상담교사를 활용하여 학교적응과 자아정체성 형성에 어려움을 겪는 학생들의 상담활동을 지원한다면 학습부진 학생의 학습효과를 극대화할 수 있을 것이다.

다섯째, 2015 개정교육과정에서는 창의적 체험활동 영역에서 다문화교육과 관련된 행사를 실시함으로써 또 다른 문화를 가진 구성원들과 의미 있는 경험을 통해 실생활과 관련된 교육활동이 될 수 있다. 여기에는 학급 또는 학교단위 축제, 체육대회, 체험활동 등을 통해 일반학생들의 다문화 경험의 기회를 넓혀 학생들에게 인식의 폭을 넓혀줄 수 있을 것이다.

이를 위해 장인실(2015)은 다문화교육을 위한 학교 교육과정 개발 방향으로 첫째, 다문화가정 자녀 중심 교육에서 모두를 위한 교육, 둘째, 교과를 통한 다문화교육 과정 적용, 셋째, 통합적 접근에 근거한 다문화교육 교육과정 재구성, 넷째, 지식 위주의 수업이 아닌 비판적 사고력(critical thinking) 신장 교육, 다섯째, 생활중심 교육과 학습자 중심 교육의 다양한 교수·학습방법 적용, 여섯째, 참평가(authentic assessment)의 실시를 제안하였다.

또한 한국교육개발원(2008)에 의하면 다문화가정 학생지원정책 추진의 방향은 다음과 같이 진행되어야 한다.

① 다문화가정 자녀 및 이주 부모를 위한 체계적인 언어교육정책이 필요하다. 국제이주자들의 사회통합과 그들 자녀의 교육격차를 줄이기 위해서 최우선적으로 요구되는 것이 한국어교육이다. 그러나 현재의 한국어교육은 체계적이지 못해 몇몇 기관에서 분산적으로 이루어지고 있으며, 초보 수준에 머무르고 있는 실정이다.

② 가정교육 지원 부족으로 인한 다문화가정 학생의 기초학력 부진에 대한 대응이 필요하다. 대부분의 다문화가정 자녀들이 이주여성인 어머니가 교육을 담당함으로써 자녀들의 성장과 발전에 많은 어려움을 겪음으로써 학업에도 결손을 초래하여 기초학력 부진학생들이 많이 발생하고 있는 실정이다. 따라서 이들의 기초학력 향상을

위해 국가 수준의 체계적인 지원정책이 마련되어야 할 것이다.

③ 다문화가정 학생지도 전담교사 양성·배치 및 교육지원 사업결과를 공유할 필요가 있다. 현재 일선 교사가 다문화교육을 전담하여 관리하기에는 많은 문제점과 어려움이 따르고 있으므로 다문화교육 전반을 지속적으로 관리할 수 있는 다문화교육 전담교사 양성이 필요하다.

④ 일반인의 다문화 이해 증진대책을 수립하여 추진할 필요가 있다. 우리나라는 순혈주의 전통에 대해 자부심을 갖고 있어 다문화 융화정책에 대한 이해가 부족하므로 전 국민을 대상으로 다문화 이해증진 프로그램을 운영하여 다문화사회에 대한 마음가짐을 변화시킬 필요가 있다.

학교 현장을 중심으로 다문화교육정책의 기본방향을 정리하면 다음과 같다(서범석, 2009).

① 다문화사회의 지향점은 다문화주의로 접근을 해야 한다. 다문화교육정책의 방향이 그들이 한국 사회에 동화될 수 있도록 하기보다는 다문화주의에 입각하여 소수문화를 인정하고, 소수집단 내에서 문화적인 권리를 누릴 수 있도록 개개인의 선택권을 보장하도록 해야 할 것이다.

② 특정인을 위한 다문화교육이 아닌 모두를 위한 다문화교육이 되어야 한다. 다문화가정 학생의 학습부진을 예방하고 사회 적응을 지속적으로 지원할 뿐만 아니라, 학교 구성원 전체 및 국민 전체를 대상으로 교육을 확대하여 기본적인 다문화교육에 대한 인식의 전환이 이루어져야 할 것이다.

③ 인권 존중, 다문화 역량 강화 및 배려의 다문화교육이 되어야 한다. 다문화교육의 다문화 구성원은 물론이고 모든 이를 대상으로 인종과 국적에 상관없이 모든 인간은 가치 있는 존재로 평등하고 인간으로서의 기본적인 권리를 누릴 권한이 있음을 가르쳐야 한다. 아울러 기본적인 문화적 차이를 인정하고 서로 다른 문화의 관계 속에서 자신의 가치와 신념에 대해 성찰할 수 있는 다문화 역량을 강화하고, 소수자를 배려하여 기회의 평등뿐만 아니라 결과의 평등을 목표로 하는 정책까지 점차 확대되어야 할 것이다.

chapter 05

다문화교육과 교사

- 1. 가까이 하기엔 너무 먼 당신: 교사관계
- 2. 교사의 역할
- 3. 교사의 다문화교육 인식수준
- 4. 교사기대
- 5. 다문화교육을 위하여 교사가 유념할 사항
- 6. 교사 다문화교육

05 chapter 다문화교육과 교사

다문화학생들의 경우 사회·문화, 가정환경, 어머니의 특징 등과 같은 구조적인 환경에 의해 그들만의 특징적인 환경을 구축하게 된다. 그러한 환경의 영향으로 다문화학생들은 학교생활에서 그들만의 문화, 독특한 교우관계, 어려운 교사관계, 언어적 능력의 한계, 학습부진, 적절한 교육과정의 부재 등으로 고통을 받게 되며, 이는 자연스럽게 학생들을 건강한 학교생활로부터 또다시 배제와 상실로 이끌게 된다. 만약 이러한 과정에 효과적으로 대응하지 못한다면 다문화학생들의 경우 건강한 교우관계를 형성하지 못할 것이고, 교사로부터 적절한 관계와 피드백을 상실하게 될 것이며, 교육과정으로부터 기본적인 내용 습득에 어려움을 느낄 것이고, 학습에 의욕을 상실하여 학습부진아로서의 학교생활을 영위하게 될 것이다. 이는 자연스럽게 또 하나의 사회 소외계층을 재생산하도록 만드는 메커니즘의 탄생을 예고하는 것이다.

그러므로 이제는 다문화학생들에게 교육 기회 제공만이 아니라 그들이 학교에 적응할 수 있도록 적절한 개입이 절실히 요구된다. 아울러 교사의 효과적인 개입을 돕기 위하여 제도적인 차원에서 종합적인 대책과 구체적인 실천방안이 모색되어야 할 것이다.

특히 학교 현장에서의 다문화학생과 교사는 그리 원만한 관계를 보여주지 못하는 경우가 많다. 현장에서 다문화학생을 지도하는 교사들은 이들 학생들을 더 잘 지도하여 학교생활에 빨리 적응할 수 있도록 도와주어야 하지만 현실은 그렇지 못하다. 기본적인 교과지도나 학생의 문화를 이해시킬 수 있는 다양한 교수·학습자료가 부족하여 담임을 맡았을 때 장애우나 결손가정보다 더 많은 당혹감을 느끼고 있다. 이들의 고민과 당혹감을 해결해 줄 수 있는 노력이 필요하다.

현재의 다문화교육은 모든 것을 일선 교사들이 직접 채워가야 하는 상황이지만 그 교사들은 아무런 준비가 되어 있지 않은 상태이다. 많은 경우 '맨 땅에 헤딩하기'라고 할 정도로 시행착오로 점철되고 있는 상황에서 교육효과를 기대하기는 쉽지 않다. 더욱이 교사 개인 스스로 교육방향을 수립하고 내용과 방법을 채워가다 보니 개인적 차원의 의도와 무관하게 일반적 편견이 여과 없이 교육현장에서 재생산되고 심지어 공식화, 제도화될 우려도 배제할 수 없다(김이선, 2008).

따라서 교육의 질적 수준은 그 무엇보다도 교사의 수준을 넘어설 수 없다고 한다. 현재의 7차 교육과정 내용 중 중요한 변화의 하나는 교육과정이 교사에서 학생 개개인의 능력을 고려한 학생 중심의 교육과정을 지향하고 있지만, 교사의 질적 수준을 높일 수 있는 의식의 변화 없이는 교육의 변화를 기대할 수 없다. 따라서 다문화가정에 대한 교사의 의식 변화와 함께 이들 교육을 위한 자기 주도적인 노력이 다시금 강조될 필요가 있다.

1 가까이 하기엔 너무 먼 당신: 교사관계[1)]

학교는 가르치고 배우는 곳으로 교사와 학생의 상호작용을 통해 교수·학습활동이 이루어지는 곳이다. 학교장면에서 교수·학습과정이 효과적으로 수행되려면 교사와 학생 사이에 일종의 교량역할을 하는 독특한 종류의 관계성이 존재해야만 하며 이러한 관계성은 교사와 학생의 인간관계에서 비롯될 것이다(이형득, 1986). 이런 교사와 학생의 인간관계는 부모와 자식의 관계와는 차이가 있다. 즉 교사와 학생의 관계는 자연발생적 관계가 아닌 인위적으로 발생된 관계이다. 교사와 학생의 입장에서 본다면 아주 우연적이고 일회적인 순간의 만남에 불과하다.

1) 김경식 외(2008)의 "다문화학생의 학교생활과 딜레마: 배제와 상실"의 본문을 부분적으로 정리 인용하였음.

한편 교사와 학생의 관계가 일회적인 관계이지만 학급에서 교사의 영향력은 교사와 학생의 관계에 따라 생활태도와 동기가 달라지기에 그 영향력이 대단히 높다고 할 수 있다. 학교에서 학생과 교사와의 애착관계가 긍정적인 경우에는 공격적이고 특이한 행동의 수가 적으며 사교적인 행동을 많이 하지만, 부정적인 애착관계가 형성되었을 경우에는 적대적인 공격성을 보이며 교사에게 거부당하는 경우가 발생한다. 다문화가정의 학생과 담임교사와의 관계는 다문화가정의 여러 가지 문제점이 노출되어 그리 긍정적이지 않은 관계라 볼 수 있다. 일부 교사들의 경우에는 교사로서 다문화가정의 학생들을 어떻게 지도해야 될지 몰라 막연한 두려움과 함께 스트레스를 받기도 한다. 이는 다문화가정 자체가 지니고 있는 다양한 특성과 다문화가정의 자녀에 대한 체계적인 지식과 지도 경험의 부족에서 기인한 것이라 볼 수 있다.

하지만 학교에서 다문화가정 학생의 담임교사는 대부분 그 학생들의 특성을 어느 정도는 인지하고 있으나, 담임교사 개인의 적극적인 노력으로 해결하기에는 큰 난관이 있다고 증언한다. "가까이 하기엔 너무 먼 선생님", 즉 담임교사와 다문화가정 학생의 관계는 서로 가까운 거리에 있지만, 상호교류가 그리 원활하게 이뤄지지 않은 관계라 볼 수 있다.

영·유아기부터 어머니와의 상호작용이 활발하게 이뤄지지 않았다면 학생의 사회성 발달과 기본 학습태도 습관형성에 큰 지장을 받게 된다. 학생들은 자라온 과정에서 가정의 영향 중 특히 어머니의 영향을 많이 받게 되는데, 다문화가정의 아이들은 말을 배우는 결정적인 시기에 부모의 각기 다른 언어사용 때문에 언어 습득에 있어서 또래에 비해 뒤처지는 경우가 많다. 또한 대체로 주의가 산만하여 담임교사와 학생과의 정서적 교감이 잘 형성되어 있지 않은 상태이며, 특히 주지교과의 경우에는 수업내용을 제대로 알아듣지 못하여 학력은 당연히 뒤떨어진다.

■ 3월부터 수업을 시작했는데 처음에는 "적응을 못해서 그렇겠지"라고 생각했는데, 유난히 주의가 산만하고 애정도 결핍된 상태였습니다. 4월부터 학습능력도 떨어졌고, 주의력도 많이 결핍되었습니다. 말을 잘 못하는 것도 여전합니다. 예를 들면 "예" 대답과 "아니요" 대답도 잘 못했어요.

〈담임교사 개인 면담〉

또한 다문화가정의 학생들은 소극적일 뿐만 아니라 자신감도 부족하였으며 담임교사의 눈치를 많이 보는 편이다. 심지어 어떤 학생들은 교사의 관심을 끌기 위해서 과장된 행동이나 특이한 행동을 하는가 하면 지나치게 위축된 태도를 보이기도 한다. 이처럼 다문화가정의 아이들은 가정의 특수한 사정으로 인해 학교생활에서 느끼는 심리적 중압감이 일반인이 예상하는 것보다 훨씬 높은 편이다.

- 울고 소리를 지르고, 감정조절법을 배우지 않았던 것 같아요. 일반 아동은 화가 나면 울지만 선생님이나 다른 학생이(친구) 달래주면 그치는 경향이 있죠. 하지만 이 학생은 좀 달랐어요. 그 친구는 책상을 엎어버리거나 소리를 지릅니다.

  〈담임교사 개인 면담〉

- 아주 간단한 동영상과 게임에 유난히 관심을 보였어요. 다른 학생은 별로 집중하지 않았지만 그 학생은 관심을 보였어요. 이 모양만 나오고 칫솔만 움직이는 동영상을 보여주면 그 학생이 다시 보여 달라고 "이, 이, 이, 이"만을 계속 이야기했어요.

  〈담임교사 개인 면담〉

- 학생은 위축된 행동도 보입니다. 일단 준비물이나 과제물을 잘 챙겨오지 않죠. 수업 준비물이 없기에 다른 친구들과 선생님에게 위축될 것이고, 식사시간에 뛰어 다니다가 (담임교사에게) 꾸중을 듣게 되어 위축됩니다.

  〈담임교사 개인 면담〉

학교사회에서 교사-학생이 어떠한 상호작용을 하느냐에 따라 학생의 학업성취는 달라질 수 있다. 가족 이외의 사회자본으로 학교선생님의 효과(교사-학생 관계동조)가 교육수준이 낮은 아버지를 둔 집단에서 효과가 있으며(김두환, 2005), 교사가 학생에게 사랑과 관심을 많이 보여줄수록 학생의 자아존중감이 높아지고, 그 결과 학생의 교우관계의 질 또한 높아지게 된다(박소영, 2008). 다문화가정의 학생들은 부모의 무관심 속에 방치된 환경에 장기적으로 노출됨으로써 지적인 능력 저하와 자신감 결여를 낳았으며, 학교에서도 담임교사와의 정서적 교감을 떨어뜨리는 결과를 가져왔다. 담임교사도 기회가 될 때마다 이들에 대한 격려와 관심을 보여 주어야 함에도 그렇지 못하였으며, 아이들도 학습에 필요한 기본적인 준비상태, 즉 과제물 작성과 준비물을 챙겨오는 습관도 바르게 형성되어 있지 않았다. 학부모들도 언어적 장벽과 함께 한국 교육문화에 대한 낮은 이해도로 인하여 학교 교육에 대한 무관심으로 이어져 교사와의 관계를 원활하게 형성하지 못하고 있으며, 이것은 자녀에게 부정적인 영향을 미치게 된다.

- 색연필 같은 것도 전혀 갖고 오지 않았고, 준비물 준비상태가 너무 저조하여 전화를 드리니 어머니께서는 전화를 받지 않으셨어요. 〈담임교사 개인 면담〉

- 숙제는 한 번도 해오지 못했죠. 가방도 비어 있었어요. 국어공책을 갖고 오는 것도 몇 달이 걸렸어요. 전화를 수십 번 하고 난 후 가지고 왔어요. 〈담임교사 개인 면담〉

- 교사와 학부모 간의 소원한 관계로 인해 서로 오해한 점이 있죠. 부모님은 (교사를) 오해했고, 부담스러워 했으며, 저(교사) 역시 선뜻 다가서지 못했다는 점입니다. 〈담임교사 개인 면담〉

교사-학생의 관계는 학생이 학교에서 성공적으로 적응하고 학업을 수행하는데 중요한 역할을 한다. 다문화가정 학생도 교사관계는 학교생활적응에 직접적인 영향을 미치고, 교우관계를 통하여 간접적으로도 학교생활적응에 영향을 준다(최성보, 2011). 또한 지지를 많이 받을수록 학교생활적응에 긍정적인 영향을 준다(김승미, 1998). 하지만 다문화가정 아이들이 교사와의 사이에서 친밀한 관계를 맺지 못함으로써 교사로부터 제대로 지지를 받지 못하는 실정이다. 따라서 교사와 학생의 관계가 사랑과 신뢰와 존중을 바탕으로 한 인격적 관계로 형성될 수 있도록 다방면에서 이들에 대한 세심한 관심이 요청된다.

2 교사의 역할

교사는 선생님, 교원, 스승 등과 같이 몇 가지로 불리지만, 모두 교사가 수행하여야 할 업무를 함의하고 있다. 먼저 선생님이란 말은 한 가지 기술이나 예능에 뛰어나 남을 가르치고 이끈다는 뜻이 담긴 인생의 선배에 대한 경칭이다. 교원은 교원자격증을 갖고 주어진 교육과정을 전문적 지식과 기술로 가르치고 평가하는 교사에 대한 법률 용어이다. 스승은 학생에게 깊은 사랑과 모범을 보여줌으로써 인격적 감화를 주며 학생의 삶에 큰 전환점을 마련하는 교사에 대한 존칭이다.

교사가 수행하는 업무와 관련하여 페스탈로치는 교과지도, 학생지도, 전문영역의 계속연구, 교직단체활동, 학원관리 등으로 보고 있다(김정환 · 강선보, 1997). 리들(Reedle)과 바텐버그(Wattenberg)는 교사의 역할을 14개 항목, 즉 사회 대표자로서의 교사, 판단자로서의 교사, 지식 자원으로서의 교사, 학습조력자로서의 교사, 심판자로서의 교사, 훈육자로서의 교사, 동일시 대상으로서의 교사, 불안 제거자로서의 교사, 자아 옹호자로서의 교사, 집단 지도자로서의 교사, 부모 대행인으로서의 교사, 적대감정 표적으로서의 교사, 친구로서의 교사, 애정 상대자로서의 교사 등으로 구체적으로 제시하고 있다(김병희 외, 2008: 38 재인용).

피닉스(Pheonix)는 이러한 교사의 업무를 다음과 같이 정리하고 있다(박진규 · 주영흠 · 남현우, 1999).

① 인격형성(the making of persons): 어린이의 유연한 삶에 감화를 주면서 그들을 안전하고 성숙한 하나의 이상적 인간상으로 키워낸다.

② 지식의 계승(verbal transmission of knowledge): 인류의 소중한 경험과 유산을 지식으로 다듬어 다음 세대에 계승시킨다.

③ 사표(demonstration): 교사는 자기의 삶을 통하여 바람직한 삶의 모범을 보여준다.

④ 학습환경의 정비(arranging learning situation): 학생의 학습의욕을 북돋워 주며 학습을

효과적으로 진행할 수 있게 환경을 마련한다.

⑤ 평가(appraisal): 학생의 소질이나 능력을 발견하여 키워주며, 성취해야 할 목표에 비추어 그 성취도를 평가한다.

⑥ 참여(participation): 사회나 학교에서의 교육활동에 학생과 함께 관여하고 소중한 시사를 제공한다.

⑦ 사제동행(mediation): 교사는 진리와 학생 사이의 중재자가 되어 학생과 더불어 진리에의 길을 간다.

이러한 교직의 역할에서 보듯 교직은 힘든 직업이다. 따라서 교직은 정열과 신념, 천직으로 여기는 태도, 학생을 인간으로 존중하고 신뢰하는 자질이 요청된다. 교직 업무와 관련하여 교사들에겐 교사로서 지녀야 할 자질을 요구하게 된다. 교사의 자질은 교육활동에서 우수한 성취를 이루는 바람직한 교사에게 일관되게 나타나는 기본적인 내적 특성이라 할 수 있다(이윤식 외, 2007: 59). 이러한 교사의 자질은 일반적 능력, 교과지식・기술, 인품 및 품성, 가치관 및 태도, 신체적 측면 등으로 구분할 수 있다. 교육활동에서 교사의 행동으로 직접 나타나는 자질로서 교과기술 및 수업기술, 행동과 관련되는 내적 특성으로 가치관 및 태도, 인성과 품성, 그리고 중간에 위치하는 일반적 능력과 신체적 건강이다(서울대학교사범대학교육연구소, 1995: 24).

그런데 교사의 행동은 자질의 여러 요소가 결합되어 나타난다. 따라서 교육활동의 성공은 교사의 교과지식과 기술 그 자체가 성과로 직접 연결되는 것이 아니라, 인성・태도・가치관 등의 눈에 보이지 않는 내면적 특질과 결합하여 구체적인 행동으로 이어질 때 비로소 가능하게 된다(이윤식 외, 2009: 59-60).

다문화교육을 위해 필요한 교사자질의 요소는 교사의 다문화적 태도, 다문화 수업 능력, 다문화가정 자녀 지도능력, 다문화적 문제상황 해결능력 등 다양하다. 마샬(Marshall, 2002)은 다문화교육에서 교사에게 필요한 능력을 스스로 문화적 태도를 성찰하고 문화적으로 상이한 집단과 효과적으로 상호작용할 수 있는 간문화적 능력, 학생・학부모・지역사회 등에 대한 관심과 지식, 효과적인 교수전략 탐색능력, 학교행정에 대한 열정 등으로 제시하였다. 다문화교육이 교사에게 요구하는 전문성의 요소는 사회의 문화적 다양성에 대한 이해, 다문화가정 출신 학습자 특성에 대한 지식, 다문화교육 자료를 개발하고 활용할 수 있는 능력과 교수에 대한 자신감, 소수자에 대한 관용과 배려, 다문화적 갈등상황 해결 능력 등을 망라한다(모경환, 2009).

또한 전영기(2016)는 교사의 전문성 구성 요소를 지식, 기술, 태도의 세 가지 요소로 요약하고. 이를 다문화 교수자에게 적용하여 다문화 교수자들에게 요구되는 전문성, 즉 다문화역량을 다문화지식과 다문화기술, 그리고 다문화태도의 세 가지로 분류하였다. 먼저 다문화지식은 다양한 배경을 가진 학습자들에 대한 역사적 지식이나 문화적 지식, 다문화교육방법에 대한 지식, 지원 및 상담체제에 대한 지식 등이 모두 포함된다. 다문화기술은 다문화 교수자가 다문화지식을 잘 활용할 수 있는 능력으로 다문화적 상황이나 다문화교육에 필요한 다양한 교수방법이나 의사소통 능력, 상담 능력 등이 모두 포함된다. 또한 다문화태도는 다문화 감수성과 다문화에 대한 인식이다. 따라서 전영기(2016)는 평생교육 분야에서 다문화교수전문성을 '교육현장에서 평생교육강사가 성공적으로 다문화교육을 실행할 수 있도록 하는 교수능력으로, 다문화지식과 교수 · 학습 방법에 대한 이해를 바탕으로 특수한 상황과 다른 문화에서 온 학습자들을 개방적 태도와 관용의 자세로 포용하여 다문화강의를 성공적으로 실행하는 능력'으로 정의하였다.

교육은 교수자와 학습자의 상호작용 과정이다. 그러므로 교수자가 어떠한 가치관과 신념을 가지고 있는지에 따라 그 내용과 방법에 차이가 발생한다. 다문화교육 또한 마찬가지로 교사가 다문화적 인식을 가지고 수업을 진행할 것이 요구되고 있다. 팽(Pang)은 다문화 수업을 진행하는 교사의 유형은 4가지로 구분하였다. 첫째는 동화주의적 교사로 학교에서 주류사회의 보편적인 지식을 가르치고 아이들은 이를 습득하여 주류사회에 적응하여야 한다고 본다. 둘째는 인간관계를 강조하는 교사로 다양한 집단의 아이들이 협력할 수 있는 학습환경을 제공하여 편견을 극복하도록 하지만 기존 사회에서 살아남기 위해 필수적인 지식은 갖추어야 한다고 인정한다. 셋째는 사회적 행동을 강조하는 교사로 아이들에게 소수집단이 겪는 사회적인 억압과 불평등, 편견에 맞서 주체적으로 행동할 것을 격려한다. 넷째는 배려 중심 교사로 아이들이 상호 협력하고 배려하는 분위기를 조성하여 정의, 공정, 평등, 자유 등의 가치에 대해 토론하고 공유할 수 있도록 한다(솜블리, 2016 재인용).

3 교사의 다문화교육 인식수준

우리 사회는 인종적·문화적 다양성의 증가에 따라 새로운 소외계층, 신빈곤층이라 불리는 다문화가정과 그 자녀의 교육문제가 새로운 관심거리가 되고 있다. 특히 이들 자녀에 대한 배려와 지원, 그리고 기존 다수자 자녀들의 다문화적 시민성 육성이야말로 오늘날 선진국가들에서 빈번하게 발생하고 있는 사회적 갈등을 예방하는 지름길이라 하겠다. 따라서 교육현장에서 새로이 떠오르고 있는 교육적 과제의 하나는 다문화교육인 것이다.

다양성의 증가에 따른 교육 과제로서 다문화교육이 학교 교육현장에서 원만하게 전개되기 위해서는 교육을 담당하게 될 교사들이 학생들의 다양한 배경에 민감해야 하며, 이러한 다양성이 교육과정이나 학습에 야기하는 과제와 문제들에 적절하게 대처할 수 있어야 한다. 하지만 현직 교사들의 인식부족과 함께 다문화교육에 대한 교사 교육과정이나 현직 연수 프로그램이 부족하여 대다수 현직 교사들은 교육현장의 문화적 다양성이 요구하는 교사의 책무나 역할에 대하여 교육받은 경험이 거의 없다. 따라서 교사들은 다문화적 교육장면에 노출되었을 때 당혹감을 느끼게 되며 어려움을 호소하게 된다. 특히 다문화교육을 위한 교육과정과 교과서 및 학습자료가 준비되지 못하고 교수-학습방법이 정립되지 않은 상태에서 다문화교육을 전개하는 데는 무엇보다도 교사의 몫이 중요하다 하겠다.

박윤경·성경희·조영달(2008)은 문화다양성에 대한 교사들의 인식과 태도를 인지적 영역, 정의적 영역, 행동적 영역 등으로 구분하여 제시하고 있다.

첫째 인지적 영역에서 교사들은 한국 사회의 다양성에 대한 인식이 미흡하고 타문화에 대한 지식이 부족하다. 다른 인종·민족집단 및 다문화가정을 존중하지만 다문화현상을 긍정적으로 인식하지 않는다.

둘째, 정의적 영역에서는 인지적 차원보다 거부감이 두드러지게 나타난다. 다른 인종·

민족의 말투나 행동이 거슬리지 않는다고 답한 교사들은 전체의 56.2%(512명)로 타인종이나 민족을 존중한다는 인지적 반응(91%, 810명)에 비해서는 정서적 거부감이 더 강하다.

셋째, 행동적 영역에서 다른 문화를 학습할 의사(75.6%), 다른 인종·민족에 대한 차별 개선을 위한 행동에 참여할 의사(67%), 다문화가정의 어려움을 줄이기 위해 노력할 의사(69.9%)를 가지고 있지만 다문화가정 지원을 위한 납세 의사를 가진 교사들(39.7%)은 적었다.

최충옥과 모경환(2007)은 교육활동의 일반기능, 수업기능, 인간관계 증진, 다문화가정 배려의 네 가지 측면에서 교사의 효능감을 조사한 결과, 교사들은 인간관계 증진의 측면만이 상대적으로 높았을 뿐 나머지 측면에서는 전반적으로 낮았다고 한다. 다양성으로 인한 문제상황에서 학생들의 대처 및 해결능력 육성에 대한 자신감과 다문화가정 자녀를 직접적으로 배려하는 측면에서 효능감은 매우 낮은 것으로 나타났다. 특히 다문화가정 자녀의 필요에 부응하는 수업방법의 적용과 다문화교실에 적합한 학습자료의 개발 측면에는 극히 낮은 수준의 효능감을 보였다.

또한 모경환과 황혜원(2007)은 교사들은 아직 다문화적 환경에 대응할 준비가 되어있지 않다고 한다. 학교 교육에서 다문화교육과 가장 밀접한 연관을 맺고 있는 사회과교사들의 다문화적 태도, 다문화적 이해도, 그리고 다문화교육 목표에 대한 관점을 조사한 결과, 사회과교사들은 자신들이 다문화교육에 대한 준비가 불충분하다고 생각하고 있으며, 다문화교육을 위하여 교사교육과정의 변화와 교사연수의 필요성을 절감하고 있었다.

류방란과 김경애(2014)는 중등학교 교사의 다문화교육 인식 조사에서 다문화가정 학생의 담임 경험이 있는 교사들이 그렇지 않은 교사들에 비해 반차별 반편견 다문화교육 등에 더 동의하는 경향이 있었으나 전반적으로 담임 경험 여부에 따른 유의미한 차이는 두드러지지 않았다. 그러나 담당 교과에 따른 차이는 비교적 분명하게 드러나는 편이었다. 국어와 사회과 담당교사는 영어나 그 외 교과 담당 교사에 비해서 다문화가정 학생에 대해 더 수용적이며 다문화교육에 더 개방적인 인식을 가지고 있는 것을 확인할 수 있었다.

또한 이현주(2014)는 내러티브 탐구(narrative inquiry) 방법을 적용하여 초·중등 교사들의 다문화교육에 대한 개념과 교육 내용 등을 '이야기(narrative)'형태로 이끌어 내어 그들의 경험과 학교 현장의 모습을 실제적으로 이해하고자 하였다. 이 연구에 따르면 현직교사들은 다문화교육에 대한 개념이 정확하게 정립되어 있지 않으며, 다문화교육의 보수적 인식인 '용광로(melting pot)'의 개념과 다문화주의적 관점이 혼재하는 것으로 나타났다. 또한 다문화교육의 내용으로 한국 문화 체험 및 견학, 한국어 교육과 또래 집단 형성 등에 중점을 두고 있다. 다문화교육을 사회적 관점이나 세계 시민의식 함양, 상호문화 역량 강화 등의 거시적 관점에서 인식하기보다 한국 사회에 대한 적응력 향상에 국한하는 경향을 보이고 있다. 그리고 다문화교육을 위한 체계적인 자료 및 자원이 부족하여 현장 교사들이 어려움을 겪는 것으로 나타났다고 한다.

이러한 국내 연구결과들은 교사들의 다문화교육의 필요성을 다시금 확인토록 한다. 교사들로 하여금 다문화교실과 학교에 부합하는 학급경영과 교수활동, 생활지도가 이루어질 수 있도록 다문화학급 지도능력, 다문화교육과정 편성 운영, 다문화 교수학습 자료의 개발, 수업방법 개선 등과 함께 이를 능히 할 수 있다는 자신감을 길러주는 방안이 마련되어야 할 것이다.

4 교사기대

1) 문화와 학습스타일과의 관계

교사는 다양한 문화적 배경을 지닌 학생들에게 적절하고 효과적인 교수-학습이 이루어질 수 있도록 하여야 한다. 그런데 문화는 우리가 생각하고 지각하고 기억하고 문제를 해결하는 방식에 영향을 준다. 인류학자들은 문화마다 사고양식에 중대한 차이가 있음을 확인하였다. 콜과 게이(Cole & Gay)는 아프리카 원시인과 서구 유럽인들 사이에 정보를 처리하고, 문제를 해결하거나 기억 · 분류하는 데 상이한 점이 많음을 밝혀냈다. 크펠레족은 구체적인 사건 속에 기초한 학습과 기억방식을 발달시켜온 반면, 미국의 아동들은 추상적인 구조에 기초해 학습하는 법을 발달시켜 왔다(차경수 외, 1995: 201). 또한 문화는 학습양식에도 영향을 주는데, 사회가 아동을 더 통제할수록, 사회구조가 동조에 대한 압력이 강할수록 사람들은 더욱 장의존적이 된다.

장독립적 학습자는 대상을 분리하여 부분적으로 지각하고, 추상적이고 분석적인 사고를 잘 하며, 개인주의적이고 사회적 기술이 미흡하고, 탐구와 독립적인 연구를 좋아하며 내적으로 동기화되어 있다. 반면 장의존적 학습자는 대상을 제한적으로 지각하고, 분석적 문제해결에 어려움을 느끼고, 사회적 환경에 민감하고 사회적 기술이 발달되어 있으며 외적으로 동기화되어 있다(Bennett, 2007: 200; 구정화・박윤경・설규수, 2009: 230 재인용).

표 5-1 장의존적-장독립적 학습양식의 차이

구분	장의존적 특성	장독립적 특성
또래와의 관계	• 공통의 목표 달성을 위해 다른 사람과 일하는 것을 좋아한다. • 다른 사람을 지원하는 것을 좋아한다. • 타인의 감정이나 의견에 민감하다.	• 독립적으로 과제를 수행하는 것을 좋아한다. • 비교하고 개별적으로 인정받는 것을 좋아한다. • 과제지향적이며, 과제를 수행할 때 사회적 환경에는 무심하다.
교사와의 개인적 관계	• 교사에게 긍정적인 감정을 공개적으로 표현한다. • 교사의 취향과 개인적 경험에 관한 질문을 하며, 교사와 비슷해지고자 한다.	• 교사와 신체적인 접촉을 거의 하지 않는다. • 형식적인 관계를 유지하며 교사와의 상호작용은 과제에 관한 것만으로 제한한다.
수업에서의 교사와의 관계	• 교사에게 긍정적인 감정을 공개적으로 표현한다. • 교사와의 관계를 강화시키는 보상을 추구한다. • 교사와 개인적으로 공부할 때 동기화가 잘 된다.	• 교사의 도움 없이 새로운 과제를 시도하고 싶어한다. • 과제를 빨리 수행하고 첫 번째로 마치고 싶어한다. • 비사회적인 보상을 추구한다.
학습을 촉진하는 교육과정의 특징	• 학습목표와 교육과정의 전체적인 측면이 자세하게 설명된다. • 개념의 의인화된 방식이나 이야기형식으로 제시된다. • 개념들이 학생 개인의 흥미 및 경험과 관련되어 있다.	• 개념의 세부사항이 강조된다. 부분들은 그 자체로 의미를 갖는다. • 수학과 과학적 개념을 다룬다. • 발견 학습에 기반을 둔다.

출처: 구정화・박윤경・설규수(2009). p. 231.

교사가 학생의 문화적 행동스타일을 오해하면, 그는 학생의 지적 잠재력을 과소평가하게 되어 그들을 잘못된 위치에 놓고 낙인을 찍으며 잘못 대하게 된다. 즉, 교사는 학생의 인지적 능력, 학업성취, 언어능력을 과소평가할 수 있다. 힐리아드(Hilliard)는 교사가 학생의 학습에 낮은 기대를 가지면 수업에서 단순하고 구체적인 내용을 나누고 속도를 천천히 하는 한편 추상적이고 개념적인 수업은 제공하지 않을 수 있음을 지적한다. 따라서 학생의 학습스타일에 관한 지식은 개인차, 인간 잠재력, 독립적인 학습자 만들기와 관련된 얘기로서 교사가 학습자의 학습 스타일에 대한 교사의 지각은 학습자가 학습하는 것을 방해하는 것이 아니라 수업의 질을 향상시킬 수 있는 것이다.

교사가 수업시간에 중심이 되는 개인적인 행동과 학습시간에 사용하는 매체를 교수스타일이라고 한다. 그런데 많은 교사들은 자신의 교수스타일과 학생들의 학습스타일에 대한 선호도를 인지하지 못하고 자신이 늘 해오던 방식으로 교수학습 활동을 이끌어 간다. 또한 그 이미지가 자신에게 어울리지 않더라도 교사가 가져야 하는 이미지에 맞추려고 노력한다. 그로 인해 교사들은 직무에 대한 스트레스와 소진을 경험하게 된다.

일반적으로 학생들은 학생의 학습스타일에 맞게 학습할 때 학업성취가 현저하게 증가하고 학교에 대한 태도도 향상되며 학교의 규칙문제도 감소한다. 더욱이 학생들의 학습스타일과 교사의 교수스타일이 비슷하면 교과목에 대해 훨씬 긍정적인 태도를 갖게 된다. 또한 학생과 비슷한 학습스타일의 교사가 가르치는 교실에서 학생들을 더 잘 학습하게 된다. 따라서 학생들의 다양한 학습스타일에 부응하기 위하여 교사들은 융통성 있고 다양한 교수스타일을 사용할 필요가 있다.

2) 다문화가정 자녀에 대한 교사기대

보울즈와 진티스(Bowles & Gintis)는 학교 교육이 학생들을 출신계급의 인성적 특성이나 가치를 구체화시켜 차별하여 사회화시킴으로써 기존의 계층구조 안에서 기대되는 각각 다른 직업의 요구에 대처하도록 준비시킨다고 한다(Bowles & Gintis, 1976: 12). 이처럼 갈등론자들은 교사기대가 주로 학생들의 귀속적 특성에 근거하여 형성되며 이런 기대에 따라 교사의 차별적인 행동이 생성되며, 나아가 소외계층으로 하여금 실패를 유도함으로써 불평등을 재생산하게 된다고 본다.

이처럼 교사의 기대가 학생의 학업성취도에 실질적인 변화를 가져오는 것은 바로 학생에 대한 교사의 기대수준에 따라 교사가 학생들과 상호작용하는 방식이 달라지기 때문이다. 교사들은 기대수준이 높은 학생들과는 상호작용을 빈번하게 하고, 긍정적인 피드백을 제공하며, 더 지적인 활동에 참여를 독려하는 경향이 있다. 반면에 기대수준이 낮은 학생들과는 상호작용 및 피드백 빈도가 낮을 뿐만 아니라, 발언권이나 수업활동에 대한 참여기회를 제한하는 경향이 있다(구정화 · 박윤경 · 설규수, 2009: 227-228).

미국 사회에 만연한 문화적 고정관념 가운데 인종과 민족집단의 차별에 관한 고정관념만큼 파괴력이 큰 것은 없다. 미국 사회에서 눈에 띄는 소수집단, 즉 아프리카계 미국인, 멕시코계 미국인, 원주민, 아시아계 미국인은 자신들에 대해 널리 퍼져 있는 고정관념에 끊임없이 대처해야 한다. 직업, 주택, 교육에서의 장기적인 차별에 따라 문화적 고정관념에 따른 피해는 조직, 특히 학교 내 비공식적인 대인관계에 의해서 강화되고 있다. 아직도 많은 교사들이 소수집단 학생들에게 다른 기대를 가지고 있고 그들의 수행에 대한 너무 낮은 기대는 소수집단 학생과 교사 사이의 비지지적인 순환적 대인관계 과정을 이끌어내고 있다(Schmuck & Schmuck, 2001: 172-173).

흑인 학생들은 문화적으로 '불우하다(deprived)', 최근에는 '불리하다(disadvantaged)'는 딱지가 자주 붙여진다. 적절한 문화가 결여되었음을 나타내는 '문화적으로 불우한 또는 불리한 아동'이라는 딱지는 아프리카계 미국인 문화에 내재된 장점들을 무시하며 흑인 아동에게 오명을 씌울 수 있다. 문화적 결핍이나 결함을 가정할 경우 흑인 학생들은 실패할 수밖에 없다는 강한 기대를 형성하며, 대다수 교사는 그 흑인 아동에 대해 짐짓 생색을 내거나 지나치게 보호적인 방식으로 행동하게 된다. 문화적 박탈이라는 결핍모형은 흑인 아동을 그들 문화 자체의 자원과 강점을 가진 자신들의 문화 속에서 성장하는 것으로 보는 대신에, 흑인 아동의 약점과 결점을 부각시키는 경향이 있다.

교사는 무엇보다도 스스로 문화적 가치판단에 입각하여 행동하는 문화적 존재임을 자각해야 한다. 교사는 특정문화는 바람직하고 장려되어야 하는 것으로, 다른 문화는 가치 없고 배제되어야 하는 것으로 판단하고 교수활동을 하는 오류를 범할 수 있다. 소수집단의 학생들이 저마다 풍부하고 독특한 문화를 보유하고 있으며, 이러한 문화들이 교육과정 속에서 마땅히 다루어져야 한다고 생각하는 교사는 보다 평등한 수업을 통해 이들의 성취를 높이려고 할 것이다. 따라서 다문화가정이 새로운 소외계층으로 등장하고 있는 우리사회에서 중요한 교육적 과제 중 하나는 그들에게 차별하지 않는 배려와 지원이 필요하다는 것이며, 다수자 자녀들에게 다문화적 시민성을 함양토록 지도하는 것이다.

5 다문화교육을 위하여 교사가 유념할 사항

다문화교육에 있어서 교사의 역할은 매우 중요하다. 교사가 다문화교육에 어떤 인식을 갖고 어떻게 접근하느냐에 따라 다문화교육은 달라진다. 하혜숙(2011)은 다문화가정 학생에 대한 교사들의 편견을 4개의 유형으로 구분하였다. 제1유형은 '긍정적 관점 평등지향형'으로 다문화가정 학생의 대인관계, 인성, 생활 영역에 대해 긍정적이고 평등한 관점을 취하고 있는 것으로 다문화가정 학생이 일반 학생들과 다르지 않다는 입장을 보여준다. 제2유형은 '의사소통 불만족형'으로 다문화가정 학생의 외모 및 인상, 생활, 인성에 대한 일반적인 편견을 가장 많이 수용하면서 특히, 언어와 학습에 대해 불만족하는 유형이다. 제3유형은 '능력 신뢰형'으로 다문화가정 학생의 학습에 대한 긍정적인 관점을 취하고 있는 유형이다. 제4유형은 '능력 불신형'으로 다문화가정 학생의 학습능력과 외모 및 인상에 대해 매우 부정적 시각을 가진다. 여기서 제1유형과 제3유형의 교사와 같이 긍정적이고 평등한 관점을 취하며 사회적, 문화적 다양성에 친숙한 교사는 모든 학생들에게 더 많은 학습기회를 제공할 수 있으며 교사가 다문화에 대한 수용적 인식 태도와 친다문화적 교수방법을 활용하여 수업을 실행할 때 다문화교육은 긍정적인 방향으로 전개된다(전영기, 2016).

먼저 다문화적인 학교가 갖추어야 할 특성으로 뱅크스(Banks, 2002)는 다문화적인 학교가 갖추어야 할 특성을 다음과 같이 정리하고 있다.

① 교사 및 학교 관리자가 모든 학생에게 높은 기대를 가지고 긍정적인 태도를 갖는다. 또한 긍정적이고 배려하는 방식으로 학생들을 대한다.
② 공식 교육과정에 다양한 문화, 종족, 양성 집단들의 경험과 문화 관점을 반영한다.
③ 교사가 활용하는 교수스타일이 학생들의 학습, 문화, 동기양식에 적합하다.
④ 교사 및 관리자는 학생들의 모국어를 존중한다.
⑤ 학교에서 활용하는 교수자료들에 다양한 문화, 종족, 인종집단의 관점을 반영한 사건, 상황 및 개념이 반영되어 있다.
⑥ 학교에서 사용되는 평가와 검사절차는 문화에 민감해야 한다.
⑦ 학교문화와 잠재적 교육과정은 문화 및 종족적 다양성을 반영한다.
⑧ 학교 상담교사들은 다양한 인종, 종족, 언어집단 학생들에게 높은 기대를 갖고 학생들이 긍정적 목표를 설정하고 실현할 수 있도록 돕는다.

또한 뱅크스(2004)는 학생과 교사 사이에 문화적 배경의 불균형에 따라 모든 교사에게 문화적 유능감(cultural competence)이 필요하다고 한다. 그는 예비교사들이 습득할 필요가 있는 다문화교육 관련 문화적 유능감 영역을 다음과 같이 소개하고 있다.

① **내용통합**(content integration): 예비교사들이 교과 내 주요 개념, 원리, 일반화, 이론을 설명하기 위하여 다양한 문화와 집단으로부터 사례, 자료, 정보를 얼마나 잘 활용하는가를 말한다.
② **지식구성 과정**(knowledge construction process): 지식이 어떻게 만들어지고 그 지식이 인종, 민족, 성, 사회계급에 의해 어떻게 영향을 받는지 학생들로 하여금 보다 잘 이해할 수 있도록 교과 내 함축적인 문화적 가정, 준거기준, 관점, 편견이 지식구성에 어떻게 영향을 주는지 예비교사들이 입증할 수 있는 방법을 말한다.
③ **편견 감소**(prejudice reduction): 예비교사들이 어린아이들의 인종적·민족적 태도의 특성을 확인하고 어린아이들이 보다 긍정적인 태도를 개발할 수 있도록 전략을 추

구하는 정도를 나타낸다.

④ **공평한 교수**(equity teaching): 예비교사들이 다양한 집단과 사회계급의 학습과 문화양식에 부응하는 교수기술을 갖추어 다양한 배경 출신의 학생들의 성취를 향상시키는 것을 필요로 한다.

⑤ **권한을 부여하는 학교의 문화와 사회구조**(empowering school culture and social structure): 예비교사들은 다양한 인종적·민족적 사회계급 집단 출신의 유능한 학생들이 교육적 평등을 경험하고 권한을 부여받았다는 감정을 경험할 수 있도록 권한을 부여하는 학교의 문화와 사회구조가 자리잡도록 할 필요가 있다.

아울러 뱅크스(2008)는 다문화교육을 실현하기 위하여 교사들이 유념하여야 할 사항을 다음과 같이 제시하고 있다.

① 문화 간의 차이는 물리적으로 실재하는 어떤 것이 아니라 가치, 신념, 상징, 관점의 차이이다. 문화적 차이는 상대적인 것이며, 절대적인 기준을 제시할 수 없다. 특정 문화를 기준으로 학생의 문화를 평가하거나 재단하지 말아야 한다.

② 문화의 역동성과 복잡성에 주목해야 한다. 어떤 문화적 단위든 다채로운 하위문화들을 포함하고 있다. 특정 집단에 대하여 획일적인 이미지와 성향을 부여하는 것은 곧 편견의 산물이라는 것을 명심해야 한다.

③ 다양한 소수집단들에 대한 지식을 가지고 있어야 한다. 각 집단들의 핵심가치, 중요한 역사적 경험, 현재 처한 상황 등에 대해 충분히 이해하고 있어야 하며, 수업 전략을 세울 때 이를 고려해야 한다.

④ 학생들의 문화적·인종적·언어적·계층적 특징을 고려하여 수업을 조직할 수 있어야 한다. 교사는 문서의 형태로 존재하는 교육과정과 교과서를 경험으로 구체화하는 전문가이다. 교사는 다양한 배경을 지닌 학생들의 요구에 적합한 학습경험을 제공할 수 있어야 한다.

여기에 모경환(2009)은 다문화적 학교와 학급에서 효과적으로 학생을 잘 가르칠 수 있다는 자신감이 요구된다고 한다. 교수에 대한 효능감, 즉 학생들을 잘 가르칠 수 있다는 자신감이 교사의 중요한 특성인 것처럼, 교사는 다문화적 환경에서 효과적으로 가르칠 수 있다는 자신감, 다문화적 효능감(multicultural efficacy)이 필요하다는 것이다. 다문화적 효능감은 교사가 다문화적 환경에서 학생들을 위해 바람직한 결과를 산출하는 기능과 능력을 교수하고 있다는 신념을 의미하며, 교사들에게 필요한 자질 중의 하나이다.

아울러 다문화교육은 교사가 학생을 배려하는 것에서 출발하여야 한다. 배려의 윤리는 사회정의, 민주주의, 도덕적 용기에 가치를 두는 사회 속에서 각 개인을 소중한 존재로 본다. 또한 배려는 학교 교육을 위한 효과적인 학문적 사회적 분위기를 만들기 위한 토대로서 신뢰관계의 형성에 역점을 두고 있다.

한편 경기도 다문화교육센터(2007)에서도 다문화교육을 실천하기 위한 '10대 교사가이드라인'을 다음과 같이 제시하고 있다.

① 교사는 다문화교육의 핵심적 역량을 수행하며 다문화교육을 담당할 수 있는 적절한 지식, 태도, 기능을 습득하고 있어야 한다.

② 교사는 우리 사회를 구성하고 있는 다양한 민족집단들의 역사와 문화에 대한 기본적인 지식을 갖추고 있어야 한다.

③ 교사는 인종적 편견이나 고정관념의 문제점을 인식하고 이에 대해 반성적 사고를 할 수 있어야 한다.

④ 교사는 학생들이 가지고 있는 인종적 편견이나 민족적 고정관념을 파악하여 이를 변화시키도록 노력해야 한다.

⑤ 교사는 수업시간에 사용하는 교과서 및 관련 학습자료에 인종차별적 요소가 있는지 파악하고 이를 개선해 나가야 한다.

⑥ 수업에서 다문화가정의 학생들에 의해 만들어진 여러 가지 자료(수기, 책, 면담자료, 영화, 비디오테이프 등)를 활용하고, 그들의 견해에 관심을 가져야 한다.

⑦ 다문화 수업을 진행할 때는 학생들의 발달단계를 고려하여 개념, 내용, 활동 등을 적절히 활용해야 하며, 저학년에서는 보다 구체적인 접근을, 고학년에서는 추상적인 개념이나 사례연구, 체험활동 등을 활용해야 한다.

⑧ 교사의 기대는 학생들의 성취에 지대한 영향을 미치므로 다문화가정의 자녀들이 높은 학업성취를 이루도록 교사는 그들의 가능성을 인정하고 격려해 주어야 한다.
⑨ 인종 간 교류와 통합에 매우 유용한 협동학습방법을 사용하여 수업시간에 다양한 인종적·민족적 배경의 학생들이 어울려 학습할 수 있도록 장을 마련해야 한다.
⑩ 학급, 학교의 행사나 활동에 있어서 다문화가정의 학부모와 학생들이 초기에 능숙하지 않다는 이유로 배제되어서는 안 되며, 반드시 참여하도록 해야 한다.

또한 최신일(2009)도 다문화학생 지도에서 참고로 할 시사점과 유의할 점을 다음과 같이 제시하고 있다.

① 다문화가정 유형별로 발견되는 평균적인 특징을 개별적인 다문화가정 학생의 특징으로 과대 일반화해서는 안 된다.
② 다문화가정 학생들이 가정 유형별, 성별, 학교급별, 소득수준별, 거주지역별 특성에 따라 서로 다른 특성을 지니고 있기 때문에 현실에 맞는 구체적이고 현실적인 대책이 수립되어야 한다.
③ 다문화가정 학생들이 일반가정 학생들에 비해 학교생활의 모든 영역에서 문제가 많은 학생들로 인식되어서는 안 된다.
④ 다문화가정 학생들의 집단별 특성에 대한 이해를 바탕으로 하되, 모든 학생들을 개별적으로 독립된 특징을 지닌 학생으로 이해하기 위해 노력해야 한다.
⑤ 학부모들의 자녀교육을 위한 교육정보 습득의 어려움을 느끼고 있어서 이들에 대한 정보제공의 기회를 제공해 주어야 한다. 또한 교사 상호 간의 정보공유의 필요성이 제기되는 만큼 이에 대한 철저한 준비와 제도적 보완이 필요하다.
⑥ 교사를 대상으로 하는 연수의 필요성이다. 이에 대해 예비교사를 대상으로 하는 다문화강좌 개설 및 다문화가정 자녀를 위한 멘토링 사업, 그리고 현직 교사들을 위한 다양한 다문화 이해교육을 위한 연수가 절실함을 알 수 있다.
⑦ 국제결혼 자녀의 경우, 한국 국적에 대한 자긍심을 가지고 있지만 동시에 어머니 나라에 대한 자부심에 대한 교육도 필요하다. 특히 한국어와 어머니 나라의 언어를 동

시에 교육하는 이중언어교육에 집중하게 되면 이중언어 영재 프로그램을 통해 글로벌 인재로 육성할 수 있는 기회도 가질 수 있을 것이다.

⑧ 다문화가정 자녀들의 학교 교육은 학교 교육 안에서 제대로 이루어져야 하고 교육과정 속에서 완성되도록 해야 한다.

6 교사 다문화교육

문화적으로 다양한 학생들을 효과적으로 지도하기 위하여 예비교사들은 그에 합당한 교사의 자질을 함양할 필요가 있다. 다양한 문화적 배경을 가진 학생들이 증가하고 있는 가운데, 우리나라는 IMF 경제위기를 겪은 이후 교직에 입문하는 자들은 안정직을 선호하는 중산층과 여성들로 채워지고 있다. 이러한 문화적 배경의 불균형은 인종, 민족, 언어, 성, 사회계층, 학습양식, 장애 등 다양한 배경을 지닌 학생들이 학교생활을 성공적으로 영위하는 데 불평등을 초래할 가능성을 높인다. 따라서 교사는 다양성이 증가하는 학교 현장에서 학생들의 다양한 배경과 문화적 차이를 인식해야 하며, 다양성의 증가와 함께 교육과정 활동에서 발생하는 문제에 적절하게 대처할 수 있어야 한다. 학생들의 다양성에 효과적으로 대처할 수 있는 교사의 양성과 전문성 계발은 다문화교육의 성공 여부를 결정짓는 핵심적인 요소이다.

오늘날 다문화사회로의 진입에 따른 다문화교육의 요구들이 증가하면서 다문화교육을 위한 교사교육에도 관심을 기울이고 있다. 문화는 교사들이 수업과정에 가져오는 태도에 영향을 주므로 예비교사들을 위한 다문화 교사교육 프로그램에는 문화적으로 주류가 아닌 학생들을 효과적으로 가르칠 수 있도록 문화적 지식과 기술을 담고 있어야 한다. 예비교사의 준비과정에는 다양한 집단의 특수문화에 관한 지식, 이러한 문화가 어떻게 학습행동에 영향을 주며, 그리고 학급 상호작용과 수업이 어떻게 이러한 차이를 받아들이는지에 관한 지식이 필요하다(Price, 2002). 따라서 교사교육에서 다문화교육의 목표는 문화적으로 다양한 학생들을 가르칠 수 있도록 교사를 준비시키는 것으로 교사 자신의 다문화적 태도를 고양시키고, 다문화적 학급을 가르칠 수 있는 태도와 기술을 강화시키는 것이다. 하지만 예비교사들을 위한 다문화교육 프로그램은 여전히 다양한 배경을 지닌 학생들을 지도하는 데 필요한 지식이 부족하다. 전국 사범대학의 다문화 관련 교과과정은 주로 다문화교육의 개념과 현상 이해에 중점을 둔 개론 성격의 이론중심 강의로 이루어지고 있으며 현장실습은 부족한 편이다(모경환, 2009).

클락 등(Clark et al., 1996)은 다문화 교사교육에서 중요한 요소로 자신의 민족적 정체성을 인지하는 것과 다른 집단에 대한 자신의 태도를 알게 되는 것 이외에 적절한 수업 전략을 개발하고 다문화적 장면에서 전통적 처지를 하게 되었을 때에 나타난 차이(gaps)를 보완하기 위하여 언어적·문화적 지식이 필요하다고 보았다. 이를 바탕으로 그들은 다문화교사 교육과정의 전형을 다음 네 가지 요소로 제시하였다. 첫째, 인종적·문화적 정체성 발달단계로서 인종적·문화적인 기준으로 자신을 분석하고, 학교 교육에 대한 교사 자신의 사회화에 대하여 반성하며, 교사사회에서 표적 인종집단(target ethnic group)을 한정하는 단계이다. 둘째, 소수집단의 언어 연구와 다문화적 교육에 대한 지식을 습득하는 단계이다. 셋째, 학생의 문화양식을 인식하고 통합할 수 있도록 교수-학습의 문화적 기술을 습득하여 교사의 문화적 자산을 배양하는 단계이다. 넷째, 교사의 자산을 통해 다문화적

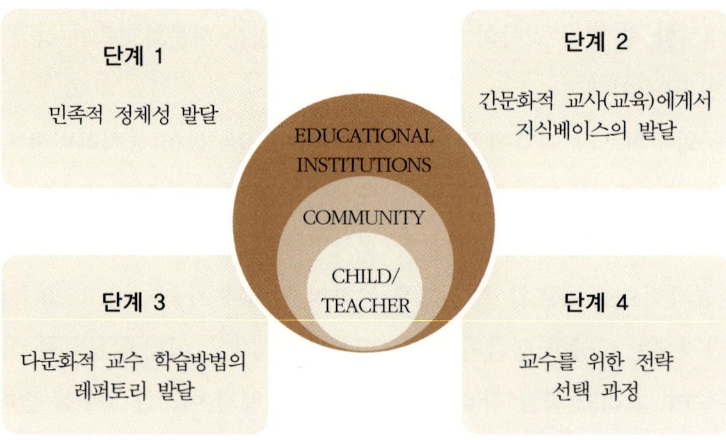

▌그림 5-1▌ 다문화교사 교육의 전형

교수와 학습을 적용하는 교수전략단계이다.

게이(Gay, 1997)도 다문화교사 교육과정을 4단계로 소개하고 있다. 첫째, 여러 학문의 관점에서 역사적 경험, 문화적 특성과 같은 소수민족과 관련된 다양한 문제들을 조사한다. 둘째 기초과정과 경험습득 단계로 다문화교육 강좌를 이수하는 것이다. 이 과정에서 핵심원리, 가정, 이론 및 개념적 모델 인지, 타민족집단의 문화차이 습득, 문화가 학습에 미치는 영향 연구, 그리고 교수와 학습에 대한 이론과 철학이 적용되는 학습전략을 배운다. 셋째, 주제에 대하여 특정 방법과 자료를 활용할 수 있는 능력을 배양하는 단계로 교육과정 설계 및 교수전략 개발, 실행 그리고 평가에 적절한 방법과 자료를 이해하고 활용하는 것이다. 넷째, 현장경험단계로 초기현장실습과 고급실습단계로 구분된다. 초기현장실습은 교수중심의 관찰로, 서로 다른 인종집단의 학생들이 교육과정에 어떻게 배치되는지에 중점을 두고 교실현장에서 문화적으로 다양한 측면들이 어떻게 실현되는지를 분별하기 위한 교실 관찰이다. 고급실습은 예비교사들에게 다문화교육을 짧게나마 해볼 수 있는 기회를 제공하는 것이다. 모경환(2009)은 다문화교사 양성을 위한 클락 등과 게이의 논의와 다문화교사 역량 논의를 종합하여 다문화교사 교육과정에서 다루어야 할 다섯 가지 요소를 다음과 같이 제시하였다. 첫째, 교사 자신의 문화적 정체성과 다문화적 인식이다. 둘째, 사회의 다양성 및 학생들의 다양한 배경에 대한 지식습득이다. 셋째, 다문화적 교수-학습능력 및 자료개발능력 함양이다. 넷째, 소수자 학생들에 대한 배려와 다문화적 문제상황 해결능력 함양이다. 다섯째, 다문화 학급환경에서의 실습경험이다.

한편 코메즈(Comez, 1993)는 현장체험요소가 있든 없든 간에 다문화교육의 단일 코스는 다양성에 대한 예비교사의 신념 변화에 매우 제한적임을 지적하였다. 그래서 스미스(Smith, 1998)는 예비교사들에게 적합한 다문화교육의 지식베이스(knowledgebase)를 개발하고 제안해왔다. 그는 현대 교사교육에 포함되어야 하는 지식페이스의 포괄적인 목록을 다음과 같이 제시하였다. 한 학기 다문화교육의 지식베이스는 13개로 구성된다. 즉, ① 사회문화적 상황, ② 문화적 인지적 학습양식, ③ 소외집단 문화의 언어, 의사소통, 상호작용 양식, ④ 문화의 핵심요소, ⑤ 문화 감수성 교수의 원리, ⑥ 소수집단 학생을 가르치기 위한 효과적인 전략, ⑦ 인종주의 기초, ⑧ 문화, 인종, 성에 대한 정책과 실천의 결과,

⑨ 문화적 감수성 진단, ⑩ 측정과 평가, ⑪ 교과(subject-specific) 학습에 대한 사회문화적 영향, ⑫ 사회적 성과 생물학적 성의 지향, ⑬ 경험적 지식 등을 포함한다.

교육과학기술부는 다문화가정 자녀의 초·중등학교 취학 증가 등 교육환경의 변화에 대응하여, 교사양성단계부터 예비교사의 다문화에 대한 이해제고 및 다문화가정 아이들에 대한 지식·태도 함양의 필요에 따라 초등교원 양성대학 및 국·사립대 사범대학 교육과정에 '다문화교육 강좌'개설 지원을 하고 있다. 이 지원사업에서 교육과학기술부가 권고한 교육과정 내용에는 다문화사회에 대한 기본 이해, 다문화교육의 현황, 다문화교육의 내용과 방법, 다문화가정 학생의 특성(언어·인지·정서 관련), 상담 및 인성지도, 다문화교육의 방향 등을 포함하고 있다(교육과학기술부, 2011).

하지만 모경환(2009)이 다문화 교사교육의 현황을 분석한 결과, 유아교육의 경우는 다문화 강좌 개설이 3군데에 그쳐 극히 미흡함을 보여주며, 초등교사 양성기관의 경우는 정부의 지원을 받아 전국적으로 강좌를 개설하고 멘토링을 실시하고 있으나 일률적인 교과구조를 지니고 있으며, 중등교사 양성기관의 경우는 총 8개 사범대학에서 강좌를 개설하고 있어 개설률이 저조하고 현장 실습 경험을 제공하는 강좌가 미흡하다고 하였다. 현직교사 연수의 경우도 전국적으로 9개 기관에서 연수 프로그램을 실시하고 있는데, 주로 다문화가정 자녀를 위한 지원에 초점을 두고 있다. 이러한 분석 결과에 비추어 모경환(2009)은 교사교육과정은 먼저 다문화 강좌가 양적으로 확대되어야 하고, 교양 강좌뿐만 아니라 전공 강좌로서 개설되어야 하며, 강좌의 내용도 다문화가정의 자녀에 대한 지원과 배려뿐만 아니라 다문화사회의 시민으로 살아가는 다수자 자녀들의 다문화적 시민성 교육도 강조해야 한다고 하였다. 또한 교사교육 기관과 현장의 연계를 강화하여 충분한 현장 실습 경험을 제공해야 한다고 하였다.

그동안 예비교사들을 대상으로 다문화교사 교육의 효과를 분석한 것을 살펴보면 다음과 같다. 그란트와 세카다(Grant & Secada, 1990)는 다양성을 위한 교사준비에 다문화교육과정(course work)과 다양한 분야의 경험효과에 관한 문헌검토에서 교사태도와 행동에 일부 미미한 극적인 변화가 있음을 확인하고, 보다 많은 접촉과 더 많은 시간을 내용학습에 할애할수록 성공을 거둘 수 있다고 주장하였다. 와송가(Wasonga, 2005)도 예비교사들의 다문화적 지식이 다문화적 태도에 미치는 영향은 미미함을 지적하며, 교사교육이 진행됨에 따라 다문화적 지식과 다문화적 태도를 뛰어넘어 다양한 배경의 아동을 가르치는 것을 학습하는 것에서부터 다방면의 잘 통합된 멘토십 프로그램, 직접적인 경험, 신뢰할 수 있는 장면에서의 관찰과 공부에 이르는 기회를 재고할 필요가 있다고 한다.

국내의 연구로 어성연・정진희(2011)는 다문화교육 후 교육대학교 학생들의 다문화 감수성 향상, 다문화 이해 증가 및 다문화가족에 대한 세금의 지원, 소수자의 문화 이해와 같은 다문화 태도가 교육을 받지 않은 학생들에 비해 높게 나왔다고 하며, 박균열・박진환(2010)도 다문화교육에 대한 인식 면에서 대학의 다문화교육에 대한 만족도가 한 학기 수업을 통해 긍정적인 변화를 초래하였고, 다문화교육이 한국문화의 정체성을 함양하는 데 큰 방해가 되지 않았다고 한다. 한편 현직교사를 대상으로 한 모경환(2009)의 연구는 다문화교육을 통해 교사들의 다문화적 효능감이 증진되었으며, 인종적 다양성이라는 상황에 대한 개방적 태도가 향상되었음을 밝히고 있다.

한편 김종훈(2014)은 2003년부터 2013년까지 등재지 및 등재후보지에 발표된 학술논문 212편을 내용분석의 방법으로 다문화교육 분야의 교사 관련 연구동향을 분석하였다. 연구주제 측면에서는 다문화교육과 관련된 교사의 개념 및 인식에 대한 연구가 가장 활발하게 진행되었고, 연구대상의 측면에서는 유아교육 분야에서 관련 연구가 가장 많이 수행되었으며, 연구방법의 측면에서는 양적 연구방법에 의한 연구가 주도적으로 이루어져 왔다고 하였다. 그래서 향후 과제로 연구방법 간의 균형을 위해 질적 연구방법을 통해 다문화교육과 관련된 교사의 경험과 실천을 이해하기 위한 연구가 확대되어야 함을 지적하였다.

chapter **06**

다문화가정 학생의 가정생활과 학교생활 이해

- 1. 다문화가정 학생의 가정생활
- 2. 다문화가정 학생의 학교생활
- 3. 잠재가능성과 과제
- 4. 다문화가정 학생의 생활 특징

06 chapter

다문화가정 학생의 가정생활과 학교생활 이해

다문화가족이 우리 사회 구성원으로 편입됨에 따라 우리 사회는 다인종과 다문화사회로 급격히 변모하였다. 2006년부터 중앙정부가 결혼이주자에 대한 사회통합 지원책을 발표하였다. 이들은 다문화가족 및 가족 구성원의 사회적응을 돕고 결혼이주민들을 한국 사회에 통합시키는 것을 주요한 정책방향으로 설정하였다. 이런 정책방향의 변화는 2007년 '재한외국인처우기본법'으로 이어졌다. 또 2008년에는 다문화가족지원법이 제정되었는데, 이 법은 여성결혼이민자만을 위한 법적 성격이 강하여, 이주노동자가족, 난민가족 등을 배제시킨 법이라고 일각에서 주장하고 있기는 하지만, 다문화사회를 대비하기 위해서 우리 사회가 준비하는 일종의 예비적인 행동의 하나이며, 법 제정 자체에서 상징적인 의미가 크다. 이들은 다문화가정에 대한 관심과 다양한 접근들을 시도하기 위한 여러 가지 환경조성의 근거가 되었다.

최근 교육부에서 발표한 2021년 다문화교육 지원계획(교육부 보도자료, 2021.2.19발표)에 의하면, 그 주요 내용으로 다문화시대 인재 양성을 위해 다문화학생의 교육 기회를 보장하고 교육격차를 해소하고 다양한 문화가 공존하는 성숙한 교육환경 구축을 위한 교육정책을 수립하여 발표하였다. 이처럼 중앙정부 차원에서의 정책은 과거 정책과는 차이가 있는 정책으로 다문화학생이 우리 사회의 인재로 성장할 수 있도록 지원하고, 모든 학생이 다문화 수용성을 제고할 수 있는 여건을 마련한 것으로 평가할 수 있다.

또한 교육부 보도자료(2017.1.13. 발표)에 의하면, 2017년도 다문화교육 지원 예산은 총 191.2억으로(국고 71.8억, 특별교부금 119.4억) 과거 초창기 다문화교육 예산에 비해 점진적으로 증가한 예산이며, 이러한 예산 지원의 점진적인 확대는 중앙정부차원에서의 다문화교육에 대한 특별한 관심과 필요성이 증가했다는 의지의 표명으로 평가할 수 있다.

2021년 다문화교육 지원 계획의 세부내용을 살펴보면 다음과 같다.

첫째, 다문화학생의 출발선 평등을 위한 교육 기회 보장이다. 다문화학생의 공교육 진입을 지원하고 유관기관 협업을 통한 국내학교 편입학을 안내한다. 학교 교육 준비도 격차 해소를 위해 유치원 단계부터 시작되는 지원체계를 마련하고, 초·중학교적응을 위한 징검다리 과정을 운영('21년 초등학교 35개교, 중학교 17개교)하여 학교생활 조기적응을 지원하기 위한 준비교육을 할 예정이다.

둘째, 다문화 학생의 학교적응 및 안정적 성장 지원이다. 다문화 학생의 적응을 위한 한국어 및 기초학력 지원과 이주배경 특성을 살린 인재양성을 지원한다. 맞춤형 한국어교육을 제공하고, 기초학력 향상 지원과 이중언어의 강점을 개발 지원한다. 또한 진로지도 및 정서지원을 통해 다문화 학생의 학교적응 및 안정적 성장을 위한 다각적 노력이 추진되고 있다.

셋째, 다양성이 공존하는 학교 환경 조성이다. 학생·교원의 다문화 역량을 제고하고 학부모 및 지역사회의 다문화교육활동 참여 기회를 확대하여 학교 현장의 수용성을 제고한다. 전체 학교의 다문화교육을 확대하고, 현직교원 및 예비 교원의 다문화 역량을 강화한다. 이와 함께 가정 및 지역사회의 연계를 위해 학부모의 다문화 관련 교육활동 참여기회를 확대하여 지역사회 연계 및 대국민 홍보를 강화할 예정이다.

넷째, 다문화교육 지원체제 내실화이다. 학교 현장의 다문화학생 지원이 원활하게 이루어 질 수 있도록 촘촘하고 내실 있는 지원체계를 마련한다. 다문화학생 공교육 진입절차를 개선하고 다문화교육에 대한 법적 기반 조성을 위해 관련 법·제도를 개선을 검토 중이다. 또한 다문화교육 지원단을 통한 선도인력 교류 및 협력을 강화하고 다문화교육센터를 통한 긴밀한 추진체계를 구축하여 중앙-지역 및 부처 간 협력을 강화할 예정이다.

여러 선행연구와 일선현장에서 다문화가정 학생을 지도하는 교사들의 증언에 의하면 대체로 다문화가정의 가장인 아버지는 사회·경제적 지위가 낮았고, 어머니의 언어·문화수준도 낮았다. 이와 마찬가지로 다문화가정 자녀 역시 교육적 환경은 녹록하지 못한 형편이었다. 대학생의 여름방학 동안 다문화가정 학생을 지도해 본 경험이 있는 대학생 멘토의 솔직한 심정을 들어보면, 다문화가정의 일상적인 생활모습을 쉽게 짐작할 수 있다.

> "일단 집안 형편이 어려워 보였고, 어머니의 말투가 서툴렀는데, 어머니께서는 이웃나라에서 시집 왔다고 하였다. 초등학교 1학년인 학생 역시 받아쓰기는 물론이고, 말투에서 차이를 느꼈고, 멘토링 학습에 소극적인 태도를 보였다. 가정에는 그 학생을 지도하기 위해 필요한 책상이 없었고, 어머니께서 책상 대신에 밥상을 내밀어 주셨다. 그 밥상 위에 뭘 흘렸는지 모르겠지만 찐득한 느낌이 들었고, 거기에는 얼룩도 여러 곳 묻어 있었다. 거실과 방바닥 주위에 먹다 남은 과자 부스러기, 휴지 조각들이 보였다. 전반적으로 집 안의 위생상태가 좋아 보이지 않아, 그 부모님께서 챙겨주시는 음식도 먹기가 꺼려졌다."

이처럼 다문화가정 학생의 생활환경은 열악하였다. 이와 관련하여 오성배(2005)는 열악한 가정환경이 다문화가정 자녀의 언어학습과 학습태도 형성과정에서 문제를 일으킨다고 지적하였다.

한편, 다문화가정 학생의 부정적인 모습에 관한 대부분의 연구와는 달리 다문화가정 학생에 대한 긍정적인 가능성 연구도 일부 있다(노충래·홍진주, 2006; 정하성·우룡, 2007). 학습 및 생활지도를 위한 멘토링제도와 같은 적극적인 도움과 지원은 다문화가정 학생의 학교적응도를 높일 수 있게 하였다. 따라서 다문화가정 학생에게 지원될 수 있는 프로그램을 적절히 활용한다면, 소기의 목적을 달성할 수 있을 것이다.

한편, 유엔 인종차별철폐위원회는 2007년 제71회 총회에서 한국이 이제 다민족사회라는 점을 정부 차원에서 받아들여야 하고, 이에 맞춰 교육과 문화 분야에 조치를 취해야 한다고 하였으며, 특히 역사와 문화를 초·중등학교 교과목에 포함시킬 것을 권고했다(김경식 외, 2008). 이 권고를 중심으로 학교 현장에서는 다문화사회에 대비한 철저한 준비가 필요하다. 다문화사회를 대비하기 위한 선행조건으로 다문화가정 구성원에 관한 정확한 이해가 필요하다. 이런 점을 바탕으로 냉담한 사회적 현실이 다문화가정 학생의 건전한 인격형성에 부정적인 영향을 준다는 형태의 관점뿐만 아니라, 다문화가정 학생의 잠재 가능성도 동시에 고려해야 할 필요가 있다.

또한 다문화가정 학생의 다양한 모습을 파악하기 위해 다양한 주체들의 의견 수합이 필요하다. 다문화가정 학생, 학부모, 조부모, 담임교사, 친구, 대학생 멘토교사, 다문화지원센터 방문교사와 같은 여러 주체들의 다양한 심층면담의 연구물도 필요한 시점이라 판단된다.

또 다문화 관련 연구 경향이 대체로 다문화가정 학생의 부정적 측면만을 부각시킨 경향이 많으나, 다문화가정 학생의 잠재 가능성도 동시에 고려한 연구가 요구되는 시점이다. 또 다문화가정 학생의 학부모, 조부모, 대학생 멘토교사, 다문화지원센터 방문교사 등을 연구 참여자로 포함시키는, 즉 기존 선행연구의 관점과는 차이가 있는 접근이 필요하다.

이와 같이 다양한 주체들이 연구에 참여할 경우에는 실태를 보다 객관적으로 파악할 수 있다. 왜냐하면 다문화가정 학생들의 생활 모습에 대한 단편적인 분석은 섣부른 획일적 처방을 해결책으로 제시하고, 그런 해결책은 오히려 더욱 심각한 문제로 악화시킬 가능성이 있기 때문이다(조혜영 외, 2008). 따라서 다양한 주체들을 연구참여자로 선정하여, 정확히 분석해야 할 것이다. 본 장에서는 다문화가정 학생과 관련된 다양한 주체들의 생생한 실증적인 목소리를 바탕으로 다문화가정 학생의 가정생활과 학교생활을 중심으로 그들의 생활모습을 살펴보고자 한다.

1 다문화가정 학생의 가정생활

1) 녹록하지 못한 가정환경

한국으로 이주해 온 결혼이주여성들은 두세 명 정도의 자녀를 출산하고자 하였고, 이는 한국의 일반 가정에 비해 자녀 수가 많은 편에 속한다(구정화 외, 2009). 이로써 국제결혼으로 인한 다문화가정이 지속적으로 증가하여 다문화가정 학생의 증가폭이 일반 가정 자녀의 증가폭에 비해 훨씬 증가할 것으로 예상된다.

교육부 통계자료에 의하면, 다문화학생수는 지속적으로 증가하고 있는 추세이다. 다문화가정 학생의 대부분을 차지하고 있는 초등학생의 비율이 높지만, 앞으로 시간이 지나면서 중·고등학생의 비율도 점차 확대되리라 예상된다. 이는 다문화가정 중·고등학생에 대한 세심한 교육·정책적 배려와 지원이 필요함을 시사한다.

표 6-1 다문화학생수의 증가 추이

(매년 4.1 기준, 단위: 명)

구분	2019년					2020년					2021년				
	초	중	고	각종학교	계	초	중	고	각종학교	계	초	중	고	각종학교	계
국내출생	83,602	15,891	8,464	112	107,957	85,089	19,532	9,049	104	113,670	86,399	25,368	10,182	144	121,949
중도입국	5,148	2,131	1,220	198	8,499	5,073	2,459	1,415	204	8,947	4,953	2,773	1,519	182	9,245
외국인자녀	15,131	3,671	1,550	107	20,352	17,532	4,782	2,014	125	24,328	20,019	5,809	2,606	102	28,434
계	103,881	21,693	11,234	417	137,225	107,694	26,773	12,478	433	146,945	111,371	33,950	14,307	428	160,056
비율	75.7%	15.8%	8..2%	0.3%	100%	73.2%	18.2%	8.4%	0.2%	100%	69.5%	21.2%	10.1%	8.9%	100%

그런데 다문화가정 초등학생의 현황은 어느 정도 파악되고 있지만, 아쉽지만 다문화가정 중·고등학생의 현황은 쉽게 파악되지 않고 있다. 이는 다문화가정 중·고등학생의 경우 상급학교로 진학하면 할수록 학교부적응으로 인한 중도탈락률이 높아져, 교육의 사각지대로 가고 있음을 시사한다. 따라서 현황파악이 되지 않고 있는 다문화가정 중·고등학생에 대한 세심한 교육·정책적 배려가 필요하다.

한 개인은 태어나면서부터 가족 구성원과의 상호작용을 통해 태도, 가치관, 성격과 같은 인간관계의 기술을 습득한다. 자녀의 건전한 성장과 발달을 위해 가정환경은 중요하다. 가정환경과 관련하여 한때 논란의 대상이 된 이른바 콜맨 보고서(equality of educational opportunity)가 있다. 이 보고서에서는 학교 교육조건의 우열에 따라 학생의 학업성취 수준에 차이가 날 것으로 기대했지만, 학교 교육조건의 차이는 학생들의 학업성취 수준과는 무관하였다. 학업성취의 본래 개념은 인지적 영역, 정의적 영역, 신체기능 영역을 모두 포괄하는 종합적 평가의 개념으로, 연구 결과 학교의 교육조건들이 학업성취에 별다른 영향을 주지 못했고 학교의 교육조건보다는 학생의 가정환경이 큰 영향을 주었다. 이와 같이 다문화가정 학생의 학업성취에 중요한 영향을 미치는 가정환경을 살펴보는 것은 다문화가정 자녀의 건전한 성장을 위한 조건으로 의미가 있을 것이다.

- 아버지의 직업은?

  아버지는 건설 노동일을 하세요. 지난 여름방학 동안 멘토링을 하기 위해 집을 방문해 보니 방은 두 칸이었고, 방 크기가 매우 작았어요. 〈대학생 S멘토 면담〉

- 어머니의 국적과 직업은?

  어머니께서 하시는 일은 인근의 유치원에서 다문화교육 강사로 일을 하시는데, 파트타임으로 일하셨어요. 〈대학생 D멘토 면담〉

- 부모님의 나이는?

  아버지는 48세이고 어머니는 27세라고 했어요. 〈담임 K교사 면담〉

지난 여름방학 동안 다문화가정을 직접 방문하여 다문화가정 학생을 지도해 본 경험이 있는 대학생 멘토와 담임교사를 통해 다문화가정 환경을 쉽게 파악할 수 있었다. 자녀의 건전한 성장은 다양한 요인에 의해 결정되지만, 특히 콜맨(Coleman, 1988)은 가정환경에 의해 크게 좌우되는 경향이 강하다고 하였다. 여기서 말하는 가정환경이란 부모의 경제력, 지적 수준 또는 학력, 그리고 자녀교육에 대한 관심과 시간의 투입을 포괄하는 개념이다. 가정환경과 관련하여 변수용 · 김경근(2008)은 부모의 경제력과 학력은 계층적 요소가 강하지만, 자녀교육에 대한 부모관여는 어느 정도 부모의 경제력, 학력과는 독립적으로 존재할 수 있다고 하였다.

콜맨에 의해 정의된 가정환경을 바탕으로, 앞 사례의 다문화가정 환경을 종합해 보면, 부모의 경제력과 학력은 매우 낮았고, 직업 역시 비정규직이었다. 자녀교육에 관한 교육적 관여는 계층적 요소보다는 독립적으로 존재할 수 있다고 하였지만, 다문화가정 부모의 태생적 한계로 그 역시 희망적이지 못한 상태였다.

2) 새로운 다문화가정 형태

2000년만 해도 외국인 신부를 맞이하는 남성 10명 중 8명이 초혼이었으나, 2003년부터 재혼이 더 많다(구정화 외, 2009). 다문화가정의 일반적인 형태는 초혼의 여성결혼이민자인 외국인 어머니와 한국인 아버지의 결혼으로 생긴 가정이었다. 1990년대 이전 한국으로 유입된 이주민들은 호주제법으로 한국 국적취득과 재산권과 같은 기본적인 인권을 보장받기 곤란하였다. 당시에는 주로 중국의 화교를 중심으로 소수 이주민들이 한국으로 유입되었고, 통일교 등의 종교적인 이유로 국제결혼을 통해 합법적으로 국적취득이 가능한 소수의 여성결혼이민자가 대부분이었다.

1990년대 이후부터 여성결혼이민자의 수가 증가하기 시작하였고, 주로 농촌총각과 도시 저소득근로자들의 장가보내기 일환으로 여성결혼이민자가 늘어나기 시작하였다. 당시에는 농촌총각과 초혼여성결혼이민자가 대부분이었으나, 최근에는 그 형태가 변화하고 있다. 즉 재혼한국인 아버지와 재혼외국인 어머니로 구성된 이른바 재혼다문화가정과 외국인 아버지와 한국인 어머니로 구성된 다문화가정이 그것이다.

▪ 보통의 다문화가정과의 차이점은?

외국인 어머니, 한국인 아버지 두 분 모두 재혼 다문화가정이었어요. 그 학생은 순수 남미사람이었고, 우리나라 말과 글을 잘 몰랐어요. 하지만 그 학생의 동생은 한국인 아버지와 외국인 어머니 사이에 태어난 혼혈인이었어요. 동생만 우리가 말하는 일반 다문화가정 학생이죠. 또 이 가정에서 특별한 것은 그 학생 어머니의 동생인 외삼촌도 대구에서 함께 살고 있었어요.

〈대학생 S멘토 면담〉

여성결혼이민자의 두드러진 경향으로 도시와 농촌을 구분하지 않고, 재혼다문화가정이 늘어나는 추세이다. 김성회(2009)는 재혼다문화가정 자녀 등의 중도 입국으로 재혼다문화가정의 구성원은 연간 2,000여 명 이상 대폭 증가 추세에 있다고 하였다. 이러한 재혼다문화가정은 다문화가정의 새로운 형태로 규정지을 수 있으며, 기존의 초혼다문화가정에서 발생되는 문제보다 더욱 복잡한 문제를 지니고 있었다. 왜냐하면 재혼여성결혼이민자의 경우 본국의 자녀는 물론이고, 그 여성의 형제와 자매도 함께 국내에 입국하여 그들과 함께 동거하는 가정이기 때문이다. 현재 재혼다문화가정과 같은 변형된 형태의 다문화가정이 늘어나고 있는 추세이나, 중도에 한국으로 입국한 재혼여성결혼이민자의 자녀는 교육적 관리차원에서 사각지대에 놓여 있어, 그들에 대한 체계적인 교육과 관리가 필요할 것이다.

■ **보통의 다문화가정과의 차이점은?**

아버지가 백인이고, 어머니가 한국인이었어요. 보통의 다문화가정보다는 특이한 구조죠. 백인 아버지가 모 대학의 영어강사로 근무하였고, 어머니는 공무원이었어요. 집도 비싼 아파트에서 살았어요. 한국에서 어머니가 외국어 공부할 때, 강사인 아버지를 만나 결혼했어요. 어머니가 백인 남편을 만난 것이랑, 부자 집안에서 자라서 그런지 스스로 상류층이라고 생각하고, 다른 가정보다 우월하다는 생각을 많이 하고 있는 것 같았어요.

〈담임교사 K교사 면담〉

위 사례는 또 다른 다문화가정의 형태로서 외국인 아버지와 한국인 어머니의 결혼으로 이루어진 다문화가정도 있었다. 앞서 살펴본 외국인 어머니와 한국인 아버지로 구성된 일반적인 다문화가정에서는 경제적으로 어려움을 겪고 있었으며, 부모학력과 직업은 대체로 낮았다. 하지만 외국인 아버지로 구성된 다문화가정은 일반 다문화가정과는 달리 경제적으로 꽤 여유가 있었고, 외국인 아버지와 한국인 어머니의 학력과 직업 역시 다른 일반 다문화가정과는 확연히 차이가 있었다.

부모의 경제력과 학력이 뛰어나고 풍부한 사회·경제적 자본을 갖고 있는 외국인 아버지로 구성된 다문화가정은 다른 다문화가정보다 나은 가정환경이었다. 어머니가 한국인 어머니이고 풍부한 사회·경제적 자본을 소유한 다문화가정일 경우 자녀의 건전한 성장과 발달에 좋은 영향을 미치게 될 것으로 보인다. 하지만 예상과 달리 사례를 분석한 결과, 그 다문화가정 역시 부모의 태생적 한계로 자녀는 학교생활에 쉽게 적응하지 못하는 등의 곤란을 겪고 있었다.

■ 학교생활 모습은?

언어이해력이 떨어집니다. 쓰기에서 받침을 빼먹는 일이 많아요. 수업시간에 매우 산만하고, 성적은 하위권에 속합니다. 또래 학생들의 행동과 비교하면 유치한 행동들을 많이 해요.

〈담임 L교사 면담〉

많은 선행연구에서 지적한 바와 같이 다문화가정 자녀의 학교부적응과 학업성취 저하 현상은 어머니의 언어능력 부족을 가장 큰 원인으로 지적하였다. 하지만 한국인 어머니로 구성된 다문화가정 자녀의 특성을 유심히 살펴본 결과, 단지 다문화가정에서 어머니의 언어능력 부족만이 자녀의 학교적응과 학업성취에 큰 영향을 끼치는 것은 아님을 확인할 수 있었다. 사례의 한국인 어머니는 학력도 높았고, 생활형편도 좋았다. 하지만 한국인 어머니가 언어능력이 우수하고 가정형편도 양호함에도 불구하고, 그 자녀는 말하기와 쓰기에 어려움을 보였다. 이러한 결과는 주목할 만한 것으로, 기존의 선행연구와는 차이가 있었다. 즉 다문화가정 자녀의 언어능력이 뒤처지는 원인을 단지 다문화가정 어머니의 미흡한 언어능력의 탓으로 돌리는 것은 문제가 있다고 할 수 있다.

가정은 일상생활에서 겪게 되는 문제상황에서 가족 구성원들을 보호하고, 지원할 수 있는 자원을 가지고 있기에 학생의 언어 및 행동발달에 큰 영향을 미친다. 또 번스타인(Bernstein, 1973)은 가정이 학생의 언어발달에 중요한 영향을 미친다고 하였으며, 그 영향으로는 부모들이 사용하는 언어의 질과 가정의 교육적 분위기가 중요하다는 점을 주장하였다. 앞 사례의 가정에서는 이중언어를 사용하였다. 즉 언어와 문화생활이 학교와 동떨어졌고, 언어의 질과 교육적 분위기가 가정에서 제대로 형성되지 못했다. 즉 부부간의 대화는 영어로만 이루어졌고, 자녀는 아버지와도 영어로만 대화했으며, 어머니와의 대화에서는 영어와 한국어를 혼용하여 사용하였다.

또 다문화가정 자녀에게서 나타난 언어능력의 부족과 학교부적응의 원인은 다문화가정에서 부모의 각기 다른 언어 사용으로 인한 양육방식에서 그 원인을 찾을 수 있었다. 즉 부부간의 양육문화와 언어 차이에서 생긴 양육방식의 불일치는 자녀의 건전한 성장·발달에 부정적인 영향을 끼치게 되었다. 따라서 앞의 다문화가정은 다른 다문화가정과는 차이가 있는 가정, 즉 한국어를 잘하는 어머니로 구성된 다문화가정임에도 불구하고 학생의 언어수준과 학교생활 적응도는 낮은 상태였다.

3) 언어수준과 학습과제에 대한 부모관여 정도

다문화가정 어머니에 대한 개념은 다양하게 정의되어 왔다. 국제결혼으로 한국에 이민 온 외국인 여성을 가리키는 말은 국제결혼이주여성, 외국인 주부, 이주여성 등으로 혼용되어 사용되었다. 한국여성개발원(2006)에서는 2006년 4월 국제결혼과 관련된 정책을 발표하면서 한국남성과 혼인한 외국인으로 한국에 정착하여 살고 있는 여성을 '여성결혼이민자'로 통일하였다.

여성결혼이민자와 관련된 연구로 적응, 갈등, 언어교육 등과 같은 주제로 활발하게 연구가 진행되어 왔다. 부모의 언어능력에서 특별히 관심을 가져야 할 부분은 다문화가정 어머니의 언어능력이다. 여러 연구의 주제에서 언어교육과 관련된 연구의 결과를 살펴보면, 여성결혼이민자들은 일상생활에서 의사소통의 어려움을 겪고 있었으며, 그것이 그들의 자녀교육에 부정적인 영향을 끼치는 악순환을 경험하고 있었다. 부모로부터 말과 글을 제대로 배우지 못해, 학교생활에 어려움을 겪고 있는 다문화가정 자녀의 행동은 지나치게 소극적이거나, 지나치게 폭력적이거나 또는 과잉행동장애와 같은 문제행동을 보였다.

■ **다문화가정 어머니 언어 수준은?**

특정 발음을 잘 하지 못했어요. 멘토 기간이 끝날 때 어머님께도 특별히 부탁드린 부분인데, 그 학생이 "ㄴ, ㅇ, ㅁ 발음이 잘 안 되니 잘 지도해 주세요."라고 당부를 드렸어요. 제가 부모님께 직접 입 모양도 보여주고, 또 글씨로 적어보게 했어요. 정작 어머니께서는 자신의 부족함을 고치기가 힘들다고 했어요. 계속 문제가 되어 제가 제지했음에도 불구하고 어머니의 학습 효과가 매우 부진했어요. 오늘 가르쳐도 다음 날이 되면 기억이 안 난다는 식이었죠. 제가 보기에 어머니께서는 학생에게 공부를 잘 지도하지 못했고, 학생 역시 공부하기 싫어했어요. 학생의 행동은 일반 학생보다 좀 거칠었어요. 악순환이 반복되고 있었어요.

〈대학생 S멘토 면담〉

■ **다문화가정 어머니가 생각하는 자녀교육의 어려운 점은?**
결혼하고 한국에 10년 정도 살아왔지만, 한국어가 워낙 어려워요. 발음하기 많이 힘들어요. 내가 말과 글을 잘 몰라 우리 아이에게 공부를 잘 가르쳐 주지 못해 속상해요.

〈K어머니 면담〉

위 사례의 다문화가정 어머니는 10년 동안 한국에 살았지만, 한국어에 대한 이해 및 표현능력이 미숙하였다. 이런 다문화가정 부모의 영향으로 자녀는 언어이해력이 떨어지고, 학교 수업에 대한 참여도가 낮아져 학습부진으로 이어지고 있었다.

■ **어머니와 대화할 때 특이한 모습은?**
자녀들이 엄마와의 대화에서 단절감 같은 것을 느끼는 것 같았어요. 말을 잘 이해하지 못하는 부분도 있었어요. 한국어 대부분은 이해하지만 가끔씩 못 알아들은 부분에 대해서는 다시 되묻지 않고, 일단 그 상황을 넘어가면 된다는 식으로 대충 알아들었다는 척하며, 맞장구치거나 둘러대고 넘어가는 경향이 있었어요.

〈대학생 S멘토 면담〉

위의 사례에서도 알 수 있듯이 대학생 멘토는 다문화가정 어머니의 언어 수준을 어느 정도 파악하고 있었다. 한국어는 받침이 있는 어휘가 많기에 대학생 멘토는 다문화가정 어머니의 특정 발음을 관찰한 결과 문제점을 발견할 수 있었다. 대학생 멘토의 노력에도 불구하고 다문화가정 어머니의 학습효과는 미미했으며, 특정 발음을 쉽게 배우려 하지 않는 등의 태도마저 보였다.

■ **자녀가 알림장에 적힌 준비물은 챙겨주는지?**
단순히 알림장의 글자는 다 읽을 수 있어요. 그런데 정확한 내용을 잘 알지 못해요. 이제는 자기(학생)가 다 알아서 해요. 가끔 함께 준비물을 사러 가기는 해요.

〈다문화가정 K어머니 면담〉

■ **다문화가정의 아버지가 생각하는 자녀교육의 어려운 점은?**

아이들이 엄마를 무시하는 것 같아요. 학년이 올라가니 말도 잘 하지 않아요. 또 일반 가정 엄마들은 같은 반 엄마들끼리 말이 잘 통하니 쉽게 친해지는 경우가 많잖아요. 우리 집사람은 다른 엄마들과 달리 말이 잘 통하지 않으니 아이와 말도 많이 하지 않고, 엄마들끼리 쉽게 어울리지 못해 안타깝죠. 〈E아버지 면담〉

또 한국 사회구조 및 현상에 대한 일상적인 의미를 지닌 대화 이외에 특정 언어환경 차원에 적합한 맥락에 따라 이해되어야 할 '고급 맥락 언어'는 다문화가정 학부모들이 이해하기 힘들어 사회적 상호작용을 한층 어렵게 하는 요인이 되었다. 자녀는 그들의 부모와 원활하게 의사소통하지 못하니 부모를 무시하고, 말을 잘 걸지 않는 등의 문제행동을 하였다. 또 부모와 갈등이 생겨 부모자녀 관계가 소원하였다. 가정은 일차적인 삶의 배움터라 볼 수 있다. 부모는 자녀에게 삶을 안정적으로 살아갈 수 있도록 풍부한 경험을 쌓게 해주고, 의미 있는 타자로서 동일시의 대상이 되어야 함에도 불구하고, 앞 사례에 나타난 다문화가정 부모의 경우에는 자녀에게 풍부한 경험을 쌓게 해줄 여력이 없어 보였으며, 부모가 자녀에게 동일시의 대상이 되기보다는 무시의 대상이 되었다.

■ **자녀가 시험을 본 후 시험지 점검 여부는?**

아이의 수학 시험문제가 틀려도 잘 봐주지 못해요. 그 시험지 봐도 나는 잘 몰라요.

〈필리핀 출신 K어머니 면담〉

■ **과제 지도를 충분히 하지 못했을 때 자녀에게 하는 말은?**

다른 한국 엄마들은 잘 가르쳐 주지만, 다른 한국 엄마들이랑 다르니깐 나는 받아쓰기나 TV에서 이야기하는 것을 나는 잘 모르니 이해해 줘. 그래도 다른 애들도 50점, 60점 받아 오는데 우리 아이가 그보다는 잘 하고 있는 것 같아서 다행이지요.

〈필리핀 출신 K어머니 면담〉

■ **어머니가 자녀의 과제를 지도해 주는지?**

제가 지난 여름방학 때 수업을 했는데 그 학생한테 방학숙제가 있었어요. 그 학생은 어머니께 그때까지 방학숙제를 보여주지 않았어요. 부모와 자녀 모두 한글에 대해 거부감이 있으니 서로 확인을 하지 않았어요.

〈대학생 S멘토 면담〉

변수용 · 김경근(2008)의 연구에서 부모의 경제력과 학력은 계층적 요소가 매우 강하기에 변화시키는 것이 힘들지만, 자녀교육에 대한 부모관여는 어느 정도 부모의 경제력과는 독립적으로 작용하기에 개선의 여지가 있을 수 있다. 다문화가정의 부모는 비록 경제적 형편이 어렵고, 자신의 학력이 열악하더라도 자녀교육에 대한 교육적 지원과 같은 부모관여는 부모의 열성과 의지로 극복할 수 있는 부분이기에 부모의 지속적인 관심과 노력이 필요할 것이다. 그럼에도 불구하고 다문화가정 부모의 자녀에 대한 교육적 지원과 같은 부모관여는 쉽게 이루어지지 않고 있었다.

여러 연구(김신일, 2009; 이종각, 2003)에 의하면, 한국 학부모들은 세계적으로 유명하리만치 높은 부모관여, 즉 교육열을 갖고 있다고 하였다. 자녀들에게 교육을 시키기 위해 많은 노력을 기울이는 한국 학부모들은 한국 사회의 학력상승의 견인차 역할을 하고 있다. 한국 학부모들의 부모관여와 관련하여 김신일(2009)은 자녀들에게 최선의 교육 기회를 확보해 주려는 노력의 일환으로, 부모 개인과 가정의 많은 경제적, 정신적 그리고 시간적 희생을 통해 이루어진다고 하였고, 한국 학부모들은 엄청난 교육비를 스스로 부담하면서 자녀를 지원하고, 높은 사교육비는 물론이고 공교육비의 많은 부분도 학부모가 부담한다고 하였다. 하지만 앞 사례에서는 일반가정에서 학부모의 교육적 지원에 비해 다문화가정 학부모의 학생에 대한 부모관여 및 교육지원은 현저히 떨어지는 수준임을 알 수 있었다.

4) 방과후 학습 및 생활태도

다문화가정 학부모의 큰 고민거리 중의 하나가 자녀교육 문제이다. 여러 면담을 통해 알 수 있듯이 다문화가정 학부모들은 자녀가 학교에서 다문화가정 학생이라는 이유만으로 차별대우를 받고 있다는 피해의식이 있었다.

다문화가정 학생들은 한국 사회의 유 · 무형의 폐쇄적인 태도를 몸소 체험하게 된다. 초등학교에 재학 중인 다문화가정 자녀들이 중 · 고등학교에 진학 연령대로 들어갈 경우, 정서적으로 민감한 다문화가정 학생들에게 심리적으로 문제가 생기게 된다. 그런 문제가 생긴 다문화가정 학생의 경우에는 정서발달에 부정적인 결과를 초래하여, 사회문제로 비화될 염려가 크다. 펄벅 재단의 조사결과 다문화가정 자녀 중 9.4%가 초등학교 중퇴, 17.5%가 중학교 중퇴인 것으로 나타났다. 이는 일반인이 1.1% 수준인 것에 비해 높은 비율을 나타내고 있음을 알 수 있다.

아래의 사례에서 나타난 다문화가정 학생의 경우 방과후 친구들과 잘 어울리지 못했고, 가정에서 보내는 시간이 같은 또래에 비해 더욱 많았다. 앞서 살펴본 바와 같이 한국 사회의 폐쇄성과 맞물려 다문화가정 학생의 소극적인 태도, 넉넉하지 못한 가정형편으로 부모들은 맞벌이를 많이 하여, 부모의 통제가 매우 약한 상태였다. 형제가 없는 경우에는 가정에서 홀로 외롭게 보내는 시간이 더욱 많았다.

- **학생이 방과후 무엇을 하고 있나요?**

  혼자 뭘 하겠어요. 2학년짜리가 혼자 공부하겠어요? 매일 컴퓨터 게임하고, TV 보고, 냉장고에서 음료수나 과자 꺼내먹고 그러는 거죠. 집에서 그 아이를 통제해 줄 사람이 없다보니 살도 엄청 쪘던 거죠. 〈담임교사 Y교사 면담〉

- **방과후 멘토링 활동 중 수업에 대한 열의는?**

  공부에 집중하지 못하고 여기저기 두리번거리며 눈치보고, 특히 컴퓨터 게임에만 관심이 많았어요. 〈대학생 L멘토 면담〉

다문화가정 학생을 담당하고 있는 담임교사는 방과후 학생의 모습에 대해 이야기하면서 안타까워했다. 한국 사회의 폐쇄성과 소극적인 개인의 태도로 가정에서 홀로 시간을 보내는 초등학교 저학년 다문화가정 학생의 경우에는 컴퓨터 게임이나 텔레비전 시청을 많이 하고 있었고, 맞벌이가정이기에 부모의 통제가 약하여 음식으로 스트레스를 해소하는 모습에 많이 안타까워했다. 대학생 멘토 역시 다문화가정 학생의 방과후 생활모습에 대해 비슷한 이야기를 하였다. 대학생 멘토의 경우 컴퓨터 게임에만 몰두하는 그 학생의 행동에 문제가 있다고 생각했지만, 멘토링 수업의 효과를 거두기 위해 컴퓨터 게임을 활용한 경우도 있었다. 또한 수업에 집중하고 공부를 잘할 경우에는 대학생 멘토와 함께 컴퓨터 게임을 할 수 있는 특별기회를 제공하기까지 하였다고 했다.

■ 가정에서의 식습관은?

그 학생의 건강상태는 양호했지만, 편식이 심했어요. 엄마가 한국음식을 별로 먹지 않으니 애한테 햄이나 소시지와 같은 인스턴트식품 등 그런 음식을 주로 많이 먹이니까 애가 그런 음식들만 훨씬 좋아했어요. 〈한국어지도 방문 K교사 면담〉

인간의 생활은 가정에서부터 시작되며, 가정은 자녀를 교육하여 좋은 생활습관을 형성시키는 중요한 교육기관이다. 다문화가정 학생들의 방과후 식생활습관도 그들 부모의 식생활방식이 그대로 투영되어 있었다.

■ 방과후 가정에서 보내는 생활태도는?

방과후 집에 와서 숙제는 거의 잘 하지 않아요. 얘가 용돈을 함부로 사용해 버려요. 자신이 친구도 없고 외로우니 방과후 친구들을 자신의 편으로 만들기 위해서 먹을 것을 막 사주는 거죠. 부모님은 친구들과 잘 지냈으면 하는 생각과 걱정에 돈을 자꾸 줘어 주었을 것 같아요. 참 안타깝죠. 〈대학생 Y멘토 면담〉

대부분 다문화가정 학생은 소극적인 성격 때문에 친구를 적극적으로 사귀고자 하는 의지가 부족했지만, 앞의 사례는 좀 특별하다고 볼 수 있다. 적극적인 방법으로 교우관계를 형성하려는 시도가 엿보였다. 이는 주목할 만한 것으로 정상적인 교우관계를 형성할 수 없다고 판단될 경우에는 가장 쉽게 해결할 수 있는 방법을 동원하여, 교우관계를 형성하고자 하는 모습이 보였다. 즉 용돈을 이용하여 일시적이고 견고하지 못한 교우관계를 형성하려는 시도는 다문화가정 학생들이 그만큼 고독과 외로움을 많이 느끼고 있다는 반증으로 볼 수 있다. 이상과 같이 다문화가정 학생들의 생활모습으로는 한국 사회의 폐쇄성, 소극적인 태도, 맞벌이 부모, 학원 미수강 그리고 친구 수가 부족한 점 등이 있다. 이런 이유로 인해 다문화가정 학생들은 부모나 친구와 함께 상호작용할 기회가 적으며, 혼자

가정에 머물고 있었다.

2 다문화가정 학생의 학교생활

1) 편견문제

학교는 교육목적을 달성하기 위해 만들어진 기관이기도 하지만 한 개인의 성격형성을 돕는 중요한 기관이기도 하다. 학교는 학교의 규칙에 맞게 사회생활방식을 습득하는 장소이다. 초등학교 시기는 학교라는 사회 속에서 여러 구성원과 상호작용할 수 있는 역량을 길러야 하는 시기이다. 초등학교시기에 잘못된 편견 속에서 자란 피해학생의 경우 건전하고 원만한 성격형성에 어려움을 느끼고 있었다.

면담 결과 초등학교 재학 중인 다문화가정 학생들은 겉으로는 교우관계나 교사관계와 같은 대인관계에 특별히 문제가 없는 것처럼 보인다. 하지만 그 실상을 자세히 살펴보면, 다문화가정 학생들은 타인에 의해 편견을 받고 있기에 대인관계에서 소극적인 태도를 보이고 있었다. 소극적인 태도를 보인 이유 중의 하나는 다문화가정 학생이라는 이유로 놀림을 받았기 때문이다.

- **학생이 학교에서 놀림이나 차별을 받은 경험은?**
  우리 아이의 피부색이 저를 닮았어요. 저 때문에 아이가 학교에서 놀림을 받아 너무 힘들어해요.
  〈다문화가정 P어머니 면담〉

- **동북아, 즉 중국인, 일본인 엄마를 둔 자녀의 경우와 필리핀, 베트남을 포함한 동남아시아 어머니를 둔 자녀의 경우 학교생활에서 차이가 있다고 생각하는지?**
  뭐, 사실 내가 생각할 때에 좀 차이가 있다고 생각하죠. 안 그래도 동남아 쪽 다문화가정 아이들이 좀 뭐라 해야 되지, 차이가 크다고 보면 되겠어요. 일단 필리핀 뭐 그쪽 애들은 우리보다 피부가 좀 검은색이니 외모에서 차이가 드러나지만 중국인, 일본인은 우리의 외모와 차이가 크지 않잖아요. 그래서 동남아 어머니를 둔 초등학교 저학년인 그 학생에게 주위의 친구들이 검다고 놀리고 입이 튀어나왔다고 놀리기도 하죠. 또 그 학생 스스로가 이미 위축되어 있어요. 그리고 일본의 경우에는 선진국이라는 이미지가 있고 동남아의 경우에는 후진국의 이미지가 강하잖아요.

〈담임 B교사 면담〉

특히 동북아 출신 부모로 구성된 가정보다는 동남아 출신 부모로 구성된 가정의 자녀들은 외모의 차가 두드러지고 편견과 놀림을 더 받기에 더욱 소극적인 학교생활을 하고 있었다. 또 동남아 출신 다문화가정 학생들은 심지어 담임교사들에게서도 후진국이라는 편견을 받고 있었고, 친구들로부터 피부색을 이유로 혼혈인이라는 차별을 받고 있었다. 이처럼 다문화가정 학생들은 주위 학생들에게만 차별의 시선을 받는 것이 아니라, 담임교사에게도 그런 시선을 받은 적이 있다고 한다.

2) 학생의 언어능력

다문화가정 학생들은 부모에게 말을 배우는 중요한 시기인 유아기부터 한국어를 체계적으로 배우지 못하고 있었다. 언어능력이 서툰 어머니로부터 가정에서 언어교육을 받기에 자녀의 언어발달이 늦어지고, 이로 말미암아 의사소통에 부분적으로 제한을 받게 되었다. 특히 다음의 사례와 같이 어머니의 특징적인 언어상의 문제점으로는 받침이 있는 단어나 문장에서 정확하게 받침을 발음하는 것이 아니라, 특정 발음을 생략하는 경향이 있었고, 표준말과 존댓말의 정확한 사용에도 어려움을 겪고 있었다.

- 언어표현의 특징은?

어머니가 어릴 때부터 잘못 가르쳐 준 것 같아요. 구어는 잘 하지만 문어는 힘들어했고 받아쓰기 수업 중 받침에 대해 많이 어려워했어요. 그 학생은 발음이 불명확했고, 가르쳐 줘도 많이 까먹었어요.

〈대학생 B멘토 면담〉

- **언어지도에서 특별히 문제되는 부분은?**

이 학생은 제가 생각했던 것보다는 한국말을 잘해요. 대화에서 구어로는 잘해요. 말하는 것은 한국인과 별 차이가 없었어요. 또래 일반 학생에 비해 발음도 차이가 없었지만, 자세히 들어보면 "ㅇ, ㄴ, ㄹ"과 같은 특정한 발음에는 문제가 있었어요.

〈대학생 S멘토 면담〉

- **학업성취 수준과 언어 이해력은?**

학급에서 하위권에 속합니다. 하지만 우리말은 잘해요. 말하는 것만 보면 잘하는데 이해력은 떨어져요. 10년을 한국에서 계속 살았으니 한글을 읽을 수 있죠. 그런데 이해력은 많이 떨어져요.

〈대학생 Y멘토 면담〉

- **다문화가정 학생의 언어능력을 일반 학생과 비교하면 차이점은?**

말하기 수준이나 쓰기 수준은 일반 학생들과 비슷한 편이에요. 쓰기는 글씨나 맞춤법에서 원래 다문화가정이 아니더라도 가끔 제가 일반가정의 1·2학년 학생을 지도해 보면 맞춤법이 잘 안 되거든요. 소리 나는 그대로 적거나, 그래서 한국 학생들하고 비교해 보면 거의 비슷해졌어요. 말하기 수준도 거의 똑같아요. 그런데 이제 엄마가 어려운 단어를 안 쓰니까, 고급어휘는 아직 힘들어해요. 확실히 엄마가 "성실"이나 "근면" 이런 단어에 대한 정확한 뜻을 잘 몰랐어요. 심지어 '근면'이라고 설명하면 그 학생이 파악한 것은 "선생님, 빨리빨리요?" 이러거든요. 그러면 제가 "그거하고 비슷한데, 조금 달라." 이렇게 이야기하고 재교육을 시키죠.

〈한국어지도방문 K교사 면담〉

몇몇 대학생 멘토와 다문화가정을 담당하고 있는 담임교사는 다문화가정 학생들의 언어표현능력에 대해 대학생 멘토와 담임이 기존에 가졌던 고정관념에 비해서는 언어상의 문제점이 크지 않다고 공통적으로 평가하였다. 이는 다문화가정 학생들의 언어표현능력에 대한 인식이 기존의 고정관념에 비해서는 양호하다는 표현이지, 일반 학생과 유사하거나 일반 학생보다 더 실력이 뛰어난 것은 아니라고 해석할 수 있다. 대학생 멘토와 담임교사는 다문화가정의 학생을 지도해 본 경험이 없을 때에는 막연한 고정관념에 사로잡혀 있었으나, 실제로 다문화가정 학생을 지도해 보고 접촉해 보니 기존의 고정관념에 변화가 생겼다고 하였다. 그럼에도 불구하고 다문화가정 학생은 언어발달이 또래에 비해 늦었고, 자신의 생각과 감정을 표현하는 것뿐만 아니라 서로를 이해하거나 자신을 이해시키는 데도 적지 않은 어려움을 겪고 있는 것이 사실이다.

3) 소극적이거나 오히려 더 산만한 수업태도

정상적인 발달과정에서 초등학생의 경우 학교에서 집단생활을 하고 사회성을 함양하며 자신의 과제를 성실하게 수행할 수 있는 근면성을 길러나가는 시기이다. 이 시기에 과업을 성공적으로 완수했을 경우 칭찬을 받고, 인정을 받아 자긍심을 기르는 시기이기도 하다. 하지만 다문화가정 학생들은 근면성, 자긍심, 칭찬과 인정을 받기보다는 소극적인 태도를 보였으며, 이러한 태도는 일반 학생들과는 몇 가지 차이점이 있었다.

- 수업시간의 발표태도는?

  그 학생은 발표와 전혀 거리가 멀죠. 발표나 이런 건 전혀 안 해요. 아예 안 해요. 시켜서 하면 하는 경우도 있지만, 스스로 손을 들어서 하는 경우는 거의 없어요.

  〈담임 C교사 면담〉

- 수업에서 학생의 집중도는?

  수업 중 집중력은 상당히 떨어집니다. 다른 친구들과 같이 씩씩하게 발표하지 못해요. 머뭇머뭇거리는 경향이 있어요.

  〈대학생 S멘토 면담〉

이와 같이 다문화가정 학생은 수업 중 형식을 갖춘 질문과 답변에 소극적으로 발표하려는 태도가 있었으며, 수업에 대한 집중력은 높지 않은 편이었다. 간혹 발표를 하더라도 발표내용에 대한 확신이 없어 자신감 없이 수업에 참여하는 모습을 보였다. 또한 발표를 하더라도 발표내용에서 상황과 어법에 맞지 않는 내용을 발표하는 경우도 간혹 있었다. 이는 자신의 답변에 대해 문맥과 어법에 확신을 갖지 못한 것 때문에 비롯된 행동이며, 자신의 실제 모습을 일반 학생들에게 보이고 싶지 않은 무언의 저항으로 파악할 수 있다. 이런 심리상태는 다문화가정 학생들이 교육활동에 적극적으로 참여하지 못하는 원인이 되었다. 이러한 문제를 잘 알고 있는 담임교사는 이러한 문제들을 해결하기 위해 담임교사가 적극적인 수업의 참여를 유도하였지만, 복잡한 원인으로 다문화가정 학생의 학습태도 변화를 쉽게 이끌지 못하였다.

한편 다문화가정 학생 중에서 그들의 부모나 담임교사로부터 쉽게 인정받지 못한 학생이거나, 학급의 친구들 사이에서 거부당하거나, 집단의 소속감을 느끼지 못한 학생의 경우에는 주위 사람들의 이목을 끌기 위해 특별한 과잉행동을 할 때도 있었다.

- **일반가정 학생과 비교하여 수업태도는?**

  공부하는 것을 싫어하고, 수업시간에 자주 일어나서 두리번거려요. 수업 중 계속 뒤를 돌아보는 행동을 많이 하죠. 〈담임 B교사 면담〉

- **다문화가정 학생의 수업태도는?**

  수업집중력이 떨어지고, 학습태도가 매우 산만해요. 조금만 틈만 주면 수업시간에도 놀기부터 하려고 해요. 〈담임 A교사 면담〉

- **수업 중 특별히 힘든 점은?**

  수업 중 질문을 하면 항상 그리고 가장 먼저 손을 들어요. 학생이 손을 드는데 안 시킬 수도 없고, 발표 기회를 주면 엉뚱한 대답을 하는 거죠. 어린 아이들에게 대답이 잘못되었다고 "틀렸다!"라고 해서는 안 된다고 배웠잖아요. 특히 저학년 아이들의 경우에는 상처를 받을 수 있거든요. 〈담임 C교사 면담〉

이와 같은 수업태도는 매우 소극적인 행동의 유형과는 반대의 경우이며, 이들은 초등학교 중·고학년임에도 불구하고 수업 중 벌떡 일어서기, 두리번거리기, 뒤를 돌아보기, 산만한 행동하기, 적합하지 않은 내용으로 발표활동에 집착하기 등과 같은 특별한 행동들을 하고 있었다.

4) 교우관계

다문화가정 청소년에 대한 일반 청소년의 친구로 수용하는 정도에 대해 살펴보면, 남학생에 비해 여학생이, 중학생에 비해 고등학생이 다문화가정 청소년을 자신의 친구로 맞이할 준비가 더 되어 있음을 알 수 있다. 일선 학교에서의 지속적인 다문화 이해교육과 국가정책적 홍보가 확산될 경우 중학생과 남학생의 수용 정도가 높아질 것으로 전망된다.

■ 다문화가정 학생의 교우관계는?

초등학교 6학년임에도 불구하고 우리 반에서 그 학생과 친하게 지내는 학생은 달랑 한 명이죠. 그 학생과 이야기할 때만 얼굴이 좀 밝아요.

〈담임 C교사 면담〉

■ 친하게 지내는 친구의 수는?

친한 친구는 단 한 명도 없다고 했어요. 그냥 동생과 노는 것이 더 좋다고 했어요.

〈대학생 L멘토 면담〉

앞의 사례처럼 다문화가정 학생의 친구관계를 살펴보면, 학급에서 친구가 유일하게 한 명이거나, 친구가 없다고 담임교사와 대학생 멘토가 이야기하였다. 더 심각한 것은 집에서 형제와 보내는 시간이 더욱 좋다고 답변한 것은 그들의 대인관계 수준이 심각한 상태임을 알 수 있다. 만약 집에 가도 형제가 없는 다문화가정 학생의 경우에는 과연 누구와 관계를 맺고 상호작용을 해야 할지 걱정스럽다. 이처럼 다문화가정 학생은 긍정적으로 상호작용할 친구의 수가 절대적으로 부족하였다.

친구는 안정감을 주는 존재이고, 자신과 비교하여 그 기준이 되기도 하며, 함께 활동하는 동반자의 기능을 한다. 또 하툽(Hartup, 1978)은 애정, 관심, 흥미 및 정보를 친구와 공유할 뿐만 아니라, 타인과 접촉을 유지하는 이원적이고 독특한 애착관계라 하였고, 루빈(Rubin, 1980)은 학교에서 동료와의 상호작용을 통해 사회적 기술을 학습하며, 소속감을 형성한다고 하였다. 이처럼 또래관계에서의 긍정적인 상호작용이 학교생활에서 행복감과 만족감을 느끼게 하는 중요한 원천이라는 것을 알 수 있다.

하지만 다문화가정 학생은 친구관계가 원만하지 못해 여러 명의 친구와 관계를 맺지 못했고, 극소수의 친구들과 감정을 공유하고 있었다. 따라서 다문화가정 학생은 여러 교우와 상호작용을 할 수 있는 기회가 적으며, 학교에 대한 소속감을 바르게 형성하지 못하고 있었다. 앞 사례의 다문화가정 학생은 원만한 교우관계를 형성하고 싶었지만 현실은 친구끼리 긍정적으로 상호작용할 기회가 적기에 학교생활에서 행복감과 만족감을 크게 느끼지 못하고 있었다.

또 다른 다문화가정 학생의 교우관계 유형으로 소극적인 태도 때문에 친구들이 없는 경우가 아닌 일반학생들에게 대놓고 무시당하거나 거부되는 사례도 있었다. 다음은 자기중심적인 성격의 다문화가정 학생의 사례로 또래에게 무시당하였기에 유아적인 행동을 보이고, 특별한 과잉행동을 하는 특징을 보였다.

▪ **친구들과의 관계는?**

늘 자신이 주인공이 되어야 하고, 관심을 받아야 하는 거죠. 만약 그것이 잘 안 된다면 관심을 끌기 위한 유아적인 행동을 하죠. 하지만 반 친구들은 그 애에게 특별한 관심을 가지지 않았어요. 그런 것을 그 애는 받아들일 수 없었던 거죠. 〈대학생 Y멘토 면담〉

이와 같이 자기중심적인 성격을 지닌 다문화가정 학생은 또래에 의해 거부당하고 있었다. 이때 다문화가정 학생은 감정을 적절히 제어하지 못하여, 일반 학생들을 포함한 우리 사회에 대해 호의적이지 못하고, 자신이 경험하고 있는 어려움을 자신의 탓이 아니라 타인의 탓으로 돌릴 가능성이 있다. 그리고 외로움을 자주 느끼고, 자신이 다른 또래들에게 조소의 대상이 되거나, 위협을 받지 않을까 하는 불안감을 갖고 있다. 이처럼 다문화가정 학생들의 또래집단과의 관계에서 긍정적이지 못한 상호작용은 자신이 타인을 향해 마음의 벽을 쌓게 되고, 문제행동을 일으키며, 사회에 대해 적대적인 마음을 형성하게 한다. 하지만 모든 다문화가정 학생이 앞의 사례처럼 원만하지 못한 교우관계를 형성하는 것만은 아니었다.

▪ **대인관계 및 사회성은?**

우리 반 애들한테 인기가 완전히 높죠. 특히 여학생들한테 인기가 많아요. 6학년임에도 불구하고 키가 130센티미터 정도인데, 사실 6학년치고는 엄청 작지만, 까불까불 운동도 잘하니 여자애들이 엄청 귀여워하기도 하고, 인기도 많아요. 〈담임 B교사 면담〉

앞 사례의 학생은 일반적인 다문화가정 학생과는 달리 축구를 잘하는 학생이었다. 비록 학습태도가 산만하고 학업성적도 우수하지 않은 다문화가정 학생임에도 불구하고 학급에서 인기가 높은 이유로는 체육시간에 운동을 잘하는 것과 개방적이고 허용적인 담임교사의 학급경영태도에서 비롯된 것이다.

3 잠재가능성과 과제

다문화가정 학생은 학업수행에 있어 여러 가지 어려움을 겪고 있다. 하지만 잠재가능성도 엿볼 수 있다. 다음 사례의 다문화가정 학생은 모든 교과목에서 어려움을 겪고 있는 것은 아니었으며, 일부 과목에서는 다른 일반학생에 비해 특별하게 더 잘하는 부분도 발견되었다.

- 뛰어난 실력을 보이는 과목은?

  수학을 매우 잘하는 편이었어요. 애가 굉장히 머리가 좋은데 국어, 사회는 못하고, 수학은 진짜 잘했어요. 다른 다문화가정 아이들은 국어를 못해서 학습에 흥미가 떨어지는데 특이하게도 이 학생의 경우 수학은 진짜 잘하는 편이었어요. 〈대학생 L멘토 면담〉

- 뛰어난 실력을 보이는 과목은?

  한자를 잘 했어요. 아버지가 한문을 어려서부터 좀 가르쳐 준 것 같아요. 한국인 아버지도 가정형편이 그리 넉넉지 못하다고 했어요. 하지만 한문에 관심이 굉장히 높았어요. 아버지가 한문을 잘했어요. 〈대학생 S멘토 면담〉

- 어떤 과목을 잘 하는지?

  얘는 수학을 진짜 잘해요. 특별히 정말 잘해요. 〈담임 C교사 면담〉

이와 같이 다문화가정 학생들은 학업수행에 있어서 국어와 사회과목에서는 어려움을 겪고 있었는데, 이들 과목이 언어나 사회·문화적 배경지식을 많이 필요로 하기 때문인 것으로 보인다. 반면 사회·문화적 배경지식이 크게 필요하지 않은 과목에서는 수업에 원활하게 잘 참여했다. 앞 사례에서도 알 수 있듯이, 수학과 체육 그리고 음악과목에서는 일반 학생과 비교하여 오히려 자신의 특기를 발휘하는 경우도 있었다.

- 학생의 특기는?
  그 학생이 음악은 정말 잘했어요. 절대음감 수준이 있어요. 이유는 아버지가 주말마다 밴드활동을 해요. 아주 어릴 때부터 따라다니면서 그곳에서 놀았다고 했어요. 그래서 그런 쪽으로 재능을 가지고 있나 봐요. 영어도 정말 잘해요. 부모님들끼리 서로 영어로 대화한다고 했어요.
  〈대학생 Y멘토 면담〉

- 학생의 특기는?
  여러 운동을 잘하죠. 운동할 때 다른 학생들을 주도한다니까요. 우리 반 학생들을 완전히 줄줄 이끌고 다녀요. 〈담임 B교사 면담〉

- 잠재능력은?
  이 학생이 활동적인 것을 좋아하기 때문에 운동능력이 있었어요. 그냥 신체능력이 또래 아이들에 비해 우수했고, 체력도 좋았어요. 〈대학생 S멘토 면담〉

이와 같이 다문화가정 학생들은 모든 과목에 어려움을 겪는 것이 아니라, 일부 과목에서만 학업수행에 어려움을 겪고 있었다. 특히 특정 교과목에 특기를 보인 이유는 바로 그 가정의 부모의 역할이 중요했다. 즉 다문화가정에서 부모의 관심과 지원이 학생의 잠재력을 키우는 데 결정적인 역할을 하고 있었다. 예를 들어 아버지가 영어와 밴드활동에 관심을 보이니, 그 자녀 역시 영어와 음악과목에 특별한 재능을 보였으며, 부모가 한자에 대해 많은 관심을 보이니 그 자녀 역시 한자 과목에 특별한 재능을 보였다.

한편, 다문화가정 자녀들에게 지원해 주는 프로그램의 유무에 따라 학업수행에서 큰 차이가 나타났다. 하지만 다문화가정 학생을 위한 지원책이 비교적 최근에 마련된 것은 아쉬운 부분이기도 하다. 정부에서는 2005년부터 다문화가정 학생의 통계조사를 실시하여, 2006년에 다문화가정 학생을 위한 교육지원 대책을 마련하였다. 그 대책을 구체적으로 살펴보면, 다문화가정 자녀를 위한 방과후 학교 프로그램 개설, 대학생 멘토링 교육지원, 교사 및 또래집단과의 일대일 결연을 통한 다문화가정 자녀의 정서 안정지원 등이다. 또 2007년에는 다문화가정 자녀교육지원 계획을 발표하여, 정부 차원에서 전면적이고 종합적인 교육지원 의지를 보인 바 있다. 예를 들어 다문화가정 자녀교육을 위한 중국어, 몽골어, 베트남어 등의 다중 언어 교수학습을 위한 교재개발 보급, 다문화교육정책 연구, 담당교사 연수를 위한 핵심교원 양성, 그리고 다문화교육지원협의회의 구성 등이 그것이다. 이처럼 다문화가정 학생들의 학업수행에 필요한 지원을 받을 수 있는 경우에는 그렇지 못한 경우와 비교하여 다문화가정 학생의 학교적응과 학업성취에 미치는 영향에서 차이가 드러났다.

- 학업성적 수준과 그 이유는?

일반적인 아이들보다 가정형편이 좀 어려운 편이지만, 선행학습 없이도 잘하는 편이죠. 이유는 학원은 다니지 않았지만 학교에서 운영하는 무상 공부방, 무상 방과후 교실 등에 참여해서 일반 가정 학생들과 수준이 비슷해진 것 같아요.

〈대학생 L멘토 면담〉

- 학업성취 수준은?

성적은 중상위권 혹은 상위권이죠. 1학년 때는 우리말도 잘 모르는 상황이었기 때문에 받아쓰기〉를 하면 많이 틀리고 했지만, 요즘 제가 지도해 보면 거의 다 맞는 수준이죠. 가장 좋아하는 과목은 수학인데 언어보다 수리적 능력이 상당히 좋은 편이었어요.

〈한국어지도방문 K교사 면담〉

- 장래희망은?

제가 그 학생의 멘토 교사이기에 저를 많이 좋아했어요. 교육대학교에 다닌다고 하니, 자기도 꿈을 바꾸었다고 했어요. 멘토 선생님처럼 초등학교 교사가 되는 것이 꿈이라고 했어요.

〈대학생 L멘토 면담〉

이와 같이 다문화가정 학생들에게 지원 프로그램의 유무에 따라 학교적응과 학업성취 결과에서 차이가 나타났다. 다문화가정의 경제적 사정은 그리 좋지 못한 실정이기에 이들에게 지원은 꼭 필요하다. 다문화가정 학생들에게 정부에서 지원하는 특별대학생 멘토링,

무상 공부방 운영, 무상 방과후 교실, 다문화지원센터의 학습지도 지원과 같은 적절한 지원을 받을 경우에는 그렇지 못한 경우에 비해 학교적응과 학업성취 향상에 긍정적인 효과가 있음을 알 수 있다. 특히 다문화가정 학생을 위한 대학생 멘토링은 그 자체로서 의미가 컸다. 대학생 멘토에게 지도받은 학생의 장래희망을 바꿔놓을 정도로 그 학생에게는 멘토 교사가 의미 있는 대상이 되었다. 결국 다문화가정 자체에서 체계적인 교육적 조력이 곤란할 경우에는 학교와 가정을 연결시켜 줄 수 있는 지원체계의 존재는 다문화가정 학생의 건전한 성장·발달에 중요한 영향을 준다. 특히 학교와 긴밀한 유대를 가진 지원은 다문화가정 학생의 정서지원과 학업 수행에 적지 않은 도움을 주고 있음을 알 수 있다.

4 다문화가정 학생의 생활 특징

지금까지 다문화가정 학생의 가정생활, 학교생활 그리고 잠재 가능성의 검토를 통해 다문화가정과 학생에 대한 관심과 이해의 지평을 확장시키고, 다문화가정 학생들에게서 나타난 현실적인 문제점들을 확인하였다. 또 심층적이고 다각적인 차원에서 다문화가정 학생의 생생한 삶의 모습들을 살펴보았다. 다문화가정 학생의 생활 특징을 정리하면 다음과 같다.

첫째, 다문화가정 학생은 생활형편이 녹록하지 못한 가정환경이었다. 부모의 경제력과 학력은 낮았고, 부모의 직업은 비정규직이었다. 이러한 다문화가정 환경은 다문화가정 자녀에게 건전한 인격의 성장과 발달에 부정적인 영향을 미칠 수 있는 잠재요인임을 알 수 있었다. 다문화가정 부모의 경제력과 학력은 어느 정도 고정된 조건이기에 어쩔 수 없는 부분이지만, 다문화가정 부모의 자녀에 대한 교육적 지원과 같은 부모관여는 부모의 노력 여하에 따라 자녀의 건전한 성장과 발달에 영향을 줄 수 있다. 따라서 다문화가정 부모를 위한 체계적인 교육이 필요하다.

둘째, 재혼다문화가정이 늘어나고 있으며, 재혼다문화가정은 기존의 초혼다문화가정에서 발생되는 문제보다 더욱 복잡한 문제를 지니고 있었다. 특히 재혼다문화가정의 구성원 중 이미 외국학교에 다니다가 한국에 입국한 학생에 대한 관리가 사각지대에 놓여 있기에 이들에 대한 대책마련이 시급하다. 또 외국인 아버지와 한국인 어머니의 결혼으로 이루어진 다문화가정도 있었다. 이 가정은 풍부한 사회・경제적 자본이 있었기에 다문화가정 자녀의 건전한 성장과 발달에 긍정적인 영향을 미치게 될 것으로 예상했으나, 현실은 그렇지 않았다. 번스타인(1973)은 가정이 학생의 언어발달에 중요한 영향을 미친다고 하였으며, 그 영향으로는 부모들이 사용하는 언어의 질과 가정의 교육적 분위기가 중요하다는 점을 주장하였다. 따라서 앞 사례의 다문화가정에서는 사용하는 이중언어가 문제의 원인이었다. 이는 가정에서의 언어와 문화생활이 학교와 동떨어졌고, 언어의 질과 교육적 분위기가 가정에서 제대로 형성되지 못한 것을 의미한다. 따라서 다문화가정 자녀의 언어능력이 뒤처지는 원인의 하나로 단지 다문화가정 어머니의 미흡한 언어능력으로 돌리는 것은 문제가 있음을 알 수 있었다. 또 다문화가정 부모 모두는 학생의 언어발달을 위해서라도 부모는 한국어를 체계적으로 학습하여, 가정에서 사용되는 언어의 질을 높이고, 가정의 교육적 분위기를 잘 형성하는 데 노력을 기울여야 할 것이다.

셋째, 다문화가정 부모의 언어수준은 취약했으며, 자녀의 학습과제에 대한 부모의 관여는 크게 이루어지지 않고 있었다. 다문화가정 부모의 모습으로는 적극적으로 한국어 습득에 노력을 기울이지 않기, 대화를 잘 이해하지 못해도 이해한 것처럼 행동하기, 자녀의 학습에 관여하지 않기 등의 모습을 보였다. 일반 학부모의 교육적 지원에 비해 다문화가정 학부모의 부모관여와 지원은 잘 이루어지지 않았다. 부모는 자녀에게 동일시 대상이 되어야 함에도 불구하고 다문화가정 부모의 미흡한 언어능력 때문에 다문화가정의 부모는 자녀가 학년이 올라갈수록 무시의 대상이 되었다. 따라서 학습에 대한 부모의 관여와 지원을 높일 수 있는 적극적인 대책마련이 시급하다.

넷째, 다문화가정 학생은 방과후 친구들과 잘 어울리지 못했고, 가정에서 보내는 시간이 같은 또래에 비해 많았다. 가정에 머물러 있는 시간이 많았던 이유로는 한국 사회의 폐쇄적인 풍토, 개인의 소극적인 대인관계, 맞벌이 부모, 학원 미수강 등의 이유가 있었다. 가정에서는 홀로 컴퓨터 게임하기, 텔레비전 시청하기, 간식 자주 먹기, 인스턴트 음식 중심으로 편식하기, 숙제하지 않기 등의 행동을 하였다. 이런 방과후 행동들은 다문화가정 학생의 정신건강은 물론이고 신체건강에도 문제를 일으키게 된다. 따라서 방과후 다문화가정의 자녀교육문제를 전문적으로 도와주는 개인이나 단체의 지원이 더욱 필요할 것이다.

다섯째, 다문화가정 학생의 학교생활에서 피부색으로 인한 편견과 차별이 자리잡고 있었다. 피부색으로 놀림과 차별을 받고 있었고, 특히 동남아 출신 어머니를 둔 다문화가정 학생의 경우 더욱 심각했다. 편견과 차별의 주체는 학생은 물론이고 교사도 자유로울 수 없었다. 이와 관련하여 김신일(2009)이 지적한 교사가 학생을 유형화하는 기준은 반드시 교육적인 것만은 아니고, 교사들이 의식적으로 또는 무의식적으로 학생들을 특정 배경, 즉 인종을 기준으로 학생을 구분한다는 것과 유사한 차원에서 이해할 수 있다. 따라서 일반 학생은 물론이고 현직교사를 대상으로 한 다문화 이해교육과 다문화가정 학생의 이해에 관한 연수가 필요하다.

여섯째, 다문화가정 학생은 특정 단어에 대한 받침을 정확히 발음하지 못했으며, 표준말과 존댓말을 정확하게 사용하지 못했다. 하지만 일상적인 의사소통에는 별 문제가 없었다. 이와 관련하여 대부분의 대학생 멘토와 담임교사들은 다문화가정 학생은 한국어를 잘 하지도 그리고 잘 알아듣지도 못할 것이라는 선입견을 갖고 있었으나, 다문화가정 학생의 언어능력은 학년이 올라가면서 단어와 문장의 이해력이 차츰 높아지기는 하였다. 다른 문화를 이해하기 위해서는 우선 경험해 보고, 접해 보아야 다른 문화에 대해 쉽게 이해할 수 있다. 따라서 대학생 멘토링 사업은 타 문화 이해의 측면과 보상교육 차원에서 매우 중요한 역할을 하고 있었다. 멘토링 사업과 같은 다문화가정 학생의 정상적인 언어능력과 학력을 신장시킬 수 있는 대책이 추가적으로 마련되어야 할 것이다.

일곱째, 다문화가정 학생 중 학교생활에서 소극적인 태도를 보인 학생도 있었고, 일반 학생에 비해 더욱 산만한 태도를 보인 학생도 있었다. 구체적인 수업태도로는 초등학교 고학년임에도 불구하고 수업 중 벌떡 일어서기, 두리번거리기, 뒤를 돌아보기, 산만한 행동하기, 적합하지 않은 내용을 발표하기 등이 있었다. 특히 수업 중 형식을 갖춘 질문과 답변에 소극적으로 발표하려는 태도가 있었으며, 수업에 대한 집중력도 높지 않았다. 담임교사는 이러한 학생들의 문제점들을 해결하기 위해 노력하고 있었지만, 다문화가정 학생의 학습태도를 변화시키기에는 역부족이었다. 따라서 다문화가정 학생의 매우 소극적이거나 산만한 행동을 교정할 수 있는 체계적인 지도가 필요하고, 다문화가정 학생의 개인적 행동특성에 적합한 학습지도와 교육적 처방이 요구된다.

여덟째, 다문화가정 학생들은 학교에서 친구들과 친하게 지내기를 간절히 희망하지만, 학급에서 친구는 유일하게 한 명이 있거나, 심지어 친구가 한 명도 없는 경우도 있었다. 또 관심을 받기 위해 유아적인 행동도 하였고, 그런 행동에 대해 학급 친구들은 무관심하여 과잉행동으로 이어지기도 하였다. 학교에서의 교우관계가 학생의 정신건강에 매우 중요하다. 왜냐하면 교우관계가 학업 · 사회성 · 정서문제를 사전에 경고해 주며, 그러한 문제들을 예방하는 데 도움이 되기 때문이다. 특히 친구가 없는 외톨이 다문화가정 학생은 또래와의 행동문제나 사회인지적 과제에 있어서 어려움이 있으며, 제한된 기회의 감정공유, 자신감 저하, 제한된 상호작용 등 학교생활에 어려움이 있다. 따라서 원만한 친구관계를 형성시킬 수 있는 상담프로그램이 필요하다.

한편, 다문화가정 학생의 개인적 성격에 따라 대인관계와 사회성이 좋은 학생도 있었다. 학급에서 인기가 높은 다문화가정 학생의 경우 운동을 잘하는 특기와 개방적이고 허용적인 담임교사의 태도에서 비롯된 것이다. 다문화가정 학생을 위해 학급에서 할 수 있는 교사의 역할을 몇 가지 제안하면 다음과 같다. 다문화가정 학생들에게 자신감을 심어줄 수 있는 학급 분위기 형성하기, 교우관계와 학습에 곤란을 겪는 다문화가정 학생에게 인성과 학력이 우수한 짝꿍 만들어 주기, 체계적인 일기 쓰기 지도, 불규칙적인 생활습관 바로 잡아주기 등이 있다. 다문화가정 학생에게 건전한 인격을 함양한 바람직한 사회인으로 만들기 위한 핵심적인 역할은 담임교사의 의지에 달려 있다.

아홉째, 다문화가정 학생은 학교생활에서 학업수행에 일부 어려움을 겪고 있지만, 척박한 환경에서도 자라나는 들꽃처럼 잠재 가능성도 엿보였다. 국어, 사회과목은 어려움을 겪었지만, 수학과 음악, 영어, 체육, 한자 등의 과목에서는 잠재가능성도 엿보였다. 이런 과목에 잠재 가능성을 지닌 이유로 다문화가정 부모의 관심과 지원이 있었다. 따라서 학교에서는 다문화가정 학생의 수준을 정확히 파악하여 다문화가정 학생들에게 일률적으로 기초교과목의 학습지원을 해주기보다는 개별학생들에 적합한 맞춤형 학습지원이 필요할 것이다. 또 다문화가정의 부모는 자녀에게 관심과 교육지원 활동을 통해 학생의 잠재력을 발견하고, 그 잠재력을 키우는 데 공동의 노력을 기울여야 할 것이다.

열째, 다문화가정 학생들에게 지원 프로그램의 유무에 따라 학교적응과 학업성취 결과에서 차이가 나타났다. 대학생 멘토 학습지원은 보상교육을 통해 어려운 형편의 다문화가정 학생인 멘티에게 장래희망을 갖게 하였다. 학교와 긴밀한 유대를 맺고 있는 적절한 지원프로그램은 다문화가정 학생의 학교적응과 학업성취에 적지 않은 도움을 제공하고 있었다. 백병부 · 김정숙(2009)의 연구에서 학력결손이 있는 학생들의 경우 부모의 학습지원 활동이 긍정적인 학업자아 개념에 유의미한 영향을 미친다고 하였다. 이는 학습부진 학생일지라도 부모의 적극적인 지원이 있을 경우 긍정적인 학습 결과를 보여줄 수 있음을 시사한다. 하지만 대부분의 다문화가정에서는 그들의 부모로부터 충분한 학습지원을 제공받을 만한 여건에 놓여 있지 않다는 점을 미루어 짐작한다면, 학교와 같은 공적인 기관에서 그들의 부모를 대신하여 제공할 수 있는 대안적인 조력이 필요하다. 대안적인 조력체계 중의 하나는 멘토링 제도이며, 이는 여러 선행연구에서도 이미 효과가 검증된 바 있다. 즉 다문화가정 학생들이 가정으로부터 받기 어려운 정서 · 학습지원을 학교나 지역사회에서 받을 수 있다는 차원에서 의미가 크다.

chapter 07

다문화교육과정 개발

07 chapter 다문화교육과정 개발

1 다문화교육과정 개발방향

한국 사회가 진정한 다문화사회로 진입하기 위해서는 소수집단의 한국 사회 적응뿐 아니라 주류집단이 다양한 문화를 존중할 수 있는 인식의 전환이 중요하다. 특히 문화다양성에 대한 이해나 수용과 같은 다문화태도 함양은 청소년들이 다문화사회를 살아가는데 요구되는 기본 자질이며 성숙된 시민으로 자라는데 중요한 요인이 된다. 이에 따라 다문화교육이 다양한 인종과 문화에 대한 수용과 반편견적 인식을 갖추는데 중요한 역할을 한다고 볼 수 있다. 다문화교육에 있어서 다양한 개입들이 있겠지만, 그 중에서도 어떤 내용을 어떤 교육방법으로 가르쳐야 하는가에 대한 교육과정 개발이 중요하다. 그러므로 다문화교육에서 교육과정 개발은 필수적이며 핵심적이라고 할 수 있다.

이 절에서는 다문화교육과정을 구성하는 내용과 국가수준 개정 교육과정에서의 다문화교육내용을 살펴봄으로써 다문화교육과정 개발의 필요성과 다문화교육과정 개발의 방향 살펴보도록 하겠다.

1) 다문화교육과정 개발의 필요성

(1) 다양한 인구 증가

최근 인구 유입이 다양해지고 다문화사회로의 변화에 가속도가 붙었다. 다문화 출생 비율이 해마다 증가하여 전체 다문화 인구 비중이 5%를 넘었으며, 차후 2040년에는 6.9%까지 증가할 것으로 예상된다. 특히 2020년 전체 초중고생(535만6천 명)에서 다문화 학생이 차지하는 비중은 2.8%(14만7천378명)이다(통계청, 2021). 이와 같이 학교 구성원의 빠른 변화는 일상생활과 학교생활에서 다양한 문제를 발생시킬 수 있다.

소수집단의 구성원들은 전반적으로 한국 사회의 문화 및 언어 적응에 어려움을 겪고 있으며, 그 2세들도 학교생활에서 적지 않은 어려움을 겪고 있다. 다문화가정의 자녀들은 문화 차이로 인해 교사 및 또래관계에서 매우 소극적이며 또한 다문화자녀임을 드러내는 것을 꺼린다. 특히 차별을 당하거나, 학교폭력을 경험하고, 문화결핍으로 학업에서 낮은 성취를 보이는 등 학교생활에 어려움을 겪고 있는 것으로 보고되고 있다(양계민 · 장윤선, 정윤미, 2020). 또한 한국사회는 1990년 이후로 지속적으로 증가하고 있는 국제결혼 다문화가정, 북한이탈주민, 이주노동자 등으로 국외에서 찾아보기 힘든 유형의 다문화가정으로 구성되었다. 이처럼 다양한 구성원의 변화로 다문화사회에 대한 교육적 대응을 다루는 논의가 시작되었고 다문화교육과정에 대한 관심도가 증가하였다(이승은, 2020). 이러한 시대적인 변화와 요청에 따라 정부 지원 하에 대학교 과정에서 다문화교육 강좌를 개설하게 되고 초 · 중 · 고 교육과정에서도 다문화교육이 다양하게 진행된 기간이 15년이 되어간다.

위와 같은 노력은 우리나라의 국가수준 교육과정에서도 나타나고 있다. 다문화 관련 내용은 2007 개정교육과정 총론을 시작으로 시 · 도 교육청 편성 · 운영과 지역교육청 편성 · 운영, 학교 편성 · 운영에서 범교과적 학습 주제로 언급하고 있다. 이후 가장 최근의 교육과정에서는 다문화가정 학생에 대한 배려와 지원 내용이 명확하게 제시되는 등 다문화적 요소가 계속적으로 증가하고 있다. 또한 2015 개정 교육과정 총론에서는 다문화가정 학생에 대한 지원문제, 다문화가정 자녀의 교육경험을 고려한 교육과정 운영 등 다문화교육과정에 대한 지원방향을 구체적으로 제시하고 있다(교육부, 2019). 하지만 다문화교육과정에서 다양한 관점의 문제를 인식할 수 있도록 교육과정을 변화시킨다는 것은 한계가 있으며, 운영 사례 및 효과성에 대한 연구 또한 미흡하다(장인실 · 박영진, 2018). 이에 따라 다수자 대상으로 소수자 이해교육을 통해 소수자에 대한 차별철폐와 편견 제거, 자기 문화에 대한 정체성 함양, 타문화에 대한 다양성 인정 등 다양한 관점과 다문화 수용 태도를 양성할 수 있는 교육이 필요하다. 이에 따라 문화적, 이념적 차이에 대한 다수의 인식변화를 교육적으로 보완하여 유도하기 위해서 다문화교육과정 개발이 요구된다.

(2) 다문화교육에 대한 오해

우리나라 국가수준의 초 · 중등교육과정 총론 내용에 의하면, 제7차 교육과정 시기까지는 다문화와 관련된 내용이 제시되지 않았다. 단지 제7차 초 · 중등교육과정 총론의 학교 편성 · 운영 부분에 '국제이해교육'이라는 이름의 등장과 동시에 이에 대해서는 재량활동을 통해 중점적으로 지도하되 학교 교육 전반에 걸쳐 통합적으로 다루어지도록 하고, 지역 사회 및 가정과의 연계 지도에 힘쓸 것을 제시하고 있다. 2007년에 접어들어서야 다문화와 관련된 교육이 언급되었는데, 2007 개정교육과정 총론에서는 시 · 도 교육청 편성 · 운영과 지역교육청 편성 · 운영, 그리고 학교 편성 · 운영에서 다문화 관련 내용이 범교과적 학습 주제로 제시되어 있다(민용성 · 최화숙, 2014). 또한 2009 개정교육과정과 2015 개정교육과정에서도 범교과적 학습 주제로 '다문화교육'이 언급되어 있다.

하지만 다문화교육이 교육과정의 연계성보다는 국제이해교육의 차원에서 외국의 다문화교육 사례나 교과서 분석 연구 등에 집중되다 보니 다문화교육의 핵심적인 역할이 제대로 이루어지지 않고 있다. 이로 인해 우리나라 다문화교육은 여러 가지 오해의 소지를 사고 있다.[1)]

첫째, 우리나라 다문화교육은 이주자만을 대상으로 하는 교육으로 인지되고 있다. 소수자인 다문화가정 지원 교육을 '다문화교육'으로 다수자를 지원하는 교육을 '다문화 이해교육'으로 용어를 분리 사용하고 있기 때문이다. 이렇게 용어를 분리하여 사용함은 다문화

1) 이 내용은 장인실 외(2014) '다문화교육의 이해와 실천' 3장 중 일부를 발췌하여 수정 · 보완한 것이다.

교육은 소수자인 다문화가정만 대상으로 하는 교육으로 한정하고 있음을 의미한다. 따라서 다문화교육을 단지 다문화가정 자녀를 대상으로 하는 한국어, 한국문화적응교육으로 이해하고 있다.

둘째, 다문화교육을 통해 국가를 분열한다는 오해의 여지가 있다. 이는 다문화교육의 개념을 제대로 인식하지 못한 데서 비롯된 것으로 볼 수 있다. 한국 사회가 다민족사회로 발전하면서 다문화교육이 생겨나게 되어 다민족사회와 다문화교육을 동일시하거나, 다문화교육이 소수집단의 문화를 존중하다 보면 국가가 분열될 수 있다는 오해를 발생시킨다. 그러므로 진정한 다문화교육은 국가를 분열하는 것이 아니라, 주류집단의 잘못된 인식을 바꾸어 다른 문화를 존중하며 함께 살아갈 수 있다는 것을 대변해야 한다.

셋째, 우리나라 다문화교육의 내용은 다른 나라의 문화만을 소개하는 교육으로 인식되고 있다. 이는 최초에 다문화교육이 한국으로 소개되던 시기에 국제이해교육과 혼용되면서 발생한 것이다. 국제이해교육이 다른 나라 문화에 대한 이해 증진을 통해 세계 평화를 유지하는 데 중점을 두고 있다면, 다문화교육은 다른 사람의 관점에서 사안을 바라볼 수 있도록 비판적 사고력을 증진하기 위해 교육과정이 개혁되는 것에 중점을 둔다. 따라서 비판적 사고력을 향상시키는 방향으로 발전하기 위해서는 다문화교육과정의 개혁이 필요하다.

넷째, 다문화교육에 대한 이론이 외국과 한국이 다르다는 오해의 소지가 발생하고 있다. 이는 한국이 세계에서 유일한 분단국가로서 북한이 같은 민족이고 같은 언어를 사용하나 문화적, 이념적으로는 대치하고 있는 상황에 처해 있기 때문에 나타나는 오해이다. 그러므로 다문화교육에 대한 정책도 분명히 다른 접근이 요구되고 이러한 정책적 접근에 따라 다문화교육과정의 개혁이 필요하다.

(3) 다문화사회에 대한 인식전환

우리나라의 다문화교육은 타 문화에 대한 이해 증진을 위한 국제이해교육과 동일시하여 왔다. 그래서 주류집단 학생들을 대상으로 문화 이해에 중점을 두고 있고 비주류집단을 대상으로는 동화주의적 적응교육에 초점을 맞추었다. 이는 우리나라 다문화교육은 평등교육도 그리고 다른 사람의 관점에서 볼 수 있는 비평적 다문화교육과정도 아니라는 것을 알 수 있다. 더군다나 교육과정의 구체적인 내용 부족으로 다문화에 대한 인식이 낮은 수준이다. 2015 개정 교육과정 총론에서 다문화교육은 추구하는 인간상, 여섯 개의 역량, 교육과정구성의 중점 중 어디에서도 명시적인 형태로 언급되고 있지 않다. 물론 '다문화 가정 학생에 대한 지원 문제'를 담은 항목이나, '다문화 가정 자녀의 교육경험'을 고려한 교육과정 운영을 담은 항목도 있지만, 이것은 교육과정 본연의 역할보다는 교육과정 운영을 지원하기 위한 주변적이고 지엽적인 부분에 불과하다(이승은, 2020). 이처럼 2015 개정 교육과정은 다문화교육이 추구하는 목적에 제대로 부합하고 있지 않다고 볼 수 있다. 또한 이러한 교육과정은 정규 교육과정에서 적용하는 것이 어려운 실정이고 교사들이 다문화교육의 중요성을 인식하고 있더라도 다문화교육방법의 구체적인 지도 내용이 없기 때문에 교실현장에서의 실천이 어렵다.

따라서 무엇보다도 다문화교육을 교육과정에서 통합할 방법을 개발하기 위한 다양한 방법을 강구할 필요가 있다. 이러한 다문화교육의 내용에는 다문화가정의 구성원들을 사회에 적응시키는 교육뿐 아니라 주류집단의 인식 변화가 이루어질 수 있도록 교육과정을 재구성할 필요가 있다. 즉 다문화사회에 대한 인식 변화를 위해서는 교육내용, 다문화교육과정 형식, 다문화교육방법을 다문화교육에 맞게 변화시키는 교육과정 개혁이 핵심적이다.

베넷(Bennett, 2007)의 다문화교육의 개념 중 이 점을 고려한 '사회정의를 향한 교육과정'의 내용은 인종차별, 계급차별, 성차별에 대한 이해력을 증진시키고 그와 관련된 적절한 태도변화와 사회적 행동기술을 제고하게 하며, 차별과 편견에 대한 저항과 문제해결 과정에 직접적으로 참여하게 하는 교육이다. 이러한 다문화교육을 통하여 개인적, 제도적, 문화적으로 나타나고 있는 차별주의에 대한 관련 증거를 감지하고 이해하는 능력을 발달시킬 수 있다. 이처럼 다문화교육과정의 내용 변화는 다른 사회와 문화에 대한 지식을 가르치는 것을 넘어서 주류사회의 문화적 관점이 아닌 비주류집단의 관점에서 사고하고 판단할 수 있다(장인실 · 유영식, 2010).

이러한 인식변화의 필요성으로 뱅크스(Banks, 2006)는 다문화교육과정 개혁을 위한 모형을 개발하였다. 즉, 초・중・고등학교의 교육과정에 민족적 관련 내용을 통합하여 학생들에게 다양한 민족집단에 대해 가르치기 위해 기여적 접근법, 부가적 접근법, 변환적 접근법, 사회적 행동 접근법 등으로 단계적인 접근법을 제시하였다. 우리나라의 경우는 아직까지 다문화교육을 위한 교육과정 개발의 구체적인 방법을 제시하고 있지 않아 부가적 접근법에 머무르고 있고, 변혁적 접근법 차원에서의 운영 사례는 미흡하다(장인실・박영진, 2018). 부가적 접근법은 교육과정의 기본 구조는 변하지 않고, 문화관련 개념 및 주제, 관점만 추가하는 방식이므로 교육과정의 구조를 바꾸어 다양한 관점에서 다문화를 인식하여 체계적으로 교육과정을 운영할 수 있는 기반 마련이 요구되고 있다. 또한 단일 교재에 이러한 내용들을 구성하는 것은 비주류집단의 인권 보호와 사회적 통합을 실제적으로 거두기는 어렵기 때문에 정규 교육과정에 이들을 통합시켜 해당 교과와의 긴밀한 연결에서 다문화적 요소가 교육과정 전반에 드러나야 할 필요가 있다.

2) 다문화교육과정의 개발방향

(1) 다문화교육의 구성내용

진정한 다문화사회에서 강조되어야 할 다문화교육은 주류집단이 단일민족이나 순혈주의에 대한 교육에 벗어나서 다양한 민족과 인종이 함께 살아가는 사회로 나아가기 위한 교육이다. 이러한 목적으로 다문화교육과정을 재구성하기 위해서는 무엇보다도 무엇을 가르치고 배워야 하는지의 교육목표가 우선적으로 정리될 필요가 있다. 따라서 학자들이 제시한 다문화교육과정의 목적을 살펴보도록 하겠다.

먼저 여러 개념을 조합한 베넷(Bennett, 2001)은 다문화교육의 목표를 평등교육으로 두고 있다. 이 목표에 따른 다문화교육은 주류집단과 소수집단의 모든 사람이 문화적 역량을 양성하여 사회정의를 실천할 수 있다고 제언하였다. 이에 따른 다문화교육의 구성요소를 [그림 7-1]과 같이 네 가지 차원으로 분류하여 명명하였다. 다문화교육의 목표를 평등교육으로 두고 이 목표에 따라 교육과정 개혁을 시도하기를 제안하였다. 이러한 교육을 통해 주류집단과 소수집단의 모든 사람이 문화적 역량을 양성하여 사회정의를 실천할 수 있다고 제언하며, 그 구성요소를 [그림 7-1]과 같이 네 가지 차원으로 분류하여 명명하였다.

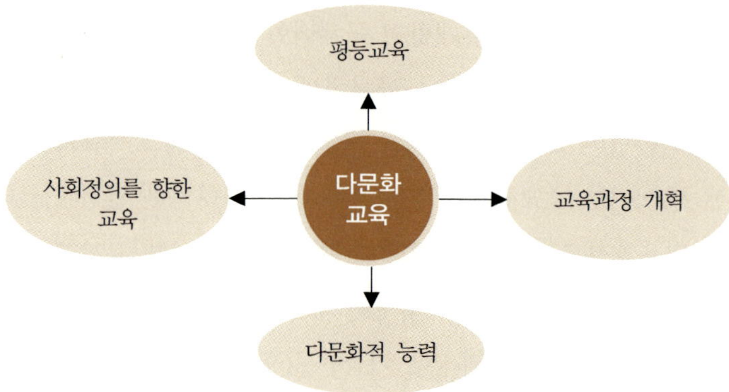

그림 7-1 Bennett의 다문화교육의 구성

베넷의 다문화교육 정의의 네 가지 구성요소 중 평등교육은 교육의 평등 중 과정의 평등과 같은 의미를 지니고 있다. 다문화가정의 자녀에게 학교에 입학하는 기회를 제공하는 것과 같은 교육 기회의 평등에서 더 나아가 아동의 모든 잠재능력이 발휘될 수 있도록, 그리고 문화적 결핍에 따른 차이가 없도록 지원해야 함을 의미한다. 둘째, 교육과정 개혁은 다른 사람의 입장에서 판단할 수 있는 비판적 사고력을 배양할 수 있는 내용이 교육과정에 포함되도록 하는 것이다. 셋째, 다문화적 능력은 다양한 방식으로 인식하고 평가하고 행동할 수 있는 역량으로, 국가 내 또는 국가 간에 존재하는 문화적 다양성을 이해하고 조절하는 방법을 학습하도록 하는 것이다. 이처럼 다문화교육을 위한 교육과정 개혁을 통해 사람들은 특정한 상황을 다양한 방식으로 인식하고 평가하고 행동할 수 있는 다문화 역량을 획득하게 된다. 넷째, 사회정의를 향한 교육은 그동안 인식하지 못했던 인종적 차별과 편견 등을 깨닫게 되고, 이에 대한 대응으로 문제해결을 행동으로 옮기는 방법을 학습하도록 한다(Bennett, 2001).

다음으로 뱅크스(Banks, 2008)는 통합교육과 관련하여 다문화교육의 기준을 다섯 가지 차원의 기본 틀로 제시하였다. 다문화교육의 다섯 가지 차원에는 내용통합, 지식의 구성과정, 편견감소, 공평한 교수법, 학교문화 강화가 있다. 첫째, 내용통합(content integration)은 교사가 교과목의 주요 개념, 원리, 일반화, 이론을 설명하기 위해서 다양한 문화 및 집단에 속한 사례, 자료, 정보를 활용하는 것이다. 대부분 다문화교육은 내용통합 수준이다. 둘째, 지식 구성과정(knowledge construction process)은 과학자들이 지식을 형성할 때 암묵적인 문화적 가정, 준거틀, 관점, 편견 등이 해당 학문 영역에서 지식이 창조되는 과정에 어떤 영향을 미치는지를 묘사하는 것이다. 이때, 교사는 학생들이 지식이 어떻게 형성되고, 그것이 인종, 민족, 사회계층, 성과 같은 사회적 지위에 의해서 어떠한 영향을 받는지 이해할 수 있도록 돕는 역할을 한다. 셋째, 편견감소(prejudice reduction)는 학생들이 인종적 · 민족적 태도를 긍정적으로 습득할 수 있도록 돕는 것이다. 아동은 보통 4세가 되면 인종차이를 자각하며, 백인 선호적인 태도를 드러내기도 한다. 따라서 민족적 · 인종적 집단에 대한 실제 내용이 학습 교재에 자연스럽게 통합된 방법으로 제시된다면 학생들은 긍정적인 민족적 · 인종적 태도를 형성할 수 있다. 넷째, 공평한 교수법(equity pedagogy)은 교사가 다양한 인종, 민족, 사회계층에서 온 학생들의 학업 성취도를 향상시키기 위하여 사용하는 교수법이다. 실제 다양한 인종적 · 민족적 집단의 교육적 · 문화적 특징을 반영하는 교수기법이나 협동학습 기법은 다양한 인종적 · 민족적 출신 학생들에게 효과적이라는 점이 보고되고 있다. 학생들마다 그 민족 집단과 관계된 특징적인 문화적 행동이 존재하기 때문에 유능한 교사라면 학생들의 다양한 문화적 배경에 대해 정확하게 인지해야 한다. 교사가 이러한 지식을 다문화교육과정 개발에 활용한다면, 모든 학생들의 교실 참여도를 높이며 학업 성취도를 향상시킬 수 있다. 다섯째, 학교문화를 강화(empowering school culture)는 다양한 인종적 · 민족적 집단에서 온 학생들이 교육평등과 권한 부여를 경험하도록 학교의 교육환경을 재구성하는 과정이다. 즉 다양한 집단의 학생들이 성공할 수 있는 평등한 기회를 가질 수 있도록 학교의 교육환경을 변화시키는 것을 의미한다.

미국다문화교육협회(The National Association for Multicultural Education: NAME)는 다문화교육이 사회 정의를 위한 민주주의 원칙을 지지함으로써 학교와 사회에서 발생하는 모든 유형의 차별을 근절하는 교육임을 밝힌다. 또한 다문화교육은 모든 다양한 집단의 학생들에게 평등한 교육 기회를 제공하고 학생이 사회에 만연한 차별을 파악하고 비판할 수 있도록 한다. 이는 다문화교육의 목표가 교육개혁적 차원에서 교육과정의 구조를 바꾸어 학생 모두에게 평등한 교육의 기회를 제공하는 것이라고 할 수 있다.

위의 논의에 따른 다문화교육의 주된 목표는 모든 종류의 차별을 근절하여 최대한 모든 학생이 잠재력을 발휘할 수 있도록 공평한 교육의 기회를 제공하는 것과 다양한 관점에서 바라볼 수 있도록 교육과정을 재구성하는 것, 그리고 이를 통해 다문화적인 역량을 갖추게 하는 것이다.

(2) 국가수준 교육과정에 따른 다문화교육과정 개발 방향성

다문화교육이 실제 어떻게 적용되고 이루어지는가를 알아보기 위해서는 국가수준 교육과정을 살펴보는 것이 가장 유용할 것이다. 따라서 국가수준 교육과정을 통해 다문화교육과정의 개발 방향성을 살펴보도록 하겠다.

① 국가수준 개정교육과정의 다문화교육 요소

제7차 개정교육과정부터 2009 개정교육과정까지의 다문화교육 관련 내용을 살펴보면, 다문화교육에 대한 언급은 다문화가정 및 다문화가정 학생들의 지원에만 국한되어 있다(장인실, 2006). 즉, 이전의 교육과정은 다문화교육과 관련하여 다문화가정 학생들의 지원에만 중심을 둠으로써 다문화교육의 방향을 왜곡하고 있다. 이러한 다문화교육의 방향은 다문화교육이 단지 다문화가정이나 자녀에게만 제한된다는 오해의 요지를 불러일으켜 초기 다문화교육정책에 많은 영향을 끼쳤다. 구체적으로 국가수준 교육과정 개정에 따른 다문화교육의 방향이 어떻게 제시되어 있는지 살펴보도록 하겠다.

첫째, 2006년 교육부에서 다문화교육에 대해 언급하기 시작한 지 올해로 12년이 지나고 있다. 2007 개정교육과정 이전의 다문화교육 내용을 살펴보면 초등학교 1학년 교과서에서부터 단일민족에 대한 언급이 있었으나, UN의 경고로 2007 개정교육과정 이후 단일민족에 대한 내용이 삭제되었음을 알 수 있다. 이는 단일민족이 우수하다는 인식이 교육을 통해 만들어진 허구의 가치라는 인식 때문이다. 따라서 단일민족이라는 어휘 삭제를 통하여 학생들은 단일민족에 대한 거론은 사라지고 모든 인간의 존중성에 대해 교육을 받게 된다.

이처럼 다문화적 교육과정은 오해의 요지가 있던 기존의 교육과정 내용을 다민족적이고 전 지구적인 관점을 포함하여 다른 사람의 입장에서도 사안을 판단할 수 있도록 개혁해야 한다. 즉 주류집단과 비주류집단의 모든 구성원이 다문화적 능력을 배양하여 사회정의를 위해 실천할 수 있는 역량을 기르는 교육과정으로 편성될 필요가 있다(장인실, 2015).

둘째, 2007 개정교육과정으로부터 도덕과에 다문화 내용요소를 신설하여 학교 정규수업시간을 통해 다문화교육을 시행하고 있다. 그러나 아직까지도 다문화교육에 대한 명확한 정립이 이루어져 있지 않기 때문에 쓰이는 용어가 혼재되어 있고, 그로 인해 교육과정의 체계 안에서 가르치고 배워야 할 요소들이 혼란스러운 실정이다(김지원, 2017). 따라서 다문화에 대한 사회의 요청을 학교에서 잘 따라가지 못하고 있다. 최근에 국내 이주민가정 수가 급격히 증가되자 그들을 위한 지원책의 필요성으로 많은 정책들이 추진되어 왔다. 하지만 이처럼 국가에서 다문화가정을 위해 많은 예산과 다양한 정책을 지원하고 있음에도 불구하고 소수자 적응을 위한 교육 형태가 되어 비주류학생들이 차별적 존재라는 인식을 키워왔다.

셋째, 2009 개정교육과정에서 다문화 관련 교육이 본격적으로 반영되기 시작한 것으로 볼 수 있다. 당시 교육과정에서는 '글로벌 창의인'을 학교 교육이 추구하는 인간상으로 설정하면서 다문화사회로 변화하는 사회상을 학교 교육에 반영하기 시작하였다. 이를 토대로 각종 교과서가 제작되었고 2016년까지 활용되었다. 2009 개정교육과정에서는 사회적 요청을 반영하기 위해 '다문화교육 국가 수준 다문화교육과정 표 제시하기'를 적극적으로 도입하여 내용체계에서도 명시하고 있다.

그러나 2009 부분개정 고시된 다문화교육과정을 뱅크스(2008)의 다문화교육과정 개혁을 위한 접근방법의 4단계 측면에서 살펴본 결과, 교육과정의 변화 없이 다문화적 내용, 개념, 주제, 관점을 교육과정에 더하는 부가적 접근법에 해당된다. 이것은 다문화교육과정을 소극적으로 개혁하는 입장으로 교육과정의 편성이 추후 학생들이 다양한 민족적·문화적 집단의 관점에서 개념, 사안, 주제를 바라볼 수 있도록 변화시키는 변혁적 접근법을 지향하는 방향으로 구성되어야 함을 보여주고 있었다(장인실, 2015).

넷째, 2015 개정교육과정에서는 초등 도덕과 교육과정 내용체계에서 '다문화'라는 용어가 사라지기는 했지만 여전히 비주류집단에 대한 차별과 편견을 줄이는 것에 중점을 두고 있다. 다문화교육에서 이주민가정에 대한 편견과 차별을 줄이려는 노력에 국한되어, 오히려 그들에 대한 편견을 지니고 있지 않았던 어린 학생들에게 교육을 통해서 새로운 편견을 심어줄 수도 있다. 실제로 현행 초등 교과서 다문화 관련 단원을 보면, 주로 얼굴이 까만 동남아권 학생들을 다문화가정의 대표 인물로 제시하는데, 이를 통해 평소에 다문화학생들을 접하기 어려운 우리나라 학생들에게 다문화학생들은 무의식적으로 불쌍한 학생이라는 생각을 심어줄 수 있다(김지원, 2017). 따라서 교과서에 다문화가정 학생을 표현할 때, 다양한 인종, 국가, 민족, 문화, 계층 등을 고려할 필요가 있다.

또한 2015 개정교육과정 총론에서는 다문화가 언급된 곳이 세부분이나 되지만 교육과정의 구조라기보다는 운영상 고려사항으로 보일 수 있다. 다문화교육이 언급된 구체적인 부분을 살펴보면 첫째, 범교과 학습주제의 하나로 학교급별 다문화교육이 제시되고, 둘째, 공정한 교육 기회를 제공하기 위한 다문화학생 지원과 한국어 교육에 대한 지원을 강조하며, 셋째, 귀국자와 다문화자녀 교육 경험을 고려한 교육과정상 지원을 교육청에서 맡도록 하는 부분 등이다. 이는 원활한 다문화교육 운영을 위한 필요한 지원적 조치에 관련된 것으로 볼 수 있다. 특히 다문화학습자에 대한 지원은 주로 문화적, 정서적, 사회적 적응을 위주로 하며, 인지적 성장에 대한 지원은 매우 제한적으로 제시되었다. 즉, 다문화학생을 위한 교육과정상의 지원이나 교육과 관련된 직접적 지원이 아니라 사회적 차이나 문화적 차이의 극복과 원만한 교우 관계를 위한 지원 방안으로 학습자의 학업 자체를 돕기 위한 교육과정상의 노력과는 거리가 멀다고 볼 수 있다. 또한 다문화교육에 대한 내용이 명시적이고 적극적으로 제시되어 있지 않음으로 인해 교과 교육과정과 분리되어 학교 교육과정과 내적 관련을 맺지 못하고 있음을 확인할 수 있다(이승은, 2020).

② 교육과정 개발을 통한 다문화교육의 방향성

학생들이 단순히 아는 것에 그치지 않고 실제로 행할 수 있는 교육과정이 마련되어야 한다. 이를 위해서 구체적인 교육과정 개발의 방향을 다음과 같이 제시할 수 있다.

첫째, 다문화교육이 다문화사회의 구성원에게 기여할 수 있는 부분들이 많으므로 학생들에게 실질적인 학습의 장을 제공할 수 있는 교육과정 개발이 필요하다. 구체적이고 다양한 인종적 · 문화적 변화에 준비시키기 위해서 구체적인 다문화적 요소가 포함된 교육이 시행될 수 있도록 교육내용을 재구성할 필요가 있다.

둘째, 상이한 문화를 가진 개인 사이에서 각자의 문화를 존중하는 상호 문화교육이 보완되어야 한다. 따라서 다문화교육이 상호 문화존중의 관점에서 이루어져야 하며, 다문화가정 자녀에 대해서만이 아닌 우리 인간사회에서 지켜져야 할 상호존중의 원리를 학교 교육과정 속에서 실현되도록 해야 한다.

셋째, 다문화교육 관련 내용은 다문화가정 자녀의 경험과 더불어 모든 학생을 위한 다문화교육의 필요성이 같이 제시되어야 한다. 다문화교육이란 모든 학생을 위한 교육이며, 다문화교육을 위한 교육과정의 개혁으로 볼 수 있다. 그러므로 다문화교육과정에서 다문화가정이나 다문화학생을 위한 한국어교육이나 적응교육뿐만이 아니라, 모든 학생을 위한 교육이 이루어져야 함을 제시해야 한다. 이를 위하여 학교 편성 · 운영에서는 '다문화가정 자녀의 적응 능력 고양과 일반 학생의 차별과 편견 없는 인식전환을 위한 다문화교육' 형식의 기술이 필요하다.

넷째, 다문화사회에서 가장 많이 나타나는 문제 중 하나가 인종 간 갈등이다. 한국 사회가 사회 통합을 이루고, 그리고 국외에서 발생하는 인종 간 갈등과 같은 문제를 사전에 방지하기 위해서는 무엇보다 다문화교육, 즉 전 국민을 대상으로 하는 다문화 인식교육이 중요하다. 이에 따라 국가 수준 교육과정 총론에서 다문화교육이 다문화가정과 자녀만을 위한 것이 아닌 모든 학생을 대상으로 하는 교육이라는 개념을 명확히 하여 다문화사회에 맞는 학교 교육의 방향을 명시할 필요가 있다.

2 다문화교육과정 개발을 위한 접근모형

1) 장인실의 교육과정 모형

장인실(2008)은 다문화교육을 위한 교육과정 설계모형을 지식 습득, 태도 발전, 실행 개입의 3단계로 구안하였다.

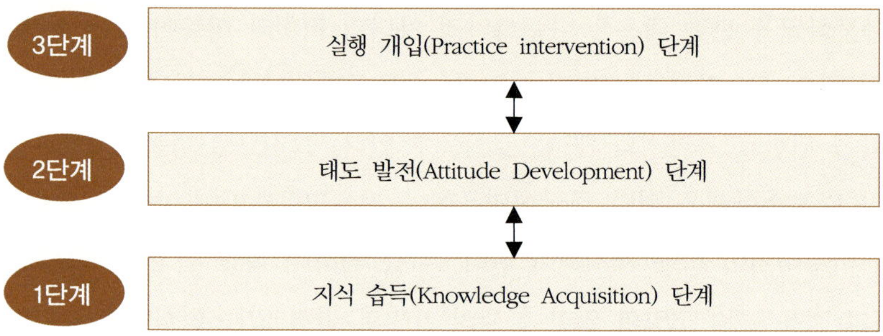

▌그림 7-2▐ 장인실의 다문화교육을 위한 교육과정

첫째, 인종, 민족, 문화, 종교, 성별의 차이에 대한 지식 습득(Knowledge Acquisition) 단계는 다음 두 단계의 기본이 되는 지식을 가르치는 단계이다. 다음 단계의 태도 및 행동 변화는 정확한 정보에 의하여 영향을 받기 때문에 이 단계에서의 지식 습득은 다음 세 가지 이유로 중요하다. 먼저 사회 구성원들은 지식 습득을 통해 문화에 대해 더 많이 배울 수 있기 때문이다. 개인이 자신의 문화적 정체감(Cultural identity)을 이해하게 되고, 문화의 일부분이 자신의 가치와 삶에 영향을 미쳤는지를 알 수 있게 된다. 다음으로 다른 문화에 대해 더 많이 배우면 사람들 간에 내재된 차이를 이해하는 데 필요한 정보를 제공받을 수 있기 때문이다. 마지막으로 다문화에 대한 기본지식을 습득하는 것은 나머지 2단계로 나아가는데 필수적이다.

둘째, 다문화교육 가치에 대하여 인식하는 태도 발전(Attitude Development) 단계이다.

학생들에게 많은 영향을 미치게 되는 교사가 먼저 다양성을 인정해야 한다. 다문화교육을 중요하게 생각하는 교사는 인종적, 민족적, 문화적, 종교적 배경 때문에 사람들을 무시해서는 안 된다는 사실에 근거하여 다양한 문화를 존중하게 된다. 이처럼 교사가 다문화교육에 대해 어떤 인식을 가지고 있는가에 따라 다문화학생들을 대하는 태도가 달라질 것이며, 이러한 인식은 학생들을 가르칠 때 잠재적 교육과정을 통하여 비의도적으로 전달된다.

셋째, 다양한 다문화요소가 통합되어 제시되는 교수전략과 관련된 실행 개입(Practice intervention) 단계이다. 교사가 다문화교육을 시행하기 위해서는 앞의 두 단계에 이어 적합한 수업기법과 수업전략, 자료개발 능력 등을 필요로 한다. 이처럼 다문화교육과정을 실천하기 위한 교수 · 학습 방법이 개발되어 각각의 내용을 지도하고 학습하는데 효과적으로 활용되어야 한다. 다문화교육이 효과적으로 실행되었다면 교실과 학교에서 학생들 간의 상호작용이 높아지며, 문화간 차이를 존중하는 풍토가 조성된다. 특히 다문화교육은 학생들의 학교 초기 경험으로부터 시작되므로 교육 환경의 모든 측면에서 다양한 다문화요소가 통합되어 제시되도록 교수 전략의 개입이 필요하다.

2) 뱅크스(Banks)의 다문화교육과정 개혁을 위한 접근법

교사들이 학교에서 문화적인 내용을 교육과정에 통합시킬 때 뱅크스(2008)의 다문화교육과정 개혁을 위한 네 가지 접근법을 가장 많이 활용한다. 그래서 기여적, 부가적, 변혁적, 사회적 활동 접근법의 네 단계는 다문화 내용을 교육과정으로 통합하기 위한 모형으로 많이 알려져 있다.

1단계 기여적 접근(The Contribution Approach)은 소수 집단의 영웅, 축제, 국경일 등의 단편적인 요소에 초점을 맞춘 접근법이다. 주로 다문화교육이 요구되는 초기 학교 교육현장에서 세계 여러 나라 의식주 문화 체험을 위주로 실시했던 방식이다. 이러한 접근법은 기본 교육과정의 구조를 변화시키지 않으므로 가장 빠른 방식으로 교육과정에 다문화적 요소를 부가할 수 있고, 다양한 집단에 대한 지식이 없어도 교육과정을 실행할 수 있다. 반면, 민족 문화에 대해 피상적인 지식 습득으로 그칠 수 있다는 한계가 있으며, 교육과정과 융합할 때 문화유물과 인물을 올바르게 이해하는데 필요한 중요한 개념과 쟁점들을 간과할 수밖에 없다. 이 때문에 고정관념과 편견을 갖도록 할 가능성이 있다.

2단계 부가적 접근(The Addictive Approach)은 교육과정의 기본 구조는 변화지 않고 교육과정 속에 문화관련 개념 및 주제, 관점만 추가하는 접근법이다. 우리나라 2009 개정 교육과정에서 예시를 살펴보면 '우리나라' 대주제 내에 '이웃나라'소주제를 구성하여 이웃나라를 살펴봄으로 외국인을 대하는 바른 태도를 알 수 있도록 단원을 구성하였다. 이처럼 다양한 가족 및 세계문화, 소수자에 대한 차별과 편견 감소 등 다문화사회에 대한 지식, 태도 및 인식 개선을 위한 단원이 각 학년 통합 교과, 도덕 및 사회 교과에 추가되었는데, 이것은 부가적 접근 방식의 다문화교육과정 운영이라 해석할 수 있다(장인실 · 박영진, 2018). 즉, 교사가 소수 집단의 주제와 관련된 교재, 단원, 강좌를 기존의 교육과정 속에 부가하는 방식으로 이해할 수 있다. 부가적 접근법의 장점은 기존의 교육과정으로 자연스럽게 통합되어서 가르칠 수 있지만 단점으로는 학생들이 다양한 관점에서 소수 집단을 알지 못하여 주류 문화와 비주류 문화가 어떻게 연관되었는지 이해하기가 어렵다. 또한 소수 집단의 문화가 주류 문화와 융합하지 못한다는 생각을 고착화시킬 수 있다.

3단계 변혁적 접근(The Transformative Approach)은 학생들이 다양한 집단의 관점에서 개념, 주제, 문제, 사안을 볼 수 있도록 교육 목표, 내용, 방법 등 교육과정 구조를 변화시킨다. 즉, 교사가 교육과정에 제시된 내용을 추가, 대체, 타 교과와의 통합 등의 교육과정 재구성을 통해 교육내용과 교육활동을 창의적으로 구안할 수 있다(박일수, 2013). 변혁적 접근의 장점은 다양한 관점에서 문제를 인식할 수 있어서 소수집단이 자신의 문화적 관점을 많은 부분 포기할 필요가 없으며 주류집단의 문화를 절대적인 것으로 수용할 필요도 없다. 반면 다양한 관점이 서술된 교재 개발, 실제적인 교육과정 개혁과 현직 교사 훈련 프로그램 개발이 요구되어 학교 현장에서 변화적 접근에서 교육과정의 구조를 바꾸는 것은 쉽지 않는 부분이 있다.

4단계 사회행동 접근(The social action approach)은 사회문제를 비판적으로 바라보며 문제해결을 위한 실천적 행동 접근이다. 학생들이 사회를 올바르게 변화시키는 데 의사결정과정을 바탕으로 실천할 수 있도록 교육과정을 운영하는 단계이다. 이 접근법은 가치 분석, 의사결정, 문제 해결, 사회적 행동기술을 통한 자기 평가에 초점을 맞춘다. 따라서 학생들이 사고, 가치 분석 능력, 의사결정 기술, 자료 수집과 분석 기술, 사회적 행동 능력을 향상시켜 다양한 인종과 함께 할 수 있는 능력을 충분히 증진시킬 수 있다는 것이 장점이다. 반면, 교육과정 설계와 자료 개발에 많은 시간과 열정이 소비되고, 학생들이 특정한 사회 문제를 해결하는 데 의미 있는 행동을 실제 취하기 어렵기 때문에 4단계 다문화교육과정 운영은 미흡한 실정이다.

3) 게이(Gay)의 통합된 다문화 기본기술 접근법

게이(1979)는 일반 교육을 구성하는 핵심 기술을 사회적 기술, 학습 또는 지적기능, 문해, 그리고 기능적 생존 기술로 분류하였다. 여기서 사회적 기술이란 인간관계, 공부 습관, 적응, 공감, 협동 등의 능력이며, 지적기능은 문제해결, 자료수집, 의사결정, 비판적 사고 그리고 갈등해결의 기능이다. 기능적 생존기술은 기초직업능력, 문제해결력, 판단력 등과 연계되어 있다. 이러한 일반교육의 핵심 구성요소들을 다문화교육에 동일하게 적용하여, 일반 교육과정과 다문화교육과정 계획 간의 상호 관계를 제시하기 위하여 통합적인 다문화 기본기술(Integrative Multicultural Basic Skills: IMBS) 모형을 구안하였다. 이 모형은 세 개의 동심원이 상호 보완적이고 상호 역동적인 관계로 구성되있으며, 다양한 집단의 문화적 관점, 콘텐츠, 경험을 중점적으로 다루고 있다.

첫 번째, 교육과정 결정의 중심에서는 문해, 비판적 사고, 문제 해결, 과목의 구체적 기법 등 학교에서 일상적으로 가르치는 기본적인 기술을 포함한다. 이러한 기본적인 교육을 가르칠 때 다양한 집단의 문화적 관점과 콘텐츠를 소개하여 경험하게 한다.

두 번째, 활동은 다문화기술 모형에서 가장 필수적인 영역으로 볼 수 있다. 교사가 학생 요구 진단하기, 수업 내용 결정하기, 자료 선택하기, 학생의 학습활동과 교수행동 확인하기, 평가방법 선택하기 등의 활동을 한다.

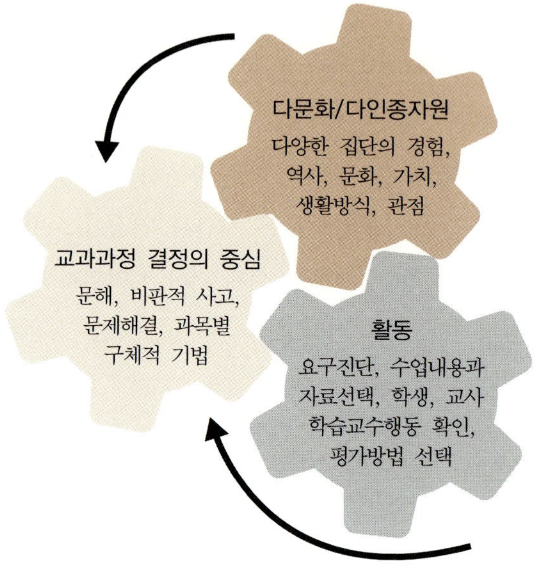

그림 7-3 Gay의 통합된 다문화 기본기술 모형

세 번째, 다문화/다인종 자원이다. 학생들에 기본적인 능력을 가르치기 위해 필요한 교육과정 전략과 모든 수행 결정에서 다양한 인종적 집단의 경험, 역사, 문화, 가치, 생활방식, 관점 등 참조의 지침을 제공한다.

IMBS 모형을 사용하여 수업을 한다면 학생은 기본 학문 기술을 배우기 위해서 문화 다원론에 대해 이해해야 한다. 예로 '문해(글을 읽고 쓰기)'와 관련된 기본적 기술교육을 한다면 '문해' 내용이 '다문화적 요소'를 띠고 있고, '문해'를 지도하기 위해서는 다양한 집단에서 온 학생의 요구에 적합한 교수 활동을 선택해서 가르치기 때문에 '다문화 자원'은 자연스럽게 두 개의 원과 맞물리게 된다.

결과적으로 IMBS 교육과정 모형에 따르면, 어떤 교사라도 이러한 기술을 가르치는 데 다문화교육을 포함시키지 않는다면 적절하고 효과적으로 일반적인 교육기술을 가르쳤다고 할 수 없다. 또한 IMBS 교육과정 모형에서 학생들이 인종적, 문화적 다양성에 대해 배우지 않고는 어떤 학생도 기본적 교육기술을 배울 수 없다. 이처럼 IMBS 교육과정 모형이 일반교육기술의 가르침에서 다인종적 내용과 소재의 사용을 요구할 뿐만 아니라 다인종적으로 다양한 지식, 관점, 경험이 진단 기술, 교육, 학습활동, 평가과정에 침투할 것을 요구하고 있기 때문에 학생들은 기본기술의 학습을 통해 다문화교육의 포괄적인 영향을 받을 수 있다.

4) 슬리터와 그랜트(Sleeter & Grant)의 일반화된 다섯 가지 접근법

슬리터와 그랜트(2003)는 다문화교육에 대한 저서들의 분석을 통하여 다문화교육의 일반화된 다섯 가지 기법을 제시하였다. 이 모형은 문화적으로 다른 학생들에 대한 교수, 인간관계, 단일집단 연구, 다문화교육, 다문화사회 재건을 위한 교육으로 구성되었다.

첫째, 문화적으로 다른 학생들에 대한 교수(teaching culturally different)적 접근은 주류 출신이 아닌 학생들에게 주류사회에 적응하는 데 필요한 인지적 기술, 언어, 가치를 가르치는 단계이다. 문화 차이 및 문화 결손으로 학교에서 쉽게 어우리지 못하거나 학업성취가 낮은 학생들을 위한 보상적 교육전략을 활용하는 접근법이다. 문화 차이 및 문화 결손의 원인과 범위를 분석하여 해결할 수 있도록 교육과정을 재구성한다. 예를 들어 비고츠키의 근접발달영역이라는 이론을 토대로 선행자 및 조력자의 역할이 가능한 학습 환경을 조성해 주는 접근법이 여기에 해당한다.

둘째, 인간관계(human relation)적 접근은 편견과 고정관념의 감소 및 집단의 정체성과 자부심을 고양하여 화합과 관용을 강조를 통해 집단 간의 조화로운 삶을 유지할 수 있도록 지도하는 방법이다. 여기서는 이질적인 학생들을 포함하여 모둠활동과 역할놀이나 모의실험을 통해 간접경험을 하도록 교육과정을 재구성한다. 이 접근방법에서 기대되는 결과는 다양한 집단 간 상호 존중, 이해, 수용, 자기 존중, 집단과 개인의 독립성을 이해할 수 있다.

셋째, 단일집단 연구(single-group studies)적 접근은 다문화사회 진입과 관련하여 특정한 집단을 선정하여 그 집단을 심층적으로 이해할 수 있도록 한다. 그래서 한 번에 한 집단에 대한 지식, 인식, 존중, 수용을 획득하는 데 강조점을 둔다. 이러한 접근법을 통해 억압받는 사람들의 권리를 증진시키고 연합을 강화하는 결과를 도출할 수 있다. 분석 대상이 되는 집단은 민족, 사회 계층, 성별, 장애와 관련되어 있다. 학생들은 목표한 집단의 문화, 기여도, 억압의 형태와 함께 역사적 갈등, 관점, 경험을 배우게 된다. 이 접근법에서는 학생이 활동적인 학습자로서 끊임없이 진실과 지식을 추구하여 본인의 학습을 반추할 수 있다.

넷째, 다문화교육(multicultural education)적 접근은 차별과 편견을 해소하여 사회정의 실현 방안을 모색하는 것으로, 차별 해소, 편견 감소, 평등한 교육 기회, 사회정의, 문화다양성의 인정을 강조한다. 단일집단 연구와 다른 점은 동시에 다수의 집단과 관련된 지식을 획득하고, 전체적인 학교 교육과정을 개혁하여, 모든 학생이 문화감응교수법을 통해 수혜를 받을 수 있도록 하는 것이다. 특히 교육과정 개혁의 관점은 개별 집단에서 집단을 헤아릴 수 있는 공통적 개념, 주제, 문제로 관심이 옮겨가는 것이다. 이러한 관점 때문에 다문화교육 학자들은 문화의 다양성을 위해 학교 개혁에 필요한 개념적 틀, 경험적 배경, 사고방식, 학습 유형을 습득하고 있어야 한다. 그리고 이 접근방법에서는 다문화주의를 지지하는 기술과 확고한 지식 기반을 개발하는 것을 모색하며 학교 교육 전체를 변혁시키는 것을 추구한다.

다섯째, 다문화사회 재건(muticultural and social reconstructionist)의 접근은 사회구조의 평등과 문화다원주의를 고양시킬 수 있도록 준비시키는 접근법이다. 여기서 인종, 종교, 성별 집단에 의해 사회적·경제적으로 계층화되어 있는 사회구조를 이해하고 학생들의 비판적이며 분석적 사고를 발전시켜 사회구조를 개혁하기 위해서는 어떻게 사회에 참여하여 실천하여야 하는지 가르친다. 그래서 학생 스스로 권한을 가질 수 있도록 접근하고 본인의 목적을 조절할 수 있도록 하는 접근법이다. 즉 학생들이 인종차별, 계층차별, 성차별, 장애차별과 같은 현재의 사회문제를 다룰 수 있도록 교육과정을 구성한다. 이를 통해 다양한 인종적·민족적·문화적 집단의 불평등, 차별, 편견, 억압을 제거하기 위한 사회실천주의와 재건주의가 이루어질 수 있다. 이 접근법은 모든 인간의 고유한 특성으로서의 집단 내, 집단 간의 수많은 다양성을 수용하는 것을 의미한다. 또한 학교 민주주의를 실현시킬 수 있으며, 비판적 양심과 사회적 행동기능을 함양시킬 수 있다.

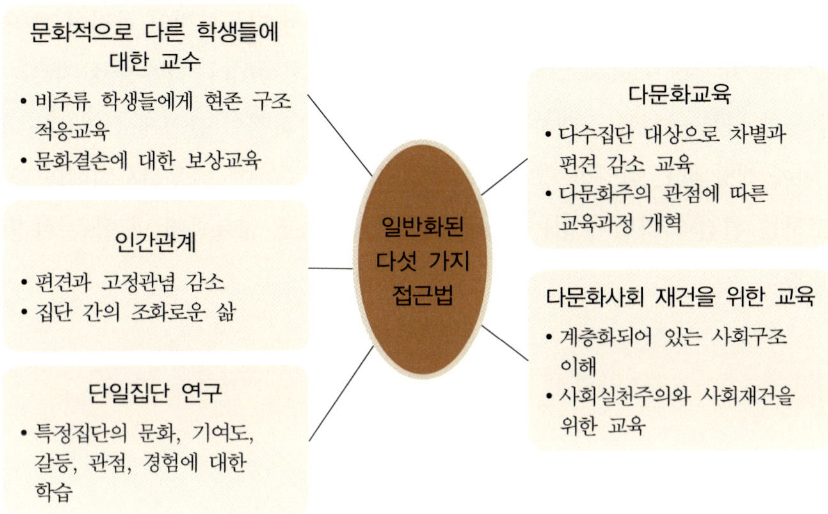

그림 7-4 Sleeter & Grant의 일반화된 다섯 가지 접근법

지금까지의 논의들을 종합하면, 학교 다문화교육과정 개발은 첫째, 문화 간 이해를 도울 수 있도록 사회에 존재하는 다양한 문화적 배경, 특징 등을 인식하도록 교육의 내용을 구성해야 한다. 다문화이해에 관한 활동이 여기에 해당되며 이 차원에서는 인종적 민족적 집단들의 권리와 요구를 확인하고 서로를 존중할 수 있는 교수 전략이 요구된다.

둘째, 문화적으로 반응하는 교육과정의 개발이 필요하다. 이 차원의 다문화교육과정은 소수집단에게 익숙한 문화적 내용을 수업에 활용하여 소수집단이 학업에서 적극적인 참여를 할 수 있도록 한다. 이에 따라 소수집단에 대한 학습 증진이 유도될 수 있다.

셋째, 주류집단의 문화뿐 아니라 비주류집단의 문화를 포함하여 간문화적 다문화교육과정으로의 개발이다. 인종, 민족, 성, 언어, 종교 등이 주류집단의 것과 다르다는 명목으로 사회에서 차별받지 않도록 노력하는 차원의 접근법이다. 주류학생들은 그들과 다른 문화를 가진 이들에 대해 편견을 가지지 않도록 학습하고, 비주류학생들은 사회 속에서 그들의 역량을 발휘할 수 있도록 하는 일련의 활동이다. 그래서 모든 인종의 구성원들이 정체성을 함양하도록 한다.

넷째, 다문화적 관점의 지식 구성과 편견 감소를 위한 교육내용이 교육과정의 기반이 되어야 한다. 이 차원에서는 문화다양성의 인식을 넘어서 다문화적인 관점이 반영된 교육과정, 교과서를 비롯한 교육시스템을 구축하는 차원의 활동이다. 다수를 차지하는 기존의 주류문화 속에 다른 문화를 소개하는 차원이 아닌, 다문화적인 관점에서 내용을 재구성하는 것이 이에 해당된다. 다양한 집단의 문화를 상호 존중하며, 다문화사회에의 완전한 참여를 유도하는 편견과 차별이 없는 정의를 향한 방식으로 교육과정 및 학습 환경이 재구성되어야 한다.

3 다문화교육과정 개발 및 설계

학교에서 교과수업은 주제별, 차시별로 수업이 진행되기 때문에 체계적인 다문화 수업모형을 개발하는 데 어려움이 있다. 그래서 뱅크스(2008)는 기존의 교육과정에 통합하여 다문화교육과정의 개발을 구안하고, 베넷(2007)은 다문화 목표와 내용에 근거한 다문화교육과정을 제시하였다. 이러한 접근법들에 기초하여 작성된 다문화교육과정 개발 및 설계의 사례들을 살펴보겠다.

1) 교과를 통한 다문화교육과정 개발

(1) 기여적 접근 학습모형을 활용한 교육과정 개발

① 기여적 접근학습모형의 교육내용

기여적 접근(Multicultural Contribution Approach, 이하 MCA로 약칭) 학습모형은 다문화와 일치하지 않은 단원의 수업에 적용하는 모형이다. 이를 활용한 수업방법은 수업의 도입 및 정리 단계에서 다문화 관련 사례, 쟁점, 동영상, 사진, 삽화, 기사 등을 소개하는 것에 국한

된다. 따라서 전체 수업에서 다문화 관련 사례의 언급은 1~2차례 또는 5분 이내로 하며 다문화와 전혀 관련 없이 진행되는 수업에 이러한 교수-학습 모형을 적용할 수 있다.

MCA는 특정 주제로 진행되는 수업에 적용할 수 있는 것으로, 도입 또는 정리 단계에 다문화적인 요소를 부가하는 등 교육과정에 덧붙여지는 접근법이다. 이러한 모형은 수업 내용 자체가 다문화적인 것이 아니므로 다문화적인 개념 또는 내용은 도입 및 정리의 단계에서 다문화적인 내용을 인지하도록 하는 소재로서 제시하면 된다.

MCA 수업모형은 '도입-전개-정리'처럼 기본적인 수업 3단계로 이루어진다. 〈표 7-1〉과 같이 도입 단계에서는 학습문제 제시에 앞서 학생들의 흥미를 이끌어내는 동기유발을 위한 자료로 소수집단의 특정 문화재, 공휴일, 영웅 등을 제시할 수 있다.

표 7-1 MCA 학습모형 단계

단계		주요 학습 내용	다문화 개념 및 내용 적용
도입	동기유발 학습문제 제시	동기유발에서 다문화 관련 사례 언급	특정 문화재, 소수집단의 영웅, 공휴일 제시
		⬇	
전개	학습활동 1,2,3	주요 학습 내용에 다문화 관련 부분 반영 자제	다문화내용이 언급되지 않은 채 일반 수업을 내용으로 하여 학습활동이 이루어짐
		⬇	
정리	학습내용 정리 및 내면화, 평가	정리 단계에서 다문화 사례 언급	자연스럽게 소수집단과 관련된 내용 언급

전개 단계에서는 다문화 개념 및 내용 요소가 언급되지 않은 채 일반 수업을 내용으로 학습활동이 이루어진다. 마지막 정리 단계에서 학습내용을 정리하면서 자연스럽게 소수집단과 관련된 내용을 언급함으로 학생들에게 소수집단 관련된 내용을 간단하면서 쉽게 이해시킬 수 있다. 하지만 다문화 내용에 대한 언급은 수업의 결과 및 정리를 돕기 위한 하나의 도구가 될 뿐 수업과 관련된 핵심적 의미는 없다.

② MCA 모형을 활용한 수업의 실제

2015년 개정 미술과 감상영역을 활용한 MCA 학습모형에서는 다양한 문화에 대한 간단한 소개를 통하여 학생들은 본 수업의 내용을 습득하도록 할 수 있다. 수업의 도입단계에서는 나라마다 다양한 미술작품을 소개하면서 본시 학습에 임하도록 한다. 본 수업에서는 여러 나라의 다양한 미술작품에 대한 간단한 소개를 통하여 학생들로 하여금 자연스럽게 다문화를 수용할 수 있다.

▌표 7-2▌ 미술 MCA 학습모형의 실제

<table>
<tr><td colspan="2">교과</td><td>미술</td><td>학교급</td><td>중학교</td></tr>
<tr><td colspan="2">관련성취 기준</td><td colspan="3">[9미03-01]</td></tr>
<tr><td colspan="2">학습 목표</td><td colspan="3">핵심 정보가 잘 드러나도록 미술작품에 대한 설명을 할 수 있다.</td></tr>
<tr><td colspan="2" rowspan="3">수업전략</td><td>수업 모형</td><td colspan="2">MCA모형</td></tr>
<tr><td>학습 조직</td><td colspan="2">전체학습→개별학습→전체학습</td></tr>
<tr><td>다문화개념</td><td colspan="2">X</td></tr>
<tr><td>단계</td><td>학습과정</td><td colspan="2">교수-학습 활동</td><td>유의점</td></tr>
<tr><td>도입</td><td>동기유발</td><td colspan="2">• 피카소의 '게르니카'를 보고 떠오르는 생각을 자유롭게 이야기한다.</td><td>각국의 다양한 미술작품 언급</td></tr>
<tr><td rowspan="3">전개</td><td>미술작품 감상</td><td colspan="2">• 멕시코, 오스트리아, 프랑스 등 유명 미술 작품을 감상한다.</td><td>각 미술 작품의 특성 감상</td></tr>
<tr><td>소개하는 글 표현하기</td><td colspan="2">• 그림에 대한 기본정보를 찾고 소개하는 글을 쓴다.
- 소개하는 글쓰기에 대한 조건에 대해 설명한다.</td><td rowspan="2">스마트 기자재 활용하여 정보 검색</td></tr>
<tr><td>발표</td><td colspan="2">• 작품발표 및 공유
- 작품 소개와 느낀 점을 발표한다.</td></tr>
<tr><td>정리</td><td></td><td colspan="2">• 학습내용 정리</td><td>국경이 없는 작품의 아름다움</td></tr>
</table>

(2) 부가적 접근 학습모형을 활용한 교육과정 개발

① 부가적 접근 학습모형의 교육내용

부가적 접근(Multicultural Addictive Approach, 이후 MAA로 약칭) 학습모형은 다문화 부분일치 단원에 적용하는 수업모형이다. 이를 활용한 다문화 수업 접근법은 수업의 본 내용이 진행되는 전개 단계에서 다문화 관련 자료나 텍스트를 제시하고 본시 주제 학습을 진행하는 수업방식을 취한다. 보통 한 차시의 수업에서 다문화와 관련된 내용을 1~3회 인용하거나 20분 이내의 수업 분량이 적당하다. MAA 수업모형은 본 수업 목표는 바꾸지 않고, 목표성취를 위해 다문화적 내용이 담겨 있는 자료, 예를 들어 뱅크스의 다문화교육의 5가지 차원 중 '내용 통합'적 성격을 갖는 자료를 본 수업에 아우르는 형식을 취한다. MAA 수업모형은 MCA 모형에 비해 다문화 개념이나 관련 내용이 도입, 전개 또는 정리 단계 어떠한 곳이든 상관없이 부가될 수 있다는 점에서 차이가 있다.

이 수업모형은 일반 수업 목표를 달성하기 위해 진행되는 수업에서 다문화 개념 및 내용을 함께 혼합하여 수업을 진행한다. 따라서 MAA 수업모형에서는 교수-학습절차에 다문화적인 텍스트를 덧붙여 이를 주류문화를 이루고 있는 하나의 내용으로 수업의 전개 과정에서 반드시 포함시키게 된다. 그리고 이를 통하여 주류문화 속에는 소수문화가 함께 속해 있음을 학생들이 인식하도록 하면 된다. 하지만 MAA 수업모형에서는 MCA 수업모형과 마찬가지로 학습목표가 다문화 이해를 위한 목표로 재구성되지는 않는다.

표 7-3 MAA 학습모형 단계

단계	주요 학습 내용	다문화 개념 및 내용 적용
도입	동기유발 학습문제 확인	동기유발에서 다문화 사례 언급
	⬇	
전개	문제탐색 및 해결 적용	다문화적 요소 부가 모둠별 활동을 통한 주류문화 속 소수문화 포함인식
	⬇	
정리	학습내용 정리, 내면화, 평가	다문화 사례 언급을 통한 다문화 내면화

MAA 수업모형의 첫 단계인 도입단계에서 동기유발 자료로 다문화개념과 관련된 내용을 덧붙일 수 있다. 전개단계에서는 문제를 해결하는 과정에 다문화적 요소를 부가하는 것이다. 여기서 부가가 갖는 의미는 수업의 과정에서 다양한 문화와 관련된 내용을 덧붙

여 학습내용에서 다양성을 이해하는 데 도움이 되도록 한다는 것이다. 정리단계에서는 동기 유발에서와 마찬가지로 다문화 사례의 언급을 통하여 학습 내용을 정리 및 내면화하도록 한다.

② MAA 모형을 활용한 수업의 실제

2015 개정 과학과 생명-생식과 유전 영역의 본 주제는 다문화교육과는 직접적인 관계가 없지만 이 단원을 활용한 MAA 학습모형에서는 다양성 이해와 반차별이라는 다문화개념을 포함할 수 있다.

표 7-4 과학 MAA 학습모형의 실제

<table>
<tr><td colspan="2">교과</td><td>과학</td><td>학교급</td><td colspan="2">중학생</td></tr>
<tr><td colspan="2">성취기준</td><td colspan="4">[9과21-05]</td></tr>
<tr><td colspan="2">학습목표</td><td colspan="4">사람의 다양한 유전 형질에 대해 이해하고, 우열관계에 대한 편견을 극복할 수 있다.</td></tr>
<tr><td colspan="2" rowspan="3">수업전략</td><td>수업 모형</td><td colspan="3">MAA모형</td></tr>
<tr><td>학습 조직</td><td colspan="3">전체학습→모둠학습→전체학습</td></tr>
<tr><td>다문화개념</td><td colspan="3">다양성 이해, 반차별</td></tr>
<tr><td>단계</td><td>학습과정</td><td colspan="3">교수-학습 활동</td><td>유의점</td></tr>
<tr><td>도입</td><td>동기유발</td><td colspan="3">• 친구와 내가 외적으로 다른 특징들을 찾아 적는다.</td><td>다양한 인종 소개</td></tr>
<tr><td rowspan="2">전개</td><td>문제탐색 및 해결</td><td colspan="3">• 멘델의 첫 번째 유전법칙: 우열의 원리
- 우상과 열성의 정확한 개념 이해</td><td>유전형질 분포에 따른 다양성 제시</td></tr>
<tr><td>적용</td><td colspan="3">• 학급 유전 형질 분포도 그리기
- 키, 피부색, 혈액형, 귓불, 머리 등</td><td>인간 형질 특성을 통한 반차별 교육</td></tr>
<tr><td>정리</td><td>학습정리
내면화</td><td colspan="3">• 반차별 인식</td><td></td></tr>
</table>

출처: 염태근(2021). p. 121.

교사는 인간의 다양한 유전 형질을 소개함으로써 인종의 다양성을 제시하고 우성과 열성의 개념을 활용하여 학생들이 인간의 형질이 갖는 특성에 대한 차별을 극복할 수 있도록 지도할 수 있다.

(3) 변환적 접근 학습모형을 활용한 교육과정 개발

① 변환적 접근 학습모형의 교육내용

변환적 접근(Multicultural Transformative Approach, 이후 MTA로 약칭) 학습모형은 다문화와 직접 관련이 있는 단원에 적용하는 수업모형이다. 교육과정의 패러다임, 기본적인 관점을 변화시켜 학생들이 다른 관점에서 조망할 수 있도록 한다. 이에 따라 수업목표에서 다문화적 지식 · 기능 · 가치 · 태도를 함양할 수 있도록 구안하고 모든 단계에서 다문화적 내용이나 텍스트 그리고 사례를 제공한다. 본 수업모형을 활용한 수업은 교수 방향이나 학습목표 자체가 다문화적인 지식 · 기술 · 태도 형성에 중점을 두기 때문에 다문화교육 목표 달성을 위한 방식으로 수업이 진행된다.

MTA 학습모형을 활용한 다문화수업은 수업의 목표를 다문화교육의 목표를 달성하는 것으로 이해하는 동시에 수업의 내용이나 방법에 있어서도 다문화개념을 반드시 포함시켜야 한다. 즉 교사는 주류학생들을 대상으로 수업을 할 때 수업의 내용 및 방법에서 의도적으로 소수민족의 다문화적인 요소를 제시하고, 타문화를 이해하고 이를 실천할 수 있는 능력을 기르도록 학습목표를 구안하여야 한다.

특히 MTA 수업모형을 활용한 수업에서는 학생들의 참여를 유도하기 위해서 자료제시 및 분석, 소집단 토론, 다문화 체험 등 타문화를 이해하고 이를 통해 문화적 편견을 극복할 수 있도록 다양한 소재 및 수업방법이 적용되도록 한다. 따라서 교사는 다양한 인종 · 문화 · 언어 · 성별 · 종교 집단에 관심을 기울일 수 있도록 수업환경을 재구성하는 동시에 구성내용도 다문화와 연계되는 것으로 선택한다. 그래서 학생들이 자신의 생각과 감정을 표현하고, 또래 및 교우들과 상호작용하며, 다문화적 사안이 논의될 때 자신의 감정을 표현할 수 있는 충분한 기회를 제공하도록 한다.

MTA 수업모형은 MCA와 MAA 학습모형과는 다르게 교육과정의 규준, 패러다임, 기본적인 가정을 변화시키고 학생들이 다양한 관점에서 개념, 사안, 주제와 문제를 점검해볼 수 있도록 구성한다. 그래서 이 수업모형의 중요한 목적은 학생들이 다양한 민족적 · 문화적 관점에서 개념과 사건 그리고 인물을 이해하고 지식이 사회적 부가물이 아닌 구성물임을 이해하도록 도울 수 있다. 따라서 학생들은 MTA 수업모형을 적용한 수업을 통해 학생들은 주류집단과 비주류집단 모두의 입장을 이해할 수 있다.

표 7-5 MTA 학습모형 단계

단계		주요 학습 내용
도입	동기유발, 학습문제 확인	다문화 문제 상황 제시
	⬇	
전개	문제 원인 확인	주제 관련 사실 인식, 다양한 문화의 공존 인식
	⬇	
	심화	다양한 문화의 유사점 · 차이점 이해, 문화적 편견 제거
	⬇	
	반편견 활동 실행	편견해소를 위한 방안 탐색 탐색 결과를 발표하고 반성하며 공유하기
	⬇	
정리	가치의 내면화	학습내용의 내면화

MTA 수업모형의 중요한 목적은 학습내용을 비판적으로 사고한 후 결론과 일반화를 도출하여 이를 증명하고 정당화하는 기능을 발달시키는데 있다.

② MTA 학습모형을 활용한 수업의 실제

2015 개정 사회과 사회문화 중 '문화와 일상생활' 단원의 수업목표는 다양한 문화를 이해하고 문화 다양성에 대한 존중의 태도를 추구하는 것이다. MTA 학습모형을 활용한 수업의 실제에서 문화 차이로 발생되는 편견의 사례를 조사하여 이를 극복할 수 있는 방안을 모색할 수 있다.

▌표 7-6▌ 사회과 MTA 학습모형의 실제

<table>
<tr><th>교과</th><td>사회</td><th>학급</th><td>고등학생</td></tr>
<tr><th>성취기준</th><td colspan="3">[12사문03-01-05]</td></tr>
<tr><th>학습목표</th><td colspan="3">문화에 대한 이해를 바탕으로 문화를 바라보는 여러 관점을 설명하고 문화 다양성 존중 및 조화를 추구하는 태도를 가진다.</td></tr>
<tr><th rowspan="3">수업전략</th><td>수업모형</td><td colspan="2">MTA모형</td></tr>
<tr><td>학습 조직</td><td colspan="2">전체학습→개별학습→모둠학습→전체학습</td></tr>
<tr><td>다문화개념</td><td colspan="2">편견 문화 다양성 존중, 문화 상대주의</td></tr>
<tr><th>단계</th><th>학습 과정</th><th>교수-학습 활동</th><th>유의점</th></tr>
<tr><td rowspan="2">도입</td><td>동기유발</td><td>• 문화에 대한 편견 사례 제시
- 상황 확인, 문제 인식</td><td rowspan="2">문화적 갈등문제 제시</td></tr>
<tr><td>학습문제 제시</td><td>우리 사회에서 발생하는 문화적 편견사례를 조사하여 이를 극복할 수 있는 방안을 모색할 수 있다.</td></tr>
<tr><td rowspan="3">전개</td><td>문화 편견 사례 조사 (개별학습)</td><td>• 특정 종교에 대한 편견 자료 찾기</td><td rowspan="3">우리사회 소수자에게 가해지는 편견적 행위들에 대해 논의하기</td></tr>
<tr><td>다문화의 공존 인식 (모둠학습)</td><td>• 편견의 원인
- 히잡이 종교적 상징물인지, 한 나라의 고유문화인지 토론한다.
• 학교에서의 히잡 착용에 대한 토론</td></tr>
<tr><td>반편견 인식 함양 (모둠학습)</td><td>• 편견으로 인한 피해
- 어떤 상황에서 편견이 나타나는지, 이에 따라 소수인종이 어떤 피해를 입고 있는지 조사한다.</td></tr>
<tr><td>정리</td><td>가치의 내면화</td><td>• 반편견 지도</td><td></td></tr>
</table>

본 단원은 다문화교육과정 분석에서 전면일치를 보이는 단원으로 해당 주제도 다문화교육 목표와 직접적으로 관련 있는 주제이다. 수업모형은 편견 해소 모형인 MTA 학습모형을 적용하였다. 본 수업은 다문화교육 수업이며 목표 또한 다문화교육과 직접적으로 관련 있는 목표이다. 수업 내용 측면에서 학습자는 특정 문화에 대한 편견을 실제 사례를 통해 이해하게 되며, 이를 기초로 하여 편견은 타문화존중의 결여에서 발생함을 다양한 자료를 통해 인식하게 된다. 특히 편견의 원인이 특정 종교나 문화에 대한 고정관념이라는 것을 학습자가 인식할 수 있도록 다양한 사진 자료와 토론을 활용한다.

(4) 사회적 행동 접근 학습모형을 활용한 교육과정 개발

① 사회적 행동 접근 학습모형의 교육내용

사회적 행동 접근(Multicultural Social Action Approach, 이하 MSA로 약칭) 학습모형은 3단계인 MTA 교육과정을 확장하는 것이다. MSA 학습모형은 학생들이 다문화 사안에 대해 의사결정을 내리고 문제해결을 위해 개인적, 사회적, 시민적 행동을 할 수 있도록 다양한 프로젝트와 활동을 수행한다.

▌표 7-7▌ MSA 학습모형 단계

단계		주요 학습 내용
도입	동기유발, 학습문제 확인	다문화사회 문제 명확하게 제시
	⬇	
전개	문제인식	다양한 관점에서 문제 바라보기
	⬇	
	문제 사안에 대한 의사결정	개인과 사회변화를 유도하기 위한 학습 내용 제시
	⬇	
	문제해결을 위한 구체적인 참여방법 설계하기	실천할 수 있는 활동 탐색 및 실천
	⬇	
정리	학습내용의 내면화가치의 내면화	반성과 성찰

MSA 수업모형의 중요한 목적은 학생들의 사회적 비판능력과 의사결정 능력을 가르치는 것이다. 따라서 사회변화에 필요한 지식, 가치, 기능을 함양하도록 교육과정을 구성한다.

② MSA 학습모형을 활용한 수업의 실제

2015 개정 도덕과 '세계시민윤리' 단원의 수업목표는 세계 시민으로서 요구되는 도덕적 가치를 이해하는 것이다. 이 단원을 활용한 MSA 학습모형의 수업목표는 우리 사회에서 발생하는 차별사례를 조사하여 이를 극복할 수 있는 방안을 모색 및 실천하는 것이다.

▌표 7-8▌ 도덕과 미술교과 MSA 학습모형의 실제

<table>
<tr><td>교과</td><td>도덕, 미술</td><td>학급</td><td>중학생</td></tr>
<tr><td>성취기준</td><td colspan="3">[9도03-03], [9미02-01]</td></tr>
<tr><td>학습목표</td><td colspan="3">세계시민으로서 지켜야 할 보편적 윤리의 실천방안을 포스터 제작을 통해 표현할 수 있다.</td></tr>
<tr><td rowspan="3">수업전략</td><td>수업모형</td><td colspan="2">MSA모형</td></tr>
<tr><td>학습 조직</td><td colspan="2">전체학습→모둠학습→전체학습</td></tr>
<tr><td>다문화개념</td><td colspan="2">고정관념, 차별, 다문화 수용</td></tr>
<tr><td>단계</td><td>학습 과정</td><td>교수-학습 활동</td><td>유의점</td></tr>
<tr><td rowspan="2">도입</td><td>동기 유발</td><td>• 차별받는 사례 제시</td><td rowspan="2">다문화가정 차별 사례 제시</td></tr>
<tr><td>학습문제 제시</td><td>한국에서 발생하는 인종차별 알아보기</td></tr>
<tr><td rowspan="3">전개</td><td>문제 인식</td><td>• 주변에서 발생하는 차별의 사례 조사 및 발표하기</td><td rowspan="3">관련 기사 활용하기

포스터 문구 및 디자인 구상 참고</td></tr>
<tr><td>문제 사안에 대한 의사결정</td><td>• 세계시민으로서 필요한 자질과 역량 조사하기
• 세계시민의 역량을 토대로 차별개선을 위해 실천할 수 있는 방안 모색하기
- 반차별을 위한 포스터 작성 계획 세우기</td></tr>
<tr><td>구체적 실천 방안</td><td>• 포스터 완성하기</td></tr>
<tr><td>정리</td><td>반성</td><td>• 교육활동에 대한 소감 나누기</td><td></td></tr>
</table>

출처: 염태근(2021). pp. 129-130.

본 단원은 다문화 준거 개념과 일치를 보이는 도덕과목의 단원으로 해당 주제도 다문화교육 목표와 직접적으로 관련 있는 주제이다. 수업모형은 MSA 학습모형을 적용하였다. MSA를 적용할 때 포함되어야 할 내용적 요소는 다문화와 관련된 사회적 문제의 명료화이다. 관련 사례들을 뉴스와 동영상으로 제공하여 학생들의 동기를 유발하고, 차별과 편견의 문제가 우리 사회에 얼마나 만연해 있는지 알게 한다. 나아가 행동적 측면에서는 포스터 제작 및 홍보 활동을 통해 학생들이 실천적 경험을 통해 체득할 수 있도록 유도한다. 즉, 다문화사회와 관련한 사회적 문제들에 대해 구체적이고 직접적인 참여를 할 수 있는 기회를 제공한다.

2) 다문화교육과정 개념적 모형에 따른 다문화 수업설계

(1) 베넷(Bennett)의 다문화교육과정의 개념적 모형

다문화교육의 주된 목적이 학생들의 지적·사회적·개인적 잠재력을 최대한 발달시켜 주는 것이라면, 이는 국가적으로 중요시되고 있는 교육적 우수성의 목적과 일치된다. 그리고 이것은 교사의 지식과 태도, 행동에 따라 달라질 것이며, 교사의 평등한 학습기회 제공 여부와 단일문화를 중심으로 구성된 교육과정의 변화 정도에 따라서도 달라질 것이다(Bennett, 2007).

베넷이 다문화교육의 목적 6가지 중 가장 먼저 제기한 것은 다양한 역사적 관점의 이해이다. 진행되는 다양한 현안을 이해하는 데 우리들 대부분이 무관심했던 역사적 관점을 확대하려는 시도로 이해될 수 있다. 이 속에는 다양한 국가들의 관점에서 과거와 현재에 발생하는 세계의 사건들을 이해하려는 시도와 소수집단과 비소수집단 모두의 관점에서 지역적 사건과 국가적 사건을 해석하려는 노력이 포함된다.

두 번째, 문화다양성 인지를 위한 학습계획을 구성하는 것이다. 다양성에 대한 인지발달이라는 측면에서 첫 번째의 목적인 다양한 역사적 관점을 지니도록 하는 것과 밀접한 연관을 가지고 있다. 기본적으로 양도가 불가능한 권리, 인간존엄성, 그리고 자유를 향한 추구는 모두에게 공통적으로 제기된다. 특히, 세계적으로 이러한 목적의 달성을 위해서는 외국인을 대상으로 하는 법령을 제정하는 담당자가 문화의 다양성에 대해서 인지하고 있어야 함을 강조한다.

세 번째, 간문화적 역량(intercultural competence)을 강화하는 것이다. 간문화적 역량은 언어, 상징, 제스처 등 의도적인 의사소통방식, 몸짓과 같이 무의식중에 보내는 일부의 신호, 그리고 자신의 것과는 다른 문화적 양식에서 나타나는 관습 등을 해석할 수 있는 능력을 말한다. 여기서 감정이입과 의사소통은 가장 중요한 요소로 제기된다. 간문화적 역량개발의 목적은 서로 다른 문화적 배경을 가진 사람들 간의 의사소통이 문화적으로 조건화된 가정들로 인해서 방해받을 수 있다는 점을 깨닫는 것이다.

네 번째, 인종차별주의, 성차별주의, 편견 및 차별과의 투쟁은 성, 다른 민족 및 인종집단에 관한 고정관념 및 신화를 줄이게 한다. 또한, 기본적인 인간의 유사성을 강조한다.

다섯 번째, 지구와 지구적 역동상태의 인식을 향상시키는 것이다. 이때, 세계는 단일하며 복잡한 지구적 시스템으로 가장 잘 이해되어야 하며, 개인의 사적 및 집합 결정과 행동은 지구시스템의 미래에 좋거나 나쁜 영향을 미친다는 가정이 중요하게 제기된다.

마지막으로 사회적 행동기술을 개발하는 것이다. 이 목적의 지향은 학생들에게 적극적인 시민참여에 필요한 지식, 태도 기술 등을 가르쳐주는 것이다. 지구적 사고와 지역적 행동, 개인적 감각의 생성 및 정치적 효과와 참여적 태도 등은 지구공동체 내에서 시민 간의 지구적 책임성 개발에 대한 본질적인 부분이다. 학생들은 정치가가 아니더라도 스스로 대안적 선택들을 만들어가는 법을 학습하게 되고, 선택을 통해 야기될 가능한 결과들을 성찰할 수 있다(Bennett, 2007).

▌그림 7-5▐ 다문화교육과정의 개념도

출처: Bennett(2007).

(2) 다문화교육과정과 수업을 위한 종합적 모형

다문화교육을 학교와 수업에 구체적으로 적용하기 위해서 먼저 다문화교육의 목표 설정과 목표에 따른 내용이 구성되어야 한다. 즉 다문화교육과정을 구성한다는 논의는 교육목표 설정에 있어서 어떠한 의미를 기존의 교육과정에 추가할 것인가의 논의와 동일한 선에서 해석이 가능하다. 또한 다문화교육에서 제기되는 교육목적은 전통적인 교육과정의 맥락에서 파악이 가능하며, 다문화교육의 핵심가치와 다문화교육의 구성차원이 다문화교육과정의 개념적 구조 속에서 어떤 맥락으로 구성되는가와 연결지어 논의될 수 있다. 대표적인 학자들의 학교 다문화교육과정의 목표는 〈표 7-9〉와 같다.

▮표 7-9▮ 다문화교육과정 목표

구분	정체성	문화다양성 (존중)	반편견	인권 및 평등	공존 (협력)
Gay (1994)	개인적 발달	문화적 소양의 발전, 다문화적 사회역량	태도와 가치의 명료화	교육적 평등, 기초능력 향상, 권한 부여	
Banks (2008)	정체성	다양성	편견과 차별	인권	전 세계 구성원들의 상호의존성
Sleet & Grant (2009)		문화적 다원주의, 다양한 사람들에 대한 존중		학교에서 기회 균등, 집단 간 힘의 균등을 위한 지원	
Tiedt & Tiedt (2010)	자긍심	다양성 존중		동등한 기회 제공	어울려 살기

출처: 주재홍 · 김영천(2014).

효율적인 다문화교육과정 개발을 위해서는 우선 개념화된 목표에 따라 구체적인 내용 요소들이 정립되어야 한다. 다문화교육과정의 목표에 근거하여 구체적인 학교 다문화교육의 목표를 내용을 제시하면 〈표 7-10〉과 같다.

▌표 7-10▐ 다문화교육과정 구성 내용

다문화교육과정 목표	다문화교육과정 내용
정체성	• 긍정적 개념 기르기 • 정체감 및 집단 정체감 형성
문화다양성(존중)	• 각 문화 간 유사점과 차이점에 대한 이해와 존중감 기르기 • 다양한 개인과 집단의 존재 인정(차이에 대한 인정과 존중: 타문화 인정 및 존중, 사회적 소수자 존중)
반편견	• 선입견, 편견, 고정관념에 대해 비판적으로 사고하기 • 다문화적 문제 상황에 대한 대처 능력 기르기
인권 및 평등	• 국가, 민족, 성, 계층에 대한 긍정적 태도 갖기 • 모든 인간이 평등하다는 신념 형성하기
공존(협력)	• 다양한 사람들과 상호작용 및 협동 능력 배양하기(다문화 현상 조사 및 분석 능력, 의사소통 기술, 대인 및 집단 간 민주적 절차준수, 의사결정, 갈등 해결, 협력 등의 능력)

출처: 김지원(2017).

(3) 다문화교육과정 개념에 따른 수업설계의 실제

① 정체성 관련 수업안

학습의 주안점은 북방민족의 침략 배경, 과정, 고려의 항쟁 조사 활동을 통해 끊임없는 북방민족의 침략의 어려움을 극복한 자주적인 나라 고려를 자랑스러워하고 조상들의 용기와 슬기를 본받으려는 태도를 갖는 것이다. 이를 위해 시각화 자료를 통한 역사를 이해하도록 고려항쟁 확대연표 적용한다. 그리고 토론이나 읽기자료를 활용하여 비판적 글쓰기나 비판적 사고력을 신장시킬 수 있다.

▌표 7-11▐ 정체성 수업모형

영역	정체성		학년	6학년	
단원	2. 민족을 다시 통일한 고려 (2) 역경을 이겨내며 꽃피운 고려문화				
학습 주제	북방민족의 침략과 극복				
학습 목표	고려가 북방민족의 침략에 대항한 과정과 그 원동력을 설명할 수 있다.				
수업 전략	수업모형	소집단 협동학습			
	학습형태	활동1	활동2	활동3	활동4
		북방민족의 침략 배경 및 과정	고려의 활약상	북방민족 침략의 공통성	비판적 의견 쓰기

단계	학습과정	교수-학습 활동	시간(분)	자료
도입	전시학습 상기	• 시대 흐름 잡기 - 지금까지 학습한 내용을 시대 순으로 정리하기	2	시대별 낱말카드 PPT 사진자료
	동기 유발	• 고려항쟁에 관한 그림 또는 인물 둘러보기	3	
전개	학습 문제 확인	• 학습문제 제시하기 - 고려가 북방민족의 침략에 대항한 과정과 그 원동력을 설명할 수 있다.	2	PPT 고려항쟁 확대 연표
		• 학습문제 확인하기 - 고려는 고려를 둘러싼 주변국들과의 균형을 유지하고 북진정책을 펴면서 끊임없는 북방민족 침략의 어려움을 겪었다. 이러한 어려움을 극복한 용감하고 자주적인 나라 고려에 대해 알아보도록 한다.		
	활동1	• 북방민족의 침략 배경, 과정, 고려의 항쟁에 대해 알아보기	15	
	활동2	• 각각의 활약상 정리하기	3	
	활동3	• 북방민족침략의 공통성 찾기	3	학습지
	활동4	• 비판적 의견 쓰기 - 고려가 북방민족의 침략을 받기만 했다는 주장에 대한 비판적 글쓰기	8	
정리	학습정리	• 북방민족에 대항하는 고려의 모습 정리하기		
	학습활동 평가 및 반성	• 수업을 하면서 느낀 점 발표하기		

출처: 신재한 외(2014).

② 다양성 관련 수업안

학습의 주안점은 다문화와 다문화가정에 대한 의미 알기와 외국인의 삶이 어떠한지 발표해 보도록 한다. 이에 따라 학생들이 다양한 문화를 이해하고 다양성을 존중하며 점차 다문화사회로 변해가고 있는 우리 사회가 일상생활의 변화 모습과 밀접하게 관련되도록 구성한다. 그리고 학생들이 문화적 다양성과 차이를 이해하고, 다양한 문화적 가치를 인식하고 수용할 수 있도록 교육과정에 제시된 목표와 일관성을 유지할 수 있도록 지도한다.

▌표 7-12▌ 다양성 수업모형

<table>
<tr><th colspan="2">영역</th><td>다양성</td><th>학급</th><td colspan="2">고등학생</td></tr>
<tr><th colspan="2">학습주제</th><td colspan="4">문화다양성의 개념과 핵심가치 이해</td></tr>
<tr><th colspan="2">학습목표</th><td colspan="4">1. 문화다양성의 개념과 특징을 이해할 수 있다.
2. 다양한 문화적 사례를 통해 문화다양성의 핵심가치를 분석할 수 있다.</td></tr>
<tr><th>단계</th><th>학습 과정</th><th colspan="3">교수-학습 활동</th><th>자료</th></tr>
<tr><td rowspan="2">도입</td><td>동기유발</td><td colspan="3">• 구글 음성 인식 기술이 탑재된 냉장고 광고 감상
- 광고 음성이 6개의 다른 국가 언어로 차례대로 이야기하면 냉장고 문이 자동으로 열림</td><td rowspan="2">광고 영상</td></tr>
<tr><td>학습목표 제시</td><td colspan="3">문화의 다양성을 이해할 수 있다.</td></tr>
<tr><td rowspan="3">전개</td><td>탐색</td><td colspan="3">• 오늘날 이슈로 떠오르는 문화적 사례 살펴보기
- 인종차별, 수저계급론, 미투운동, 환경오염, 다문화가정, 위안부 문제</td><td rowspan="3">활동지</td></tr>
<tr><td>이해</td><td colspan="3">• 문화범주 탐색을 통해 문화다양성 개념 익히기
- 문화범주: 생활양식, 가치관, 신념들
- 집단이나 사회의 문화는 다양하게 표현됨을 인식하기</td></tr>
<tr><td>감상 활동</td><td colspan="3">• 문화다양성이 담긴 미술 작품 감상하면서 문화다양성 핵심가치 작성하기
- 인권과 평등, 시민성, 문화적 민감성, 존중, 포용, 사회적 정의, 공존 등</td></tr>
<tr><td>정리</td><td>발전</td><td colspan="3">• 문화다양성에 대한 가치 내면화</td><td></td></tr>
</table>

출처: 이정은(2021). pp. 73-74.

③ 반편견 관련 수업안

학습의 주안점은 캐릭터 디자인을 활용한 반편견 교육이다. 반편견 교육을 위한 미술 수업에서는 궁극적으로 학습자가 편견을 인지하고 감소시키고 편견에 대해 저항할 수 있는 능력을 키우는 것으로 캐릭터를 문화이해의 수단으로 활용될 수 있는 가능성에 집중하여 편견 감소로 이어질 수 있는 방향으로 수업을 설계한다.

지구촌 한가족의 일환으로 여러 나라 사람들의 다양한 생김새를 관찰하고 이를 바탕으로 각 나라 사람들의 얼굴을 특징적으로 설명할 수 있도록 하는 것이다. 이에 따라 아동

표 7-13 반편견 수업모형

<table>
<tr><th colspan="2">영역</th><td>반편견</td><th>학급</th><td>초등학생</td></tr>
<tr><th colspan="2">단원</th><td colspan="3">모두를 위한 시각 문화</td></tr>
<tr><th colspan="2">학습 주제</th><td colspan="3">편견을 없애는 캐릭터 디자인</td></tr>
<tr><th colspan="2">학습 목표</th><td colspan="3">• 주변에서 볼 수 있는 캐릭터를 소개하고 시각적 특징을 찾아 설명할 수 있다.
• 캐릭터의 제작 과정을 이해하고 자신의 생각이나 느낌을 캐릭터로 디자인할 수 있다.
• 시각 문화에 반영된 다양한 목적과 의도를 찾고 캐릭터로 메시지를 전달할 수 있음을 안다.</td></tr>
<tr><th>단계</th><th>학습과정</th><th colspan="2">교수-학습 활동</th><th>자료</th></tr>
<tr><td rowspan="2">도입</td><td>동기유발</td><td colspan="2">• 흥미 유발
- 주변에서 볼 수 있는 캐릭터 찾아보기</td><td rowspan="2">ppt</td></tr>
<tr><td>문제인식</td><td colspan="2">• 캐릭터의 특성 알아보기</td></tr>
<tr><td rowspan="4">전개</td><td rowspan="4">학습활동</td><td colspan="2">• 좋아하는 캐릭터 소개하기
- 캐릭터 사진을 붙여 소개하기</td><td rowspan="4">활동지</td></tr>
<tr><td colspan="2">• 주제별 캐릭터 디자인하기
- 장애, 외국인, 성, 가족 등의 주제로 캐릭터 디자인하기</td></tr>
<tr><td colspan="2">• 캐릭터 비판적으로 바라보기
- 여자 캐릭터는 모두 핑크색으로 디자인 한 것이 과장되었다.
- 외국 사람의 피부색을 모두 하얗게 표현한 것이 잘못된 것 같다.</td></tr>
<tr><td colspan="2">• 편견에 대한 경험 이야기하기</td></tr>
<tr><td>정리</td><td>적용</td><td colspan="2">• 학습활동 정리하기
- 우리 주면에 편견을 담고 있는 캐릭터가 많다는 사실 인지하기</td><td></td></tr>
</table>

출처: 박선영(2018). pp. 83-87.

들의 흥미를 이끌기 위한 여러 나라의 얼굴 사진을 제공하거나 여러 나라 사람들 얼굴의 특징을 자유롭게 이야기해 보도록 한다. 그리고 여러 나라의 사람들의 생김새와 우리나라 사람들의 모습과의 차이점에 대한 생각을 이야기해 보도록 한다.

④ 인권 및 평등 관련 수업안

학습의 주안점은 학생들이 소수인종의 인권을 위해 다양한 인종에 대해 조사하고, 소수인종에 대한 차별을 인식하고 모든 사람은 존중받을 수 있는 태도를 강구하는 것이다. 사회문제 탐구 과목의 성격상 학습자가 자신의 실생활에서 접할 수 있는 사회문제에 대한

▌표 7-14▌ 인권 수업모형

영역		인권	학급: 고등학생
단원(성취기준)		[12사탐05-04]	
학습주제		사회적 소수자의 인권 문제 해결을 위한 우리 사회의 제도 및 기구(국가인권위원회, 시민단체 등)를 탐구한다.	
학습목표		인종의 다양함을 알고, 모두가 존중받아야 하는 이유를 말할 수 있다.	
단계	학습 과정	교수-학습 활동	자료
도입	동기유발	• 다양한 세계지도 살펴보기 - 세계 곳곳의 인종분포 알기	세계지도
	학습문제 확인	• 인종의 다양함을 알고, 모두 존중받아야 하는 권리가 있음을 이야기 한다.	
전개	활동1	• 다양한 인종 알기 - 동영상 속에 등장하는 인물 탐색하기	다양한 인종이 등장하는 영상자료
	활동2	• 인종별 위인 조사하기 - 사진 속에 등장하는 위인의 국적, 인종 등 특징 작성하기 • 인종차별 사례를 통한 반차별 교육활동 - 인종차별에 대한 비판적 분석 및 합리적 해결 능력 조사하기	인종별 위인 사진자료 제시
	활동3	• 서로 다른 인종의 사람들을 대하는 올바른 마음 갖는 방법 발표하기	활동지
정리	적용	• 학습활동 정리 - 학습지의 확인 문제 해결하기	

탐구가 교수 · 학습의 중심이 되어야 한다. 이를 위해 탐구 중심, 활동 중심의 교수 · 학습 방법을 활용하며, 인종의 다양함을 이해하게 하고 모두가 존중받아야 하는 이유를 작성하고 발표함으로서 비판적 사고력을 신장시킬 수 있다.

⑤ 협력 관련 수업안

학습의 주안점은 다양한 사람들과 상호작용하는 능력을 증진시키도록 하는 것이다. 이

표 7-15 협력 수업모형

<table>
<tr><th colspan="2">영역</th><td colspan="2">협력</td></tr>
<tr><th colspan="2">단원</th><td colspan="2">1. 우리나라의 경제 성장 2) 세계로 뻗어가는 우리 경제</td></tr>
<tr><th colspan="2">학습주제</th><td colspan="2">세계 속의 우리 경제</td></tr>
<tr><th colspan="2">학습목표</th><td colspan="2">자원이 부족한 나라가 살아가기 위해 무역과 기술이 필요함을 발표할 수 있다.</td></tr>
<tr><th>단계</th><th>학습과정</th><th>교수-학습 활동</th><th>자료</th></tr>
<tr><td rowspan="2">도입</td><td rowspan="2">동기
유발</td><td>• 선수학습 상기</td><td rowspan="2">석유, 열대과일
그림</td></tr>
<tr><td>• 학습문제 알아보기
- 나라간 서로의 협력이 필요하다.</td></tr>
<tr><td rowspan="2">전개</td><td rowspan="2">학습
활동</td><td>• 〈활동1〉 자원이 부족한 나라에서 필요한 경제 정책 알아보기
- 자원에서 얻는 것이 풍부하지 않는 나라에서 부족한 자원을 알아보고 얻는 방법 토의하기
- 자원이 부족한 우리나라에서 필요한 자원을 얻기 위한 방법 토의하기</td><td rowspan="2">수입되는
물건을
파악하여 자국
생산물이
아님을 강조
집에 있는 물건
중 외국에서
가져온 물건</td></tr>
<tr><td>• 〈활동2〉 나라와 나라 사이에 무역이 필요한 까닭 알아보기
- 생활에 사용되는 물건 중에서 수입되는 물건 알아보기
- 필요한 물건이 수입되지 않으면 어떤 일이 벌어질지 알아보기
• 〈활동3〉 중국, 미국, 러시아, 베트남 등 국가별로 수입 물건을 찾아보기
- 수입을 하는 가장 중요한 이유 알아보기
- 무역이 국민 생활에 필요한 까닭 이야기하기</td></tr>
<tr><td>정리</td><td>적용</td><td>• 가지의 내면화
- 물건의 원산지와 시대에 따라 수입품과 수출품이 다르다는 사실을 통해 국가 간 협력의 필요성 강조</td><td></td></tr>
</table>

출처: 신재한 외(2014). p. 361.

에 따라 학습 주제와 내용에 따라 직간접적인 체험활동을 위해서 적절한 읽기 자료를 제시하고 극화 자료, 멀티미디어 자료, 엽서, 사진, 동영상을 활용한 활동수업을 할 수 있다. 그리고 박물관 견학 및 공연 관람 등의 현장학습을 하거나 문화적으로 다양한 외래인사 초청 활동 등을 제공할 수도 있다.

chapter **08**

다문화교육을 위한 교수-학습방법

08 chapter 다문화교육을 위한 교수-학습방법

1 다문화교육을 위한 교수·학습의 방법

다문화사회에서의 교실 안은 다양한 학생 집단이 함께 공부하는 상황이므로 기존의 교육과정과 근본적으로 다른 관점의 다문화 교수방법을 취해야 할 필요가 있다. 이는 다양한 인종·민족·성·사회계층의 집단에서 온 학생들이 한 교실 안에 함께 있기 때문에 어떤 학생들도 소외되지 않고 평등한 교육의 기회를 가지도록 지도해야 한다.

다문화교육을 구현하는 방법은 매우 다양하다. 그럼에도 불구하고 다문화교육이 지향하는 목적을 달성하기 위해서는 좀 더 적절한 교수·학습방법이 요구된다. 특히 오늘날 학생들은 자신과 다른 인종, 민족 그리고 사회계층에 대한 고정관념, 오개념 그리고 부정적 태도를 지닌 채 학교에 온다. 이러한 다양한 집단 간 관계에서 교사에 의한 교육과정 개입이 없으면 인종적 태도와 행동이 더욱 부정적이고 학년이 올라갈수록 바뀌기 어려워진다. 따라서 다문화교수에서 가장 중요한 목적은 학생들에게 다른 인종, 민족, 언어 그리고 사회계급의 집단에 속한 각 개인들에 대한 긍정적인 태도와 행동을 습득할 수 있도록 적합한 교수방법을 활용하는 것이다(Banks, 2006).

1) 다문화교육의 효과적인 교수방법

미국에서는 1940년 이후 단원 및 수업, 다민족적인 교재, 역할놀이, 기타 모의 경험을 가르치는 것이 학생들의 인종적 태도 및 인식에 얼마나 긍정적인 효과를 나타내는지를 검증하기 위해서 상당수의 교육과정 연구가 이루어져 왔다. 다음 〈표 8-1〉은 다문화 교수·학습방법이 다문화교육에서의 인종 간 거리를 좁히는 데 얼마나 효과를 주는지를 연구한 내용들이다.

표 8-1 다양한 다문화 교수방법의 효과[1)]

연구자	연구내용과 결론
Slavin (2001)	다민족적 교재, 기존과 다른 학습교재 그리고 협동학습 전략의 사용이 인종 간, 문화 간 우정에서 긍정적인 효과를 미침
Trager & Yarrow (1952)	'민주적인 교육과정' 개입이 초등학교 1학년과 2학년 학생들과 교사의 인종적 태도에 긍정적인 효과를 미침
Litcher & Johnson (1969)	'다민족적인 독서물'을 활용한 수업에서 초등학교 2학년 백인 아동들은 보다 긍정적인 인종적 태도
Bogatz & Ball (1971)	다문화적 TV프로그램인 '세서미 스트리트'를 오랜 기간 동안 시청한 아동들이 단기간만 시청한 아동들보다 인종적 집단에 대한 더 긍정적인 태도를 가짐
Weiner & Wright (1973)	'시뮬레이션 학습방법'을 통한 다문화 교수방법이 초등학교 3학년 어린이들의 인종적 태도에 긍정적인 효과를 미침
Ijaz & Ijaz (1981)	연극, 민속춤, 음악, 역할 놀이와 같은 교육방법 개입이 초등학생의 인종적 태도에 긍정적인 효과를 미침
Gimmestad & DeChiara (1982)	흑인, 중국계 미국인, 유태인, 푸에르토리코인 각 집단의 대표적 연극이 뉴욕시의 4, 5, 6학년 학생들의 인종적 태도와 문화적 지식을 향상시킴
McGregor (1993)	메타분석 결과 역할놀이와 반인종차별주의적 수업방법은 인종적 편견을 감소시키는 데는 유의미한 효과가 있다는 결과 도출

출처: Banks(2006).

1) James A. Banks(2006)의 『Improving Race Relations in Schools: From Theory and Research to Practice』 pp. 608-608의 내용을 표로 요약한 것이다.

전문에 제시된 것처럼 다양한 교수 전략들이 다문화교육의 목적을 달성하는 데 매우 효과적이다. 특히 집단 간 대화와 같은 특별한 교육과정 프로그램이 학교 교육을 통하여 효과를 나타낸다. 그리고 기존의 특별한 교육과정 프로그램을 다문화교육 과정에 조화시킬 수 있어서, 이러한 교수방법을 통해 지식, 기술, 그리고 가치의 연속적인 발전이 이루어질 수 있다. 또한 동아리활동과 같은 프로그램은 응집력을 높여주기 때문에 구성원들은 이미 존재해 있는 인종 간 적의(증오)를 누그러뜨릴 수 있으며, 집단 간 관계를 향상시키는 데 효과적이다. 예를 들어 스포츠팀, FFA, 걸스카웃과 캠프파이어 등을 통해 다양한 집단의 학생들 간 거리가 좁혀질 수 있다. 이 점은 걸스카웃과 같은 집단 내에서 정체성을 공유할 수 있기 때문에 인종 간 거리를 좁히는 데 매우 효과적이다. 이 모임을 통해 학생들은 우정을 형성하고 다른 인종, 문화, 언어, 종교집단에 있는 학생들과 긍정적인 상호작용을 유지한다. 마찬가지로 드라마, 토의, 야구팀, 학교합창단 등과 같은 특별활동 및 협동 교육과정은 풍부한 대인관계의 가능성을 제공한다.

이에 따라 뱅크스(2006)는 인구통계학적 변화 및 증가하는 국제적 이주를 대비하여 다문화교육을 위한 교사의 과제를 다음과 같이 제시하였다. 첫째, 다양한 인종·민족·성·사회계층 집단의 학생들이 평등한 배움의 기회를 가질 수 있도록 학교의 교육과정을 개혁할 수 있어야 한다. 둘째, 모든 학생이 점차 다양성이 심화될수록 긴장이 첨예해지며, 더 많은 문제가 발생하기 때문에 제 역할을 할 수 있도록 필요한 지식, 기능, 태도를 함양시킬 수 있도록 편견 감소 전략을 실행할 수 있어야 한다. 셋째, 사회소속감을 증진시켜서 편견을 감소시키고 다양하고 복잡해진 사회에서 모든 학생들이 효과적인 시민으로의 역할을 충분히 수행하기에 필요한 지식, 태도, 기술을 발전시킬 수 있도록 교수실천이 필요하다. 이러한 과제를 효과적으로 달성하기 위한 다문화교육방법으로 협동학습, 문화감응교수법, 영화 및 문학을 활용한 교육방법 등이 있다.

2) 협동학습

(1) 다문화교육에서 협동학습의 효과

협동학습 활동이 학생들의 인종적 태도, 교우관계 및 학업성취에 긍정적인 효과가 있다는 다양한 연구결과(Aronson & Bridgeman, 1979; Cohen, 1984; Cohen & Loton; 1995; Slavin, 1979, 1985; Slavin & Madden, 1979; Banks, 2006 재인용)들이 있다. 특히 슬라빈(Slavin)은 협동학습방법의 효과에 대해 19개의 연구를 진행하였는데 이 중 16개의 연구에서 협동학습이 또래 간 우정에 긍정적 효과를 주었다는 결과가 나왔다.

다문화교육 측면에서 협동학습의 효과를 다음과 같이 정리할 수 있다. 첫째, 유색인종 학생과 백인 학생은 인종 간 협동학습 팀에 참여한 이후 타인종 학생과 교우관계를 형성할 가능성이 훨씬 더 커졌다. 둘째, 백인 학생의 학업성취도는 협동학습 환경과 경쟁적 학습 환경 모두에서 거의 동일했지만 흑인, 멕시코계 미국인과 같은 유색인종 학생들의 학업성취도는 협동학습 환경에서 향상되었다. 셋째, 이러한 협동학습이 학생들의 동기 유발과 자존감 향상에 효과적이었으며, 학생들의 감정이입을 촉진하는 데도 도움이 되었다. 의도적 개입을 수반하지 않는 인종 간 접촉은 인종집단 간 긴장을 감소시키기보다는 오히려 증가시킨다. 따라서 다양한 인종적 집단 간의 긍정적 상호작용을 위한 최상의 조건은 학생들이 다른 인종이나 민족집단을 스스로 알기를 원할 때, 그리고 학생들이 서로 협동하여 문제를 해결하려고 할 때이다. 이는 협동적 학습 환경에서 형성되는 집단 간 대화를 통해 의사소통의 복잡한 과정에 대한 지식을 확장시킬 수 있기 때문이다(Banks, 2006).

이처럼 다양한 협동학습의 유형들은 다문화학생이 가진 다양한 문화와 생각을 훌륭한 학습자료원으로 기능하게 한다. 특히 협동학습 활동을 통해 전혀 다른 시각과 경험을 공유하여 동료들에게 인정받을 수 있는 기회를 많이 제공해 줄 수 있다. 따라서 협동학습을 통한 다문화 수업은 다문화학생의 자아존중감을 충분히 높여줄 수 있다.

(2) 협동학습의 특징과 유형

협동학습은 관계 맺는 능력이 조장되고 사회관계 기술 습득이 용이하다. 또한 토론과 논쟁을 통하여 높은 수준의 사고력을 발달시킬 수 있다. 이러한 특성으로 집단 구성원 전체가 협력하여 지식을 습득하는 방법이 개별적으로 학습할 때보다 교과에 대한 지식을 더 증가시킬 수 있다. 하지만 소수 우수한 학습자의 주도로 나머지 학습자가 소외되고 심리적으로 위축되기 쉬운 부익부현상이나 적극적으로 참여하진 않는 무임승차와 같은 부작용이 발생할 수 있다. 또한 많은 시간과 노력이 소모되는 경우도 있기 때문에 협동학습의 방법으로 수업을 진행할 때는 학생들 내에서 변화에 영향을 주는 교육적 전략을 설계해야 하는 어려움이 있다.

따라서 교사는 학생들의 학습 결과를 향상시키기 위해서 집단 간 개입 활동을 설계할 때 대화를 통해 차별과 불평등이 해소될 수 있도록 체계적으로 설계해야 한다. 다문화교육의 효과를 높여줄 수 있는 협동학습 유형으로 성취과제 분담학습(Student Teams Achievement Division) 모형, 팀 경쟁학습(Team Games Tournaments: TGT) 모형, 직소(Jigsaw) 협동학습모형 등이 있다.

① 성취과제 분담학습(STAD) 모형

성취과제 분담학습(Student Teams Achievement Division: 이하 STAD로 약칭)은 기본 지식이나 기능의 완전학습을 위해 고안된 프로그램이다. 처음 점수에 비해 증가한 개인별 향상점수를 합산한 다음 이를 산술 평균하여 팀의 향상점수로 결정한다. 그리고 최종점수로 보상을 제공한다. 개별성, 책무성, 집단보상, 성취결과의 균등분배와 같은 협동전략이 가능한 프로그램으로 긍정적 상호의존성과 학문적 목표를 모두 달성시킬 수 있도록 고안되었다.

STAD를 활용한 수업절차는 [그림 8-1]과 같이 먼저 지시적 수업을 통해 학습 자료 및 학습 내용을 제시한다. 이 단계는 교사에 의한 강의-토론식 수업으로 진행되지만, 시청각적 매체를 활용해도 된다. 다음은 연습을 위한 팀별 학습 단계로 4명이 한 모둠이 되도록 모둠을 구성하고, 교사는 2장의 학습지와 2장의 정답지를 제공하여 모둠별로 팀 학습을 하도록 한다. 통일된 답이 나올 때까지 서로 토론하여 과제를 학습하도록 한다. 팀 학습이 끝난 후 전원에게 퀴즈를 실시하도록 한다. 이때 답안지는 서로 다른 조와 교환하여 채점하고 회수한다. 교사는 몇 회의 퀴즈 결과 나온 향상 점수를 합한 후 평균하여 팀 향상 점수를 산출하도록 한다. 팀 점수를 게시하고 일정 기준을 넘은 팀에게 보상을 한다.

▌그림 8-1▐ 성취과제 분담학습 절차

② 팀 경쟁학습(TGT) 모형

팀 경쟁학습(Team Games Tournaments: 이하 TGT로 약칭) 모형은 게임을 이용하여 각 팀 간의 경쟁을 유도하여 문제를 해결하는 프로그램이다. TGT 협동학습모형은 성취과제 분담학습모형과 마찬가지로 기본 기능에 대한 이해력과 적응력을 기르기 위해 고안되었다. 토너먼트 게임을 이용하여 진행하는 이 방법은 전통적 수업에 비해 학업성취 면에서 매우 효과적이다. 경기 때마다 패자를 제외시켜서 마지막에 남은 두 편으로 우승을 결정하게 하는 시합식의 학습 프로그램이다.

단계	내용
1단계 모집단 구성	• 수업목표 제시: 4~6명의 이질집단 모집단 구성
	• 팀 구성 초기에 팀 구호, 팀 이름을 만들어서 협동정신 함양
	• 학습과제지와 정답지를 나누어준 후 서로 짝을 지어서 학습과제를 해결
	• 팀 구성원들 모두 동료의 학습을 지원하고 교정해줌
	• 팀 구성원은 학습내용을 이해할 때까지 팀 학습을 계속함
2단계 팀내 협동학습	• 첫주에 교사가 학습내용에 대해 팀별로 평가를 한 후
	• 그 다음주부터 팀 성적이 가장 높은 팀부터 낮은 팀까지 일렬로 앉힘
	• 팀 성적이 낮은 팀은 높은 팀에게 도전하면서 자신의 등급을 높여감
3단계	• 팀 점수 산출
	• 우수팀 게시와 집단 보상

그림 8-2 팀 경쟁학습 절차

TGT 협동학습 절차는 1단계에서 먼저 각 팀에서 과거의 점수가 비슷한 학생들끼리 보통 4~6명이 한 조가 되게 구성한다. 2단계에서는 팀별로 학습이 끝나면 각 팀에서 이전 수행에서 가장 우수하였던 3명이 테이블 1에, 다음으로 우수한 3명이 테이블 2에 배정되는 방식으로 계속된다. 테이블에서 학생들은 수업에서 다루었던 학습내용에 대하여 게임을 한다. 그러나 동료가 경쟁을 하고 있을 때에는 도움을 줄 수 없으며 토너먼트가 끝나면 게시판에 최고팀을 알리고 보상을 한다. 이때 팀 동료는 학습지를 공부하거나 다른 학생에게 문제를 설명함으로써 게임 준비를 한다. 마지막 단계에 팀 점수를 산출하여 우수팀에게 보상을 한다.

③ 직소(Jigsaw) 협동학습모형

직소(Jigsaw)란 '조각 맞추기'라는 의미로 과제 분담학습 형태이며, '전문가 협동학습'으로도 불린다. 이 학습모형을 통해 경쟁적 학습 분위기를 협동적으로 전환시킬 수 있었으며, 인종문제 해결에도 도움이 된 것으로 평가되었다(김영순, 2019). 이는 경쟁이 없는 상태에서 학생 모두가 학습의 전문가가 되어 서로 가르치고 배우는 과정을 거치기 때문이다. 직소 I 모형은 모둠 내의 구성원으로부터 배우고 해당 반의 학습자 동료를 가르치는 모형이고, 직소II모형은 개념을 가르치는 데 주로 이용되어 소주제로 학습과제를 나누어 주제 중심 토론학습이 주가 되는 학습모형이다.

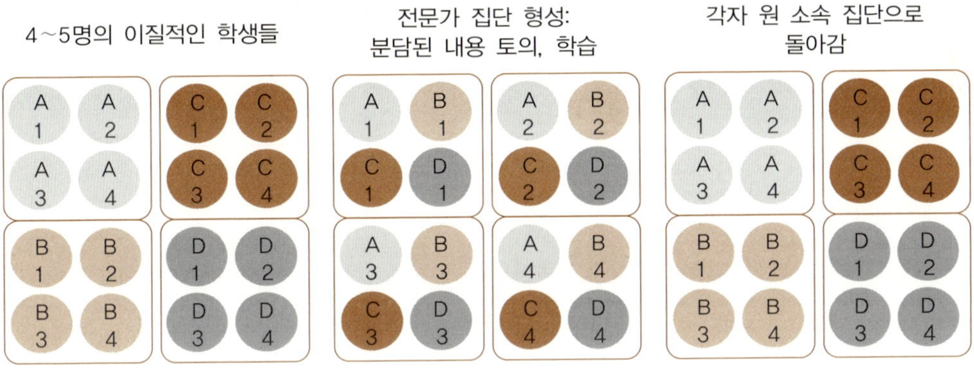

▌그림 8-3▌ 직소(Jigsaw) 협동학습 절차

학습방법 절차는 [그림 8-3]과 같이 모둠을 4~5개로 구성한다. 그리고 학습할 단원을 집단 구성원의 수에 맞도록 나누어서 각 구성원에게 한 부분씩을 분담시킨다. 한 학습내용은 여러 직소 집단으로 나누어지므로 각 집단에서 같은 부분을 맡은 학생들이 따로 모여 전문가 집단을 형성하여 할당된 내용을 토의하고 학습한다. 이후 제각기 원래 소속된 집단으로 돌아가서 학습한 내용을 집단 구성원들에게 가르친다. 단원학습이 끝난 후 학생들은 시험을 보고 개인별 향상점수와 팀 점수를 산출하여 그 결과에 따라 보상받는다.

직소II 협동학습 모형을 적용한 다문화 교수-학습 과정안의 한 사례를 살펴보도록 하겠다. 초등학교 사회교과서에 수록된 내용 중 〈다양한 삶의 모습과 변화 단원〉 중 '사회변화와 문화 다양성'을 중주제로 구안된 협동학습 지도안이다.

표 8-2 직소Ⅱ 협동학습 모형

<table>
<tr><td colspan="2">주제</td><td colspan="3">사회변화와 문화 다양성</td><td>학급</td><td colspan="2">초등 고학년</td></tr>
<tr><td colspan="2">학습목표</td><td colspan="6">문화적 편견으로 생기는 차별의 문제를 해결하는 방법을 찾을 수 있다.</td></tr>
<tr><td colspan="2" rowspan="2">수업전략</td><td rowspan="2">학습 과정</td><td>학습문제 제시</td><td>전문가 모둠 협력학습</td><td>원래 모둠별 협력학습</td><td>평가</td><td>정리</td></tr>
<tr><td>전체학습</td><td>모둠학습</td><td>모둠학습</td><td>학습지</td><td>전체학습</td></tr>
<tr><td>단계</td><td>학습과정</td><td colspan="5">교수·학습 과정</td><td>유의</td></tr>
<tr><td>도입</td><td>학습문제 제시</td><td colspan="5">• 문화적 편견으로 생기는 차별의 문제를 해결하는 방법을 찾아봅시다.</td><td></td></tr>
<tr><td rowspan="4">전개</td><td>전문가 모둠별 협력 학습</td><td colspan="5">• 전문가 모둠 구성하기(4개의 학습주제에 대해 4명씩 조편성)
- 학습지를 배부한 후, 학생들에게 과제 수행에 대한 지도하기

Q. 나라마다 다른 생활 모습에서 나타나는 차별을 살펴봅시다.
① 식생활 문화에 대한 차별
② 의생활 문화에 대한 차별
③ 우리나라 사람들이 외국에서 겪은 차별 문제
④ 우리 문화에 대한 편견과 차별</td><td>차별경험을 떠올려 문화적 편견 의식을 드러내도록 유도
전문가 집단 간 충분한 상호작용을 하여 협력학습이 이루어지도록 한다.</td></tr>
<tr><td>원래 모둠으로 회귀 및 협력학습 실시</td><td colspan="5">• 전문가 모둠에서 원래 소속된 모둠으로 돌아가기
• 전문가 모둠에서 수행한 과제를 원래 모둠의 동료 학습자에게 서로 전달 및 지도하기
- 전문가 집단에서 탐구한 결과를 바탕으로 자신이 선택한 주제를 모둠 친구들에게 소개한다.
- 추가적으로 궁금한 내용에 대해 질의응답한다.
- 학습한 내용을 바탕으로 전체학습지를 작성한다.
- 교사는 전체학습지의 정답지를 나누어 주고, 학생들은 틀린 내용에 대해 확인하며 서로 모르는 부분이나 틀린 부분을 설명해준다.</td><td>원활한 상호작용이 이루어지도록 한다.</td></tr>
<tr><td>퀴즈 실시</td><td colspan="5">• 개별퀴즈 풀기
- 문화적 편견에 따른 차별 사례와 관련된 퀴즈를 푼다.</td><td></td></tr>
<tr><td>보상 안내</td><td colspan="5">• 개인별 점수와 모둠 합산 점수를 기록한다.
- 지난 시간의 합산 점수와 비교하여 향상점수가 우수한 모둠에 보상을 한다.</td><td></td></tr>
<tr><td>정리</td><td></td><td colspan="5">• 학습내용 정리</td><td></td></tr>
</table>

출처: 이주현(2018). pp. 86-87.

전개단계에서의 수업절차는 원래 모둠에서 모둠의 각 구성원 각자 학습과제를 받고 전문과 모둠으로 이동하여 전문가 협동학습을 한다. 이때 전문가 모둠 학습지를 제공해야 한다. 위에 제시된 학습지도안의 내용처럼 "자신경험과 관련된 차별 경험"을 소재로 한 전문가 모둠 학습지의 내용을 작성하여 제공한다. 예를 들어 "나라마다 다른 생활 모습에서 나타나는 차별을 살펴보기"에 대한 과제는 생활 속에서 나타나는 편견을 통한 차별적인 사례를 조사하여 정리하도록 한다. 다음으로 원래 모둠으로 돌아가 전문가 집단에서 학습한 내용을 다른 구성원들에게 지도하고, 문화적 편견 관련된 퀴즈를 푼 후 평과점수로 우수한 모둠을 선정한다. 이러한 협동학습은 자민족 중심주의를 해소하고 고정관념 및 외국인 혐오와 차별 등에 대한 비판적 태도를 함양하여 다문화 수용성을 함양하는 데 적절하다.

2 문화감응교수

1) 문화감응교수법의 등장 배경

(1) 문화감응교수(Culturally Responsive Teaching)의 기원

다문화주의 학자들은 오랫동안 문화적으로 다양하면서도 공정한 교육을 옹호해왔다. 이는 문화적으로 반응하는 교육과정과 교육적 방법, 공정한 평가, 조직 구조를 통합하며 인종적, 민족적 경계를 넘어 상호작용을 증진시키고 모든 학생들의 학업 성공을 가능토록 하기 때문이다. 특히 학교에서 모든 학생들(성, 사회 계급, 민족적·인종적·문화적 특징과 상관없이)은 다문화교육을 통해 동등한 배움의 기회를 가져야 한다고 주장해왔다. 즉 학교 교육 현장에서 교사들은 문화적으로 상이한 '학생'들을 '어떻게' 가르치고 '어떻게' 그들에게 공정한 교육의 기회를 부여할 수 있을 것인가 하는 것이다. 이에 따라 학교에서 다문화교육을 수행할 전략들로 문화감응 실천들을 강조하고 있다.

특히 존슨(Johnson, 2014)은 이러한 관심으로 문화감응교수법을 연구한 Ladson-Billings에 대해 다음과 같이 언급하였다. Ladson-Billings는 1990년대 3년간 다문화교육에 대한 연구를 통해 아프리카계 미국인 학생들을 가르치는 8명의 모범적인 교사들을 대상으로 삼은 고전 연구인 《The Dreamkeepers》(1994)에서 '문화적으로 적절한 교육'이라는 용어를 사용했다. 이 교육적 접근은 언어와 언어 참여 구조의 관점에서 문화적으로 다양한 배경의 학생들과 그들의 백인 중산층 교사들 간의 문화적 부조화를 다룬 인류학 연구에서 시작되었다. 특히 흑인 학생을 성공적으로 가르치는 교사의 특성을 밝혀내는 과정 중에 문화감응교수의 이론적 틀을 마련하였다. 교사는 자신을 지역사회의 일원으로 간주하고 학생과의 평등주의적 상호작용을 지향하였다. 또한 효과적인 수업을 위해 학습 공동체를 개발하고, 지식에 대해 비판적인 사고 및 문화를 연계하여 학습의 발판을 구안하며 평가에 대해 다양한 전략을 사용하였다. 이를 통해 학생들인 학업 성공 능력에 대한 신념을 가지게 되었다(Johnson, 2014). 문화감응교수의 또 다른 연구의 사례로 흑인 작가의 작품을 중시한 문학 해석 전략을 적용한 결과 미국 도심의 흑인 학생들 학업성취도가 올라간 사례(Lee, 1995; 추병완 재인용)가 있으며, 집단지향적인 미국 인디언 학생들은 학급 토론과 같이 집단으로 참여하려 활동할 수 있는 프로그램을 적용한 결과 매우 활동적으로 학습에 참여한 결과가 있다. 그리고 하와이 원주민 학생들은 발표놀이인 '이야기 말하기(talk story)'를 적용한 결과 읽기 능력이 향상되었으며, 흑인 학생들은 그들의 언어행위인 '서로 비아냥거리기(signifying)' 시합을 활용한 교수방법의 결과 성적이 향상되는 결과도 도출되었다. Ladson-Billings는 이러한 결과를 토대로 문화감응교수법을 다음 3가지 관점에 기초하였다. ① 학생들은 반드시 학업적 성공을 경험해야 한다. ② 학생들은 반드시 문화역량을 발달시키거나 유지해야 한다. ③ 학생들은 현 사회체계에 도전을 던짐으로써 반드시 비판적 의식을 발달시켜야 한다(Johnson, 2014).

문화감응교수법의 또 다른 연구자인 게이(2015)는 다양한 교과 교육과정에서 나타나는 그들의 경험에 초점을 두고 15년간 연구를 진행하고 있다. 연구 결과 인종·문화적 다양성에 관한 정확한 정보만이 소수집단과 다수집단 모두가 학교나 사회에서 부정적인 인종차별과 왜곡된 지식을 그들의 전통적인 관점으로 영구화하는 현상에 대응할 수 있음을 밝혔다.

게이는 다문화교수에서 문화를 반영하였으며 문화적 다양성을 가르치는 것이 학생들로 하여금 다양한 인종적·민족적 집단들의 삶, 문화, 기여도, 경험, 그리고 도전들에 대한 명확한 지식을 얻게 해준다는 것을 강조하였다. 더욱이 이러한 지식들은 기존의 학교 교육에서는 다루어지지 않거나 폄하된 부분들이다. 문화감응교수는 교육적 동등함과 우수함을 촉진하며, 서로 다른 문화·사회·인종적 배경을 가진 학생들이 어우러진 공동체를 만들며, 학생들의 주체의식과 능력을 발전시킬 수 있도록 한다. 예를 들어, 문화감응교육은 아시아계 미국 학생들에게 학습의 어떤 면이 그들에게 적절하게 받아들여지는지를 알게끔 해줌으로써 개념적으로, 실용적으로 어떤 행동과 생각들이 다른 인종의 미국인들과 다른지도 알게 해준다(Gay, 2015).

(2) 문화적으로 반응하는 교사의 특성

문화적으로 반응하는 교사들은 사회적·정치적 의식을 가지고 다양한 배경을 가진 학생들의 관점을 지지하여 교육적 변화를 끌어낼 수 있다. 그리고 교사는 그에 대한 책임의식을 가지며 교육과 학습에서 구성주의 견해를 충분히 수용한다. 뿐만 아니라 문화적으로 반응하는 교사들은 학생들의 기존 지식과 믿음을 기반으로 그 이상의 것을 가르친다. 즉 문화감응교수법을 실천하는 교사들은 대부분 단순히 학생들의 문화를 학습의 수단으로만 활용하는 것이 아니라 학생들이 사회적 불공평을 야기하고 유지하는 문화 규범, 가치, 관습, 기관을 비평할 수 있도록 학생들에게 더 넓은 사회정치적 의식을 발달시키는 법을 가르치고자 한다(Johnson, 2014).

2) 문화감응교수법의 개념과 구성요소

문화감응교수법(Culturally Responsive Teaching: 이하 CRT로 약칭)이란 학습에서 인종적·

문화적 다양성을 강조한 지식, 신념, 가치들의 행동표현으로 문화적 다양성을 자산으로 보고, 다양한 개인과 유산이 존중받는 돌봄의 사회를 형성하기 위해 인종적으로 다양한 문화, 가정, 공동체의 지식을 사용하여 교육과정 개발과 교실문화, 교수기술, 학생관계를 지도하는 교수이다. 그리고 인종과 문화에 대한 고정관념, 편견, 인종차별주의 등에 맞대응하며, 교실 내 각각의 배경에 의한 힘의 불균형을 중재하여 모든 학생들의 학습이 효율적으로 이루어질 수 있도록 고유의 문화에 감응하는 교수법이다(Gay, 2015).

이는 CRT가 문화적 지식, 이전의 경험들, 참조틀, 다양한 인종집단의 행동양식을 사용하여 그들의 학습이 그들의 사고체계에 맞도록 지도하는 것을 의미한다. 즉 교사가 학생들의 문화를 자신들의 수업에 포함하여, 다양한 학생들이 CRT를 통해 적절하고 효율적으로 학습하도록 도와주는 교수법을 의미한다. 그래서 CRT는 민족·인종적으로 다양한 학생들의 학업성취를 향상시킬 수 있는 기술이라 할 수 있다. 이처럼 CRT는 문화적으로 관련된(relevant), 민감한(sensitive), 일치하는(congruent), 반성적인(reflective), 매개적인(mediated) 등의 다양한 의미를 포함하고 있다. 교육에 대한 이러한 접근방식은 모든 학생들이 문화적 다양성에 대한 지식을 습득하고 그들의 학습기회와 결과를 향상하기 위한 도구로서 민족적으로 다양한 학생들의 관점과 문화적 유산과 경험을 사용하게 해준다. 따라서 CRT는 문화적 다양성을 향해 그리고 이를 기반으로 하여 이루어진다.

이러한 점에서 CRT는 각각의 민족집단과 개인과 문화의 다양성을 받아들이는 공정한 교육 기회를 제공하고 그들이 사회적·개인적 발달에 가치 있고 정상적인 존재임을 일깨워주는 특징이 있다. 따라서 CRT는 소수집단의 긍정적인 학습가능성을 전제하여 모든 학생들이 학업적 성공을 경험하고 그들의 문화유산을 유지하고 우수함을 느껴야 하며, 불평등과 비정의와 압박과 착취와 힘과 특권들을 어떻게 비평하고 맞닥뜨리며 전환시켜야 하는지를 배우게 한다.

이러한 맥락에서 CRT의 필수적인 구성 요소는 문화적 다양성에 대한 지식 기반, 다양한 학생들의 문화 특성, 경험, 관점, 그리고 문화 간 소통 등이 해당된다. 우선 교과와 학습과정과 기술을 가르칠 때 다양한 인종·문화적 집단을 인식하고 이해하는 방식이 포함되어야 하며, 학생끼리 혹은 교사와 학생 간의 협력, 협동, 호혜, 상호 책임을 배양하도록 구성되어야 한다. 둘째, 모든 교과와 기술을 가르칠 때 문화적으로 다양한 집단에 대한 문화적 지식을 통합하는 것이 중요하며, 다양한 인종집단의 학생들이 문화적 통합성과 개인적 능력과 학업적 성공을 배양하여 그들을 촉진시키고 자유롭게 해주며 권력을 부여하게 해야 한다. 셋째, 교육학의 패러다임이 다양한 인종배경을 지닌 학생의 성취도를 향상하는 데 초점이 맞추어지도록 하여 그들의 개인적·문화적 강점, 지적 능력, 이전의 성취 관점에서 그리고 그들을 향하여 교육이 이루어져야 한다. 그래서 그동안은 잠재되어 있던 문화의 역할을 이제는 교육과 학습에서 외현화하며, 교육기관에서는 인종집단의 문화를 사용하여 그 학생들의 학업성취를 증대시켜야 한다(Gay, 2015).

3) 문화감응교수의 원리[2)]

문화감응교수의 원리는 [그림 8-4]와 같이 내용선정, 학생참여, 학습평가의 원리로 살펴볼 수 있다.

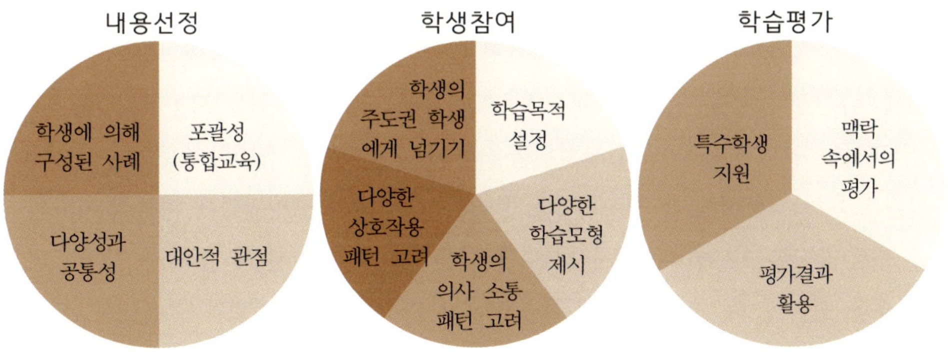

▌그림 8-4▐ 문화감응교수의 원리

2) 이 내용은 Irvine & Armento(2001)의 'Culturally Responsive Teaching-Lesson Planning for Elementary and Middle Grade', pp.25-32의 내용을 요약한 것이다.

(1) 내용선정(Instructional Examples: IE)의 원리

문화반응교수를 적용하고자 할 때 교사는 우선 학습목표를 달성하기 위해 어떤 수업 내용을 선정하고 어떤 자료를 사용하여 가르칠 것인가 하는 문제에 직면하게 된다. 이때 활용할 수 있는 교수 원리는 내용선정 원리로서 포괄성, 대안적 관점, 다양성과 공통성, 학생에 의해 구성된 사례 등이 있다.

먼저 포괄성 또는 통합교육(IE1)은 학생들의 목소리와 유산을 수업에 포함시키는 것이다. 그래서 교사는 공부에 참여하는 학생이 누구인지 그리고 학생들이 누구와 관련이 있는지 먼저 탐색해야 한다. 이로써 교사는 수업주제나 자료가 누구와 관련 있으며 어디까지 수업에 활용할 것인가를 판단할 수 있다. 사례로 교사 자신의 수업에서 다양한 나라의 위인들, 미술 작품, 음악 감상품을 얼마나 많이 활용하는지 살펴보아야 한다.

둘째, 대안적 관점(IE2)은 수업을 통해 다른 사람의 관점을 취할 수 있도록 하는 것이다. 평소에 대안적 관점을 취하는 훈련이 되어 있지 않으면 다른 사람을 아는 것은 쉽지 않다. 즉, 다각적인 관점으로 사안을 바라보지 않는 경우 합의과정에서 곤란을 겪고, 다른 견해를 가진 사람들에게 관용을 베풀기 어렵다. 예를 들어 미국의 서부 개척 운동은 백인의 관점에서 조명된 것이다. 따라서 이 단계에서는 학생들의 역사, 문학, 과학 등에 대해 다른 사람의 입장에서 탐색하고, 일치하지 않는 해석에 대해 설명해 보도록 한다.

셋째, 다양성과 공통성(IE3)은 교수내용에서 다양성과 공통성을 모두 강조하는 교수법이다. 교사는 인간과 특정 사회 구성원들을 하나로 묶어주는 유대감이 존재한다는 공통된 사실을 교육하는 동시에 특정 종족, 성, 문화, 종교집단의 구성원들에 대하여 지나친 일반화를 하지 않도록 지도한다. 마지막으로 학생들에 의해 구성된 예시(IE4)는 학생들이 새로운 내용을 학습할 때 교사가 학생들이 알아야 하는 개념을 이해하기 쉽도록 이에 대한 사례를 제시하는 차원이다. 특히 개념 학습에 도움을 주기 위해서 학생들에게 익숙한 사례나 학생들이 가지고 있는 정보나 아이디어를 사례에 적용해 보도록 한다. 또는 학생들 각자 자기 경험을 토대로 사례를 제시할 수 있도록 수업 환경을 재구성한다.

(2) 학생참여(Student Engagement: SE)의 원리

학생참여 원리는 문화반응교수 원리 중 가장 중요한 요소로 교사-학생 상호작용 및 참여에 관한 원리이다. 다음과 같이 다섯 가지 주요 차원을 문화감응 교수원리에 활용할 수 있다.

첫째, 학습목적 설정하기(SE1)에서는 학생은 현재 주어진 과제를 수행하는 것이 어떤 가치가 있는지를 알도록 지도해야 한다. 학습에 대한 호기심과 목적의식, 그리고 기대감을 가지도록, 그리고 학습을 해야 하는 이유, 책을 읽어야 하는 이유를 알 수 있도록 도와주어야 한다.

둘째, 학습양식(SE2)은 학습자들이 학습하고 싶어 하는 방식과 선호가 서로 다르다는 전제하에 학생들의 다양한 학습 유형을 탐색하여 적용하는 차원이다. 예를 들어 시각 및 청각 방식의 선호성이나 장의존적 · 장독립적 선호성 등 학생들의 학습양식 선호도를 조사하여 적절한 학습유형을 적용할 수 있다. 예로 장독립적 학습유형의 경우 분석적 사고 성향이며 내적 동기로 강화가 된다. 반면 장의존적 학습유형은 주변 환경에 민감하며 보상과 같은 외적 동기로 강화가 된다. 이에 따라 학습자의 학습유형에 맞는 교수방법을 채택할 수 있어야 한다.

셋째, 의사소통(SE3)은 교사의 질문에 학생이 답변하는 형식에 대한 원리와 관련되어 있다. 무엇보다도 교사는 학생들의 다양한 의사소통 패턴과 언어 패턴에 익숙해야 한다. 교사가 질문하고 학생이 답변하는 일반적인 방식으로만 수업을 하는 것이 아니라, 학생이 질문과 과제에 반응하는 방식을 다양하게 제공해 주고 자신의 문화와 성취 수준에 따라 선택하도록 한다. 그리고 과제에 답변하는 방식을 선택할 수 있도록 허용하여 자신이 개인적 · 문화적 · 학업적 편리성을 선택할 수 있게 한다. 사례로 특정 단원에 대한 과제로 에세이, 시, 편지 쓰기 등 여러 가지 방식 중 선택하도록 한다.

넷째, 상호작용(SE4)은 학생들이 학습목표를 달성하고자 할 때 누구와 함께 할 것인가 하는 것이다. 동료와 혹은 팀을 이루어 협동적으로 학습하거나 다른 학생이나 학생들과 경쟁적으로 학습하여 목표를 성취할 수 있다. 그러나 개별적이고 경쟁적인 사회는 집단적 노력을 통해 협력하는 방법을 배우기가 쉽지 않다. 하지만 교사는 학생들이 학교나 사회생활에서 협동해야 할 필요를 많이 느끼게 되므로 협력하여 상호작용 구조를 선호하도록 지도한다.

다섯째, 학습주도권과 의사결정(SE5)은 교실의 권력관계를 이야기해주고 학습 주도권을 학생에게 넘겨주도록 하는 것이다. 예로 학생들에게 과제 선택과 이에 대한 의사결정 기회를 허용하여 학습의 소유권과 책임을 학생에게 이양하는 것이다. 이 원리는 학습활동을 하는 동안 스스로 선택하고 의사결정을 할 수 있도록 교실환경을 구성해 줄 때 가능하다.

(3) 평가(Assessment: A)의 원리

학습평가는 수업의 성취 정도를 나타내기도 하지만 수업의 개선점을 진단하는 데에도 도움이 된다. 이처럼 평가는 교수과정에 대한 많은 정보를 제공함으로써 수업에 도움을 준다. 그러므로 문화반응교수를 적용한 학습이 제대로 이루어졌는지를 알아보기 위해서는 다음의 3가지 학습평가가 필요하다.

먼저 과정평가(A1)가 필요하다. 과정평가는 다양한 자료와 도구를 이용하여 수많은 맥락 속에서 이루어질 수 있다. 즉, 평가는 공식적인 시험과 여러 가지 평가를 통해서뿐만 아니라 일상적인 자료와 가정 속에서 이루어져야 한다. 이러한 점에서 교사는 좀 더 공식적인 평가뿐만 아니라 평소의 사소한 평가 자료원에도 민감할 필요가 있다. 다음으로 평가결과 활용(A2)은 평가가 학생과 교사에게 가치 있는 정보를 제공하는 것으로 다시 가르쳐야 하거나 개선해야 할 분야가 무엇인지를 보여주는 평가이다. 성공적인 교사는 학생들의 이해 수준이 어떠한가에 대한 정보를 끊임없이 수집하면서 하루에도 여러 차례 수업을 변경할 수 있어야 한다. 마지막으로 특수학생 지원(A3)적 평가는 특별한 평가 편의시설이 학생을 위해 제공되어야 함을 의미한다. 어떤 학생들은 시험을 치르는 데 더 많은 시간이 필요할 수도 있으며, 번역을 하거나 읽는 데 도움이 필요할 수도 있다. 그리고 어떤 학생은 약간의 힌트가 주어질 때 학업을 잘 수행할 수도 있다는 것을 이해하고 있어야 한다.

4) 문화감응교육 실행을 위한 교사의 행동방식[3)]

교사는 문화적 · 인종적 · 민족적 다양성에 대한 교육적 개념과 기술들을 부정적인 것(약함, 문제, 병리적 증세)에서 긍정적인 것(강점, 가능성, 잠재성)으로 변화시켜야 한다. 즉 교사는 학생이 특정한 민족집단에 속하든 그렇지 않든 간에 잠재적 가능성이 그들에게 내재되어 있음을 가르쳐주어야 한다. 문화감응교육의 강점은 바로 민족적으로 다양한 학생과 지역사회의 내부적 힘을 연결하여 그들의 역량을 개발하는 것이다. 이에 교사들이 문화감응교육을 실행하는 데 있어 필수적인 4가지의 행동방식을 살펴보도록 하겠다.

(1) 태도와 신념의 재구조화(Restructuring Attitudes and Beliefs)

문화감응교육의 목적은 인식의 변환이다. 일반적으로 다양한 학생들의 다양한 측면에 대한 교사의 태도와 신념이 교사의 교육적 행동에 영향을 준다. 민족 · 인종 · 성적 차이에 대한 교사의 긍정적인 태도는 긍정적인 교육학적 기대와 행동을 형성하게 되고 결과적으로 학생들의 학습 노력과 결과에도 긍정적인 영향을 미친다. 반대로 부정적인 교사의 신념은 부정적인 교수태도 및 부정적 기대로 학습자들의 학습행동에 부정적인 영향을 미친다.

교사가 가지는 부정적인 신념 중 첫 번째 사례는 유색인종 학생과 공동체에 대한 왜곡된 인식들이다. 교사는 공동체에 속해 있는 학생들의 학습 기회를 긍정적으로 전환시키기 위해 지식의 자원들과 자산들을 인지하고 존중하여야 한다. 실제로 소수집단 구성원들에게도 힘, 잠재력, 창의성, 진실성, 지략과 성취가 존재한다. 이러한 신념은 가난하고 성취도가 낮은 학생들의 생각을 결정적으로 바꿔줄 것이며, 그들을 위해 고안된 교육적 중재의 혁신을 일으킬 수 있다. 그리고 이때 이들의 학업성취도를 신장하기 위해 사회 · 문화적 자산을 충분히 사용할 것이다.

근절해야 할 또 다른 부정적인 신념은 바로 유색인종 학생들의 낮은 수준의 가정배경

---

3) 이 내용은 Gay, G.(2015)의 'Teaching To and Through Cultural Diversity and Multicultural Education'의 내용을 수정, 요약한 것이다.

때문에 그들이 학습에 집중하지 못한다거나 혹은 일부 소수인종들이 백인처럼 행동하지 않기 위해 학교의 학업성취로부터 이탈했다고 생각하는 것이다. 이는 교사들이 인식 자체 이기보다는 외부세력에 의해 발생되는 경우가 허다하다. 즉, 교사가 다양한 인종의 학생들을 불편해하는 초기 단계에서 시작하여 중상층의 유럽계 미국인 학생들이 아닌 학생들을 가르치기 위한 지식, 기술을 획득하지 않은 채 고의적인 인종주의자가 될 때 나타나는 왜곡된 신념이다. 이러한 왜곡된 신념이 학생들의 수행에 어려움을 겪게 하는 원인이 될 수 있다. 이에 일반적인 혹은 특정 인종집단에 대한 문화적 다양성과 관련된 신념을 분명히 표현하고 세심히 살펴볼 수 있도록 의지를 갖추어야 한다. 그리고 다양한 인종집단에 대한 특정 신념이 어떻게 특정한 교육적 의사결정과 행동에 영향을 미치는지 알고 있어야 하며, 태도와 신념과 행동을 중대하게 변화시킬 것을 고려해야 한다.

따라서 왜곡된 신념이 학생들의 수행에 어려움을 겪게 하는 원인이 될 수 있다. 이에 일반적인 혹은 특정 인종집단에 대한 문화적 다양성과 관련한 신념을 분명히 표현하고 세심히 살펴볼 수 있도록 의지를 갖추어야 한다. 그리고 다양한 인종집단에 대한 특정 신념이 어떻게 특정한 교육적 의사결정과 행동에 영향을 미치는지 알고 있어야 하며, 태도와 신념과 행동을 중대하게 변화시킬 것을 고려해야 한다.

(2) 저항에 저항하기(Resisting Resistance)

문화감응교육은 문화적 다양성에 대한 모호성과 불확실함으로부터 교육의 실제와 가치에 대한 외현적인 거부반응을 일으킬 수 있다. 이 때문에 문화적・민족적・인종적 차이에 대한 많은 신념들은 문화감응교육에 대한 저항을 보인다. 교사들이 문화감응교육에 대한 이러한 저항에 저항하도록 다양한 전략이 필요하다. 따라서 먼저 이러한 저항들의 원인과 징후와 결과들을 인지하고 이해하여야 한다.

문화감응교육에 저항하는 일반적이고 반복적인 형태는 바로 실행과 관련된 어려움에 대하여 의문을 제기하고 걱정을 표하는 데서 비롯된다. 일부 교사들은 문화감응교육을 인종주의자가 되는 것으로 간주하거나 혹은 차이를 강조하는 차별적인 것으로 간주하여 저항을 한다. 그리고 교사들은 문화적 다양성과 관련하여 “안전한” 주제들만 다루게 되는 데, 예컨대 집단 간 유사점이나 집단 간 조화 그리고 민족의 전통, 요리, 기념일만 다룰 뿐 불평등, 부정함, 압박, 민족집단이 사회적이고 인간적인 삶에 기여하는 것에 대한 문제의 소지가 있는 주제들은 잘 다루지 않는다. 문화감응교육에 대한 이러한 계속적인 저항은 아마도 문화적 다양성 그 자체보다는 변화를 추구하는 데서 오는 어려움과 걱정에서 비롯된다고 할 수 있다. 예를 들어 교사가 준비하는 교육 자료에서 민족·문화적 다양성에 대해 완성되지 않은 자화상을 보여주거나 그러한 표현들이 왜곡되거나 부정확하게 제시되기도 한다.

이처럼 저항의 원인들을 인지하였으면 실제 저항하는 훈련을 할 필요가 있다. 교사와 학생들은 문화감응교육을 통한 다문화 수업 중에 이러한 내용과 전략들에 비평을 하고 부적절하게 다루어진 부분은 수정을 하면 된다. 따라서 스스로 교재, 대중매체, 인터넷, 읽을 자료들의 왜곡된 표현들을 분석해야 한다. 다양한 인종에 대한 기술과 사건과 경험에 대한 해석 등 이러한 활동을 통해 문화감응교육의 원리가 드러나는데, 다민족에 대한 관점을 사용하여, 지식의 사회적 구성을 지지하고, 교육적 재구성과 변환을 촉진하고, 비판적 문화 인식을 도모한다.

(3) 문화와 차이를 중심에 놓기(Centering Culture and Difference)

저항에 직면하고 민족·인종·문화적 다양성에 긍정적인 신념을 개발하는 것에 이어 교사는 문화와 차이가 어떻게, 그리고 그것이 왜 필수적인 사상이며 문화감응교육의 토대가 되는지를 이해하여야 한다. 태초에 인간이 태어났을 때부터 문화를 선택할 수 없었다. 즉, 문화의 차이는 인간유산에 있어서 무조건적인 부분에 속한다. 삶을 통해 인간유산이 변형되기도 하지만 그것들은 문화이지 다르게 나타나지는 않는다. 그러므로 교육자에게 있어 문화적 사회화를 등한시한 채 학생들의 요구를 만족시킬 것을 요구하거나 혹은 학생들에게 쉽고 자유롭게 본인의 문화적 유산으로부터 벗어날 것을 기대해서는 안 된다. 또한 인종, 계층, 성, 민족성, 능력에서 나타나는 차이에 대한 인식이 필요하다. 미국 학교에서 성취도 차이의 공통된 요인은 인종불평등이다. 이러한 것들은 사회정치적 배경에 의해서 만들어지며 인종, 문화, 민족성에 대한 가치판단이 다른 인종에게 기준이 될 때 문제가 생긴다.

하지만 문화와 차이가 어떻게 각각의 다른 집단에서 다르게 인식되며, 교육과 학습에서 어떠한 방식으로 인식되어야 하는지를 다루어야 한다. 왜냐하면 문화와 차이는 인간에게 필수적인 것이기 때문에 이들은 교육과 학습에서 중심적인 역할을 수행해야 한다. 문화와 차이를 무시하는 것은 인간존엄성을 무시하는 것이며 또한 문화적으로 다양한 학생들의 학습 기회를 제한하고 최소화하는 것이다. 따라서 인간에게 내재된 다양성을 이해하는 것은 문화감응교육의 중요한 측면이다.

(4) 교육학적 연결(Establishing Pedagogical Connections)

교육학적 연결은 문화감응교육의 핵심 원리를 추구하면서 수업에서 실천할 수 있는 다문화교육 기술에 해당된다. 이론과 실제 사이의 격차를 줄이기 위해 교실에서 수행되는 특정 교과, 기술 영역, 다른 기능들을 문화감응교육과 연결하는 것이 필요하다. 문화감응교육의 이론적·개념적 아이디어를 다른 교과, 기술, 흥미영역들과 연결시키고 교육의 내용과 기술을 연결하여 아이디어와 교육과정도 연결하여야 한다.

예를 들어, 민족적으로 다양한 집단의 사회적 정당성을 향상시키기 위해 사회과목에서 시민권 저항과 연결할 수 있을 것이고, 현대의 노래 가사를 음악 감상반과 연결할 수 있다. 그리고 예술적 기술을 익히기 위해 다양한 민족의 화가들 작품을 활용한다거나 언어와 문학 수업에서 민족의 정치적·사회적 견해가 담긴 시들을 사용할 수도 있다. 서로 다른 민족집단의 학습 스타일을 만족하기 위해 이러한 교수전략을 적용하는 것은 학생들이 학업적 내용의 숙달을 증명하기 위한 다양한 선택지를 제공하는 것이라 할 수 있다. 이처럼 문화감응교육을 사회과 교육, 일반적인 교사교육, 인성교육, 비판적 교육학, 교실운영, 교육과정, 문헌, 독해력, 국제교육의 여러 연구 분야에 적용시킬 수 있다.

이러한 맥락에서 교육을 통해 모든 학생들로 하여금 그들의 유산이 사회의 문화와 가치와 이상의 본질을 구성하기 위한 중요한 요소라는 사실을 전달해야만 한다. 모든 사회적 계층, 민족·인종·성·언어·문화적 집단 내의 개인들이 시민으로서의 모든 방면에서의 기회를 갖고 있으며 그것을 입증할 수 있는 권리를 가져야 하며, 그들의 삶과 운명에 영향을 미치게 될 결정에서 대표적인 목소리를 낼 수 있어야 한다. 이러한 연결은 교사들이 문화감응교육에 가지고 있는 불안감과 회의감을 경감시킬 것이며 실행을 촉진하는 데 도움이 될 것이다.

하지만 문화감응교육과 다른 교육의 영역에서 교육학적 연결을 위한 전략을 세우고 실제로 옮기는 것은 어려운 일이다. 교사는 민족·문화적으로 다양한 학생과 공통적인 관점을 지니지 않고, 오히려 그들의 개인적 경험에서 고착화된 교수학적 예를 사용하는 경향이 있다. 결국 실제에서는 오히려 역효과를 낳을 수 있으므로 문화감응교수를 실천하기 위한 교육과정 개발을 시도하기 위해서는 꾸준한 훈련이 필요하다.

3 영화를 활용한 다문화교수

한국 사회의 다문화사회 진입에 따른 다문화사회의 인식론적 변화 및 발전이 시급하다. 이러한 사안에 맞추어 다문화교육의 중요성과 필요성은 이미 어느 정도 이루어졌으며 충분히 시행하고 있다고 볼 수 있다. 하지만 중요한 것은 다문화 담론에 따른 실천적 측면에서의 접근이다. 이는 다문화교육을 좀 더 효과적으로 전달하고자 하는 방안, 즉 다문화교육의 방법적 접근의 다양한 시도에 대해 고민이 선행되어야 하는 것이다. 일반 교육을 시도하기 위한 방법이나 프로그램은 이미 다양하게 준비되어 있고 또 충분히 시행되고 있다. 하지만 다문화사회 진입에 따른 인식 변화와 지식습득을 위한 다문화 교수학습방법의 논의는 그리 오래되지 않았다. 이런 가운데 대표적인 대안으로 떠오르는 다문화 교수-학습방법은 다문화사회 현상을 실제적으로 반영하는 다문화 영화를 활용하는 교육일 것이다.

특히 다문화 영화는 다른 문화적 출신의 구성원들이 주류문화에서 정체성을 형성하는 과정을 그려내고, 통합적 삶의 실현을 위해 기존의 사회적 가치와 이방인을 포용하며, 이러한 과정에서 발생하는 갈등과 어려움을 표현한다. 그래서 주류문화의 편협함을 드러내어 영화를 통해 비판적으로 성찰할 기회를 제공받을 수 있으며, 평화적 공존을 위한 방안을 토론할 수 있다. 즉, 영화는 비주류 구성원뿐만이 아닌, 사회의 구성원 모두가 내면의 정신적인 작용을 거쳐 새로운 주류문화로 승화되는 과정과 이를 위한 소통과 탈경계, 그리고 소수자들의 문화적 고유성을 존중하는 다수자들의 성찰적 태도를 형상화할 수 있는 매체이다(배상준, 2015).

다문화 영화 텍스트를 통해서 이민자들이 겪는 오해와 편견, 갈등해결을 위한 소통과 화합의 문제를 제기할 수 있다. 이러한 점에서 다문화 영화 텍스트는 충분한 문제제기와 시사점을 제시할 수 있는 교수매체이다. 영화를 활용한 다문화교수는 자신과 다른 문화권에 대한 편견과 차별을 줄이고 다양한 문화권에 대한 공감과 수용을 높일 수 있다. 또한 매체에 친숙한 청년들은 다문화사회에서의 정체성에 관한 문제를 반성적으로 바라볼 수 있다.

따라서 영화를 활용한 수업방법은 흥미로운 장면의 전개로 인하여 학생들의 학습에 즐거움을 줄 수 있을 뿐만 아니라 교육적인 효과도 높일 수 있다는 특성을 갖고 있다. 학교 현장에서 공교육 프로그램에 영화를 활용한 다문화 수업을 신설함으로써 다문화사회를 이해하는 데 여러 방면으로 도움을 줄 수 있을 것이다.

1) 영화를 활용한 다문화교육의 의의

(1) 영상 매체의 친숙함

학생들은 어려서부터 그림책, 만화, 비디오 등에 많이 노출되어 왔기 때문에 문자 매체에 비해 영상 매체가 더 친숙하다. 따라서 영화를 활용한 교수-학습방법은 학교에서의 다문화교육을 위한 좋은 교수방법이 될 수 있다. 특히 영화는 그 속에 정지 장면, 활동 장면, 대사, 음악, 음향 등이 '시각적 요소'와 '청각적 요소'가 고루 들어 있는 종합영상매체다. 그리고 그러한 요소들을 엮어주는 '이야기'가 있어서 학생들이 매력을 느낄 만한 요소를 모두 가지고 있다. 이러한 점 때문에 어떤 학습과 관련하여 영화를 본다는 것 그 자체만으로도 학습에 대한 학생들의 관심과 동기를 높일 수 있다(구정화 · 박윤경 · 설규주, 2010).

아울러 이를 활용한 다문화교육은 효과적으로 학습자극을 제공할 수 있다. 이러한 영상의 특징적 묘사를 통해 학습자의 주의집중과 관찰력을 높여 충분히 다문화 이해를 증진시켜 줄 수 있다. 그리고 영상매체를 통해 함축적이고 추상적인 언어를 구체적으로 이해할 수 있으며 사고의 폭을 넓힐 수 있다.

(2) 문화 이해의 수월성

학생들에게 친숙한 현대의 대표적인 서사텍스트로서 영화는 대상을 객관화하여 정서적인 접근과 사변적인 이해를 동시에 가능하게 하는 한편, 하나의 영상매체로서 영화는 기존의 문자가 갖는 언어의 한계를 뛰어넘어 문화의 이해에 매우 효과적으로 활용될 수 있다(한용택, 2012). 영화에는 구체적으로 의복이나 비품 또는 특정 집단을 상징하는 문화적 요소가 등장한다. 이러한 요소들은 궁극적으로 "특정한 문화 공동체를 규정하고 공동체를 구성하는 사물과 사건과 인간 유형들을 특징짓는 가치체계"를 내포하고 있다(배상준, 2015). 이러한 관점에서 다문화 영화에서는 다문화를 상징하는 의상이나 히잡과 같은 종교적 소품, 노상판매를 위한 가판대와 같은 문화적 요소, 판자촌이나 빈민가 그리고 공장지대와 같은 특정 공간이나 다수의 이주민이 거주하는 도시 등이 등장한다(김연권 · 한용택, 2009).

이러한 풍부한 문화 자료를 얻을 수 있는 매체가 다문화 영화이며 이를 통해 시대의 이데올로기와 가치관, 사회의 공통적인 문제 담론, 세계를 바라보는 시각 등을 탐색할 수 있다. 영화를 활용한 다문화 수업은 학생들이 문화의 다양성을 배우고 더 나아가 인권의 중요성 및 다문화교육의 효과를 높이는 데 크게 기여할 수 있다(이정은, 2017; 서재복, 2019; 이유진, 김정은, 2020).

(3) 간접체험을 통한 다문화 현상 이해

영화는 시의성(時宜性)을 실제적으로 담고 있다. 그래서 1980년대의 영화를 보면 1980년대의 시대상이 보이고, 한국 영화를 보면 한국의 사회 현실이 보인다. 다문화적 현상과 가치를 다루는 영화 역시 마찬가지이다. 그러한 영화들은 현재 한국 사회가 다문화라는 화두와 관련하여 안고 있는 문제점과 고민, 그리고 과제를 고스란히 반영한 결과물 중의 하나이다. 다문화교육이 타인의 삶과 문화 그리고 타인과 공존하는 자신의 삶에 대한 숙고와 성찰이 필요하다는 측면에서 영화는 효과적인 교수매체인 동시에 현상에 대한 종합적 판단을 가능하게 하는 하나의 텍스트이다(한용택, 2012). 특히 다양한 삶의 수용자 입장에서 영화는 본질적으로 타자의 삶과 세계관에 대한 기록이고, 바로 이 점에서 영화는 자신, 타자, 집단 등이 이루는 복합적인 관계를 종합적이고 심층적인 시각으로 이해할 수 있다.

그리고 교실에서 학생들에게 모든 것을 직접 경험하게 하는 것은 불가능하다. 그런데 이들 영화 속에는 학습자들이 책이나 신문에서 보았을 법한 다문화 관련 현상, 교사의 설명을 통해 들었을 법한 다문화 관련 사건들뿐만 아니라 그러한 공적 관심으로부터 아예 배제되어 있는 매우 미시적이고 숨겨진 사실들까지도 포함되어 있다. 다문화교육에서 이러한 영화를 활용함으로써 학습자로 하여금 그에 대한 간접체험을 할 수 있도록 해주고 그러한 경험을 통해 다문화 현상을 보다 잘 이해하는 데 기여할 수 있다(한관종, 2006). 또한 영화를 활용한 다문화 수업 결과 다양성, 다문화 관계성, 다문화 보편성 등 다문화 인식에 긍정적인 영향을 미쳤다(서재복, 2019).

이처럼 영화는 설화나 문자텍스트와 달리 시각적인 요소와 청각적인 요소를 함께 사용해서 다양한 사진, 실물, 표본 그리고 실제 활동 등과 같은 다양한 자료와 일반 교실 강의에서는 만나기 힘든 수준 높은 지식 및 경험을 제공해 준다(김연권 · 한용택, 2009). 이러한 영상매체를 다문화교육에 활용한다면 그 어떤 텍스트보다 다양한 인종과 문화를 수용하는 데 보다 유리하다고 볼 수 있다.

2) 영화를 활용한 다문화 수업의 설계[4)]

영화를 활용한 수업은 구조화되고 조직적으로 갖추어진 영상을 통해 이루어지는 것이므로 각 학습 과제에 따라 특정하게 작용하는 학습 기준을 중심으로 영화 활용 수업의 설

4) 이 내용은 한관종(2006)의 '영화를 활용한 사회과에서의 다문화수업 방안'의 일부 내용을 재구성한 것이다.

계가 필요하다. 교육학 일반을 토대로 한 교수설계가 아닌 영화의 내러티브나 전체적인 맥락을 고려하여 적용할 수 있는 교수설계가 필요하다. 이런 점에서 영화 자체의 다문화적 속성을 최대한 반영할 수 있는 다문화 수업안이 모색되어야 한다. 다음은 이러한 점을 고려하여 영화를 활용한 다문화 수업안을 구성하기 위해 필요한 단계별 전략을 살펴보겠다.

(1) 감상 전 단계

① 학습 주제 선정과 작품 선택의 단계

이 단계에서는 실제 수업의 실시 전 단계로 학생의 흥미와 요구, 학습 목표와 내용을 반영하여 구성한다. 여기서는 학습 주제를 선정하여 그 필요성과 목적을 제시해야 하며, 학습자들의 적절한 수준의 교수-학습이 이루어질 수 있도록 구안해야 한다.

이 단계에서는 학습 주제가 어떤 영역에 속하는지를 확인하는 과정으로 교육 내용을 간단, 명료하게 제시함으로써 학습자의 흥미와 도전 의식을 불러일으킬 수 있는 주제가 선정되도록 한다. 또한 학생들 스스로 영화를 선택하게 함으로써 학생들이 흥미를 갖고 수업에 임할 수 있도록 하거나 영화에 대한 정보를 미리 제시해줌으로써 학생들의 이해를 높여 영화에 흥미를 가지도록 한다. 학생들이 흥미를 갖고 영화를 보면 그 다음 단계는 그 영화 내용에 대한 심도 깊은 탐색의 단계로 넘어간다.

② 학습 목표 진술

학습 목표는 학습을 끝낸 후 도달 정도를 보여주어야 한다. 특히 성취 행동을 위한 상황과 성취 행동의 달성 정도를 동시에 나타내면서 커뮤니케이션이 정확하게 이루어질 수 있도록 구체적이고 행동적인 용어로 명확하게 진술되어야 한다.

(2) 감상 단계

영상 프로그램은 항상 일정한 속도로 유지되어 질문과 답변을 위한 시간이 허용되기 어렵기 때문에, 감상 내용을 분석할 여유와 생각해 볼 시간적 틈을 갖기가 힘들다. 그러므로 검토할 내용을 감상 전에 제시해줌으로써 학습자가 수업 내용에 대하여 생각해 볼 수 있는 단서와 방향을 미리 제공받을 수 있도록 한다. 그리고 학생들이 영화에 몰두할 수 있도록 도와주어야 한다.

(3) 감상 후 단계: 반성의 단계

실제적인 수업이 이루어지는 단계로 영화를 감상한 후에 학생들이 질문의 과정을 통해 감상을 접하게 함으로써 수업 목표에 도달할 수 있도록 한다. 먼저 가치인식의 단계로 교사는 감상 전에 중점을 두었던 내용이나 감상 중에 중요하게 관심을 갖도록 한 부분에 대해서는 질문을 통해 확인하도록 하며 중요한 개념이나 사건을 정리시키는 활동을 하여야 한다. 학생들이 영화 내용을 잘 기억하지 못하거나 학습의 이해를 위해 필요할 경우 주제와 관련된 주요 장면을 캡처하여 제시하면서 수업을 진행하도록 한다. 다음으로 가치의 심화 및 내면화 단계로 학습문제와 관련지어 영화의 의의에 대한 쟁점 등을 서로 이야기할 수 있도록 한다. 끝으로 학습내용의 정리 또는 추후 학생들이 학습해 나가야 할 방향을 제시한다.

3) 영화를 활용한 다문화 수업안의 사례

다문화 영화의 특징을 바탕으로 수업안을 작성할 때, 수업사례의 선정과 개인차를 고려하여 수업활동이 이루어지도록 교수-학습 계획이 구안되어야 한다. 특히 학생들의 공감이 필요하고 학습목표 접근이 수월한 영화를 선정하여야 한다. 영화 감상 단계에서 장편영화일 경우 별도의 시간을 할애하여 영화를 감상하도록 한다. 다문화 수업에서의 권장영화 목록과 다문화 영화를 활용한 다문화 수업안의 실제 사례를 살펴보도록 하겠다.

(1) 다문화 수업을 위한 권장 영화 목록

한국의 다문화 현실과 관련된 장편영화와 단편영화 총 7편의 한국영화들이다. 이 영화들은 한국 다문화사회가 직면하고 있는 문제와 이 문제를 해결하는 시사점을 담고 있다.

구체적으로 이 영화들은 모두 한국 다문화사회에서 국제결혼가정의 애환, 북한이탈 청소년들의 한국생활에서의 이방인 삶, 외국인노동자에 대한 차별과 편견, 그리고 비인권적인 생활 실태를 담고 있다. 또한 이주배경청소년을 대상으로 한 한국문화 이해교육에 있어서 적절한 역할을 할 수 있다.

표 8-3 한국 다문화 영화

영화제목	상영시간	영화내용과 논쟁거리
믿거나 말거나 찬드라의 경우	110분	한국 사회의 편견과 무관심으로 네팔 노동자인 찬드라를 6년 4개월 동안 정신병원에 수감시킨 내용이다. 한국 사회 구성원들의 무관심과 편견 그리고 다문화적 감수성 관련 요소를 논의할 수 있다.
반두비	107분	'반두비'는 좋은 친구라는 뜻이다. 민서와 외국인노동자 카림이 우정을 쌓아가는 장면, 오늘날 한국 사회의 현실과 이주 노동자가 외국인에게서 당한 불이익의 장면이 등장하며 지금 우리나라 안에 살고 있는 두 이방인의 관계에 관한 해학적이면서도 날카로운 통찰을 담고 있다.
완득이	110분	이 영화에서는 다문화가정 2세에 대한 편견과 이주노동자에 대한 차별 및 비인권적인 처우가 등장한다. 특히 이주노동자를 악용한 사회 고발의 색깔이 드러나는 영화이다.
세리와 하르	91분	실제 다문화자녀들이 출연한 영화이다. 베트남 엄마를 둔 세리와 필리핀 불법체류자의 딸 하르가 겪는 차별을 다뤘다. 이주민에 대한 인권문제를 다룰 수 있다.
배낭을 멘 소년	26분	탈북청소년의 삶을 다룬 이야기이다. 열아홉 현이와 진선은 같은 아파트에 사는 탈북청소년이다. 진선은 학교에서 동급생에게 시달리는 것이 싫어 말을 못하는 척 하고 현이는 고향을 그리워하며 항상 배낭에 부모님에게 드릴 선물을 넣고 다닌다. 탈북청소년들의 인권실태를 알 수 있다.
샤방샤방 샤랄라	25분	필리핀 엄마를 둔 다문화가정 2세에 관한 이야기이다. 자신의 엄마가 필리핀 출신이라는 것을 친구들에게는 감추고 싶어 하면서 정체성의 혼란을 느끼는 내용이다. 정체성과 반편견에 대해 논의할 수 있다.
험난한 인생	12분	초등학교 학생들이 배경인 이 영화는 피부색깔에 대한 차별을 다룬 내용이다. 특히 피부색이 까맣다는 점 때문에 아프리카인으로 단정짓고 무시하는 내용이 담긴 영화이다. 차별과 차이의 다른 점과 반편견을 논의할 수 있다.

다음은 외국 다문화 현실을 보여주는 5편의 영화를 살펴보겠다. 대부분 해외영화는 한국보다 100여 년 앞서 다문화사회로 진입하여 1970년대부터 다문화사회를 준비해온 나라

들의 다문화정책을 생생하게 볼 수 있다는 점에서 중요한 장점을 갖는다(정영기 · 김충현, 2012). 즉, 외국 다문화 영화는 다양한 유형의 이민자들이 모여 구성된 나라에서 상호 문화 존중과 동시에 주류집단에 비주류집단을 융화시키는 통합을 고려할 수 있는 좋은 교육적 소재가 될 수 있다.

▌표 8-4▌ 외국 다문화 영화

영화제목	배경 국가	상영시간	영화내용과 논쟁거리
가버나움	레바논	126분	레바논 빈민가에 생활하는 '자인'은 자신의 나이도 모르고, 학교도 다니지 못하고, 하루 종일 일을 하며 살아간다. 부모가 그의 여동생 사하르가 월경을 시작한 것을 알게 되어 자신들의 딸을 시집보내고 자인은 혼자서 가출을 하게 된다. 불법체류자인 라힐을 만나게 되고 자인을 불쌍하게 여겨서 자신의 집으로 데리고 간다. 불법체류자인 라힐이 감옥에 간줄 모르는 자인은 라힐의 아기를 속아서 팔게 된다. 결혼명목으로 슈퍼 주인에게 끌려간 여동생이 죽게 되자 자인은 슈퍼 주인을 죽이고 교도소에 갇히게 된다.
클래스	프랑스	130분	중학교 교실에서 교사와 이민자 학생들이 겪는 심리적 갈등을 다룬 영화이다. 등장하는 학생들은 실제로 아시아, 아프리카, 아랍 이민자들이 많이 사는 파리 외곽 20구역에 있는 중학교의 학생들로 출신지는 프랑스, 아랍 지역, 아프리카 말리, 중국에 이르기까지 다양하다. 프랑스어 교사 마랭 역할을 맡은 원작자 프랑소와 베고도 외에 나머지 교사들도 모두 중학교에 재직 중인 교사들이고, 학부모 대부분도 출연 학생들의 실제 부모다. 인종의 벽, 세대의 벽, 문화의 벽, 계급의 벽으로 가로막힌 사회가 학교 안에까지 어떻게 깊은 단절을 만들어 놓는지를 보여 준다. 향후 우리나라의 중등학교 내에서 일어날 수 있는 문화의 벽에 대해서 논의할 수 있다.
증오	프랑스	94분	방리유에 거주하는 세 명의 청년을 등장시켜 오늘날 프랑스의 이민사회가 직면하고 있는 실업, 빈부격차, 슬럼화, 마약, 폭력, 인종차별, 소외 등의 문제들을 표현한 영화이다. 우리나라의 사회통합 문제해결에 대해 논의할 수 있다.
센 강변 (사랑해 파리 중 2번째 작품)	프랑스	5분	무슬림에 대한 편견과 고정관념, 히잡 착용에 대한 상이한 시각 및 공공장소에서의 종교적 상징물 착용 금지 법안, 종교 차이 또는 관용 등 지금의 유럽사회가 직면한 심각한 문제들에 대해 문제제기를 하는 영화로 문화의 다양성에 대해 논의할 수 있다.

16구 (사랑해 파리 중 5번째 작품)	프랑스	5분	젊은 이민자 여성인 안나가 새벽 일찍 일어나 자신의 아기는 보육원에 맡기고 먼 거리에 있는 파리 시내로 출근하여 다른 집 아이를 돌보는 내용이다. 우리나라의 이주노동자와 대응하여 이민자들의 삶을 논의할 수 있다.
블라인드 사이드	미국	129분	고아처럼 생활하던 흑인 소년 마이클 오어가 백인 상류 계층인 투오이 가족을 만남으로써 가족의 일원으로 인정받고, 나중에 유명한 프로 미식축구 선수가 되는 실화를 바탕으로 제작된 영화이다. 입양에 대한 관점과 입양을 바라보는 주의의 시선과 정체성, 편견에 대해 생각할 수 있다.

(2) 영화를 활용한 다문화 수업안

① 영화 〈완득이〉를 활용한 다문화 수업안

이주배경청소년들은 영화 〈완득이〉를 통한 다문화교육에서 한국인의 정서, 한국의 다문화 성격, 한국의 사회문화적 특징 등을 배울 수 있다.

• 작품의 에피소드

영화 속 주인공 '완득이'는 17세 소년이며, 옥탑방에서 춤꾼이자 난쟁이인 아버지와 언어 장애를 가진 삼촌과 함께 불우한 환경에서 살고 있다. 완득이는 힘든 일이나 고민거리가 있어도 어느 누구에게도 털어놓지 않으며 사람들로부터 자신을 자꾸만 숨기려 한다. 완득이의 옆집 옥탑방에 사는 학교 담임선생님인 '똥주'는 학생들을 괴롭히는 악덕 선생으로 오해되는 모습으로 등장한다. 사사건건 똥주 선생과 대립하던 완득이는 선생님이 베트남 출신인 어머니와의 모자 상봉을 도와주며 고용주로부터 제대로 대우받지 못하는 외국인 노동자들의 권익을 위해 남몰래 힘쓰는 모습을 보고 호감을 갖게 된다. 완득이는 교회에서 전도사 핫산을 만나 킥복싱을 접하게 되었고, 자신이 좋아하며 해야 할 일이 무엇인지를 찾아내자 그 길로 킥복싱을 정식으로 배운다. 완득이는 킥복싱 체육관 관장님에게 배운 스포츠 정신을 통해 내면에 잠재하고 있는 분노를 해소하고 자신을 한층 성장시켜 나간다. 그리고 평소에 말수가 적고 무뚝뚝한 모습을 보여주던 완득이는 똥주 선생의 도움으로 자신을 낳아준 어머니의 지극정성을 통해서 나중에는 완득이도 어머니라는 존재에 대해서 따스함을 느낀다. 이처럼 영화 〈완득이〉는 청소년들이 자신의 정체성을 찾아가는 과정을 보여주는 동시에 외국인 노동자의 인권과 불법 체류자, 국제결혼, 이혼문제 등 에 대해서도 조명하고 있다.

• 수업모형

영화 〈완득이〉를 활용한 다문화수업 계획안은 다음과 같다.

▌표 8-5▐ 영화 〈완득이〉 다문화수업 모형[5)]

<table>
<tr><td colspan="2">학습주제</td><td colspan="3">영화〈완득이〉를 통해 한국의 사회와 문화 이해하기</td></tr>
<tr><td colspan="2">학습목표</td><td colspan="3">한국의 다문화를 이해할 수 있다.</td></tr>
<tr><td colspan="2">학습시간</td><td>50분</td><td>다문화 중점 요소</td><td>문화 이해</td></tr>
<tr><td colspan="2">학습 단계</td><td colspan="2">교수-학습활동</td><td>자료 및 유의점</td></tr>
<tr><td rowspan="2">감상전 단계</td><td>동기 유발</td><td colspan="2">• 한국의 사회문화적 특징
- 자연스럽게 발표하기</td><td rowspan="2">한국 문화 관련 자료 PPT</td></tr>
<tr><td>학습문제 확인</td><td colspan="2">• 한국의 문화 이해하기</td></tr>
<tr><td>감상단계</td><td>영화감상</td><td colspan="2">• 〈완득이〉 영화 감상하기</td><td>별도의 시간을 할에 해서 감상</td></tr>
<tr><td rowspan="3">감상 후 단계</td><td>가치 인식</td><td colspan="2">• 모둠별 토론
- 영화 속에서 등장하는 다문화, 장소, 음식에 대해 이야기 나누기
- 다른 나라의 다문화 실태는 어떠한가?
- 영화 속에서 다문화사회의 모습에 대해 이야기 나누기</td><td>모둠 활동지 내용을 토대로 토론</td></tr>
<tr><td>가치심화</td><td colspan="2">• 실천 동기 부여
- 옥탑방, 반지하, 라면의 사회적 의미는 무엇이지 작성한다.</td><td>구체적인 어려움이 표현되도록 이야기 꾸미기를 한다.</td></tr>
<tr><td>가치의 내면화</td><td colspan="2">• 자신의 이주배경국과 비교해보기
• 이주배경국이 주변국처럼 다루어지지 않도록 설명하기</td><td>북한이탈주민, 결혼이주 여성들의 사례도 함께 조사</td></tr>
<tr><td>마무리</td><td>정리</td><td colspan="2">• 수업에 대한 피드백</td><td></td></tr>
</table>

5) 권미경(2021) 논문의 일부 내용을 수정 보완한 것이다.

② 영화 〈가버나움〉을 활용한 다문화 수업안

영화 〈가버나움〉은 국내 거주 난민의 인권 중요성에 대해 수업할 수 있는 좋은 소재이다. 영화상영시간이 126분이 소요되므로 수업시간외 별도의 시간을 할애하여 영화를 감상하도록 한다. 감상 후 단계에서는 국내에 거주하는 난민, 불법체류자, 소외되고 있는 극빈층이 주로 임금착취, 인권침해, 의사소통 및 차별과 같은 어려움을 겪고 있다는 사실을 파악할 수 있도록 안내해 준다.

• 작품의 에피소드

이 영화는 소외된 극빈층의 아이들과 불법체류자의 인권에 대한 내용으로 실제 영화에 등장하는 아이들은 대부분 레바논 빈민가에 거주한다. 영화 속에서 주인공 '자인'은 레바논 빈민가에서 하루 종일 일을 하며 힘들게 살고 있다. 동생 '사하르'가 초경을 시작하자 부모는 동생을 슈퍼 주인에게 팔아넘기듯 시집을 보내고 이를 참지 못한 자인은 가출을 한다. 불법체류자로 청소일을 하는 '라힐'은 자인을 집으로 데리고 오고 자신이 일할 동안 자신의 아들인 '요하스'를 자인에게 맡긴다. 어느 날 라힐이 불법체류 단속반에 걸리게 되면서 자인은 요나스와 둘만 남게 된다. 브로커를 통해 난민신청을 가기 위해 열심히 돈을 모은 자인은 자신이 출생신고가 되지 않았던 것과 동생이 임신 중 사망했다는 충격적인 사실을 알게 되었다. 슈퍼 주인을 살해하려고 하였고, 이 때문에 감옥에 가게 된 자인은 그 곳에서 부모를 고발하며 사회에서 방치된 아이들의 모습을 알리게 된다. 특히 소외 계층과 불법체류자의 열악한 환경에 대해 살펴볼 수 있으며, 인간의 권리에 대해 생각할 수 있는 영화이다.

• 수업모형

영화 〈가버나움〉은 상영시간이 126분이 소요되므로 수업시간외 별도의 시간을 할애하여 영화를 감상하도록 한다. 감상 후 단계에서는 국내에 거주하는 난민, 불법체류자, 소외되고 있는 극빈층이 주로 임금착취, 인권침해, 의사소통의 어려움, 차별과 같은 어려움을 겪고 있다는 사실을 파악할 수 있도록 안내해 준다.

표 8-6 영화 〈가버나움〉 다문화수업 모형

<table>
<tr><th colspan="2">학습주제</th><td colspan="3">인간의 존엄성</td></tr>
<tr><th colspan="2">학습목표</th><td colspan="3">소수인종의 인권중요성에 대해 이해할 수 있다.</td></tr>
<tr><th colspan="2">학습시간</th><td>50분</td><th>다문화 중점 요소</th><td>인권</td></tr>
<tr><th colspan="2">학습 단계</th><th colspan="2">교수-학습활동</th><th>자료 및 유의점</th></tr>
<tr><td rowspan="2">감상 전 단계</td><td>동기 유발</td><td colspan="2">• 난민들의 삶에 대한 모습
- 자연스럽게 발표하기</td><td rowspan="2">국내 체류 난민들 자료 PPT</td></tr>
<tr><td>학습문제 확인</td><td colspan="2">• 인권의 중요성 살펴보기</td></tr>
<tr><td>감상 단계</td><td>영화감상</td><td colspan="2">• 〈가버나움〉 영화 감상하기</td><td>별도의 시간을 할애해서 감상</td></tr>
<tr><td rowspan="3">감상 후 단계</td><td>가치 인식</td><td colspan="2">• 모둠별 토론
- 영화 속에서 등장하는 극빈층과 불법체류자가 겪는 어려움에 대해 이야기 나누기
- 피부색으로 인한 편견과 차별 알아보기</td><td>모둠 활동지 내용을 토대로 토론</td></tr>
<tr><td>가치심화</td><td colspan="2">• 실천 동기 부여
- 인권이 존중받지 못한 상황이 무엇이지 작성한다.
- 난민 및 불법체류자가 겪는 어려움을 알리는 뉴스 기사 작성한다.</td><td>구체적인 어려움이 표현되도록 이야기 꾸미기를 한다.</td></tr>
<tr><td>가치의 내면화</td><td colspan="2">• 한국 사회에서 다문화가정이 겪는 어려움 알아보기
• 다문화가정이 겪는 어려움을 해결하는 방법에 대해 서로 나누기</td><td>다양한 유형의 다문화가정에 대해 알아보도록 한다.</td></tr>
<tr><td>마무리</td><td>정리</td><td colspan="2">• 수업에 대한 피드백</td><td></td></tr>
</table>

③ 영화 〈클래스〉를 활용한 실제 다문화 수업모형

• 작품의 에피소드

이 영화의 주요 등장인물로 교사인 프랑수아라는 사람과 학교에 적응하지 못하는 문제아, 중국이민자 자녀, 해외 출신, 그리고 아프리카 출신 학생과 아랍 출신 학생 등 다양한 인종이 등장한다. 복잡한 인종으로 구성된 중학교 교실에서 주류민족인 프랑스 교사 입장에서 바라보는 외국인 이민자에 대한 생각과 태도, 다양한 인종의 학생들과 교사 사이에서 발생하는 여러 가지 문제와 갈등, 이민자 학부모들과 교사와의 갈등 등이 두드러진다.

그리고 이들 중학교에서 다양한 집단의 구성원들이 갈등과 문제를 해결해나가는 방법과 과정을 잘 보여주는 영화이다. 특히 이 영화에서는 다양한 인종이 하나의 교실 안에 머물면서 이들 구성원들과 교실 안에는 수많은 오해와 편견 그리고 따돌림이 존재하고 있다는 것을 사실적으로 보여주고 있다.

〈클래스〉의 마랭 교사는 우리가 흔히 '톨레랑스(tolerance)'라고 부르는 태도를 실천하고 있다. 예를 들어 교사는 나름대로 학생들의 반항적인 태도에 인내하며 학생들을 존중하려는 태도를 자주 보여준다. 이 작품을 통해 국내 중·고등학생들뿐 아니라 현직 교사들의 이민자 자녀들에 대한 인식전환과 교사와 학생들 사이의 갈등의 문제까지도 함께 검토해 볼 수 있다. 이 영화에서는 다양한 인종 간에 벌어지는 많은 갈등과 편견, 오해로 말미암아 정상적인 수업이 힘들 정도의 교실 환경을 마랭 교사와 주변의 노력으로 갈등이 해결되고 정상적인 수업이 가능한 교실로 바뀌는 결과를 보여주는 데 의의가 있다.

• 수업모형

영화 감상에 130분이 소요되기 때문에 수업 외 별도의 시간을 할애하여 영화를 감상하도록 한다. 교사는 감상 후 단계에서 영화의 내용들을 정리하여 들려준다. 영화에서는 프랑스의 다문화교육정책의 다양한 모습들이 표현되어 있으며 다인종이 많은 학교 안에서는 교사의 역할이 매우 중요함을 보여주고 있다. 마랭 교사는 학생들의 다양한 의견을 존중함으로써 포용과 관용을 실천하고 있으며, 또한 배려를 통하여 공정과 평등의 가치를 공유하도록 하는 대표적인 다문화교사로서 다문화교육에 적합한 롤 모델로 보여준다. 이러한 내용들을 인식하면서 다문화사회에서의 학교 안은 교사와 학생의 상호소통이 어떠하냐에 따라 불통이 될 수도 있고 소통이 될 수도 있다는 것을 내면화할 수 있도록 한다.

▌표 8-7▌ 영화 〈클래스〉 다문화수업 모형

<table>
<tr><th colspan="2">학습목표</th><td colspan="3">다문화교실 안에서 나타나는 갈등을 해결할 수 있다.</td></tr>
<tr><th colspan="2">학습시간</th><td>50분</td><th>다문화 중점 요소</th><td>반편견, 선입견 해소</td></tr>
<tr><th colspan="2">학습 단계</th><th colspan="2">교수-학습활동</th><th>유의점</th></tr>
<tr><td rowspan="2">감상 전 단계</td><td>동기 유발</td><td colspan="2">• 교실 내 학생들의 갈등에 대해 알아보기
- 다문화학생이 겪는 어려움에 대해 이야기하기</td><td rowspan="2">자연스럽게 이야기가 나오도록 유도하기</td></tr>
<tr><td>학습목표 확인</td><td colspan="2">• 교실 안에서 나타나는 인종 간 갈등을 해결할 수 있다.</td></tr>
<tr><td>감상 단계</td><td>감상</td><td colspan="2">• 영화 〈클래스〉 감상</td><td>별도의 시간을 할애하여 감상하기</td></tr>
<tr><td rowspan="5">감상 후 단계</td><td>가치 인식</td><td colspan="2">• 영상자료와 인쇄자료 등을 통한 토론
- 이민자 자녀들이 학교에서 동료 친구들과 그리고 교사와의 관계에서 가장 힘든 것은 무엇인가?</td><td>교실 내 인간관계에 대해 문제를 인식할 수 있도록 활동지 내용을 다양하게 제시하기</td></tr>
<tr><td>가치 심화</td><td colspan="2">• 실천 동기 부여
- 다양한 인종의 학생들이 프랑스인 교사와 함께 불통의 장소를 어떻게 소통의 장소로 만들어갔는지 탐색하기</td><td>영상자료 제시해주기</td></tr>
<tr><td>가치 내면화</td><td colspan="2">• 또 다른 해결 사례를 조사하기
- 한국 학교에서의 갈등해결사례에 대해 조사하기</td><td>다문화학생 관련 문제를 다룰 수 있도록 유도하기</td></tr>
<tr><td>반성 실천</td><td colspan="2">• 영화 속 교사가 갈등해결을 위해 노력하는 모습들을 캡쳐하여 발표하기</td><td>'톨레랑스'를 실천하는 교사의 모습</td></tr>
<tr><td>정리 및 발전</td><td colspan="2">• 소수인종을 대하는 태도와 생각에 대해 정리</td><td></td></tr>
</table>

4 문학을 활용한 다문화교수

1) 문학과 다문화교수

(1) 문학의 특성

문학은 언어를 표현수단으로 삼는 매체이다. 문학을 통해서 인류와 민족의 자취를 알 수 있어서 문학은 세계를 반영하는 거울로 본다. 이런 의미에서 문학의 특징은 첫째, 인지적 · 정의적 · 심미적 요소가 복합적으로 결합된 구조물이다. 이는 문학이 언어를 통하여 인간이 가치 있게 여기는 것에 대한 사고를 반영하고, 타인의 경험을 자신의 경험으로 끌어당길 수 있도록 구성되어 있기 때문이다. 또한 문학을 통하여 타인의 경험뿐 아니라 특정 사회의 역사나 문화를 느낄 수 있다. 둘째, 문학은 정치, 경제, 사회, 문화 등의 여러 현상들과 밀접한 관련을 맺고 있다. 예를 들어, 톨스토이의 소설을 러시아의 거울이라고 하고, 홍부전에서 조선 후기 농촌에 대한 정보를 얻기도 한다. 이처럼 문학은 현실을 반영할 뿐 아니라 사회현상을 분석하고 비판하여 사회가 나아갈 방향에 대해 성찰을 불러일으키는 역할을 한다. 셋째, 문학은 그 시대를 관통하는 공통의 관심사를 담아낸다. 문학은 그 시대를 살아가는 다양한 삶의 모습을 보여줌으로써 사회의 문제를 제기하고 독자들에게 문제를 해결할 수 있는 방안을 고민하도록 한다. 즉 문학작품 속에 나타나는 사회상은 그 사회의 모순을 간접적으로 경험하게 하고 독자들로 하여금 이를 함께 고민하게 하는 장치이다(김윤주, 2011).

특히 문학을 이용한 다문화교육은 각 나라의 가치관과 생활양식에 대한 이해를 함양시키는 데 유용하다. 그래서 국가수준 교육과정의 교육목표에서도 문학과 다문화교육의 관계가 일부 제시되어 있다. 2015 개정교육과정에서 다문화교육과 관련된 '문학'교육의 목표를 살펴보면 다음과 같다. "문학교육은 문학 작품에 능동적으로 참여하고, 창의적 활동을 통해 창의적 · 심미적 · 성찰적으로 사고하는 능력을 기르고, 문학을 통해 나 자신을 이해하고 타인을 이해하며, 세계를 이해하는 공동체 정신을 함양하게 하는 바람직한 인간

형성에 목적을 두고 있다. 즉, 문학을 통해 문학의 가치(자아성찰, 타자이해, 소통)를 이해하고, 문학을 생활화하며, 문화 발전을 학습하는 것이다."(교육부, 2015). 이처럼 문학작품은 가치, 삶의 방식, 신념 등의 다양한 문화의 양상을 반영할 수 있기 때문에 문화를 이해하는 데 무한한 가능성이 있다.

(2) 문학을 활용한 다문화교육의 의의

문학을 활용한 다문화교육의 의의를 살펴보면 첫째, 문학텍스트 읽기는 하나의 체험이므로 문학텍스트 읽기와 관련된 교육이 지식과 정보의 전달과 평가보다는 가치의 문제나 윤리, 도덕 등의 교육에 더욱 적합할 수 있다. 그런 의미에서 다문화교육의 본질이 지식이나 정보의 전달과 평가가 아니라 일종의 실천적 이해를 지향하는 가치, 판단, 윤리의 문제에 있다면 문학텍스트 읽기는 매우 훌륭한 교육내용을 구성할 수 있다.

둘째, 문학텍스트를 활용하면 물리적이고 현실적인 제한에 구애받지 않기 때문에 직접체험이 불가능한 다문화 현실도 충분히 교육내용이 될 수 있다. 간접체험에서 대상에 대한 독자의 이해는 포괄적이며 통합적인 시각에서 이루어지기 때문에 직접체험에 의한 이해와는 다른 또 하나의 장점으로 대상을 전제적인 시각에서 바라보고 이에 대해 논리적으로 사고할 수 있는 기회를 부여할 수 있다.

셋째, 다문화 현실을 다룬 문학작품을 반복해서 읽는 것은 그 자체만으로도 우리의 문화적 정체성 형성에 영향을 미친다. 우선 문학텍스트를 통해 자아와 타자, 중심과 주변, 다수문화와 소수문화의 공존을 모색할 수 있다. 특히 이주노동자, 결혼이주여성, 이주민 2세대의 삶을 형상화한 문학텍스트 읽기는 우리가 살고 있는 세계가 그러한 문제들에 직면하고 있다는 것을 의식하게 해주며, 이러한 의식의 반복, 중첩되는 과정 자체가 현재 우리의 문화적 정체성을 형성할 수 있다.

넷째, 문학텍스트 중 고전문학을 활용하여 한국의 전통적 삶의 방식을 이해할 수 있다. 특히 영웅탄생형 설화 속 영웅들이 지니고 있는 시련과 다문화가정 자녀의 시련을 동일시하여 교감할 수 있다. 또한 주인공이 '영웅'의 인격체로서 책임을 완수하기 위해 고민하는 모습과 그에게 닥치는 위기와 고난의 과정을 다문화가정 자녀의 고민과 동일시할 수 있다. 이러한 점에서 다문화가정 자녀들은 자신의 위치를 판단하고, 자신이 할 수 있는 것과 할 수 없는 것을 구별할 수 있게 된다. 특히 온갖 시련을 겪으며 영웅이 되는 과정을 통해 다문화가정의 자녀들에게 꿈과 희망을 키워 줄 수 있다. 결과적으로 다문화가정 자녀들은 고전문학을 통해 자아존중감을 회복하며 자아정체감을 함양할 수 있다(안미영, 2012).

다섯째, 한국의 다문화 관련 소설들은 작품 외적으로 그리고 동시에 작품 내에서 한국사회의 다문화 현실을 부각시키며, 지금까지 우리를 지배해 온 무의식적인 언어 사용과 태도에 있어서 신중해질 것을 요구한다. 이는 우리 자신을 되돌아보게 만드는 데 기여하므로 문학이 일상을 문제적 담론으로 형상화하고 대상화함으로써 반성적 사유를 불러일으킨다는 점에서 미래지향적이고 실천적이다.

특히 다문화 소설은 서로 다른 문화성이 공존하고 접촉하는 과정에서 발생할 사건을 입체적으로 제시됨으로써 독자가 그에 대해 여러 관점에서 생각하고 이해하며, 비판하고 반성하도록 이끈다. 독자들은 구체적인 상황 맥락에 따라 제시된 인물들과 그 인물들의 행동을 주도면밀하게 검토할 수 있다. 이를 통해 막연하고 피상적으로 구축해 온 이질문화에 대한 고정관념과 편견을 돌아보고, 이를 극복하는 소통의 방식을 고민하게 도울 것이다. 또한 다문화 소설에 대한 비판적 인식은, 독자가 서로 다른 문화성을 지닌 사람들이 사회 공동체의 일원으로서 공존하고 있는 상황을 각성하게 만들고 사회 내에 존재하는 고정관념과 편견이 공동체 구성원들에게 위해가 될 수 있다는 것을 깨닫게 한다. 이를 통해 독자들은 문화적 구조와 현실에 대해 성찰하고, 상호문화적인 공존을 모색하게 한다는 점에서 가치가 크다(김지혜, 2019).

여섯째, 국어 교과서의 〈문학〉 텍스트는 정규수업 시간에 일반 학생들과 다문화학생들과의 인위적인 구분 짓기 없이도 교과서를 재구성하여 다문화교육에 활용할 수 있다(김현주, 2019).

이렇듯 문학 속 다양한 세상을 통해 우리는 저마다 나름대로의 해석을 하고 삶으로 받아들인다. 문학을 통한 교육은 학생들로 하여금 의도하지 않아도 작품 안에 깔려 있는 의미를 파악하여 내면의 변화를 이끌어준다. 단순히 다문화사회에 대한 지식전달 교육만으로는 실제 현실에서 부딪히는 상황에 변화된 가치로 대응하기 힘들다. 하지만 문학을 통해서는 변화될 수 있는 가능성을 훨씬 높일 수 있다.

따라서 다문화사회를 살아가는 구성원들이 사회의 소수자들을 이해하고 그들 문화의 가치를 수용할 수 있는 태도를 지닐 수 있도록 무엇보다도 자기 내면의 변화를 이끌어 낼 수 있어야 한다. 그리고 모든 사람에 대한 긍정적인 감정과 태도의 변화는 문학을 통한 다문화교육으로 가능하다고 본다.

2) 문학을 활용한 다문화교수의 실제

(1) 다문화 문학의 종류

다문화수업에 활용하기에 적합한 다문화 문학 중 '문화'라는 주제와 관련된 도서를 학년별로 나누면 다음 〈표 8-8〉, 〈표 8-9〉, 〈표 8-10〉과 같다(이정미, 2008; 임지현, 2008).

▮표 8-8▮ 저학년 다문화 반영도서

순번	도서명	다문화주제	지은이	관련국가	출판사
1	이야기, 이야기	문화	게일 헤일리	아프리카	보림
2	우리 개를 찾아주세요	관계	에즈라 잭 키츠	미국, 스페인	베틀북
3	파랑이와 노랑이	관계	레오 리오니	-	물구나무
4	외로운 덩치	편견	앤드루 클레멘츠	-	한국몬테소리
5	까마귀 소년	편견	야시마타로	일본	비룡소
6	까만 아기양	차이	엘리자베스 쇼	-	푸른그림책
7	정말 그런 인종이 있을까?	차이	실비아론칼리아	-	서광사
8	인종이야기를 해볼까?	차이	줄리어스레스터	미국	사계절
9	마들렌카	문화	피터시스	미국외 6개국	베틀북
10	맛있게 읽는 다문화 독서요리	문화	안순선 외	-	정인출판사

표 8-9 중학년 다문화 반영도서

순번	도서명	다문화주제	지은이	관련국가	출판사
1	까만 얼굴의 루비	반차별	루비 브리지스	미국	웅진주니어
2	우리엄마는 블랑카	반차별	원유순	한국	중앙출판사
3	까매서 안 더워?	편견	박채란	한국	파란자전거
4	사라, 버스를 타다	반차별	윌리엄 밀러	미국	사계절
5	루비의 소원	문화	S.Y. 브리지스	중국	비룡소
6	지구인 화성인 우주인	관계	움베르트 에코	미국 · 러시아 · 중국	웅진닷컴
7	선생님 우리 선생님	관계	페트리샤폴라코	미국	시공주니어
8	내겐 드레스 백 벌이 있어	편견	엘러노어 에스테스	미국 · 폴란드	비룡소
9	국경 없는 마을	관계	박채란	한국	서해문집
10	아시아	문화	릴리판시니외	아시아	서광사
11	강감찬	문화	-	한국	고전설화

표 8-10 고학년 다문화 반영도서

순번	도서명	다문화주제	지은이	관련국가	출판사
1	커피우유와 소보루 빵	반차별	카롤린 필립스	독일	푸른숲
2	큰발 중국아가씨	문화	렌세이 나미오카	중국	달리
3	외로운 지미	반차별	김일광	한국	현암사
4	블루시아의 가위바위보	반차별	김중미 외	한국	창비
5	십시일반	반차별	박재동	한국	창비
6	차별 싫어요	반차별	플로랑스 뒤떼이	-	푸른숲
7	지구촌 사람들 지구촌 이야기	문화	고마쓰 요시오	-	서광사
8	아이들의 하루	문화	다니엘 피쿨리	-	오래된 미래
9	천둥아, 내 외침을 들어라	반차별	밀드레드 테일러	미국	내 인생의 책
10	앵무새 죽이기	반편견	하퍼 리	미국	열린책들
11	모두에게 복된 새해	반차별	김연수	한국	아시아
12	나에게 꿈이 있습니다	관계	마틴 루터 킹	미국	바다출판사
13	금희의 여행	반편견	최금희	한국	민들레
14	반 두비	반편견	김중미	방글라데시	창비
15	아주 특별한 하루	반편견	박관희	몽골	창비
16	마, 마미, 엄마	반편견	안미란	파키스탄	창비

(2) 문학을 활용한 다문화 수업의 실제

문학텍스트를 활용한 다문화교육을 하고자 할 때, 우선 다문화교육의 학습목표를 분명하게 세우는 것이 필요하다. 그리고 일반 학생과 다문화가정 학생 전체를 대상으로 또는 다문화가정 학생 대상으로 한국문화 이해수업을 진행할 수 있기 때문에 학습자의 실태를 파악해야 한다. 또한 문학텍스트를 다문화 수업과 어떻게 연결하고 진행할지에 대한 구체적인 설계가 필요하다. 이러한 점을 토대로 하여 문학을 활용한 다문화 수업의 구체적인 사례를 살펴보겠다.

① 동화 『아주 특별한 하루』를 활용한 다문화교육

▌표 8-11▌ 문학을 활용한 다문화수업 모형 I

<table>
<tr><td colspan="2">문학제목</td><td colspan="2">아주 특별한 하루</td><td>대상</td><td>고학년</td></tr>
<tr><td colspan="2">학습목표</td><td colspan="4">작품 속 인물과 종교를 조사하여 다문화 갈등 문제를 설명할 수 있다.</td></tr>
<tr><td colspan="2" rowspan="2">수업과정</td><td>도입</td><td colspan="2">전개</td><td>마무리</td></tr>
<tr><td>동기유발과 학습문제 확인</td><td colspan="2">다문화 문제를 찾기 위한 활동</td><td>정리 및 내면화</td></tr>
<tr><td colspan="2">다문화요소</td><td colspan="4">반편견</td></tr>
<tr><td colspan="2">학습 단계</td><td colspan="3">교수-학습활동</td><td>자료 및 유의점</td></tr>
<tr><td rowspan="2">도입</td><td>동기 유발</td><td colspan="3">• 학습동기 유발 및 분위기 조성
- 나에게 특별했던 하루 떠올려보기</td><td rowspan="2">뉴스보도 자료 활용하기</td></tr>
<tr><td>학습문제 확인</td><td colspan="3">• 다문화 문제를 생각해본다.</td></tr>
<tr><td rowspan="3">전개</td><td>상화 제시 단계</td><td colspan="3">• 작품 속 상황을 나의 삶과 관련짓기
- 부모님과 닮은 점
- 버림받은 느낌 상상해보기</td><td rowspan="3">다양한 관점에서 토론문제들을 제시해 놓아야 함</td></tr>
<tr><td>모둠 활동</td><td colspan="3">• 다양한 문화이해하기
- 몽골의 특징과 문화 조사하기
- 다양한 가족 형태 조사하기</td></tr>
<tr><td>적용 단계</td><td colspan="3">• 작품과 퀴즈
- 작품 관련된 관용어 알아맞히기 퀴즈</td></tr>
<tr><td>마무리</td><td>정리</td><td colspan="3">• 외국에 대한 고정관념 되짚어보기</td><td>가치의 내면화</td></tr>
</table>

출처: 제갈민규(2020). pp. 61-62.

외국인 노동자를 대하는 한국인의 이중적 태도를 몽골 어린이의 시선으로 바라본 것으로 외국인 노동자에 대한 차별 및 편견에 관한 내용이다. 한국인 공장 사장인 '장 사장'이 국내 외국인 근로자이자 불법체류자인 '바왜 아저씨'의 돈을 떼먹고도 큰 소리 치는 장면, 그리고 주인공 '빌궁' 또한 장 사장의 딸인 '수진'에게 괴롭힘을 당하는 내용으로 구성되어 있다.

② 문학소설 『금희의 여행』을 활용한 다문화교육

이 작품의 지은이인 최금희는 함경북도 아오지(현재 은덕군)에서 태어나 15살 때 가족과 함께 두만강을 건너 중국으로 갔다. 그 뒤 4년 동안 죽음의 고비를 여러 차례 넘기며 우여곡절 끝에 년 4월에 한국으로 왔다. 책은 북한에서 태어나 남한으로 오기까지 최금희씨가 겪은 실제 이야기를 담았다. 새로운 삶을 위해 남한을 찾은 1만여 명이 넘는 새터민들

표 8-12 문학을 활용한 다문화수업 모형Ⅱ

<table>
<tr><td colspan="2">문학제목</td><td colspan="2">금희의 여행</td><td>대상</td><td colspan="2">고학년</td></tr>
<tr><td colspan="2">학습목표</td><td colspan="5">북한이탈주민에 대한 편견과 고정관념을 바로잡을 수 있다.</td></tr>
<tr><td colspan="2" rowspan="2">수업과정</td><td>도입</td><td colspan="2">전개</td><td colspan="2">마무리</td></tr>
<tr><td>동기유발과 학습문제 확인</td><td colspan="2">상황제시와 상호작용</td><td colspan="2">정리 및 내면화</td></tr>
<tr><td colspan="2">다문화요소</td><td colspan="5">관계</td></tr>
<tr><td colspan="2">학습 단계</td><td colspan="4">교수-학습활동</td><td>자료 및 유의점</td></tr>
<tr><td rowspan="2">도입</td><td>동기유발</td><td colspan="4">• 학습동기 유발 및 분위기 조성
- 북한을 탈출하는 사회적 상황 이야기하기</td><td rowspan="2">뉴스보도 자료 활용하기</td></tr>
<tr><td>학습문제 확인</td><td colspan="4">• 북한이탈주민의 고민을 안다.
• 북한이탈주민에 대한 편견을 발견할 수 있다.</td></tr>
<tr><td rowspan="3">전개</td><td>상화제시 단계</td><td colspan="4">• 북한사람이 남한에 오게 된 과정과 시대적 상황 알아보기</td><td rowspan="3">다양한 관점에서 토론문제들을 제시해 놓아야 함</td></tr>
<tr><td>상호작용 (토론)</td><td colspan="4">• 모둠별 토론
- 북한과 남한의 차이 조사하기
- 북한이탈주민에 대한 편견과 차별이 어떠한 것이 있는지 토론</td></tr>
<tr><td>적용단계</td><td colspan="4">• 북한이탈주민에 대한 반편견을 위한 노력들을 탐색
- 모둠별로 북한이탈주민과 가까워질 수 있는 방법 찾기</td></tr>
<tr><td>마무리</td><td>정리 및 발전</td><td colspan="4">• 북한이탈주민에 대한 한국사회의 고정관념 되짚어보기
• 토론한 내용과 관련된 에세이 쓰는 과제 제출</td><td>가치의 내면화</td></tr>
</table>

의 여정과 고민을 담담하게 풀어냈다.

③ 고전설화 〈강감찬 설화〉를 활용한 다문화교육[6)]

고전텍스트에는 서구화되기 전의 한국인의 전통적 문화의식이 반영되어 있다. 즉, 고전텍스트를 통하여 한국인의 전통적 사고방식, 생활방식 등을 살펴볼 수 있다. 그래서 고전문학을 적용하는 것은 일반가정 자녀와 다문화가정 자녀로 하여금 한국문화를 더욱 잘 경험할 수 있게 한다. 여기서는 고전문학 중 영웅탄생형 설화를 활용한 다문화교육방법을 알아보고자 한다. 이 방법의 주된 목표는 한국문화에 대한 이해와 다문화청소년의 한국문화적응이다. [그림 8-5]와 같은 수업절차를 통해 다문화가정의 자녀들에게 그 상황적 맥락을 자신의 상황과 결부시켜 자기서사를 확립하여 재구성할 수 있도록 한다.

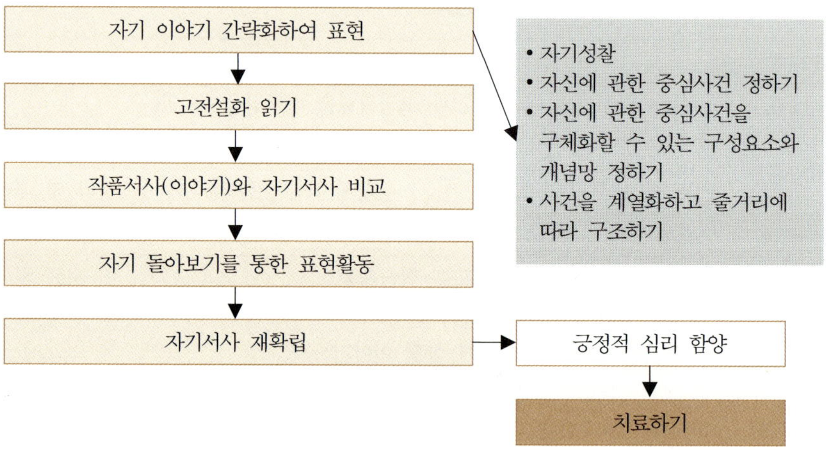

▌그림 8-5▐ 고전설화를 활용한 다문화 수업의 절차

출처: 안미영(2012). p. 107.

〈강감찬 설화〉의 내용 중 일부를 소개하면 다음과 같다. 강감찬은 스스로 얼굴이 너무 잘생겼기 때문에 큰일을 할 수 없다 하여 스스로 마마신을 불러 얼굴을 얽게 하여 추남이

6) 안미영(2012) 논문의 일부 내용을 수정 보완한 것이다.

되었다. 벼슬한 이후 강감찬이 소년 원님으로 부임하였을 때 자신을 너무 어리다고 얕보는 관속들을 혼내주는 일화와 여름날 개구리 소리가 너무 시끄러워 관속에게 부적을 써주고 못에 던지게 했더니 그곳의 개구리가 다시는 울지 않았다는 일화, 강감찬이 수백 년 된 호랑이가 중으로 변신하고 길을 지나는 사람을 수없이 해친다는 민원(民怨)을 듣고 편지로 호랑이를 불러와 크게 꾸짖어 앞으로 새끼도 평생에 한 번만 낳고, 몇몇 산에만 살게 했다는 일화, 모기를 없앴다는 일화, 개미 퇴치 일화, 하늘에서 내리치는 벼락을 손으로 꺾었다는 일화 등이 있으며 모두 강감찬의 이인적인 면모를 부각시키고 있다.

▌표 8-13▌ 고전 설화를 활용한 다문화수업 모형

<table>
<tr><td colspan="2">문학제목</td><td colspan="2">〈강감찬 설화〉</td><td>대상</td><td>다문화학생</td></tr>
<tr><td colspan="2">학습목표</td><td colspan="4">강감찬 설화에 나오는 한국문화를 이해하고 자신에게 적용할 수 있다.</td></tr>
<tr><td colspan="2" rowspan="2">수업과정</td><td>도입</td><td colspan="2">전개</td><td>마무리</td></tr>
<tr><td>동기부여, 학습문제제시</td><td colspan="2">상황제시하기, 모둠활동</td><td>반성, 정리</td></tr>
<tr><td colspan="2">다문화요소</td><td colspan="4">관계</td></tr>
<tr><td colspan="2">학습 단계</td><td colspan="3">교수-학습활동</td><td>자료 및 유의점</td></tr>
<tr><td rowspan="2">도입</td><td>동기유발</td><td colspan="3">• 자신이 알고 있는 영웅에 대하여 이야기하기</td><td rowspan="2">적극적인 수업참여를 위하여 자유로운 분위기 조성</td></tr>
<tr><td>학습문제 제시</td><td colspan="3">• 한국인의 전통적 문화의식이 어떠한지 이해할 수 있다.</td></tr>
<tr><td rowspan="3">전개</td><td>상황제시 단계</td><td colspan="3">• 설화 속 어려운 어휘나 문장 설명하기
• 이야기의 역사 및 배경 설명하기</td><td>학습내용의 이해를 돕기 위해 다양한 활동 제시</td></tr>
<tr><td>재구성 및 확대</td><td colspan="3">• 자신의 문화와 텍스트의 문화를 비교하기
• 모둠활동
- 이야기를 듣고 그림으로 꾸미거나 등장인물과 인터뷰 활동하기
- 학생들 나름대로 텍스트의 이야기를 재구성하기
• 다른 나라 영웅 설화 조사하기</td><td></td></tr>
<tr><td>내면화 단계</td><td colspan="3">• 텍스트 내면화하기
- 모둠별 재구성한 내용 발표</td><td>교사-학습자 피드백을 통해 공감대를 형성하도록 하기</td></tr>
<tr><td>정리</td><td>마무리</td><td colspan="3">• 자기서사 확립
- 토론내용을 정리하기</td><td></td></tr>
</table>

이를 다문화학생들에 적용시켜 보면, 먼저 보통사람과 다른 출생과정을 다문화자녀들의 상황과 유사하게 대응시킬 수 있다. 그리고 강감찬은 남과 다른 처지를 긍정적으로 활용하여 자신의 능력을 발휘하여 영웅이 되었기 때문에 다문화자녀들에게 선명한 인상을 남길 수 있다. 특히 성장기 아동은 어떤 이야기를 자신의 문제로 내면화하는 서사적 경험의 과정에서 그 이야기의 등장인물이나 사건 등에 심리적으로 많은 영향을 받을 가능성이 높고 남과 다른 태생과 생김새, 시련이 영웅으로 만들고 어려움에 굴하지 않는 자신감과 적극적인 행위를 통해 다문화자녀에게 긍정적인 사고를 양성시킬 수 있다.

④ 국어 교과서 〈문학〉영역을 활용한 다문화교육[7)]

고등학교 국어 교과서 문학작품을 활용한 다문화교육은 다문화학생들 고려하여 성취수준과 수업목표를 재구성할 수 있다. 특히 문학수업시간에 교사와의 질의응답을 할 수 있는 충분한 시간을 할애하고, 말하기 및 쓰기 활동을 한다면 다문화학생의 삶과 경험에 대한 감정을 충분히 표현할 수 있다.

도입단계에서는 학습할 문학텍스트와 관련된 간단한 활동지로 학습동기를 부여하고, 전개단계에서는 학습한 내용을 표현할 수 있는 활동프로그램을 진행한다.

7) 김현주(2019) 논문의 일부 내용을 수정 보완한 것이다.

▌표 8-14▐ 문학영역을 활용한 다문화수업 모형

<table>
<tr><td colspan="2">문학제목</td><td>자연과 문명</td><td>대상</td><td>다문화학생</td></tr>
<tr><td colspan="2">학습목표</td><td colspan="3">• 고전 시가를 읽고 자연을 대하는 화자의 태도를 분석할 수 있다.
• 문학작품의 감상을 통해 문학을 생활화할 수 있다.</td></tr>
<tr><td colspan="2" rowspan="2">수업과정</td><td>도입</td><td>전개</td><td>마무리</td></tr>
<tr><td>동기부여, 학습문제제시</td><td>표현활동</td><td>반성, 정리</td></tr>
<tr><td colspan="2">다문화요소</td><td colspan="3">문화 이해</td></tr>
<tr><td colspan="2">학습 단계</td><td colspan="2">교수-학습활동</td><td>자료 및 유의점</td></tr>
<tr><td rowspan="2">도입</td><td>동기 유발</td><td colspan="2">• 시를 감상하며 이미지를 마음속으로 그리기</td><td rowspan="2">적극적인 수업참여를 위하여 자유로운 분위기 조성</td></tr>
<tr><td>학습문 제제시</td><td colspan="2">• 문화작품에 대해 자신의 생각을 표현할 수 있다.</td></tr>
<tr><td rowspan="3">전개</td><td>활동1</td><td colspan="2">• 다섯 글자 토크 활동지를 통해 시의 첫 느낌을 다섯 글자로 표현하기</td><td>편안한 분위기 조성하기</td></tr>
<tr><td>활동2 재구성</td><td colspan="2">• 시적 상황에 대해 작성한 글자를 4컷 만화로 표현하기
- 시정 상황을 그림으로 꾸미기
- 학생들 나름대로 텍스트의 이야기를 재구성하기</td><td>4컷 만화를 그릴 수 있는 활동지 배부</td></tr>
<tr><td>활동3 내면화 단계</td><td colspan="2">• 텍스트 내면화하기
- 자신의 경험을 그림이나 시로 표현하기</td><td>간단한 예시 들어주기</td></tr>
<tr><td>정리</td><td>마무리</td><td colspan="2">• 문답을 통한 본시 학습 내용 확인</td><td></td></tr>
</table>

chapter **09**

다문화교육과 평가

09 chapter 다문화교육과 평가

우리 사회의 다문화 인구가 점차 증가함에 따라 다문화학생에 대한 교육 수요가 늘어나고 있으며, 일반 학생 대상 다문화 이해교육의 필요성 또한 강조되고 있다. 이에 다문화교육을 위한 많은 프로그램과 활동들이 점차 확대되고 있으며 내용이나 방법적인 측면에서 다양하게 전개되고 있지만 그러한 노력의 효과를 검증하고 검토하려는 시도는 부족한 편이다. 다문화교육의 목표에 대한 접근방법이 새롭게 시도되고 학교에서 접목할 수 있는 다양한 프로그램이 개발되고 있지만 실제로 그러한 프로그램이 다문화가정 학부모와 자녀들에게 얼마나 파급되고 효율적인지에 대한 실질적인 평가와 함께, 환류를 통한 검증과 개선이 필요하다. 특히 다문화교육의 평가는 일반적인 교육평가처럼 표준화된 측정절차를 통하여 객관적이고 과학적인 평가가 힘든 인지적 · 정의적 영역의 평가가 대부분이다. 그러므로 개인의 흥미와 적성을 고려하면서 다문화교육의 목표 완수에 도움을 주는 효과적인 교육평가가 필요하다.

1 다문화교육과 교육평가의 의미

교육평가는 교육목적의 달성 정도를 평가하는 과정을 말하며, 교육활동의 효율성을 미리 설정된 준거에 의해 평가해 보고 이를 통해 나타난 결과에 대한 가치를 판별하는 체계적인 활동을 의미한다. 따라서 학생의 교육목적 달성도를 평가하고, 교사 스스로의 학습 지도방법 등을 평가하는 것은 물론 교육활동 과정에서의 교육목적의 적절성, 학습내용 선정의 타당성, 교수-학습과정 전개의 효율성 등에 대한 평가까지도 포함하는 광범위한 대상영역을 지니고 있다. 즉 교육평가란 학습자의 행동변화 및 학습과정에 관한 제반 정보를 수집하고 이용함으로써 교육적 의사결정을 내리는 데 도움을 주거나 한걸음 더 나아가 의사결정을 내리는 과정이라 말할 수 있다. 여기서 의사결정은 교육적인 가치를 판단하는 일로써 중요한 의미를 가지고 있다. 즉 어떤 학생이 70점을 받았다면 그 70점이란 점수는 단순한 숫자를 넘어서서 점수가 가지고 있는 많은 의미와 가치를 가질 때 진정한 평가가 이루어졌다고 할 수 있다(구병두 외, 2007).

그러므로 교육평가란 교육문제를 해결하기 위해서 많은 교육의 과정에서 나타난 결과를 수량적으로 해석하고 그 의미를 알아가는 과정이다. 이런 측면에서 다문화교육의 과정에서 무엇을 어떻게 평가할 것인가의 문제는 다문화교육이 나아갈 수 있는 방향성을 제시할 수 있다. 따라서 다문화교육에서 지향하는 교육평가는 객관적 측정에 의한 단순 점수의 강조가 아니라 평가된 결과와 자료의 해석과 의미 부여에 더 큰 중점을 둠으로써 학생들의 자아성장을 돕는 교육적 행위이다.

2 다문화교육과 교육평가의 종류

일반적인 교육평가의 종류는 매우 다양하지만, 다문화교육에서는 다양한 접근방법보다는 학생들에게 쉽게 적용할 수 있는 기본적인 형태의 평가가 필요하다. 교육평가의 종류는 평가기준이나 대상영역에 따라 분류할 수 있다(오성삼 외, 1996; 서종남, 2010).

첫째, 평가기준에 따라서 임의평가, 상대평가, 절대평가로 나누어진다.

임의평가는 평가기준이 객관적이며 과학적인 검토와 연구에 의하여 임의로 설정되고 평가되는 것을 의미한다. 이 평가는 현대적인 교육평가 이전, 즉 교육평가이론의 부재 내지 공백상태에서 사용되었던 하나의 평가방법이다. 예를 들어, 교사가 가르친 내용 중에서 교사가 임의적으로 마련한 기준에 따라서 문제를 제출하여 시험을 치르게 하는 형태이다. 이 평가는 객관적이고 체계적인 평가기준이 설정되어 있지 않으므로 평가결과에 대한 판단이 일정하지 못하다는 단점을 가지고 있다.

상대평가는 일반적으로 평균을 기준으로 하여 평균치의 어느 쪽에 있는가를 평가하며, 평가의 기준은 시험의 채점 결과에서 얻은 원점수를 표준점수 척도로 환산하여 해석한다. 이것은 검사점수의 분포가 정상분포곡선이라는 것을 전제로 한 것이다. 상대평가는 학습자들의 상대적인 점수를 이용하여 학생의 선발이나 우열을 가려내는 평가이다. 그러나 상대평가의 결과는 계속적으로 인간의 능력 계발을 저해하며, 집단 내에서 상대적으로 판정되기 때문에 학습자의 경쟁의식을 가져와 학습의 개선효과를 약화시키기도 한다.

절대평가는 학습자와의 비교가 아닌 원래 달성하고자 한 수업목표 그 자체에 의미를 두고 있으며, 목표했던 것에 비추어 어느 정도 성취를 이루었나를 평가하는 것이다. 절대평가는 교육개선의 자료와 학습전략 수립에 필요한 자료를 제공하며, 협동적인 학습이 촉진되어 현대적인 학습이론에 적합하다. 그러나 개인차 변별이나 타 집단과의 비교가 어려우며, 절대기준의 설정이 모호하다.

둘째, 대상영역에 따라서 교육과정 평가, 수업 프로그램 평가, 학생 평가로 나누어진다.

교육과정 평가는 학습과제, 교수방법의 효과, 교육과정을 학습자와 교육 목표에 비추어 평가하는 것이다. 이 평가는 교육과정의 의도가 실제로 교실에서 실천되었는지, 전개한 교육과정은 학생들에게 얼마나 실현되었는지 파악하기 위해 시행된다. 이 평가 결과는 다시 새로운 교육과정을 계획할 때 자료로 활용된다.

수업 프로그램 평가는 수업이 본래 의도한 목적과 실제로 학생들이 달성한 학습결과와의 차이를 비교하는 것이 가장 큰 목적이다. 학습결과란 수업에서 의도한 것 중에서 나타나지 않은 것 또는 의도하지 않은 것 중에서 학생들 행동에서 나타난 것 모두를 말한다. 이 평가는 개별 학생에게는 별 관심이 없으며, 어떤 학생의 개인 점수보다는 그 집단의 평균 점수나 점수의 분포 등에 관심을 둔다.

학생 평가는 학생들이 설정된 수업목표를 적절히 성취했는지의 여부를 평가하는 것을

를 인식하고 상대방의 관습을 인정할 수 있는 상호 문화적 능력을 평가하는 것이다.

셋째 단계는 사회정의의 실천이다. 사회의 불합리성을 깨닫고 인종차별주의 등 모든 사회에 만연되어 있는 편견과 차별에 대한 지식과 인식을 발전시키고 지속적인 저항 능력 등을 평가하는 것이다. 이 단계가 가장 중요한 평가로 세계시민으로서 인류의 행복을 위협하는 문제들을 해결하기 위해 필요한 지식, 태도, 기능 등을 가지고 있는가가 평가의 중요한 관건이다.

3) 글래저(Glaser)의 다문화교육 평가방법

글래저(1997)는 다양한 관점에서 평가를 실시하고 수업에서도 문화적 관점에서 진행되어야 한다고 주장한다. 특히 수업의 진행은 역사적 사고기준의 원칙하에 학생들에게 사물의 원리와 사고하는 방법의 중요성을 강조했다. 또한 더 나아가 이러한 역사적 기준도 획일적으로 진행하는 것이 아니라 학생들의 사회적 · 문화적 · 역사적 배경을 고려하여 교육하고 평가하여야 한다고 보았다. 그는 인종과 민족의 벽을 무너뜨리는 원동력으로 여러 인종이 가지고 있는 다양한 요소들을 고려하고 혼합하여 평가해야 함을 언급했다. 이는 다문화교육의 종합적이고 전체적인 평가의 방법을 강조한 것이다.

다문화교육 평가에서 글래저의 사상은 중요한 의미를 가진다. 그가 특히 강조한 것은 목표에 대한 평가와 피드백이며, 수업목표를 낮은 수준의 지식에서 시작하여 이해, 적용, 분석, 종합, 평가의 단계로 나아간다고 보았다. 특히 평가는 어떤 방법이나 생각에 대해 비판하거나 판단할 수 있도록 도와주어야 하며 왜 그러한 판단을 하게 되었는지 말할 수 있어야 한다고 보았다.

이런 측면은 다문화교육의 평가의 단계와도 일치한다. 즉 학습자가 이미 습득한 학습 내용을 파악하고 실제 수업에 학습자의 특성과 개인차를 고려한 수업을 할 수 있도록 하는 진단평가를 실시한다. 이 평가를 통해서 학생들이 가정이나 친척들에게서 습득한 문화적 지식을 확인할 수 있다. 다음 단계로 수업목표에 따라 수업을 진행되는 도중에 가르치고 있는 내용에 대해 학생들이 이해하는지 확인하고 개인차를 적용하는 형성평가를 실시한다. 이 평가를 통해서 학생들이 수업과정에서 이해하지 못하는 지식이나 문화적 내용을 보충해 주고 학습과정을 수정하고 변환할 수 있다. 마지막으로 일정기간 동안의 수업이 종결되었을 때 학업성취를 종합적으로 실시하는 종합평가를 실시한다. 이 과정을 통해 학습자가 수업목표에 도달하지 못했을 때는 충분한 피드백을 실시하여 학생의 성취동기를 높이고 학습 적응력을 향상시킨다.

4) 가드너(Gardner)의 다문화교육 평가방법

가드너(2006)는 지능을 평가하는 데 있어서 가장 중요한 것은 측정하고자 하는 지능을 내포하는 자료의 문제해결능력이나 그와 관련된 창작물을 만들어 내는 능력을 측정하는 것이라고 했다. 이 방법은 종래의 필답고사에 의한 검사와는 달리 문제해결을 유발하기 위해 풍부한 자료와 도구를 사용하거나 면접을 실시하는 것뿐만 아니라, 개인이 각기 소유하는 지적 소유물에 관한 전체적인 평가를 의미하는 것이다. 이러한 가드너의 지능평가 방법은 다문화교육에 시사하는 바가 크다. 즉 기존의 획일적인 교육평가가 아니라 개인이 가지고 있는 개성과 재능을 마음껏 펼칠 수 있는 종합적인 평가가 필요함을 의미한다.

나아가 그의 다중지능이론은 다문화교육 평가의 나아갈 방향을 제공한다. 그는 과거의 여러 연구들이 인간의 지적 능력을 설명하는 데 한계가 있다고 보았다. 특히 그가 주장한 언어적 지능, 논리·수학적 지능, 공간적 지능, 음악적 지능, 신체-운동적 지능, 대인관계 지능, 개인이해 지능, 자연관찰 지능은 IQ검사와 같은 단일 측정을 통해서 파악하는 것은 불가능하다는 것이다. 가드너의 관점에서 추론할 수 있는 구체적인 다문화교육 평가방법은 다음과 같다.

첫째, 통합주제 단원 중심의 평가이다. 단일한 분과 중심의 측정치는 개인이 가지고 있는 다양한 능력을 정확하게 설명할 수 없으며 연령과 다양한 계층에 대하여 같은 방법으로 평가할 수 없다. 그러므로 개인의 문화적 배경, 기존 문화에 대한 접촉 빈도 등 실생활에 관련된 주제 중심의 통합교육과 평가가 실시되어야 한다.

둘째, 도제식 교육과 평가이다. 다중지능이론을 접목한 교육의 특징 중에 하나는 도제식 교육이다. 도제식 교육은 주로 세 가지 영역, 즉 예능(미술, 음악, 기술), 학업, 체육(댄스, 스포츠) 영역에서 하루의 1/3의 시간을 보내는 것이다. 이런 도제식 교육은 교사가 획일적으로 교육 내용을 제시하는 것이 아니라 학생들에게 직접 학습내용의 선택 권한을 주는 것이다. 이런 교육을 통해 기존의 교과서 중심에서 벗어나 박물관, 문화센터, 기업체 등 다양한 곳에서 교육이 이루어질 수 있다.

셋째, 진정한 수행평가 중심의 평가이다. 수행평가의 본래의 개념은 교실 수업이 일어나는 상황과 유사한 실생활 상황에서 문제해결 능력을 평가하는 것이다. 따라서 진정한 수행평가는 교실에서 배운 지식이나 기능을 실제 생활 속에서 실제적으로 수행해 내는 것이다. 다양한 자료를 활용하여 무엇을 어떻게 학습했는가를 평가하는 것이 다문화교육의 진정한 평가이다.

5) 유네스코(UNESCO)의 문화 간 교육 평가방법

유네스코에서는 '국제이해교육'이라는 명칭으로 '문화 간 교육'이라는 다문화교육을 실시해 오고 있다. 유네스코의 문화 간 교육 지침서에 제시된 평가의 두 가지 원칙은 다음과 같다. 첫째 원칙은 '문화에 맞는 평가방법의 개발'과 '가급적이면 학습자들의 모국어를 강의언어로 선택하기'이다. 이것은 학습자들의 문화적 배경을 고려하면서 학습자 우선으로 평가함을 강조하는 내용이다. 특히 모국어를 강의언어로 선택함으로써 학습과 평가의 기준을 제공하고 있다. 둘째 원칙은 '지식, 기술, 정신자세와 가치 등을 포함하여 학습결과에 대한 명확한 해석과 평가'이다. 이것은 각 나라의 문화가 서로 다르므로 그 문화의 요소에 포함된 정신적인 측면을 고려함으로써 다면적인 해석과 평가가 이루어져야 함을 강조한다.

이러한 다문화교육의 다양한 평가방법은 인종, 문화, 편견, 차별 등에 대한 공정한 인식을 바탕으로 실제 현실에서 적용할 수 있는 평가방법과 프로그램의 필요성을 강조하고 있다. 그러므로 학생의 문화와 특성을 살린 교육, 학습자의 문화적 욕구를 반영하는 평가가 가능하도록 교육과정의 폭을 넓힐 뿐만 아니라 스스로 만들어 갈 수 있는 공간을 주어야 한다. 물론 이를 위해서는 교육형식이나 내용의 변화를 넘어서 사회 전반의 열림, 그리고 교육에 대한 새로운 시각 등이 필요하다. 이러한 열린 시각을 바탕으로 학생들이 가지고 있는 가치관이나 사고방식을 문화적으로 공평하게 평가할 수 있는 사회적 분위기가 조성되어야 한다. 이런 공감대를 바탕으로 다문화교육의 다양한 평가방법이 새로이 개발되고 사회에 보급될 수 있다.

5 다문화교육의 평가모형

다문화학생들의 상호 이해를 개선하고 합리적인 방법을 찾고자 하는 노력은 표준화된 측정을 통해서 파악하기가 어렵다. 구체화된 평가문항의 제작도 어렵고 일률적인 적용도 힘들기 때문이다. 그러므로 다문화교육의 평가모형을 규정하기 힘들지만 개인이나 집단의 상태에 대한 효과적인 영향력이나 효과에 대해서 논의할 때 다음의 세 가지 다른 모형(혹은 패러다임)이 활용되고 있다(허영식, 2010).

1) 원인-결과모형(단일체제설계)

이 모형은 학습효과에 대해 행위를 하는 주체가 다른 사람들에게 목표에 지향을 두고, 방법적으로 접근하고 검사를 하면서 영향을 미친 결과로서 이해한다. 예를 들면, 다문화적 만남을 주선하고 진행하는 자가 청소년에 대하여 혹은 조직하는 주체와 출자자(재정지원자)가 현장의 실천가들에게 어떻게 그리고 얼마나 영향을 미치는가를 점검할 경우 이

모형에 따르는 경향이 많다. 이것은 행동이론에 기반을 둔 경험적 패러다임이라고 할 수 있다.

그러므로 이 모형에서 평가는 인과적 관계 혹은 연관성의 점검으로 이해된다. 다문화교육에서 엄밀한 의미의 인과적 관계나 효과를 증명하는 것은 매우 어렵고, 기껏해야 통계적인 개연성에 의존하고 있는 실정이다. 그러나 이러한 인과관계를 점검함으로써 평소에 생각하지 못했던 문제들이나 중요한 사실을 발견할 수 있다. 예를 들어, 다문화교육의 행사를 담당하는 단체와 다문화학생 간의 교육과정이나 서로의 교육활동 중에서 그 기능적 개선을 보여주는 계기나 인과관계가 충분히 나타날 수 있다.

이러한 인과관계를 보여주는 연구절차를 단일체제설계(single system design: SSD)라고 한다. 이런 관계는 일반적으로 A에서 B로 향하는 개개의 단선적인 인과관계 혹은 연관성이 연구된다. 그러나 다문화교육의 상호이해와 교육적 결과를 평가함으로써 그 행위의 실제적인 효과를 추론한다면 틀릴 가능성이 높다. 왜냐하면 사회공학적인 개념과 구상은 다문화적 영역에서 추구하는 기능과 윤리적으로 맞지 않을 가능성이 높기 때문에 목적과 교육과정을 비교하며 평가하는 것은 인과적으로 불분명한 결과를 도출하기 때문이다.

그러므로 원인–결과 모형은 수행한 사업이나 교육활동에 대하여 정당성을 부여하고 그것에 대하여 논리적이고 인과적인 해명을 할 경우에 적절한 대안이 된다. 그것은 프로그램의 질, 그 프로그램에 대한 사람들의 인지도, 투입한 비용에 대한 관계, 내용적인 특징이나 특성화, 시간적 전개과정 그리고 다른 것들을 일단 점검할 수 있도록 해준다. 그러나 이 모형이 다문화적 상호이해를 위한 프로그램의 효과를 측정하거나 심지어 개선할 수 있는지의 여부에 대해서는 여전히 의문의 여지가 있다.

2) 협력모형

이 모형은 학습효과를 공동제작의 결과로서 상호작용 혹은 상호영향력 행사로 이해한다. 방법적으로 이 모형은 상호작용적 접근방안에 따른다. 다문화학생의 학습기회와 관련된 모든 질문은 참가자와의 상호작용에 중점을 두면서 공동제작을 위해 노력한다.

이 관점에서는 다문화학생과 일반 학생 혹은 교사 간의 어떤 협력이 교류되는지 혹은 학습에 방해요소는 무엇인지 등을 관찰하고 기술한다. 예를 들면 참여관찰을 통해서 교사와 다문화학생들 사이의 상호협력이 성공적으로 이루어지는지 혹은 안 되는지, 그리고 다문화학생과 일반 학생들 사이에 어떤 관계가 맺어지고 결과가 나타나는지 기술한다. 이런 기술을 바탕으로 학습의 질에 대하여 공동으로 숙고하고 평가기준에 대한 의사소통을 한다. 이런 의사소통은 학생과 교사, 학생과 학생, 학생과 개별 프로그램 담당자 등 다양하게 이루어진다.

이 맥락에서 교육의 질을 평가하기 위한 척도는 수업에 관여한 사람들의 가치관에 따라 달라진다. 다문화학생이 생각하는 개념과 교사의 개념이 다를 수 있다. 이것은 민족들 사이에서도 마찬가지이다. 일본인과 중국인이 똑같은 사물에 대해서 서로 다른 생각을 가지는 것은 당연하기 때문이다. 다문화교육을 진행하는 사람이나 받아들이는 학생들의 차이, 같은 교실에서 공부하는 다문화학생과 일반학생들, 사회에서 다문화교육의 프로그램을 계획하는 사람들의 생각이 모두 다르므로 서로 일치하는 평가관이나 가치를 가질 수는 없다.

그러나 이러한 차이를 거부하고 무시한다면 교육의 목표를 달성할 수가 없다. 오히려 이러한 좌절과 불일치가 새로운 시도를 불러오고 제3의 합의를 가능하게 해준다. 이 합의는 효과와 관련된 대화에 의해 가능하다. 모든 참여자에게 중요한 문제가 무엇인지 혹은 위험에 처해 있는 것이 무엇인지에 관하여 상호 대화를 통해서 해결할 수 있다. 이런 대화를 통해서 다문화교육에 참여한 사람들은 서로의 목표를 인지하고 평가기준에 대한 의사소통이 가능하게 된다. 그러므로 협력모형은 상호작용적 평가모형 혹은 대화적 평가모형이라고 할 수 있다. 따라서 다문화교육에 참여하고 있는 여러 관계자의 상호협력적인 노력이 요구된다.

3) 체제평가모형

이 모형은 효과를 어떤 체제(개인, 집단, 조직)가 수행하는 자기변화의 결과로써 이해한다. 이때 자기변화는 외부에서 가해지는 어떤 자극이나 어떤 짜증나는 일에 대한 반작용(반응)이다. 이 모형은 체제이론에 기반을 둔 접근방안에 지향을 두고 있다.

이 모형은 다문화교육이 이루어지는 과정을 개개의 인과관계로 분석할 수 있다거나 이것으로 환원시킬 수 있다는 점을 의심한다. 또한 참여자들의 주관적인 측면에서 그들 사이의 효과와 대화를 통한 가능성에도 회의적이다. 그러므로 개인은 매우 복잡한 체제를 가진 독립체로서 상황에 따라 스스로의 논리를 바탕으로 자신의 행위를 한다고 간주한다. 즉 다문화교육의 현장에서 협력이 잘 이루어지고 교사와 학생 간의 충분한 대화를 함에도 불구하고, 어떤 학생은 전혀 교육적 효과를 발견할 수 없는 경우가 있다. 혹은 반대로 교육적 협력이나 대화가 전무함에도 불구하고 학생의 행위가 모범적으로 바뀌는 사례가 많다. 이런 측면을 주시하면서 이 모형은 교육프로그램이나 인적 자원의 측면보다는 다문화 학생의 개인적인 측면에 초점을 두고 그 나름의 고유한 역학관계를 규명하려고 한다.

이러한 관점에서 체제평가모형은 매우 체념적인 것처럼 들린다. 왜냐하면 학교나 교사가 아무리 노력해도 학생이 받아들이지 않으면 효과가 없기 때문이다. 그러나 복합적인 사회체제의 조절 가능성과 관련시켜 볼 때 반드시 부정적인 것은 아니다. 즉 현재와 같이 복잡하고 지식의 폭발시대에 학교에서 가르치는 내용에 만족하고 머물기보다는 학생 개개인의 다양한 욕구와 개성을 충족시켜 줄 수 있는 대안이 여기에서 출발하기 때문이다. 그러므로 학생들의 인격적 특성과 개체적 욕구에 부응할 수 있는 방안을 찾는다면 매우 효과적이라고 할 수 있다(Mueller, 2006).

요약하면 원인과 결과의 인과적 설명을 강조하는 원인-결과모형은 다문화학생과 교사 사이에 일어나는 현상들의 단선적인 과정으로 이해하고 평가를 하고자 한다. 그러나 이 모형은 교사와 학생, 학생과 학생, 학생과 사회단체 등의 여러 변인들을 무시하고 그 결과만을 분류하고 측정하기 때문에 그 결과의 신뢰성에 대해서 많은 학자들이 회의를 가진다. 하지만 평가의 측면에서는 매우 수월하고 결과의 측정이 용이하다.

반면, 다문화학생과 교사와의 상호협력적인 대화를 지향하는 협력모형은 교실에서 일어나는 여러 현상들의 주관적 측면을 강조함으로써 학생들의 실제적이고 현실적인 문제해결에 도움을 줄 수 있다. 하지만 이 모형은 주관적이고 맥락적·의미적인 해석이 많아서 구체적이고 분명한 평가가 힘들고 평가기준이나 평가문항이 매우 모호하다는 단점이 있다.

그리고 개인의 자율적 변화에 초점을 둔 체제적 평가모형은 개인이 가지고 있는 특성이나 개성을 드러낼 수 있는 사회적 분위기를 촉진한다는 장점이 있다. 그리고 실제 수업현장에서 발생하는 학생들의 개성적 행동이나 돌출행동을 설명하고 이해하는 데에 도움을 준다. 그러나 개인의 자기 변화에 초점을 둠으로써 평가의 중요한 기준이나 상대적 혹은 절대적 평가의 방법이 무시됨으로써 평가 자체의 존재성이 무의미하게 된다.

6 다문화교육의 평가 방향

많은 연구자들이 다문화교육에 대해서 논의하고 있지만, 평가에 대한 내용은 미약한 편이다. 아직까지 다문화교육에 대한 정확한 정의나 다른 교육방법과의 차이점에 주안점을 두고 있다. 그러므로 다문화교육의 정의나 방법적 측면에서 어떻게 보급할 것인가에 초점을 두고 다양한 프로그램의 구안에 관심을 두고 있다. 따라서 현재 다문화교육을 사회에 적용하고 교실에서 활용할 수 있는 여러 가지 구체적인 교육계획과 방법들이 개발되고 있다. 현재 몇몇 연구자들이 다문화교육을 수행하면서 그 계획이나 절차상에서 평가와 관련된 언급들이 있었다. 이렇게 다문화교육의 평가와 관련된 영역을 정리하면 〈표 9-2〉와 같다.

▌표 9-2▌ 다문화교육의 평가내용

연구	평가	
김갑성 (2007)	• 외국 문화를 반영한 물건으로 보상	
박윤경 (2009)	• 인권과 연계한 다문화교육 프로그램 설계 및 실행 준거	
박정문 (2006)	• 지적 영역 평가 • 지구촌적인 시각과 타인지향적인 가치 인식, 지구촌의 문제를 공감하고 같이 해결해 보고자 하는 자질과 능력을 평가	
오은순 외 (2007)	• 다문화 가치인식 평가 • 과정 중심 평가 • 절대평가 • 다문화가정 학생의 자국 문화요소 반영 • 모국어 사전 사용 허가	• 실천도 평가 • 개인 내 진전도 평가 • 학생 개인을 고려한 평가 • 모국어 활용 • 학생의 언어수준 고려
윤인진 (2009)	• 전체 국민 대상 다문화교육 • 다문화교육 목표, 과제, 사업의 체계성과 지속성 평가	
Banks (2007)	• 지필평가와 표준화 검사 사용 지양	
Coelho (1998)	• 절대평가 • 수행평가 • 쓰기평가에서 모국어 사용 허가 • 시험에서 사전 사용 허용	• 관찰, 협의, 학생 저널 등 교실 기반 평가 • 포트폴리오 평가 • 평가문항에서 단순하고 명확한 언어 사용 • 학습과정 평가(예: 관찰 체크리스트 활용)

출처: 오은순 외(2009); 장경원(2014).

이런 내용을 바탕으로 교실에서 적용할 수 있는 다문화교육 평가의 구체적인 내용을 유추하면 다음과 같다.

① 교육활동 후의 소감문 작성, 토의 및 토론활동의 관찰을 통해서 학생을 평가해야 한다. 토론이나 소감문 작성은 본질적으로 학생들의 수준, 연령, 토론 수업에의 익숙함, 다루는 주제, 교과의 성격 등에 따라 달라진다. 그러므로 이런 교육활동 후의 수업은 적절하고 구체적인 주제와 시나리오를 토론 전에 얼마나 철저하게 준비하느냐에 달려 있다고 해도 과언이 아니다. 활동이 전개되면서 예기치 않은 반응이 나올 수도 있고, 계획대로 진행되지 않을 수도 있지만 사전에 충분히 검토한다면 효과적

인 학습과 평가가 가능하다. 특히 학생들이 제시하는 글이나 대화의 정답을 추구해서는 안 된다. 정답이 중요한 것이 아니라 학생들이 제시한 답을 모두가 받아들이고 그러한 답이 나오게 된 배경을 다시 토론의 주제로 삼아 계속적인 활동을 전개해야 한다. 따라서 교육활동 후의 평가는 학생들이 자기의 이야기를 충분히 하는 것으로 만족하고 다음의 여러 교수활동의 준비단계로 받아들여야 한다.

② 다문화학생의 문화적 경험과 가치를 표현하는 다양한 활동을 평가해야 한다. 세계의 문화를 배우는 시간에 다문화학생이 속한 민족의 전통이나 의식 등에 대해서 조사학습을 시키고 그림, 노래, 무용 등의 다양한 활동으로 평가를 한다. 한글로 표현하기 힘든 지적 영역의 평가는 지양하고 자신의 언어로 충분한 학습이 가능하도록 권장한다. 특히 국어시간에 다문화학생이 모국어를 사용했다고 모욕을 주거나 교사의 무시적인 태도나 행위는 매우 위험한 현상이다.

이런 면은 이중언어교육을 주장하는 연구자들과 사고와 맥락을 같이한다. 즉 학생들에게 민족집단의 언어를 합법적인 의사소통수단으로서 배울 수 있게 해주고 학생들이 적어도 두 개의 언어를 구사할 수 있도록 도와주어야 한다는 것이다. 예를 들어 싱가포르 학생은 두 개 이상의 언어를 쉽게 사용한다. 왜냐하면 가정에서는 전통적인 중국문화를 바탕으로 한 중국어와 말레이어를 사용하고 학교에서는 영어를 공용어로 사용하기 때문이다. 이처럼 이중언어는 학생들의 미래에 큰 도움이 되므로 학교나 가정에서 서로 협력하고 공감할 수 있는 기회를 주고 장점을 살려나가도록 해야 한다.

③ 다문화학생의 행동을 변화시키거나 지식을 습득·강조하기보다는 문화에 대한 이해를 평가해야 한다. 다문화교육은 단순히 여가, 취미, 놀이와 관련된 교육을 의미하는 것이 아니라, 사회현상 전반에 대한 새로운 인식을 통해 다양한 삶의 가능성들을 모색하는 것이다. 현재 다문화의 개념은 다양한 환경과 연계시키고, 개별적이고 지역적인 격차를 줄이면서 모든 계층이 골고루 문화생활을 누릴 수 있는 경향으로 나아가고 있다. 그러므로 이제 한 걸음 더 나아가 발전이란 용어의 개념을 근원적으로 변화시키고, 진정한 인간의 문화적 목적을 추구하는 데까지 왔다. 즉 국민들이 엘리

트문화나 대중문화의 산물에 단순히 접근한다는 단계를 뛰어넘어, 그들 자신이 문화 창조의 일익을 담당하는 문화 창조자로서 활동하는 것이다.

따라서 궁극적으로 다문화교육이 일상의 삶 속에서 어우러져 통합적으로 재구조화되는 것이 이상적인 교육의 모습이다. 그러므로 단순히 학생의 행동을 변화시키고 지식을 강요하기보다는 학생이 가진 문화뿐만 아니라 우리의 문화를 서로 비교하며 이해하는 면에 초점을 맞추어야 한다. 지나치게 우리의 문화를 강조하면 오히려 역효과가 발생하는 경우가 많다. 스스로의 힘으로 조금씩 적응해 가도록 충분한 배려를 할 수 있는 평가내용을 모색해야 한다.

④ 글로벌의 입장에서 지구촌의 문제를 해결할 수 있는 능력을 평가해야 한다. 이를 위해서는 새로운 다문화교육과정을 보급하고 개선되어야 한다. 다문화교육이 학교 교육의 지적 우위주의를 과감하게 탈피할 수 있는 교육목적과 내용을 갖추기 위해서는 기존의 교육체계를 유지하면서 새로운 교육과정과 방법을 모색하도록 요구해야 한다. 그런 과정을 통해서 모든 사람들이 새로운 사고와 행위능력을 발휘할 수 있는 교육적 요소를 제공할 수 있다. 또한 타인과의 공동체 형성과 더불어 자연과의 교감이나 상생의 삶도 길러줄 수 있다.

그러므로 다문화교육은 학생들의 창의성, 자발성, 공동작업을 강조하는 새로운 교육내용을 바탕으로 타인을 배려하고 세계를 하나의 문화권으로 생각하도록 강조해야 한다. 또한 현실의 주지주의적 교육에 반대하며 균형적인 감각 습득을 유지해야 한다. 이를 위해서 학생의 성적 위주의 평가보다는 다문화교사, 다문화교육 프로그램, 다문화교육정책 등의 광범위한 영역에서 평가가 이루어져야 한다. 이를 통해서 학생 개개인의 문화적 배경을 고려하고 국가적으로 세계화에 앞장설 수 있는 다문화교육의 종합적 평가가 이루어지도록 해야 한다.

7 다문화교육 평가의 내용

다문화교육의 학습내용 평가는 매우 다양하게 진행할 수 있다. 표준화된 평가는 일반적으로 학생의 점수를 어떤 특정한 기준의 다른 학생들과의 비교하여 성취수준을 예견한다. 그러나 다문화교육의 평가는 실제적인 상황에서 과제를 수행한 결과를 바탕으로 이루어진다. 그러므로 학생들의 평가는 친구들과의 비교보다는 그들 자신이 이전에 해놓은 학습결과와 비교하여 진보와 발전의 정도를 알 수 있다.

다문화교육의 평가 방향을 설정하기 위한 토대로 깁슨(Gibson, 1976)은 다음과 같이 다문화교육의 접근방법을 주장했다. 첫째, 문화적으로 다른 학생을 위한 교육, 또는 박애주의적 다문화주의의 입장에서 문화적으로 다른 학생들을 효과적으로 문화와 사회의 주류로 합류시키는 것을 도와야 한다. 둘째, 문화적 차이에 대한 교육으로써 모든 학생들에게 다른 문화 간의 상호 이해를 증진시키는 노력으로 다른 여러 문화의 다른 점들을 가르쳐야 한다. 셋째, 문화적 다원주의 교육으로써 각 민족의 문화를 지키고 소수민족의 영향력을 높이는 교육이 이루어져야 한다. 넷째, 이중문화교육으로써 학생들이 다른 두 개의 문화권 속에서 성공적으로 적응할 수 있도록 준비시켜야 한다. 다섯째, 인간의 정상적 경험으로서의 다문화교육으로 학생들이 다양한 문화적, 인종적, 혹은 다른 환경에서 살아갈 수 있도록 가르쳐야 한다고 주장하였다.

그리고 쿠마시로(Kumashiro, 2002)는 다문화교육의 접근방향에 대해서 첫째, 다른 이들을 위한 교육으로써 억압과 차별에 직면한 학생들의 교육적 경험을 개선하는 데 중점을 두어야 한다. 둘째, 다른 이들에 관한 교육으로써 역사적으로 억압받았던 사람들을 반영하기 위해 교육과정을 개정해야 한다. 셋째, 특권화와 타자화에 대한 비판적인 교육으로써 학생들이 억압에 대한 제도들을 변화시키는 데 관심을 갖도록 초점을 맞추어야 한다. 넷째, 학생들과 사회를 변화시키는 교육으로써 학교에서 억압을 조장하는 복잡하고 미묘한 과정을 변화시켜야 한다고 주장하였다. 이런 다문화교육의 접근방법을 토대로 다문화교육의 평가방향을 다음과 같이 설정할 수 있다.

① 다문화교육이 추구하는 교육목표와 교육과정을 개선하기 위해서는 학생들의 문화적 인식과 문화적 차이를 공유할 수 있는 다양한 평가가 이루어져야 한다. 학생들의 다양한 경험을 통해 문화적 차이, 지적 호기심, 문화적 상상력을 키워주는 내용이 다문화교육의 핵심이다. 이것을 완수하기 위한 기본적인 전제 조건은 문화적 인식의 전환으로써, 학생들을 다른 시각으로 보아야 한다는 것이다. 즉 '도와주어야 한다, 가르쳐주어야 한다, 알게 해주어야 한다'는 식의 교육관적 인식에서 벗어나서 '스스로 안다, 찾게 한다, 협력한다, 공부하는 방법을 제시한다' 등의 학습관적 인식으로의 시각 변화를 의미한다. 그러므로 어떤 학생이든 타고난 자기의 재능이 있으므로, 잘하는 것은 격려하고 못하는 것은 도움을 주면서 학생들의 잠재력을 최대한 극대화해야 한다.

더구나 서구의 합리주의적, 진화론적 사고방식이 교육사조에 도입되면서, 문화의 우열성을 따지는 논쟁이 나타났다. 상위문화를 가진 집단의 우월성을 하위문화집단으로 이식하여 사회의 발전을 꾀하는 문화실조론적 입장은 다문화교육의 본질을 왜곡하는 의미가 된다. 즉 문화는 그 자체로서 인정되어야만 가치가 있는 것이지, 원시인의 문화라고 배척하고 어린이의 작품이라고 무시한다면 교육은 중요한 본질을 잃게 되고, 그러한 교육은 연습이나 훈련과 같은 반복적 동작을 통해 기계를 만드는 교육이 된다. 따라서 '남과 다름'에 대한 이해와 관용이 필요하다. 획일적인 일원화 사회에서는 '남과 다름'은 배척의 대상이지만, 다원화사회에서는 '다름' 그 자체가 개인적 생존방식이고 사회발전의 원동력이다.

이러한 의미에서 다문화교육은 다음과 같은 변화를 필요로 한다(김영순 외 역, 2013).

- 단일 평가 근거에 바탕을 둔 추론을 멀리하고, 다수의 균형 잡힌 평가 근거들에 바탕을 둔 추론을 지향해야 한다.
- 학생들의 행동결과를 다른 학생의 것과 비교하지 말고, 승인된 준거 유형을 기초로 성과를 비교해야 한다.
- 외부 평가 근거에 거리를 두고, 외부 평가 근거와 교사들에 의해 정립된 평가 근거 사이의 균형을 잡도록 노력해야 한다.

- 문맥을 제공하지 않는 짧고 획일적인 대답을 요구하는 평가방식에 우선순위를 두는 것을 경계하고, 그 대신 맥락에 바탕을 두면서 다각적인 접근을 허용하고, 어떤 경우에도 다양한 대답을 허용하는 과제의 활용을 활성화해야 한다.

학생들은 문화적 관계와 다면적 감상을 통해 문화적 가치를 체득하며, 똑같은 시간에 똑같은 내용을 배워도 받아들이는 문화적 내용과 의미는 다르다. 어떤 학생이 다른 학생과 비교해서 학습능력 등이 뒤떨어져서 교육의 내용이 달라질 수는 있지만, 교육 자체에서 소외될 수는 없는 것이다. 그러므로 다문화교육의 평가는 다양한 문화의 내용과 교육적 과제의 권리를 찾아내는 데 그 중심을 두어야 하며, 또한 모든 사람들에게 창의적인 삶을 향유할 수 있는 기회를 제공해야 한다.

② 다문화교육은 학생들이 가지고 있는 문화를 존중하면서 새로운 문화정체성을 형성시킬 수 있는 방향으로 평가가 이루어져야 한다. 미래 사회에 필요한 지식은 고정적이고 항상 변치 않는 획일적인 지식이 아니라 변화하는 환경에 적응할 수 있는 능동적이고 융통성 있게 움직이는 지식이다. 이러한 지식은 학교의 공식적인 교실에서도 형성되지만, 학생들이 가정에서 습득한 문화적 내용을 비공식적인 장소에서 공유함으로써 쉽게 획득될 수 있다.

이러한 다문화교육에서 중요한 사람은 지루(Giroux)의 관점을 빌리면, '경계를 넘나드는 사람(border-crosser)'이다. 경계를 넘나드는 사람은 서로 다른 문화를 이해하고 각 문화의 독특성을 인식할 수 있는 능력을 갖추고 있다. 또한 특정 문화 속에 갇혀 있지 않고 여러 문화의 경계를 자유로이 넘나들 수 있는 사람이다. 달리 말하면, 우리는 다문화교육을 통하여 문화들 사이에 그리고 많은 경우 개인들 사이에 세워져 있는 높다란 분리의 벽을 무너뜨리고 문화의 경계를 가로질러갈 수 있는 학생을 길러내야 한다. 결국 다문화교육은 세계를 이해하는 관점들을 상황에 맞게 변화시키면서, 문화적인 경계를 건너 자신이 원하는 곳을 자유로이 왕래할 수 있는 폭넓은 학생을 길러내는 교육이다.

따라서 다문화교육의 시각에서 문화정체성 함양을 촉진하는 요소는 학생들이 가지고 있는 문화를 존중하는 것이다. 학생 문화의 존중은 학습방법이나 내용 등의 여러 면에서 중요하며 그들이 즐겁게 자발적으로 참여하면서도 교육적 의미가 있는 내용으로 구성되어야 한다. 다문화교육은 교실에서 뭔가 다른 차이(difference)가 있는 학생들을 교육하여 그 차이를 최소화하여서 학생들이 주류사회의 일원이 될 수 있도록 도와주는 것이다. 이는 어떤 면에서 사회적 보상을 위한 투자이다. 그러므로 다문화교육의 평가는 학생들이 자기의 정체성을 유지하면서 주류사회에 당당히 다가설 수 있는 방향으로 진행되어야 한다.

③ 다문화교육의 활성화를 위해 역동적 체험과 다면적 의사소통을 촉진하는 교육프로그램의 개발을 촉진하는 방향으로 이루어져야 한다. 다문화교육의 실질적인 확산을 위해서 교실에서 배운 지식을 학교의 현장체험학습이나 야영활동 등과 연계하여 실시하면 더 많은 효과를 얻을 수 있다. 이러한 체험학습은 교실 안에서만 일어나는 것이 아니다. 오히려 학교 외에서 더 많이 발생한다. 따라서 다문화교육의 의사소통을 활성화하기 위해서는 학교 안과 밖의 모든 영역을 고려하여 교육시설과 문화기관들을 효과적으로 활용해야 한다.

그러므로 다문화교육의 평가 방향은 다양한 문화공간을 체험할 수 있는 기회를 확보하고 형식이나 내용 면에서 어떤 프로그램을 가지고 있는가를 살펴보아야 한다. 교육프로그램은 수월성의 측면에서 엘리트주의적인 면도 필요하고, 개인들의 개인적 선호도를 고려한 프로그램도 필요하다. 즉 한편으로는 각 개인이 보유하고 있는 문화적 우수성을 우리 사회에 보급하고, 다른 측면에서는 우리 사회에 적응이 힘든 학생들을 쉽게 적응하도록 돕는 방법이 강구되어야 한다. 교육프로그램은 제공할 때에 쉽게 만들어야 하는 것처럼, 제공받는 개인들에게 의미 있고 적합한 것이어야 한다. 따라서 학교 교육과 지역의 여러 문화 공간, 즉 박물관, 전시관, 예술회관, 지역 문화센터, 청소년 수련원과 연계할 수 있는 프로그램을 확인하고 그 문제점을 보완하면 다문화교육이 보편적인 학습방법으로 정립될 것이다.

chapter 10

다문화가정 자녀의 생활지도와 상담

- 1. 다문화가정의 의미
- 2. 다문화가정 자녀의 의미와 교육
- 3. 다문화가정 자녀의 생활지도
- 4. 다문화가정 자녀의 상담

10 chapter 다문화가정 자녀의 생활지도와 상담

현재 우리나라에 거주하고 있는 외국인의 수는 220만 명을 넘어서고 있으며 이는 총인구 대비 4.3%에 이른다(2019년 11월 기준). 이미 우리 사회가 다인종 · 다문화시대에 진입하였다고 해도 과언이 아닐 것이다. 그럼에도 다문화시대에 대비한 준비는 부족한 상황이다. 특히 다문화가정이 늘어나고 그러한 가정에서 태어난 자녀가 급속히 증가함에도 불구하고 이들을 위한 준비와 대처는 부족한 실정이다. 다문화가정 자녀들은 한국어 능력이 부족하거나 한국 문화적응에 어려움을 겪고 있다. 더구나 우리 사회의 인종에 대한 편견은 다문화가정의 자녀들의 정체성 혼란을 가중시키고 있다. 모든 학생들이 문화적 차이를 서로 이해하고 조화롭게 살아가기 위해서는 다문화가정에 대한 의미와 다문화가정 자녀에 대한 충분한 공감과 이해가 필요하다. 이런 이해를 바탕으로 다문화가정 자녀들에 대한 실제적인 교육과 현실에서 겪는 어려움을 해소할 수 있는 생활지도가 우선되어야 한다. 그러한 과정에는 일방적인 수용의 입장보다는 서로 간의 문화를 공유하고 공감할 수 있는 구체적인 상담과 대화가 이루어져야 한다.

1 다문화가정의 의미

1) 다문화가정의 개념

현재 다문화교육의 실제적인 교육 주체는 다문화가정이다. 다문화가정을 어떻게 이해하고 어떤 방법으로 접근할 것인가가 문제의 핵심이다. 우선 다문화가정의 정의를 법률적 측면에서 살펴보면 다음과 같다(다문화가족지원법, 법률 제17281호 제2조).

> 다문화가족은 다음 항목의 어느 하나에 해당되는 가족을 말한다.
>
> 가. '재한외국인처우 기본법' 제2조 3호의 결혼이민자('결혼이민자'란 대한민국 국민과 혼인한 적이 있거나 혼인관계에 있는 재한외국인을 말한다)와 '국적법' 제2조(제2조 1. 다음 각 호의 어느 하나에 해당하는 자는 출생과 동시에 대한민국 국적을 취득한다. 1) 출생 당시에 부(父) 또는 모(母)가 대한민국의 국민인 자, 2) 출생하기 전에 부가 사망한 경우에는 그 사망 당시에 부가 대한민국의 국민이었던 자, 3) 부모가 모두 분명하지 아니한 경우나 국적이 없는 경우에는 대한민국에서 출생한 자, 2. 대한민국에서 발견된 기아(棄兒)는 대한민국에서 출생한 것으로 추정한다)에 따라 출생 시부터 대한민국 국적을 취득한 자로 이루어진 가족.
>
> 나. '국적법' 제4조(제4조 귀화에 의한 국적 획득 ① 대한민국 국적을 취득한 사실이 없는 외국인은 법무부장관의 귀화허가를 받아 대한민국 국적을 취득할 수 있다. ② 법무부장관은 귀화허가 신청을 받으면 제5조부터 제7조까지의 귀화요건을 갖추었는지를 심사한 후 그 요건을 갖춘 자에게만 귀화를 허가한다. ③ 제1항에 따라 귀화허가를 받은 자는 법무부장관이 그 허가를 한 때에 대한민국 국적을 취득한다. ④ 제1항과 제2항에 따른 신청절차와 심사 등에 관하여 필요한 사항은 대통령령으로 정한다)에 따라 귀화허가를 받은 자와 같은 법 제2조에 따라 출생 시부터 대한민국 국적을 취득한 자로 이루어진

가족, 즉 다문화가정은 현재 국내에 정주하고 있는 이주근로자가정과 결혼이민자가정, 그리고 새터민가정 등 문화적 배경이 다른 가정을 총칭하는 말이다.
특히 이주근로자가정은 같은 국적의 사람들끼리 결혼한 가정과 국적이 다른 사람들이 한국에서 결혼하여 살고 있는 가정 그리고 한국 사람과 결혼한 가정 등이 있다. 이들은 자신들의 모국의 문화와 정주 중인 한국의 문화 등 이중・삼중의 문화 속에 생활하고 있으므로 이들을 다문화가정이라고 한다.

이런 측면에서 다문화가정이란 직업 획득이나 결혼 등으로 외국 사람이 우리나라에 들어와서 정착함으로써 생겨나는 다른 인종의 가정을 의미한다. 여기에 더하여 같은 민족이지만 북한에서 탈북하여 한국에 정착한 사람들을 모두 총칭하는 개념이다. 따라서 다문화가정은 직업 획득을 목적으로 국내에 들어와서 정착하고 있는 외국인 근로자 가정과 국제결혼 등을 통해서 가정을 이룬 결혼이민자 가정 그리고 북한에서 이탈한 북한이탈주민 가정을 의미한다.

2) 다문화가정의 유형

다문화가정의 유형은 크게 다음의 세 가지 형태로 나누어진다.

첫째, 외국인 근로자 가정이다. 이들은 한국인과 외국인 근로자의 결혼 혹은 외국인 근로자가 한국에서 결혼하거나 자기의 나라에서 결혼한 후 한국에서 정착하는 경우 등 다양하다. 이러한 외국인 근로자 가정의 큰 문제점은 직장에서 겪는 경제적인 문제와 인종차별적인 문제이다. 몇 년 전에 개봉된 영화 '방가방가'에서 보는 것처럼, 수많은 외국인 근로자들의 열악한 노동환경과 인권침해의 문제는 심각한 상황이다. 그들은 장시간의 노동에 시달리고 있으며 임금체불과 폭행과 폭언을 당하고 있으며 보험혜택을 받지 못하는 사람들도 많다. 또한 인종적인 차별과 편견도 매우 심하다. 영어를 하는 백인들의 요구는 무조건 수용하고 문제점을 개선하려고 노력하지만, 동남아 출신의 외국인 근로자들에게는 배타적이고 차별적인 태도로 그들의 요구를 무시한다. 최근 들어 여러 사회단체나 정부의 노력으로 이러한 문제점들이 많이 개선되고 있지만 우리 사회에 잔재하고 있는 편견은 빨리 버려야 할 우리의 숙제이다.

둘째, 결혼이민자 가정이다. 남아선호사상으로 인한 남성의 증가, 자녀를 가지지 않으려는 사회 풍조, 늦은 결혼, 독신 여성의 증가 등으로 인해 남녀 성비는 커다란 불균형을 가져왔다. 결혼 적령기의 인구 감소, 특히 여성의 감소는 사회적으로 큰 문제를 초래하였으며 결국 국외로 눈을 돌리게 만드는 계기가 되었다.

국제결혼은 2004년부터 총 혼인 건수의 10%를 넘기 시작하여 점차 증가하고 있는 추세이다. 2020년 통계청의 국제결혼 현황을 살펴보면 국제결혼 중에서 한국 남성과 결혼한 외국인 여성의 비율은 약 62%이며 외국인 남성과 결혼한 한국 여성은 38% 정도이다. 이런 결혼 추세에서 알 수 있는 것처럼, 국제결혼의 대다수는 한국에서 정착하여 살고자 하는 외국인 여성이다. 이들이 우리 사회에 정착함에 따라 그 자녀들의 생활과 교육문제는 큰 관심거리가 된다.

결혼이민자 가정의 가장 큰 문제는 언어와 문화적 인식의 차이이다. 한국에 정착하게 된 여성결혼이민자들은 한국어에 서툴러서 남편이나 시부모와의 갈등에 시달리고, 은행 등의 업무처리에서도 불편을 겪으며 스트레스를 받는다. 더구나 자녀들과의 대화나 학교에서 겪는 문제를 상담하고 해결해 주는 것은 더욱 어렵다.

셋째, 북한이탈주민 가정이다. 북한이탈주민은 탈북하여 한국의 국적을 취득한 사람을 말한다. 북한이탈주민은 2020년 3월 기준 33,000명이 조금 넘는다. 이들은 북한에서 결혼하여 자녀들을 데리고 탈북하는 경우도 있고 남한에서 결혼하여 자녀를 갖기도 하는데, 이들 모두는 북한이탈주민의 자녀가 된다.

북한이탈주민 가정의 경우 언어소통에는 문제가 없지만 가장 큰 문제는 문화적 차이이다. 특히 북한이탈주민 가정에서 일어나는 부모와 자녀 간의 문제는 한국 사회의 문화적 속도를 따라가지 못하는 부모세대와 자녀세대와의 갈등이다. 폐쇄적인 북한 문화에 익숙한 북한이탈주민 부모들은 남한의 개방적인 문화에 대해 대부분 부정적이다. 뿐만 아니라 북한이탈주민 부모들은 새로운 사회에서 살아가기 위한 경제활동에 치중하다 보니 새로운 문화에 관심을 갖기 어렵다. 그러나 북한이탈주민 청소년들은 학교에서 또래들과 어울리는 시간이 많으므로 친구관계가 중요해지며, 새로운 세계에 대한 호기심만큼이나 빠르게 정주문화에 다가가게 된다. 이로 인해 북한이탈주민 부모들은 자녀의 빠른 변화가 무분별한 것처럼 보여 우려하게 되고, 이는 간섭과 제약으로 이어진다. 북한이탈주민 청소년들은 이같이 가부장제에 익숙한 부모에게 불만을 갖고 반항을 하기도 하여 부모와의 갈등을 초래하게 된다. 이러한 문제를 해결하기 위해서 우리 문화에 대한 이해의 폭을 넓히고 자녀들의 행동과 생각에 동참할 수 있도록 도움을 주어야 한다(서종남, 2010).

우리 사회의 다문화가정들은 사회경제적으로 매우 어려운 상황에 있으며, 눈에 보이지 않는 많은 차별을 받고 있다. 더구나 이러한 가정에서 태어나는 자녀들은 열악한 주거환경이나 부적절한 가정교육으로 문제행동이나 반사회적인 행동을 보일 가능성이 높다. 이러한 다문화가정의 유형을 도표로 정리하면 〈표 10-1〉과 같다.

표 10-1 다문화가정 유형

<table>
<tr><th colspan="2">다문화가정 유형</th><th>다문화가정 유형별 자녀</th></tr>
<tr><td rowspan="2">국제결혼 가정</td><td>국내 출생 자녀</td><td>• 한국인과 결혼이민자 사이에서 태어나 한국에서 성장한 경우
• 한국어 구사에 어려움은 없으나, 학습에 필요한 문장이나 어휘를 이해하는 데 곤란을 겪는 경우 존재
• 사춘기에 진입하면서 다문화에 대한 고정관념에 불편함을 느끼며, 심리정서 지원 요구</td></tr>
<tr><td>중도 입국 자녀</td><td>• 결혼이민자가 한국인과 재혼한 이후에 본국에서 데려온 경우, 한국인과 결혼이민자 사이에서 태어났으나 결혼이민자 본국에서 성장하다가 입국한 경우 등
• 새로운 가족과 한국문화에 적응하기 위한 스트레스가 발생하며, 정체성 혼란이나 무기력 등을 경험하는 경우 존재
• 한국어능력이 부족하여 공교육 진입과 적응에 어려움 발생</td></tr>
<tr><td>외국인 가정</td><td>외국인 가정 자녀</td><td>• 외국인 사이에서 태어난 경우(조선족, 중앙아시아 고려인, 시리아 난민 등 포함)
• 정주여건이 불안정하여 학업을 지속하기 어려운 경우 존재
※유엔아동권리협약에 따라 미등록 이주아동의 교육권 보장</td></tr>
</table>

출처: 교육부(2021). 2021년 다문화교육 지원계획.

2 다문화가정 자녀의 의미와 교육

1) 다문화가정 자녀의 개념 및 현황

그동안 다문화가정 자녀를 '혼혈아, 코메리칸(한국인과 미국인 사이의 혼혈아), 아메리시안(미국인과 아시아인의 혼혈아), 아이노꼬(한국인과 일본인 사이의 혼혈아), 코시안(KOREAN과 ASIAN의 합성어)' 등으로 불러 왔으나 이제는 통합하여 '다문화가정 자녀'라고 부른다(서정남, 2010).

다문화가정 자녀는 결혼이민자 가정, 외국인 근로자 가정 그리고 북한이탈주민 가정의 자녀에게 해당되는 용어이다. 2021년 4월 교육부 통계에 따르면 초·중·고교에 재학 중인 다문화가정 학생은 14만7천378명으로 최근 5년간 매년 1만 명 이상 증가하였다. 또한 전체 학생수의 감소와 다문화학생수의 증가로 다문화가정 학생수의 비율은 지속적으로 상승하고 있으며, 2020년에는 다문화학생이 전체 학생의 2.8%를 차지하고 있다. 다문화가정 자녀 수 현황을 살펴보면 〈표 10-2〉와 같다.

▮표 10-2▮ 다문화가정 자녀 수 현황

연도	연령별 현황				
	계	만 6세 이하	만 7~12세	만 13~15세	만 16~18세
2019	264,626	117,045	104,064	26,524	16,993
2018	237,506	114,125	92,368	19,164	11,849
2017	222,455	115,085	81,826	15,753	9,791
2016	201,333	113,506	56,768	17,453	13,606
2015	197,550	116,068	61,625	12,567	7,290
2014	204,204	121,310	49,929	19,499	13,466
2013	191,328	116,696	45,156	18,395	11,081
2012	168,583	104,694	40,235	15,038	8,616
2011	151,154	93,537	37,590	12,392	7,635

출처: 행정안전부(2019). 외국인 주민현황조사.

현재 이들 재학생 중에서는 70% 이상이 초등학교에 재학하고 있어 초등교육적 접근이 중요하게 간주되고 있다. 그러나 나머지 11만여 명의 학생들은 아직 학교에 입학하지 않은 6세 이하의 영유아로서, 이들이 초등학교에 입학하기 전 단계의 교육적 접근이 매우 중요한 과제로 대두되고 있다. 유아기는 자신의 정체성을 형성해 나가는 중요한 시기이며, 이때 자신에 대한 정체성을 제대로 확보하면 이후에 민족이나 인종, 지위 등에 대한 편견이나 고정관념을 형성하지 않도록 키워낼 수 있는 기반이 마련되기 때문이다(원진숙 외, 2010).

다문화가정의 부모들은 자녀 양육에 있어 여러 가지 어려움을 느끼고 있다. 그 중 만 5세 미만 자녀를 양육하는 다문화가정의 부모들은 유사시 돌봄 공백, 한국어교육을 자녀 양육에 대한 어려움의 주된 원인으로 꼽았다. 만 6세 이상의 자녀를 양육하는 데 있어 가장 큰 어려움은 학업이나 진로정보 부족이었으며, 교육비나 용돈 부담, 인터넷/모바일 사용 갈등 또한 자녀 양육을 어렵게 하는 요인으로 작용하고 있었다(여성가족부, 2021).

이렇듯 다문화가정의 부모들이 가장 신경 쓰는 부분은 자녀의 교육이다. 우리 사회의 배타적인 인종의식이나 문화적 편견을 경험한 다문화가정의 부모들은 자신들이 겪은 고통을 자식들이 답습하지 않도록 노력한다. 그럼에도 불구하고 많은 어려움을 겪는 것은 한국어 능력의 부족이나 이들을 보는 우리 사회의 잠재적 편견이 아직도 남아 있기 때문이다.

2) 다문화가정 자녀교육의 문제점

다문화가정의 자녀들은 가정에서 정체성과 서로 다른 문화의 충돌을 늘 경험한다. 물론, 긍정적인 측면에서 자녀들이 두 개의 문화를 서로 받아들이고 공유하여 학생들의 인성이나 성격 형성에 도움이 될 수도 있다. 그러나 실제로 보고되는 상황은 그렇지 못하다. 두 문화의 충돌과 부모 간의 갈등 등으로 인해 자녀의 사회성에 부정적인 영향을 미치는 경우가 더 많으며 이는 언어 습득을 느리게 하는 원인이 되기도 한다. 이러한 다문화가정 자녀교육의 문제점을 세 가지 가정에서 살펴보면 다음과 같다.

① 외국인 근로자 가정 자녀교육의 문제점

상당수 외국인 근로자들의 한국어 능력은 매우 부족하거나 전혀 못하기 때문에 가정에서의 교육은 기대하기 어렵다. 그래서 자녀들이 어느 정도 성장하고 말을 시작하면 유치원이나 학교에 보내려고 한다. 그러나 충분히 준비가 되지 않은 자녀들은 한국어 능력 부족이나 인종적 편견 등으로 인해 학교생활에 많은 어려움을 겪으며 학업에 흥미를 잃거나 문제아로 전락하기도 한다.

특히 초등학생의 경우 많은 학생들이 집안일에 시달리거나 학교에 대한 무관심으로 인하여 무단결석을 하기도 한다. 또한 부모가 한국어를 이해하지 못하므로 학습 준비물을 챙기거나 자녀의 학습을 돕는 데 어려움을 느끼고 학교 행사 등에 거의 참여하지 못함으로써 학교생활에 도움을 주지 못한다. 또한 이주근로자의 대다수가 동남아 출신임에도 불구하고, 교과서나 언론에서 그들을 무시하는 발언이나 폐쇄적 민족주의의 입장에서 그들을 폄하하는 내용들이 제시됨으로써 이주근로자 가정에 큰 상처를 주기도 한다.

② 결혼이민자 가정 자녀교육의 문제점

현재 많은 결혼이민자 가정 자녀교육에서 가장 중요한 부분은 한국어교육의 문제이다. 한국어 능력이 부족한 자녀들은 친구들과의 활동에 참여하지 못하고 이는 학습 부진으로 이어져 학교생활에 어려움을 겪는다. 이런 문제들은 미국의 초창기 다문화교육 상황에서도 많이 제기된 것들이다. 흑인 자녀들이 사용하는 영어와 백인 중산층이 사용하는 영어 사이에 차이가 있어 흑인들이 학업성취나 학습에 많은 피해를 입었다. 마찬가지로, 결혼이민자 가정 자녀 중에 우수한 학생들이 있음에도 불구하고 한국어가 부족하다는 이유로 학습에 많은 장애를 받는다면 반드시 개선되어야 할 부분이다. 이런 측면에서 한국어 능력 부족을 해소하기 위한 이중언어교육의 시행과 보완은 반드시 이루어져야 한다.

③ 북한이탈주민 가정 자녀교육의 문제점

초등학교와 중학교에 재학 중인 북한 출신의 청소년 65명을 대상으로 가장 큰 고민이 무엇인지 물어본 결과, 초등학생들의 고민은 성적(65%), 북한사투리(21%), 외모(9%)의 순으로 나타났으며, 중학생들의 고민은 성적(90%), 외모(7%), 친구들로부터의 소외(3%)의 순으로 나타났다(조영달, 2006). 이러한 원인은 남북한 교육제도의 차이와 학교에 대한 부적응 때문이라 볼 수 있다. 또한 탈북 과정에서 발생한 시간적 · 정신적 · 육체적 · 언어적 피해가 그 차이를 줄이지 못하고 계속 누적되기 때문이다. 이들 자녀들의 학교 부적응은 고등학교를 넘어서 대학으로 이어지는 경우도 많다. 따라서 이들을 지원하는 프로그램이 필요하고 이들의 눈높이에 맞는 수업방식과 교육계획이 필요하다.

3 다문화가정 자녀의 생활지도

다문화가정 자녀 지도에는 현재 여러 가지 문제점이 대두되고 있다. 이런 문제점들을 살펴봄으로써 이들의 생활지도에 많은 시사점을 얻을 수 있다.

첫째, 다문화가정 부모의 언어문제이다. 부모의 언어능력은 자녀의 정서발달과 학력에 많은 영향을 미친다. 따라서 다문화가정의 외국인 부모에게는 체계적인 한국어교육이 필요하지만, 직장생활이나 가사활동으로 교육받을 여건이 되지 못하는 것이 현실이다. 특히 한국어 능력이 부족할 경우, 자녀의 학업에 도움을 줄 수 없다는 점에서 문제의 심각성이 있다. 둘째, 가치관의 문제이다. 한국 학부모들의 교육열과 관련하여 사회적 · 문화적 가치관의 차이가 한국생활을 힘들게 한다. 셋째, 문화적 격차의 문제이다. 예를 들어 베트남의 경우에 결혼한 딸이 친정에 많은 도움을 주는 것이 당연한 일인데, 우리나라에서는 그 일이 부부간의 갈등 요인이 된다. 넷째, 학교 부적응 문제이다. 다문화가정 자녀들 중에는 한국어 구사능력의 부족으로 인해 학습이 부진하며, 다른 친구들과의 의사소통이 원활하지 않아 친구들과 잘 어울리지 못하고 소외되는 경우가 많다. 다섯째, 정체성의 문제이다.

문화적 격차에서 오는 자아정체성 혼란을 겪는 다문화가정 자녀들 중에는 문화적 편견으로 인해 집단따돌림을 당하고 학교 부적응아로 전락하는 경우가 많다(서종남, 2010). 이런 문제점을 바탕으로 다문화가정 자녀의 생활지도는 다양한 영역에서 그들의 어려움을 해결해 줄 수 있는 방법으로 진행되어야 한다.

1) 다문화가정과 생활지도

생활지도는 어떤 개인이 그들 자신의 세계를 보다 정확히 이해하고, 그를 둘러싼 환경을 바르게 이해하여 현명한 적응과 성장을 할 수 있도록 도모해 주어야 하며 사회생활에 필요한 지식, 기능, 태도, 가치 등을 습득시켜 효과적으로 사회에 공헌할 수 있는 자질을 길러 나가야 한다고 전제한다. 그러므로 생활지도는 교육적 활동의 두 가지 측면, 즉 가르치는 면(教)과 지도하는 면(guide) 가운데에서 지도하는 면에 속한다. 가이드(Guide)는 '안내하다', '이끌다', '지도하다', '교도하다', '방향을 가리키다' 등의 넓은 의미를 가지고 있다. 이와 같은 용어는 주로 학생들의 성장·발달과 성숙을 바람직한 방향으로 안내하고 지도하며 조언하는 뜻이 포함되는 내용이라 하겠다.

그러므로 생활지도의 의미는 교육의 목적을 달성하기 위한 방법으로 학생들이 일상생활에서 해결해야 할 여러 가지 문제, 즉 교육적·가정적·사회적·직업적·신체적·도덕적·정서적 문제를 자력으로 해결할 수 있도록 도우며 저마다 가지고 있는 흥미, 적성, 능력, 성격 등 인격적 특성과 잠재력을 이해하고 발견하도록 하여 이를 최대한으로 발전시켜 나가며 개인에게 합리적인 사고와 의사결정을 통하여 현명한 선택과 적응을 위해 조직적이고 체계적인 봉사가 이루어지며 자유롭고 책임감 있는 민주사회의 육성과 자기지도 및 자아실현을 위한 올바른 행복한 삶의 추구가 가능하도록 지원해 주는 계속적인 과정이라고 할 수 있다. 결국 생활지도란 크게 교육목적의 달성, 문제해결, 잠재능력의 계발, 현명한 선택과 적응, 자아실현의 경지로 볼 수 있다(김충기, 2003).

이런 측면에서 다문화가정 자녀의 생활지도는 학생들 개개인이 가지고 있는 잠재적 능력, 관심, 흥미, 특성을 이해하면서 환경의 요구에 적응할 수 있도록 도와주며, 자신이 가지고 있는 목표를 분명히 해주어 민주사회의 시민으로서 자기의 역할을 다하는 학생이 길러주는 과정이라고 할 수 있다.

2) 다문화가정을 위한 생활지도의 목표

생활지도의 핵심적인 대상은 학생들이다. 그러므로 학생들이 어떠한 방향으로 나아가는지를 결정하는 데 목표는 그 길을 정해준다. 일반적인 생활지도의 목표는 다음과 같다(서종남, 2009).

① 학생으로 하여금 자신을 정확히 이해하도록 한다.

② 가능한 한 학생들 자신의 노력으로 그들의 여러 자질을 발견하고 그것을 최대한으로 발전시키도록 한다.

③ 학생으로 하여금 그들에게 당면한 문제를 파악하여 슬기롭게 해결할 수 있는 능력과 태도를 기르도록 한다.

④ 학생으로 하여금 가정, 학교, 사회 등의 다양한 생활환경 속에서 현명한 선택을 하고 적절하게 적응하도록 한다.

⑤ 학생으로 하여금 그들에게 보다 건전하게 성장하고 적응할 수 있는 영구적인 터전을 마련하도록 한다.

⑥ 학생으로 하여금 지적, 신체적, 정서적 그리고 사회적인 모든 면에서 성숙하고 조화로운 삶을 누릴 수 있도록 한다.

⑦ 학생으로 하여금 그들이 소속되어 있는 사회와 나라를 위하여 공헌을 할 수 있도록 한다.

따라서 다문화가정을 위한 생활지도의 목표는 개개의 학생들이 주어진 환경에 잘 적응하고 자신의 능력을 발견하고 전인적인 인간으로 성장할 수 있도록 도와주는 것임을 알 수 있다.

3) 다문화가정의 생활지도 원리

생활지도의 효과를 극대화하려면 무엇보다 계획과 적용이 합리적으로 진행되어야 한다. 생활지도의 기본 원리를 통해서 이러한 교육의 과정들이 보다 명확하고 분명하게 나아갈 수 있다. 일반적인 생활지도의 기본 원리를 정리하면 다음과 같다.

① 생활지도는 모든 학생을 대상으로 하여 그들의 발달과 적응을 돕기 위해서 계획되어야 한다.
② 생활지도는 주로 개인의 존엄성과 개성 발달에 초점을 두며 지속적으로 시행되어야 한다.
③ 생활지도는 강제가 아니고 스스로 결정을 하고 협동적 방향으로 이루어져야 하며 학교 교육 계획의 통합된 일부가 되어야 한다.
④ 생활지도는 자아발견과 자기발전을 북돋아주고 자율적인 지도능력을 기본으로 삼는다.
⑤ 생활지도는 치료나 교정보다는 예방에 역점을 두어야 하고 처벌보다 선도 내지 지도가 선행되어야 한다.
⑥ 생활지도는 과학적 근거에 기초한 판단에 역점을 두고 있다.
⑦ 생활지도는 참되고 진정한 사랑에 기초한 지도를 중시한다.
⑧ 생활지도에 관련된 프로그램이 반드시 있어야 하며 책무성을 바탕으로 성취와 효과에 대한 객관적인 증거를 제시해야 한다.
⑨ 생활지도는 전문적인 자질과 지도성을 가진 전문적인 훈련을 받은 전문생활 지도 담당자가 있어야 한다.
⑩ 생활지도 프로그램은 그 학교의 특수성을 반영해야 한다(Gibson & Mitchell, 1991; 김충기, 2003).

따라서 다문화가정의 자녀들을 위한 생활지도의 기본 원리는 다양한 생활지도 프로그램을 바탕으로 그들의 문화에 대한 자존감을 높여주어야 하며, 가정과 학교의 연계를 통해서 다문화가정의 자녀들이 우리 사회에 잘 적응하도록 도와주는 방향으로 나아가야 한다.

4) 다문화가정 자녀의 생활지도 내용

다문화가정 자녀의 생활지도는 기존의 학교에서 하는 생활지도를 병행하되 새로운 시각으로 생활지도를 실시해야 한다. 일반적으로 학교 교육은 주로 교과교육에 치중하고 성적의 좋고 나쁨에 따라 개인적 능력을 평가함으로써 학교의 기능이 점차 상실되고 있다. 교육은 교과지도와 생활지도가 같이 어우러져 시행되어야 한다. 특히 종래의 학교에서의 생활지도는 개인의 성적이나 행동의 교정에만 중점을 두어왔기 때문에 많은 문제가 발생하였다. 이제 그 범위를 벗어나 학생의 가정과 학교생활 전반에 걸쳐 지도가 필요하다. 그러므로 기존의 생활지도에서 실시하는 생활지도의 영역이나 방법을 다문화가정의 자녀에게 그대로 적용하기에는 무리가 있으므로 서로 보완하며 실시해야 한다. 생활지도 내용은 구체적으로 다음과 같은 경우를 생각해 볼 수 있다.

(1) 관계적응 지도

다문화가정의 자녀들이 어느 정도 자라면서 자신이 주위의 사람들과 다르다는 것을 인식하게 된다. 특히 국제결혼 자녀들이 어떻게 성장하며 사회에 적응하고 있는지 조사한 결과들을 보면, 대부분의 국제결혼 자녀들은 자아정체성 점수가 유의하게 낮으며, 자아정체감의 하위요소 중 미래확신성, 주도성, 친밀성 항목에서 유의하게 낮게 나타나는 결과를 볼 수 있다(송선진, 2007).

이렇게 자아존중감이 낮은 자녀들은 스스로의 정체성뿐만 아니라 부모와의 관계에서도 큰 어려움을 겪는다. 부모에게 불만이 많고 공격적이며 반사회적인 성격을 가지게 된다.

그러므로 다문화가정의 자녀들에게 가장 중요한 생활지도는 부모와의 관계를 돈독하게 하고 자신의 정체성을 갖도록 지도하는 것이다. 건전한 정체성 형성과 자아존중감을 가진다면 행동이나 많은 대인관계에 있어서 긍정적인 효과를 기대할 수 있다. 바람직한 가족관계를 통해서 형제들과의 원만한 관계를 가질 수 있고 나아가 학교에서의 교우생활이나 사회생활에 큰 도움을 받는다.

(2) 인성함양 지도

인성함양 지도는 개인의 정서적 불안, 욕구불만, 정신적 일탈, 개인적 습관 및 태도 등의 심리적 문제를 해결하고 건전한 인성을 함양할 수 있도록 하는 데 그 목적이 있다. 이는 유아기에 가정에서 부모에 의해서 이루어지는 것이 효율적이다. 부모와 자녀의 관계는 자녀의 긍정적 인성함양에 매우 중요한 요인이다. 일반가정과 다문화가정의 부모와 자녀의 관계를 비교분석한 결과에 의하면 다문화가정 어머니와 자녀의 상호작용의 질이 일반가정에 비해 유의하게 낮은 것으로 나타났다(전은애, 2008). 즉 다문화가정의 특수성이 자녀의 상호작용에 유의미한 영향을 미치며 자녀와 부모의 상호작용이 학생의 인성함양에 필수적인 요소임을 알 수 있다. 나아가 다문화가정 자녀들이 또래 아이들과의 놀이나 관계에서 소외감을 느끼지 않고 긍정적인 자아개념을 가질 수 있도록 상대적 박탈감을 없애기 위한 노력을 기울여야 한다.

(3) 언어습득 지도

다문화가정 자녀들은 언어를 주로 외국인 어머니에게 배운다. 부모의 관심, 양육방법, 경제적 환경, 문화적 배경 등에 따라 자녀들은 두 개의 말을 배울 수도 있지만, 한편으로는 하나의 언어도 제대로 배우지 못할 수 있다. 외국의 경우에는 자연스럽게 이중언어를 습득하지만 우리의 문화적 환경은 그러한 언어습득을 어렵게 한다.

결혼이민자 가정의 부모는 대부분 한국인 아버지와 외국인 어머니로 구성된 경우가 대부분이다. 우리 사회는 주로 어머니가 가정교육을 담당하기 때문에 자녀들에게 한국어를 가르치는 일이 매우 어렵다. 또한 북한이탈주민 가정의 자녀들이 사용하는 말투는 우리 사회와 달라서 비웃음거리가 되거나 오락의 소재가 됨으로써 그들은 큰 상처를 받는다.

이중언어 사용 가정의 부모들은 자녀와의 의사소통에 어려움이 많다. 그래서 그 중간에서 한국인 아버지가 중재하여 의사를 전달하고 문제를 해결한다. 자녀와의 의사소통이 어렵기 때문에 학교 교육을 받을 시기에 구체적이고 깊이 있는 언어로 자녀의 발달을 도와주지 못한다. 특히 어머니로서 자식과의 대화 단절은 부모와 자녀 모두에게 크나큰 피해를 준다.

따라서 다문화가정의 자녀들이 자연스럽게 이중언어를 습득할 수 있도록 교육적 환경을 조성하는 것은 매우 중요하다. 왜냐하면 전 세계가 치열한 경쟁과 상호 협력하여 살지 않으면 안 되는 글로벌 시대가 도래되어, 이들이 우리 사회와 외국의 문화를 연결해 주는 유용한 자원이 되기 때문이다. 이들을 통해서 우리의 문화를 전파하고 국가적으로 이익이 되도록 활용한다면 다문화가정의 자녀뿐만 아니라 일반 학생들에게도 긍정적인 전이효과를 기대할 수 있다.

(4) 학교생활 지도

다문화가정 자녀들이 가정을 벗어나 공교육 기관에 진입하면서 더욱더 문제 상황에 접하게 된다. 그러므로 학부모는 학교 입학 전에 학교에서 필요한 자료들을 입수하고 충분한 준비를 해야 하며, 교사들은 다문화가정 학부모와 대화의 기회를 가지고 학교생활에 필요한 정보와 내용들을 제공해야 한다. 그리고 입학 후에 신입생으로서 지켜야 할 규범이나 필요한 것들을 지도해야 한다. 빠른 시일 내에 학교생활에 적응하고 정상적인 수업을 할 수 있도록 학교의 시설, 도서관 이용 방법, 과외활동의 종류, 운동시설 등의 종류와 방법에 대한 오리엔테이션을 실시함으로써 다문화가정 자녀들이 보다 쉽게 학교생활에 적응하도록 도와주어야 한다.

특히 학업성취도를 향상시키는 것이 중요한 과제이다. 다문화가정 자녀들의 기초학력 미달자는 매우 심각한 수준이며 여러 가지 요인으로 중도탈락률이 매우 높은 편이다. 그러므로 재학 중에 학업지도를 포함하여 학력을 향상시킬 수 있는 방법, 효과적인 학습지도, 효율적인 독서지도 등이 필요하다. 이 시기에 잘못된 행동은 평생 문제아로 낙인찍힐 수 있으므로 신중한 생활지도가 실시되어야 한다.

(5) 문화차이 지도

이주근로자 가정 자녀의 문화적응 스트레스와 심리사회적 적응요인에 대한 연구 결과에 따르면 가족의 지지, 친구의 지지, 그리고 교사의 지지가 스트레스를 완충해 주는 효과가 있음을 보여준다(김보미, 2007). 그러므로 학교생활에서 교사의 관심과 배려가 다문화가정 자녀의 문화적 차이와 충격을 완화하는 데 가장 중요한 요인임을 알 수 있다. 또한 학생들에게 다른 문화를 가진 친구들도 그들의 문화가 자신들의 문화와 크게 다르지 않으며, 서로의 문화를 공유하고 삶의 보편성을 찾도록 하는 생활지도가 필요하다.

문화적 차이를 줄이고 다문화가정 자녀의 문화적 자존감을 높여주는 방법은 학교 교육내용에 여러 문화를 체험하고 교육하는 내용이 많이 포함되어야 한다. 특히 다문화가정의 부모와 자녀가 공동으로 어떤 프로그램을 계획하고 수업에 필요한 자료를 제시함으로써 문화적 이질감을 줄일 수 있다. 특히 문화적 차이를 지도함에 있어서 어느 문화에 대한 극단적인 배척이나 우리 문화 중심의 설명이나 해석은 다문화가정의 자녀에게 부정적인 인상을 줄 수 있으므로 조심해야 한다.

(6) 건강유지 지도

건강유지 지도는 신체적 장애, 각종 질환, 위생 및 기타 각종 건강에 관련된 문제에 대해 생활지도를 하는 것을 의미한다. 다문화가정의 자녀들은 일반 학생들과 비교해서 환경이 우수하다고 할 수는 없다. 많은 자녀들이 신체적으로나 정신적으로 약간의 문제를 가지고 있는 경우가 많다. 특히 신체적 건강은 부모나 학교의 노력으로 상당히 호전되고 있는 상황이지만, 정신적 건강에 대해서는 그 심각성이 미래에 나타나기 때문에 신중한 지도가 필요하다. 정신질환이나 불안 등에 대해서 충분한 지도와 상담이 필요하며, 학교생활에 잘 적응하기 위한 새로운 건강교육을 장려하고 실시해야 한다. 건전한 신체에 건전한 마음이 깃드는 것처럼 다문화가정 자녀들이 건강하고 씩씩하게 생활할 수 있도록 위생이나 영양식 등에서 사회적인 도움과 협조체제가 요구된다.

(7) 여가선용 지도

여가란 학업이나 노동 등의 업무 이외에 개인이 자유롭게 생활할 수 있는 시간을 의미한다. 그러므로 여가는 공부나 일을 하면서 지친 우리의 몸과 마음에 활기를 불어넣어 건강을 지킬 수 있도록 도와주며, 자신의 소질과 재능을 키우고, 스트레스 해소에 큰 도움을 준다. 여가선용 지도는 학생들이 스스로 여가를 활용할 수 있도록 도와주는 것이다. 특히 다문화가정의 자녀들에게 여가선용 지도는 매우 필수적이다. 학생들은 학교의 공식적인 장소에서 많은 또래들과 대화와 교류를 하지만, 실제적으로 친구들과 놀이나 기타 여가시간을 이용해서 더 많은 대화를 하고 기분 전환을 한다. 바람직한 여가를 통해서 건강을 증진하고 자신의 잠재적 소질을 계발하며 우리 사회에 적극적으로 참여하고 봉사하는 기회를 접하게 된다. 건전한 여가선용 지도를 통해서 다문화가정의 자녀들이 자기 성장을 촉진하고 새로운 경험을 가지도록 노력해야 한다.

4 다문화가정 자녀의 상담

상담은 도움을 필요로 하는 내담자와 전문성을 갖춘 상담자 간에 대화를 매개로 한 체계적인 조력과정이다. 즉 상담은 상담자와 내담자의 만남이며 내담자의 문제해결과 성장, 발달을 위해서 협동하는 양자 간의 대화이다. 상담자와 내담자의 만남은 두 문화의 만남이라고 할 수 있다. 내담자는 자신의 문제를 해결하기 위해 상담을 하게 되므로 상담자는 내담자의 문화적 맥락과 관점을 이해해야 한다. 이러한 맥락에서 대두되는 상담접근이 다문화 상담이다(김광수, 2010).

1) 다문화가정 자녀 상담의 목표와 핵심원리

다문화가정 자녀들을 상담하는 것은 매우 어렵다. 다른 문화를 가지고 있는 소수민들을 존중하면서 그들이 가지고 있는 사회적 요구와 불만을 이해하고 적극적으로 개입해서 문제를 해결해야 하기 때문이다.

켄들(Kendall)이 제시한 다문화교육의 목표를 바탕으로 다문화 상담의 목표를 유추해 보면 다음과 같다(최관경, 2007). 그는 다문화교육의 목표로서 첫째는 다른 문화와 가치뿐만 아니라 자신이 속한 문화와 가치를 존중하도록 아동들을 가르칠 것, 둘째는 다문화적·다인종적 사회에서 성공적으로 살아갈 수 있도록 모든 아동들의 태도와 능력을 기를 것, 셋째는 인종주의 등에 영향을 많이 받는 유색인종의 아동들이 긍정적인 자아개념을 갖도록 할 것, 넷째는 문화적 다양성과 인간의 공통성을 긍정적으로 경험하도록 할 것, 다섯째는 공동체의 독특한 참여자로서 함께 일하는 다양한 문화의 사람들을 경험하도록 도울 것 등을 제시하였다. 이런 면에서 다문화가정 자녀들을 위한 상담의 목표는 다양한 문화에 대한 적극적인 수용과 적응능력, 인간다운 삶, 긍정적 자아개념, 이중언어와 문화의 정체성 형성, 인간과 문화의 상호 협력적 자세 등임을 알 수 있다.

다문화가정 자녀들을 위한 상담의 원리는 일반 학생과의 상담과 별개로 존재하는 것은 아니다. 일반 상담과정의 원리를 적용하여 다문화가정의 특성에 맞게 수정하여 활용하여야 한다. 상담의 원리는 크게 다음의 세 가지 측면에서 이루어져야 한다(김태호, 2009; 장인실 외, 2012).

① 무조건적 수용

무조건적 수용이란 학생에 대한 긍정적인 태도나 입장을 말하는 것으로 학생을 있는 그대로 받아들인다는 것을 의미한다. 즉 아무런 조건 없이 인간이라는 존재 자체의 존엄성을 인정하고 그 나름대로의 독특한 가치를 지닌 한 인간으로 존중한다는 것이다. 따라서 학생이 어떤 문제를 가지고 있건, 어떤 잘못을 했건 학생을 있는 그대로의 모습으로 존중하고 하나의 소중한 인격체로 받아들이는 것을 의미한다.

무조건적 수용이란 따뜻한 마음(온정), 행복해지기를 원하는 마음(보살핌), 나와 똑같은 가치를 가진 사람으로 스스로 결정할 수 있다는 믿음(존중)으로 구성된다. 교사나 상담자가 이런 마음과 자세를 가지고 있을 때 상담학생들은 스스로 마음을 열고 상담에 임하고 자신의 이야기를 표현하게 된다. 그리고 학생이 스스로 할 수 있을 때 그를 위해서 무엇인가를 지원해 주기보다는 오히려 그러한 학생의 노력을 격려해 줌으로써 학생에 대한 존중을 보여줄 수 있다.

② 공감적 이해

공감적 이해란 자신이 직접 경험하지 않고도 다른 사람의 감정을 거의 같은 내용과 수준으로 이해하는 것이다. '공감적'이라는 것은 학생이 말하는 것으로부터 그의 감정, 태도 및 신념에 대해서 정확하게 의미를 포착하는 것이라고 할 수 있다. 즉 학생들의 이야기를 건성으로 듣는 것이 아니라 학생이 가지고 있는 세계를 이해하고 학생의 입장에서 행동하고 생각하는 것이다. 이러한 공감적 이해를 통해서 상담자와 내담자는 서로를 신뢰하게 되며 관계를 돈독히 할 수 있다.

다문화가정의 학생들은 생활이 혼란스럽고 불안하며, 다른 학생들로부터 소외감과 두려움을 느낀다. 공감은 교사가 학생들과 상담하면서 학생들에게 집중하고 그들의 수준에 맞추어 그들의 내면세계를 경험하고 이해하며 필요한 내용을 전달해야 한다. 실제로 다문화가정 학생들이 느끼는 것을 이해하지 못하면서 상담이 진행된다면 아무 의미가 없다.

공감적 이해는 단순한 감정의 반영을 의미하는 것만은 아니다. 이 과정에서 교사들은 학생들의 내면세계에 대한 정확한 경험과 이해를 바탕으로 학생들의 나아갈 길을 가르쳐 줄 수 있다. 공감은 타인들이 세상을 인지하거나 경험하는 방식을 감정적으로 이해할 수 있는 능력이다. 공감적인 이해를 할 수 있을 때 교사는 다문화학생들의 내면세계에서 믿을 만한 동반자가 되는 것이다.

③ 진정성

진정성이란 진실하고 진정한 마음으로써 상담자와 내담자가 서로 지각하고 생각하는 것을 있는 그대로 표현하고 받아들이는 것을 의미한다. 즉 다문화학생을 대할 때 교사는 항상 모든 것에 진실해야 한다는 의미이다. 아주 작은 일이라도 상담자가 평소에 생각하고 느낀 것을 내담자에게 진실한 마음으로 생각을 표현한다면 서로간의 대화를 통해 문제는 해결될 수 있다. 아무리 공감적 이해를 잘 표현하고 무조건적 수용을 보여준다 해도 그 마음이 진심이 아니라면 신뢰 있는 관계형성은 불가능하다. 진정성을 실현하기 위해 교사는 자신의 내면적 경험, 경험에 대한 의식적 지각, 표현이 일치하도록 해야 한다. 이를 위해 개인적이고 내면적인 경험 내용을 알아차리고 그것을 정직하게 표현할 줄 알아야 한다.

2) 다문화가정 자녀의 상담기법

다문화가정 자녀들이 학교나 사회에 적응해 가는 과정에는 개별적인 차이가 항상 존재한다. 이러한 차이는 학생들이 자기의 문화를 어떻게 인식하고 있는가에 따라서 다양하게 나타난다. 다문화가정 자녀들을 위한 상담기법은 여러 측면에서 가능하지만 문화를 인식하는 단계에 따라 구분하면 다음과 같다(김천기 외, 2013).

① 1단계: 자문화 인식 전 단계

이 단계의 내담자(학생)는 시기적으로 한국에 들어 온 초기 단계에 해당된다. 외국에서 태어나 부모를 따라 한국으로 이주해 온 중도입국자녀, 탈북 후 한국에 갓 입국한 북한이탈주민 자녀 등이다. 이들은 자신의 고국문화가치를 부정하고 배척하는 한편 한국문화의 가치를 높이 평가하고 수용하려 하며, 한국에 살면서 한국 사람처럼 생각하고 행동하려는 심리적 특성을 강하게 드러낸다.

이 단계의 내담자들에게 필요한 상담기법은 긍정적인 피드백과 정보제공이다. 피드백은 내담자의 행동에 대한 상담자의 반응이다. 다문화가정 내담자에게는 무반응이나 부정적인 피드백보다는 긍정적이고 희망적인 피드백이 필요하다. 긍정적인 피드백은 내담자에게 현재의 행동이 적절하다는 메시지를 줌으로써 적절한 행동을 계속할 수 있는 힘을 동기를 부여한다.

정보제공은 다문화가정 내담자에게 무엇보다 중요한 자료이다. 생소한 문화적 환경에서 얼핏 들은 정보는 쉽게 습득되지 않고 잊어버리는 경우가 많다. 일상적이고 기초적인 정보도 이들에게는 복잡한 정보일 수 있다. 정보를 잘못 이해하더라도 친절하게, 같은 정보를 반복적으로 전하더라도 변함없이 친절하게 제공해야 한다.

② 2단계: 자문화 인식 단계

어느 정도 한국에서 생활한 상담자는 차별과 편견을 경험하고 자신의 나라를 그리워하며 의미를 부여하게 되는 단계이다. 이 시기에는 정서적 안정감이 낮아지기도 한다. 그러므로 내담자들은 주류문화에 무조건적인 동조에 의문을 제기하며, 이전 단계에서 가졌던 가치와 신념에 혼란을 일으킨다.

이 단계의 내담자들에게 필요한 상담기법은 공감과 질문이다. 공감은 상담자가 내담자의 입장이 되어 내담자의 세계를 이해하는 것이다. 상담자가 내담자와 상담할 때 공감적 이해의 태도와 행동을 보여주면 내담자는 자신이 이해받는다는 느낌을 갖게 되고, 상담자를 보다 신뢰하게 되어 자신을 깊이 탐색하고 드러내 보인다.

질문은 상담과정에서 내담자의 상황이나 변화 가능성을 탐색하기 위해 사용한다. 질문은 내담자의 내면세계와 상황을 탐색하거나 정확한 정보를 얻고 싶을 때 필요한 기법이다. 질문을 통해 내담자들은 자신의 행위나 사고에 대해 다시금 생각하게 되고 가치관을 정립할 수 있는 기회를 제공한다.

③ 3단계: 자문화 몰입 단계

이 단계는 고국문화의 가치를 인식하고 자신이 한국 사람이 아니라 자신의 고국 사람임을 강조하면서 자랑스럽게 여기고, 자신을 한국 사람과 구분하여 고국 사람으로 한정지으려는 심리적 특성을 보인다. 그러나 한편으로는 자문화 몰입의 반작용으로 한국문화에 대한 강한 증오와 불신이 파괴적인 행동으로 연결되는지 수시로 확인해야 한다.

이 단계의 내담자들에게 필요한 상담기법은 옹호와 조언이다. 옹호는 상담자가 다문화가정 내담자의 편이 되어 그들의 입장을 대변하고 편을 들어주는 것이다. 옹호 행동의 목표는 소수민에 대한 차별과 압제를 스스로 깨닫고 중단하도록 주류민들을 계몽하는 것이다. 이를 위해 상담자는 여러 교과 교사들의 도움을 얻어 차별과 압제에 대한 자성을 촉구하는 글짓기 대회, 표어 경시 대회, 퍼포먼스 등 학교상황에 맞게 여러 가지 방법을 모색할 수 있다.

조언은 내담자가 자기 파괴적인 행동을 하는 경우에 대해서는 그 결과를 예측할 수 있도록 필요한 말을 해 주는 것이다. 조언이 효과를 발휘하기 위해서는 평소에 쌓아놓은 신뢰와 라포(rapport)가 매우 중요하다. 내담자의 행동이 내담자에게 가져다줄 결과에 대해서 미리 예측해볼 수 있도록 조언하고, 그 결과를 선택할 것인지 결정한 후 행동하도록 안내하는 것이 좋다.

④ 4단계: 내면화 단계

이 단계에서 내담자는 한국문화와 고국 문화에 차이를 두기보다는 자신의 삶을 영위해가면서 인생의 의미와 목표를 찾는 데 관심을 가진다. 인종에 상관없이 사람들에게는 장점과 제한점이 있으며, 그가 좋은 사람인지 나쁜 사람인지를 결정하는 것은 인종 자체가 아니라 한 사람의 개인이라는 것을 인식하는 단계이다. 그러므로 이 단계에서는 개인들 모두 인격을 가진 인격체로 존중해야 하며 모두 평등하다는 관점으로 인식하고 행동한다.

이 단계의 내담자들에게 필요한 상담기법은 재진술과 구조화이다. 재진술은 상황이나 사건 등 내담자가 말하는 내용을 상담자의 언어로 바꾸어 말함으로써 내담자로 하여금 자신이 말한 내용에 대해 주의를 기울이도록 하는 반응이다. 재진술을 통해 내담자가 표현하기 어려웠던 내용을 상담자가 명확히 표현해 줌으로써 한국어 습득에도 도움이 된다. 무엇보다 상담자가 자신의 가치판단을 자제하고 내담자가 말한 내용을 있는 그대로 표현해 주어야 내면화에 도움이 된다.

구조화는 상담과정, 제한조건, 방향에 대하여 상담자가 내담자에게 정보를 주는 것이다. 구조화를 통해서 상담을 어떻게 진행해 나갈 것인가에 대한 설명을 한다. 상담 초기에 구조화가 부드럽고 확고하게 이루어지면 내담자는 상담이 체계적으로 진행되고 있음을 인지하고 안심하게 된다.

구조화 기법은 내담자에게 상담과정에 대하여 예상할 수 있는 것이 무엇인가를 정확하게 전달하는 것이다. 내담자는 불편하더라도 문제에 관한 자료를 노출하여 상담자와 공유하고, 대안행동을 함께 발굴하고, 목표와 계획 수립에 적극 참여하여야 한다는 것 등을 설득력 있게 전달하여야 한다.

3) 다문화가정 자녀 상담과정과 내용

다문화가정 자녀를 대상으로 하는 생활지도와 상담에서는 가벼운 적응 문제부터 언어와 심각한 정서적인 문제까지도 다루게 된다. 이러한 상담의 과정과 실제적인 내용은 다음과 같다(권오현 외, 2013).

(1) 다문화가정 자녀의 상담과정

다문화가정 자녀의 상담은 일반 학생과는 성격이 다르다. 한국문화에서 자라난 학생이 아니기 때문에 상담을 하는 과정에서도 상당한 배려와 정성이 필요하다. 다문화가정 자녀들을 상담하는 과정은 다음의 5단계로 이루어진다.

첫 번째 단계는 관계 형성이다. 관계 형성은 상담의 목표이자 전체 상담과정에서 가장 주의해야 할 부분이다. 따뜻하고 수용하는 분위기가 형성되지 않으면 생활지도와 상담이 진행되기 어려우며, 학생들 입장 훈계나 설득으로 느껴지면 솔직한 이야기를 하지 않는다. 학생들과의 라포 형성은 상담의 최우선적인 과정이다.

두 번째 단계는 학생 이해이다. 학생의 어떤 부분이나 행동을 진단하고 개별적으로 지도하거나 상담을 도울지 분명히 해야 한다. 무엇이 불편하고 해결되어야 하는지가 분명해야 상담의 방향이 설정되기 때문이다. 학생의 현재 어려움과 문제점이 무엇이고, 어떤 해결방법이 있는지 정확한 이해를 통해서 학생들에게 도움을 줄 수 있다.

세 번째 단계는 목표와 방향의 설정이다. 학생에 대한 이해를 바탕으로 상담의 목표와 방향을 설정해야 한다. 학생이 처한 문제나 상황은 각기 다르기 때문에 학생에 대한 정확한 이해를 바탕으로 상담의 목표를 설정한다. 특히 목표와 방향을 설정할 때에는 학생과 합의하여 분명하게 하고 목표는 구체적이고 실현 가능한 것으로 설정한다.

네 번째 단계는 행동이다. 문제해결을 위해 구체적인 개입과 노력을 요하는 단계이다. 문제해결의 핵심은 사건의 해결보다 사건과 경험에 관한 감정과 인식을 다루는 것으로 내담자로 하여금 부정적인 정서를 인식하고 표현하도록 하는 것이 주된 방법이다. 그 과정에서 스스로 자신의 감정을 이해하고 심리적 어려움을 해결할 수 있도록 돕는다.

다섯 번째 단계는 평가이다. 전체 과정을 다시 살펴보고 상담 활동을 종결하는 단계이다. 일반적으로 목표가 어느 정도 달성될 경우 상담을 마치고 지금까지 해온 노력과 성과를 정리하고 학생에게 격려와 칭찬을 보낸다. 만약 목표에 도달하지 못하였다면 원인이 무엇이고 어떤 노력이 더 필요한지 검토한 뒤에 이 상담을 지속할 것인지 결정한다.

(2) 다문화가정 자녀의 상담 내용

다문화가정 자녀에 대한 이해를 바탕으로 실제적으로 상담을 수행할 때에 활용할 수 있는 내용을 소개하면 다음과 같다.

① 자기보호 능력의 향상

다문화가정 학생이 부당한 대우를 받거나 차별을 받을 때 적절히 대처하지 못하는 경우가 있다. 이런 학생에 대해 우선 자기보호 능력을 향상시키고 적절한 수준에서 자신을 보호하는 능력을 갖도록 해야 한다. 자기보호 능력을 향상시킬 수 있는 구체적인 상담 내용을 소개하면 다음과 같다.

- 놀리거나 차별하는 친구들에게 자신의 생각을 논리적으로 표현하게 한다.
- 상대방의 말과 행동이 자신에게 어떤 피해를 주고, 왜 기분이 나빴는지 정확하게 표현하게

한다.
- 놀리는 친구의 말과 행동이 어떤 점이 나쁘고, 어떤 의도였는지 생각하게 한다.
- 친구가 의도적으로 나쁜 행동을 한 것은 아니지만 자신에게 피해를 준 점을 인식하고, 이에 대해 객관적으로 설명하게 한다.
- 지속적인 놀림이나 차별을 받은 경우 담임교사와 부모에게 즉시 이야기하게 한다.

② 공격적인 태도와 행동의 감소

다문화가정 학생들은 자신을 방어하는 수단으로 공격성을 키우는 경우가 있다. 공격적인 성향 때문에 대인관계를 잘 맺지 못하고 어려움을 겪으며 친구들과의 관계가 더욱더 나빠지는 악순환을 겪게 된다. 이러한 공격적인 태도와 행동을 감소시킬 수 있는 구체적인 상담 내용을 소개하면 다음과 같다.

- 놀림이나 부당한 대우를 받을 때 어떤 마음인지 표현하게 한다.
- 자신을 보호하기 위해 어떤 방식을 택했고, 어떤 효과가 있었는지 표현하게 한다.
- 지금의 방식 외에 어떤 방식이 있는지 생각하게 한다.
- 적대적이지 않은 사람을 대할 때는 어떤 방식을 취했는지, 어떤 결과가 있었는지 표현하게 한다.
- 자신이 생각하는 자기 모습과 또래들이 인식하는 자기 모습이 일치하는지 이야기하게 한다.
- 희망하는 자신의 모습을 생각해보고, 어떻게 만들지 그 방법을 표현하게 한다.
- 공격적인 말과 행동이 나올 때 어떻게 억제했거나 표현했는지 이야기하게 한다.
- 공격적인 말과 행동이 나올 때 적절한 표현 방식이 무엇인지 표현하게 한다.

③ 존중과 수용의 경험 제공

상담의 기본 원리는 존중과 수용이다. 이는 내담자를 포함하여 모든 사람의 기본 욕구이며 누구나 사회 속에서 존중받고 수용되기를 원한다. 특히 다문화가정 학생들은 사회적 편견과 차별 속에서 생활하는 경우가 많기 때문에 사회적 불만과 불신을 갖는 경우가 많다. 이러한 차별을 해소시키고 존중과 수용의 경험을 제공할 수 있는 구체적인 상담 내용을 소개하면 다음과 같다.

- 학생 내면의 기본 욕구와 표현된 문제행동을 이해했다면 기본 욕구를 건전하게, 효과적으로 표현하는 연습을 하게 한다.
- 문제행동 이면의 기본 욕구를 읽어주고 문제행동과 어떻게 연결되었는지 말하게 한다.
- 자신의 문제행동이 있다면, 그 중에서 표면적으로 드러나는 문제를 스스로 생각하고 말하게 한다.
- 문제행동을 언급할 때 비난이나 지적으로 비춰지지 않도록 주의하며, 문제행동의 이면에 나타나는 의도가 있다면 말하게 한다.

④ 우호적인 또래관계 형성

또래관계에서 어려움을 겪을 경우 현재뿐만 아니라 미래의 건강한 인격발달에 영향을 미치며 친사회적인 사회성을 형성하지 못한다. 다문화가정 학생의 경우 외적 요인으로 또래관계의 어려움이 예상되기 때문에 보다 적극적으로 또래와 친밀한 관계를 형성하도록 지도해야 한다. 이러한 또래관계를 우호적으로 형성하기 위한 필요한 구체적인 상담 내용을 소개하면 다음과 같다.

- 호감 가는 친구나 자신에게 호감을 보이는 친구들을 떠올려 말하게 한다.
- 친한 친구가 있으면 어떤 감정을 느끼는지 말하게 한다.
- 친구에게 다가가는 방법을 연습하게 한다.
- 친구와 함께 할 수 있는 놀이를 찾게 하고 친구와 친해질 수 있는 방법을 이야기하게 한다.
- 친구의 이야기를 어떤 마음으로 들어주고, 어떻게 들어주는지 생각해 보게 한다.
- 친구의 아픔이나 어려움을 어떤 마음으로 어떻게 도와줄지를 생각해 보게 한다.

⑤ 학업능력의 향상

다문화가정 학생의 경우 학습 부진이 악화되지 않도록 빨리 개입하여 단계별로 향상시키는 것이 매우 중요하다. 특히 누적된 학업결손이 있는 경우 장기적인 계획을 세워서 기초부터 학업지도를 해야 한다. 학업내용에 대한 평가와 점검뿐만 아니라 학습동기, 학교에 대한 태도 등을 함께 이해해야 효과적인 학업문제 접근할 수 있다. 이러한 학업능력을 향상시키기 위한 구체적인 상담 내용을 소개하면 다음과 같다.

- 공부를 왜 하는지, 공부를 잘 하면 어떤 장점이 있는지 표현하게 한다.
- 공부와 앞으로의 진로가 어떻게 연결되어 있는지 생각해 보게 한다.
- 선행학습을 보충할 계획을 함께 세우고 도움을 줄 수 있는 친구들을 찾아보게 한다.
- 한국어 읽기, 쓰기, 듣기, 말하기, 글짓기를 생활과 관련지어 표현하게 한다.
- 현재 학년 수준에 해당되는 학업성취를 평가하고 학업성취 수준이 낮은 과목이 어떤 과목인지 생각해 보게 한다.
- 학습동기가 높은지, 학업에 대해 자신은 어떤 태도를 가지고 있는지 말하게 한다.

⑥ 올바른 정체감 형성

다문화가정 학생들은 다양한 경험을 바탕으로 자신만의 정체감을 형성하는 경우가 많다. 이들은 적어도 두 가지 이상의 정체감을 경험하고 혼란을 느낀다. 이러한 문화의 차이를 통합적으로 수용하고 균형 있는 정체감을 형성하기 위해서는 교사와 부모의 끊임없는 노력이 필요하다. 올바른 정체감을 형성하기 위해 필요한 구체적인 상담 내용을 소개하면 다음과 같다.

- 친구들과 다른 자신과 자신의 가족을 있는 그대로 인정하고 수용하도록 하며 두 가지 문화적 전통과 관련하여 자신만의 색깔을 찾게 한다.
- 정체감 고민은 누구나 청소년기에 경험하게 되는 문제임을 알게 한다.
- 객관적으로 부모의 출신국을 바라보고 수용하도록 한다.

- 어떤 문화이든 더 가치 있거나 우월하지 않다는 것을 알게 하고 친구들과 자신의 가족을 있는 그대로 수용하도록 한다.
- 정체감 문제를 어렵고 추상적으로 접근하는 것보다는 일상적인 사건을 중심으로 생각해 보게 한다.

4) 다문화가정 자녀 상담 지도의 특성 및 방향

다문화가정 자녀들의 상담은 기존의 전통적 상담과는 다른 면들을 고려하며 다음과 같은 특성을 바탕으로 상담을 진행해야 한다(임은미, 2008).

① 상담의 초점이 개인에서 가족과 문화적 이슈로 옮아가야 하고, 자기지향적 조력과 관계지향적 조력 사이에 균형이 필요하다. 일반적인 경우에는 자녀의 문제에만 초점을 맞추지만 다문화가정의 자녀들은 학부모와 주변 환경들을 고려해야 하고 상호 협력적인 측면을 특히 고려해야 한다.

② 상담자가 현재 사용하는 조력적 반응 중 어떤 것들은 문화적으로 다른 내담자들에게는 부적절할 수 있으므로 조력적 반응방법을 다양화해야 한다. 다문화가정의 문화적 차이는 상담에 주요한 요인이 되기 때문에 그 문화적 배경을 고려하여 상담을 하여야 효과를 얻을 수 있다. 오히려 상담을 하여 문제를 악화시킬 수도 있다.

③ 인간의 문제는 문화마다 다르며, 몇몇 문화권에서는 그 사회의 전통적 상담자들이 매우 높은 신망을 얻고 있으므로, 상담자들은 내담자의 문화에 토대한 상담의 역할을 이해하도록 훈련받아야 한다. 특히 한국문화 중심의 상담은 내담자에게 문화적 충격과 반발심을 갖게 하여 적대감을 동반한 반사회적 행동으로 이어질 수 있기 때문에 상담자들은 문화적 다양성을 공유하며 상담을 진행해야 한다.

④ 상담자들은 상담실 밖으로도 시야를 돌려서 지역사회의 변화를 주장하고, 다문화가정의 소수민을 위한 직업 기회를 확대하며, 내담자를 대신하여 개입할 수도 있다. 즉 상담자들은 개인의 내적인 심미적인 행동 조력에만 머무르지 않고 조언자, 옹호

자, 토속적 조력체계의 촉진자, 자문가, 그리고 변화매개체 역할도 기꺼이 담당해야 한다.

그리고 다문화가정 자녀들이 증가하고 있는 사회적 분위기나 학교의 실제현장에서 학생들을 효과적으로 상담 지도할 방향을 살펴보면 다음과 같은 것들이 있다(김광수, 2010).

① 편견과 차별이 없는 자연스러운 수용의 방향으로 나아가야 한다. 상담자 자신이 먼저 다문화가정 자녀를 일반 학생들과 똑같은 우리의 아이로 수용하고 한국인 가정의 자녀처럼 자연스럽게 대한다. 이러한 상담자의 태도와 자세는 일반 학생들에게도 자연스럽게 전이될 수 있고 다문화가정 학생들의 안정감을 촉진시켜 줄 것이다.

② 긍정적인 이중문화 정체성의 발달을 촉진시키는 방향으로 나아가야 한다. 문화적 정체성은 자신이 소속한 문화 혹은 자신의 준거집단이 되는 문화에 수용하는 정신적 믿음이다. 다문화가정 자녀는 자신이 태어난 문화 또는 부모가 소속한 문화와 현재 거주하고 있는 문화가 다르거나, 아버지의 문화와 어머니의 문화가 다르기 때문에 정체성의 혼란을 일으킨다. 그러므로 이들은 우리 사회에 대한 적대감을 느끼고 저항하고 투쟁하다가 많은 시행착오를 거쳐서 자신의 정체성을 형성한다. 따라서 다문화가정 자녀의 상담에서 내담자가 보이는 행동들을 단정적으로 교정하기보다는 그 문제를 유발시킨 문화적 정체성 혼란현상을 먼저 이해하고 지도하는 것이 중요하다.

③ 건강한 자아정체성과 자존감의 발달을 촉진하는 방향으로 나아가야 한다. 자아정체성은 내가 누구이며 어떻게 살아가야 하는지에 대해 스스로 답을 찾아가는 과정이다. 그러므로 건강한 자아정체성을 형성하기 위해서는 주변의 사회적 지지, 즉 부모, 교사, 또래의 지지 등이 절대적으로 필요하다. 그러므로 다문화가정 자녀에게는 지역사회 사람들이 그들에게 보내는 긍정적이고 우호적인 반응이 자존감을 높이는 첩경이 된다.

④ 학교생활과 학업 발달에 실제적 조력을 해주는 방향으로 나아가야 한다. 다문화가정의 자녀이기 때문에 겪을 수 있는 문제를 이해하고 이에 대해 주의 깊은 관심이

필요하다. 그러나 실제적으로 다문화가정 자녀들의 문제는 경제적 어려움이나 결손 가정의 증가로 인해서 더 크게 나타난다. 그러므로 이들이 학교공부나 숙제 및 학습 준비물 챙기기 등의 실질적인 문제를 해결해 줄 수 있어야 한다.

⑤ 위험요인을 줄이고 보호요인을 강화하는 방향으로 나아가야 한다. 위험요인이란 한 개인이 평균적인 다른 사람에 비해 문제를 일으킬 소지가 높아지도록 하는 특성이나 변인을 말하며, 보호요인이란 개인이 위험요인에 노출되어 나타날 수 있는 부정적인 영향력을 완화시켜 결과적으로 문제행동이 야기될 수 있는 확률을 낮추는 변이다. 그러므로 학교와 교사는 다문화가정 자녀의 개인, 가정, 또래 관계, 교사 관계, 지역사회 및 매체와의 관계에서 학생에 위험요인으로 작용할 요인을 조기에 발견하여 치료하고 보호요인으로 작용할 다양한 상담지도 및 지원방안을 제공해야 한다.

⑥ 문제행동의 제거보다는 긍정적 행동 특성과 강점을 강화하는 방향으로 나아가야 한다. 상담자의 불안, 우울, 분노, 공격성 등의 부정적 행동에 집착하고 초점을 두기보다는 자존감, 가치감, 희망, 배려, 용서 등의 긍정적 행동과 품성을 계발해 주고 강화해야 한다. 그리고 다문화가정이 가지는 긍정적 측면의 관점을 부각시키면서 자신의 능력을 발견하고 계발할 수 있도록 상담해야 한다.

5) 다문화가정 학부모의 상담

(1) 다문화가정 학부모 상담의 이해

다문화가정의 상담은 자녀뿐만 아니라 학부모의 관점에서도 이루어져야 한다. 학부모들은 상담을 불편하게 느낄 가능성이 많다. 일반적으로 학교의 상담은 학년 초에 학부모가 자기 자녀에 대해 교사에게 알려 주고 교사가 자신의 교육관 및 교육방법 등을 부모에게 전달하기 위해 이루어지는 만남을 제외하면, 대부분의 학부모 상담은 학생에게 문제가 있거나 문제가 예상되는 경우에 이루어지는 것이 현실이다. 더욱이 많은 부모들은 자녀의 문제를 곧바로 자신의 문제로 동일시하며 책임을 느끼는 경향이 강하기 때문에, 학부모 상담에 임하는 부모는 뭔가 잘못된 듯한 불안과 걱정, 비난받을까봐 두려운 마음, 부모 노릇을 제대로 못했다는 죄책감 등으로 인해 불편한 심리적 상태에 있을 가능성이 많다.

상담의 대상이 문제학생뿐만 아니라 정상적으로 잘 적응하는 학생을 모두 포함하는 것처럼, 학부모 상담의 대상도 문제 있는 학생의 부모만은 아니다. 문제가 없는 학생이나 잘 적응하고 수월성을 보이는 학생의 부모도 학부모 상담의 대상이 될 수 있다. 학생의 문제를 예방할 뿐만 아니라 학생이 최선의 발달을 이루도록 돕기 위해서, 부모와 교사가 함께 협조할 수 있는 영역을 찾고 방법을 의논하며 공동의 노력을 기울이기 위해서도 학부모 상담이 필요한 것이다(박성희 외, 2009).

더구나 많은 다문화가정의 부모들은 문화적, 심리적으로 위축된 상태에서 상담에 임하고 심한 어려움을 호소한다. 그러나 그렇지 않은 학부모도 있다. 문화적 차이로 인해서 자녀의 교육을 방치하고 전혀 노력을 기울이지 않는 경우도 많다. 그냥 자연적으로 이루어질 것이라는 교육방식을 가지고 있거나 우리의 교육관이나 방법에 대한 무지로 소홀히 넘어가는 경우도 많다. 이럴 경우에 무조건적으로 학부모의 잘못으로 판단하여 책임을 지우는 것은 상담자로서의 역할이 아니다. 특히 상담자로서의 교사는 다문화가정 학부모를 이해하려는 노력이 필요하다.

다문화가정의 자녀가 아닌 일반 학급에서도 학부모 상담은 매우 어려운 일이다. 교사가 학부모에게 전화하거나 학부모 상담을 신청하면 대부분의 학부모들은 긴장하고 불편하게 생각한다. 그러므로 평소에 학생과의 라포를 형성해 두면 상담에 많은 도움이 된다. 특히 학생의 알림장이나 개인적인 서신을 통해서 학생의 문제점, 친구와의 관계, 습관, 학습 태도 등을 평소에 알려주고 대화의 문을 개방해 두면 다문화가정 자녀뿐만 아니라 학부모 상담에도 많은 도움을 준다.

(2) 다문화가정 학부모 상담의 종류

다문화가정 학부모의 상담 유형에 따라 여러 가지 형태의 상담이 가능하며 거기에 따른 학부모의 상담내용은 차이가 있다. 구체적으로 다음의 경우로 나누어 볼 수 있다.

① 자녀의 문제해결을 위한 다문화가정 학부모 상담

자녀가 학교나 기타 사회생활에 생기는 문제점을 확인하고 교사나 학교의 조언을 구하기 위해 학부모 스스로가 상담을 요청하는 경우이다. 이런 학부모는 자녀의 문제를 해결하고자 하는 마음이 있으며 교사와의 상담내용을 중시하고 적극적으로 문제를 해결하기 위해 노력한다. 교사와의 상담은 매우 즉각적인 효율성이 있으며 학생의 행동을 수정하는 데 상호작용적인 힘을 발휘하여 학생의 행동 수정이나 인성 발달에 많은 도움을 준다.

② 다문화가정 학부모 자신의 문제해결을 위한 상담

이러한 상담의 경우는 학생의 문제를 상담하기 위해 교사나 학교를 찾았다가 그 문제의 근본적인 원인이 학부모 자신에게 있음을 인지하고 자신의 상담을 적극적으로 요청하는 경우이다. 특히 다문화가정 자녀의 문제는 대부분의 원인을 학부모에게서 찾을 수 있다. 한국의 일반적인 학부모에게서는 발생하지 않는 특이한 형태의 상담으로 부모 자신의 문제를 해결하는 것이 결국 자녀의 문제를 해결하는 지름길이 된다. 다문화가정의 학부모가 가지고 있는 특수한 환경이나 문화적 차이를 이해함으로써 교사는 학생지도에 많은 도움을 받을 수 있다.

③ 불평이나 불만족 문제를 위한 다문화가정 학부모 상담

이러한 경우는 특히 북한이탈주민 가정에서 많이 발생한다. 이주근로자 가정이나 결혼이민자 가정의 부모들은 한국생활 자체의 문화에 익숙하지 않기 때문에 불평보다는 적응에 많은 정성을 기울인다. 그러나 북한이탈주민 가정은 언어의 장벽이 없고 한국문화에 대한 적응속도가 빠르며 같은 민족으로서의 정체성을 느낀다. 그러므로 북한이탈주민 가정의 학부모는 상대적인 차별을 느끼고 자신보다 좋은 위치에서 많은 혜택을 가지는 일반 학생에 대해서 불만족을 가진다. 그래서 학교를 찾아가 자신들의 요구를 관철시키려고 하면서 학교를 찾는 경우가 많다. 이러한 경우에 교사는 학부모의 입장에서 충분히 듣고 불만의 원인에 대해서 충분한 상담을 하고 해결책을 찾기 위해서 노력을 해야 한다. 특히 북한이탈주민 가정의 학부모는 다른 곳에서 이런 불만을 이야기하기 어려운 경우가 대부

분이다. 학교에서 그러한 상담을 소홀히 한다면 사회의 큰 문제와 혼란을 야기할 수 있다.

④ 교사의 요구에 마지못해 하는 다문화가정 학부모 상담

사실 많은 다문화가정 학부모들은 학교에 가는 것을 상당히 두려워한다. 언어적 문제와 문화적 차이로 인해서 상담을 기피하고 자녀교육을 방치하는 경우가 많다. 그래서 학교에서 상담을 요청하면 마지못해 오거나 회피하는 경우도 많이 발생한다. 실제적으로 상담이 정말 필요한 가정은 이러한 형태의 다문화가정 학부모이다. 학교에서 적극적으로 학부모의 상담을 주기적으로 실시하고 작은 문제점이나 학생의 행동에 대해서 서로 이야기할 수 있는 허용적 분위기를 조성해야 한다. 그래서 다문화가정 학부모가 학교나 교사에 대해서 편안한 마음으로 학교를 찾고 대화의 장을 마련함으로써 학생의 문제를 해결할 수 있다.

(3) 다문화가정 학부모 상담의 내용

다문화가정의 학부모를 상담하는 내용은 자녀가 가진 문화적 특성이나 가족의 형태에 따라서 달라진다. 많은 학부모 상담이 자녀의 변화를 위해서 이루어지지만, 어떤 경우에는 자녀보다 학부모 쪽에 문제가 있는 경우도 많다. 또한 자녀는 부모의 영향을 많이 받기 때문에 자녀의 상담과 함께 학부모의 상담도 필수적이다. 그러므로 다문화가정 학부모 상담은 자녀와 학부모를 모두 고려해서 이루어져야 한다. 학부모 상담의 내용은 다음과 같이 정리할 수 있다(김혜숙, 1997).

① 인내력과 근면성의 함양

다문화가정 부모들이 가장 신경 쓰는 부분은 학교생활이다. 공식적인 교육기관에 속해서 학습을 하기 시작하고 학습에서의 성공 여부가 성취감 획득에 결정적인 역할을 한다. 그러므로 학부모가 적절한 도움을 줌으로써 학습을 꾸준히 해내고 성공 경험을 가질 수 있도록 배려하여야 한다. 학습에서 성공 경험을 가지도록 하려면 단기적으로 성적을 내는 것보다는 학습능력을 키우는 것이 중요하다. 특히 다문화가정 학부모들과의 상담에서는

자녀들의 학습방법에 대한 상담내용이 필요하다. 그중에서 자녀들의 지속적인 학습을 위한 인내력과 근면성을 함양하는 데 초점을 두어야 한다.

먼저, 다문화가정 학부모와 상담에서 자녀들의 규칙적인 학습습관에 대해 이야기해야 한다. 자녀들의 학습습관과 규칙을 형성함으로써 학습의 효과도 높아지고 인내와 절제의 힘도 기를 수 있다. 학습을 규칙적으로 하는 습관을 기르지 못한 자녀들은 매사를 쉽게 포기하거나 충동적인 태도를 갖게 되어 사회의 적응도 어렵게 된다. 아무리 적은 시간과 양의 학습이라도 규칙적으로 꾸준하게 하도록 상담해야 하고 칭찬과 격려를 통해 지속적으로 강조하고 습관화되도록 해야 한다.

또한 자녀들이 성공의 경험을 통해 성취감을 가질 수 있도록 해야 한다. 자녀가 현재 할 수 있는 수준에서 시작하여 점차적으로 학습의 양과 수준을 높여감으로써 성공 경험을 쌓을 수 있도록 하면, 성취감과 자신감을 높일 수 있을 뿐만 아니라 학습에서 흥미를 더 할 수 있다. 학습에 대한 자신감과 성취감은 자신이 해낼 수 있음을 스스로 확인하는 경험들과 주위의 인정이 함께할 때 가장 효과적으로 습득된다. 또한 지나치게 쉬운 과제는 성취감을 주지 못하며, 너무 어려운 과제는 성공 가능성이 낮으므로 역시 성취감을 가져오기 어렵다. 그러므로 자녀가 할 수 있는 수준을 학부모가 정확히 파악하여 그보다 약간 높은 수준의 과제를 부여함으로써 자녀가 다소의 노력을 통하여 성취하는 기쁨을 맛볼 수 있도록 돕는 방안을 학부모 상담에 포함시켜야 한다.

특히 다문화가정 자녀들의 학습능력을 키우도록 하기 위해서 효율적인 학습방법에 대한 상담이 필요하다. 많은 부모들이 자녀로 하여금 학습시간의 증가는 강조하지만 자녀로 하여금 단위 시간 내에 가장 효율적으로 학습하고 성취를 이룰 수 있는 방안에 대해서도 고민하고 상담해 주면 많은 효과를 얻을 수 있다.

② 놀이와 학습의 조화

다문화가정 학부모와의 상담에 포함되어야 할 내용은 놀이와 학습의 조화를 통해서 건강한 심신을 육성하는 것이다. 자녀들이 규칙적인 학습습관을 가지는 것도 물론 중요하지만, 학부모들의 관심이 지나치게 학습 쪽으로만 치우쳐 반쪽짜리 자녀를 만들 수도 있다.

놀이는 생활에서 쌓인 스트레스를 해소하여 원만한 인격을 이룰 수 있게 도와주며, 놀이를 통해서 아이들은 많은 것을 배우기도 한다. 즉, 놀이를 통해서 인간관계를 원만히 형성하고 유지하는 방법도 배우고 창의력과 지도력도 함양될 수 있다.

또한 아이들은 놀이규칙을 이행하면서 자율적 준법성을 길러나간다. 놀이의 규칙은 아이들 스스로 만든다. 또한 장소와 인원에 따라 항상 바뀔 수 있다. 항상 가변성이 존재하는 놀이상황에서 놀이규칙은 유연성을 갖는다. 놀이규칙은 놀이에 참여하는 아이들이 자기 스스로 그리고 자율적으로 규칙을 지켜가는 속에서 생겨나는 것이다. 이런 경험 속에서 사회의 한 성원이 되었을 때 그 사회의 규칙을 스스로 잘 지켜 나가는 준법성을 길러갈 수 있게 된다.

특히 다문화가정의 자녀들은 놀이를 통해 우리 문화에 적응할 수 있는 사회적 힘을 기를 수 있다. 놀이는 혼자보다는 여럿이 어울려 놀 때 더 재미있으므로 개인의 생각보다는 함께 만들어 가는 과정이 중요하다. 여기서 개인적인 외모, 신체, 성격의 차이를 서로 고려하고 인정하는 놀이규칙이 필요하게 되고 또한 만들어진다. 이러한 놀이규칙을 통해 개인을 존중하면서 배려할 수 있는 사회성을 기르게 된다.

chapter 11

외국의 다문화교육 사례

- 1. 미국
- 2. 캐나다
- 3. 오스트레일리아
- 4. 영국
- 5. 프랑스
- 6. 독일
- 7. 네덜란드
- 8. 중국
- 9. 일본
- 10. 인도
- 11. 싱가포르

11 chapter 외국의 다문화교육 사례

다문화주의가 세계적으로 부상하게 된 것은 1970년대 유럽 중심의 단일화된 문화체제에 대한 비판으로 시작되어 각 국가의 주류집단인 앵글로색슨계통의 백인들이 자신의 문화만을 고집하면서 소수집단의 문화를 배척하고 차등화하여 각 국가의 사회통합에 장애물이 되었기 때문이다(Banks, 2005).

다문화주의가 전제되는 다문화사회는 형성과정이 국가마다 다르고, 이에 대한 대응 또한 달라서 〈표 11-1〉과 같이 국가를 구성하는 소수자의 유형에 따라 원주민, 준국가-국민집단, 이민자집단, 새 소수자의 크게 네 가지 유형으로 나눌 수 있다.

표 11-1 소수자 유형 구분

구분		옛 소수자			새 소수자
		원주민	준국가-국민집단	이민자 집단	
네 유형을 모두 가진 나라	미국, 캐나다, 핀란드, 덴마크 등	○	○	○	○
세 유형을 가진 나라	오스트레일리아, 뉴질랜드 등	○	×	○	○
	영국, 벨기에, 스위스 등	○	○	○	○
두 유형을 가진 나라	프랑스, 독일, 스웨덴 등	×	×	○	○

출처: 최종렬 외(2008). p. 46.

원주민, 준국가-국민집단, 이민자집단, 새 소수자 집단 모두가 있는 나라가 미국, 캐나다, 핀란드, 덴마크 등이며, 원주민, 이민자집단, 새 소수자의 세 유형을 가진 나라는 오스트레일리아, 뉴질랜드 등이 있다. 영국, 벨기에, 스위스 등은 위의 네 가지 유형 중에서 세 유형을 가진 나라이며, 프랑스, 독일, 스웨덴 등은 이민자집단과 새 소수자 집단의 두 가지 유형을 가진 대표적인 나라이다.

이민 유입국 사회의 이민자 통합정책의 유형은 크게 차별배제모형(differential exclusionary model), 동화모형(assimilationist model), 다문화주의모형(multicultural model)으로 구분할 수 있다(설동훈, 2006).

① **차별배제모형**: 유입국 사회가 자국민을 최우선적으로 고려하여 기피직종이나 위험 직군의 노동력 보완을 위한 방편으로 이민자를 받아들이면서도 국민으로서의 기본적인 정치 참여나 복지정책에서 소외시키는 모형이다.

② **동화모형**: 이민자로 하여금 자신의 언어와 문화 등 모든 정체성을 버리고, 유입국의 국민구성원들과 완전 동화되기를 지향하는 모형이다. 결국 하나의 용광로(melting pot)에서 단일국가의 국민으로 융화되는 것을 원하는 것이다.

③ **다문화주의모형**: 이민자로 하여금 그들의 문화를 유지하고, 지켜나가는 것을 인정하고 장려하는 모형이다. 1970년대 이후 캐나다, 오스트레일리아, 미국 사회가 그 전까지 추구하였던 동화모형을 포기하고 다문화주의모형으로 이민자 통합방식을 변경하였다. 다문화주의모형은 다양성에 기반을 두고 사회의 분열과 갈등을 예방하기 위한 모형으로 흔히 '샐러드 그릇'(salad bowl)에 비유되기도 한다. 샐러드가 서로 다른 여러 가지 채소와 과일을 모아 하나의 드레싱으로 뒤섞이듯, 공평하고 동등한 개념을 갖는 특징을 다문화주의모형으로 설명한다.

공식적 다문화주의는 그 철학적 기반에 따라 보수주의적(conservative) 다문화주의 자유주의적(liberal) 다문화주의, 다원주의적(plural) 다문화주의로 나눌 수 있다(Fleras, 2009).

이 세 가지 다문화주의 모델은 서로 다른 이론적 기반을 갖고 있으며, 그 에 따라 다문화주의를 바라보는 근본적인 시각에 차이가 있음을 〈표 11-2〉와 같이 알 수 있다.

▌표 11-2▐ 세 가지 다문화주의 모델 비교

모델 / 특징	보수주의적 다문화주의	자유주의적 다문화주의	다원주의적 다문화주의
이념적 기반	보수주의	자유주의	다원주의
문화에 대한 인식	문화 몰인지적 (culture-blind)	문화 관용적 (culture-tolerant)	문화 인지적 (culture-conscious)
개인과 집단간 우선순위	개인의 권리 우선	개인의 권리 우선	집단의 권리 우선
통치에 있어서 차이의 중요성	인정하지 않음	일상적으로 불인정, 상황별로 인정 가능	중요 요인으로 인정
차이를 고려한 프로그램	없음	한시적 프로그램	영구적 프로그램, 제도화
대표적 사례 국가	미국, 프랑스	캐나다, 호주	영국, 네덜란드

출처: 김욱(2011). p. 117.

미국, 유럽, 아시아에 있는 11개 국가의 다문화교육정책을 정책배경, 정책방향, 대표적 정책, 문제점 등의 순서로 정리하면 〈표 11-3〉과 같다.

▌표 11-3▐ 주요 국가의 다문화교육정책 비교

정책 / 국가	정책배경	정책방향	대표적 정책	문제점
미국	• 동양계, 히스패닉계 등 소수인종 증가	• 소수자 정체성 보호 • 미국 사회 적응지원	• 영어교육(ESL) • 이중언어교육	• 소수자 우대정책 (affirmative action)을 둘러싼 논란
캐나다	• 1971년 세계 최초 국가 다문화주의 정책 실시, 1988년 세계 최초로 다문화주의 법을 제정	• 모든 소수민족을 대상으로 한 사회·경제적 평등 실현	• 2언어 2문화주의 • 모자이크 다문화주의	• 유색인종의 사회 상류층 진입으로 인한 주류집단의 불만과 갈등

오스트레일리아	• 백호주의 폐기와 이민자 통합	• 정착지원, 언어지원 • 시민성 함양 • 문화적 다양성 증진	• Racism No Way • AMEP • LOTE	• 다문화정책에 대한 사회적 합의 부족 • 동화주의로의 전환
영국	• 제2차 세계대전 후 이민증가	• 문화적 다원주의	• Sure Start • 다문화가이드북	• 정책주체가 불분명하고 체계화되지 못함
프랑스	• 1980년대 이후 상호문화교육의 확대와 학교시스템에 강조	• 동화주의와 다문화주의의 균형 모색 • 관용, 비인종차별주의, 학문을 초월하는 접근방법에 역점	• 적극적 교육법훈련 • 민족적 차이를 해소 • 직업교육 확대, 교육우선지역(ZEP)선정 등 교육불평등 현상 해소 지원 • 기초학력 보장교육 지원	• 공식적 담론과 실제 지역 차원에서 시행되는 정책의 괴리가 상당히 큼
독일	• 20세기 후반 외국인노동자의 유입으로 시작	• 독일 사회의 기본적 가치를 이해, 생활능력 배양에 초점	• 상호문화교육 프로그램, 가족프로그램, 언어교육	• 이주민 가족 내 세대가 통합 및 문화공유의 괴리로 부적응을 겪음
네덜란드	• 이슬람계 이민 증가 • 자유주의적 전통	• 지주제에서 다문화주의로 변화	• ACOM 등의 위원회와 연구기관 • 이주민 동화교육	• 이주민에 대한 반발과 이주민의 소외감 증가 –동화주의로 전환
중국	• 56개 민족으로 구성된 다민족 국가	• 중화민족주의 • 동화주의	• 민족구역자치제도 • 중화민족 다원일체화 교육	• 소수민족에 대한 정책의 일관성이 결여됨
일본	• 외국인 증가와 국제화정책, 귀국자녀교육	• 다문화공생 • 국제이해교육	• 커뮤니케이션 지원 • 생활 지원 • 다문화공생지역 형성	• 원론적 선언 수준의 정책 • 귀국자녀의 동화, 일본인학생의 국제화가 주된 목표
인도	• 전통적 다민족국가	• 국가통합교육	• 공용어 정책	• 지역별 다양성 편차로 인한 불편 • 공용어 지정을 둘러싼 갈등
싱가포르	• 영국식민주의의 유산과 이민사회, 민족중심의 사회 분류	• 다인종주의 (multi-racialism)	• CMIO 모델 • 이중언어교육	• 인종적 계층화 • 이중언어정책으로 인한 언어사용능력 강조

출처: 박성혁 · 곽한영(2009). p. 117 재구성.

1 미국

미국은 1900년대 중반 이후 히스패닉계 이민자가 꾸준히 늘어나 이들을 미국 시민으로 만들기 위한 교육이 필요하게 되었다. 1960년대 이전의 정책 방향은 동화주의(assimilationism)로 이민자들이 그들이 갖고 있던 문화적 정체성을 포기하고, 미국 사회의 주류문화에 동화되어 미국 시민이 되는 것을 의미한다. 그후 1960년대 이후에는 정책의 방향이 문화다원주의(cultural pluralism)로 바뀌게 된다. 이는 주류사회의 문화도 인정하면서 소수집단의 문화와 정체성을 존중하는 입장이다. 대표적인 교육정책으로는 보상교육, 이중언어교육, 학업성취 증진 프로그램, 가정 및 학부모교육 지원 등이 있다.

미국 연방 교육부 프로그램 지침(Guide to U.S. Department Education Programs, 2007)을 통해 2005~2007년까지 실시한 소수학생을 위한 프로그램은 소수자 정체성 보호, 미국 사회 적응 지원의 두 가지 차원에서 이루어졌다.

미국의 대표적인 다문화교육 프로그램으로는 인디언자녀 대상 교육 프로그램, 이주민자녀 대상 교육프로그램인 Event Start 프로그램, 교사 대상 이중언어교육 프로그램 등이 있다. 인디언자녀 대상 교육 프로그램은 고등교육국에서 주관하며 인디언 자녀교육지원을 위한 관련기관 및 단체를 지원한다. Event Start 프로그램은 초·중등 교육국에서 주관하며 부모와 자녀의 긴밀한 교육적 연계 속에서 가족 중심적 읽고 쓰기 능력 향상을 지원하는 프로그램이다. 교사 대상 이중언어교육 프로그램은 이중언어나 ELS교육 프로그램을 통해 다문화교사 자격증을 발급하며, 뉴저지시립대학의 ELS 교사교육 프로그램이 대표적이다(이명종, 2013).

미국 교육체제의 특징 중 하나는 주정부마다 자율성을 갖고 독자적인 교육체계와 법령을 갖고 운영된다는 점이다. 따라서 주마다 구성원의 특성과 상황에 따라 다문화교육에 대한 인식의 정도에서 차이가 나타나며, 이에 따라 초·중등교육과정과 교사교육과정에 다문화교육을 적용하는 상황이 주마다 다르게 나타나고 있음을 알 수 있다.

▌표 11-4▌ 미연방교육부 다문화가정 학생 관련 교육 프로그램

<table>
<tr><th>교육 대상</th><th>내용</th><th>주관 부처</th><th>프로그램명</th></tr>
<tr><td rowspan="3">영어구사
능력제한
학생
(LEP
Students)</td><td>이중언어교육, ESL교육, 가정 및 학부모교육 지원</td><td rowspan="4">영어습득국
(Office of English Language Acquistition: OELA)</td><td>• 이중언어교육을 위한 학교지원</td></tr>
<tr><td>영어구사능력제한 학생에 대한 각 주의 영어능력 향상 및 학업성취증진 프로그램</td><td>• 영어습득을 위한 주 지원</td></tr>
<tr><td>미국본토와 하와이, 알래스카원주민, 태평양섬 출신의 영어구사능력 제한 학생을 위한 영어지원 프로그램</td><td>• 알래스카 및 하와이 원주민 지원 기관</td></tr>
<tr><td>모든 교사</td><td>교사 대상의 이중언어교육 능력 향상 프로그램</td><td>• 교사를 위한 이중언어교육</td></tr>
<tr><td>고등교육
기관</td><td>원주민교육기관의 역량강화, 재정지원</td><td>고등교육국
(OPE)</td><td>• 알래스카 및 하와이 원주민 지원기관</td></tr>
<tr><td>인디언
아동</td><td>인디언 아동 교육지원을 위한 관련 기관 및 단체 지원</td><td>고등교육국
(OPE)</td><td>• 미국원주민 중심 대학
• 인디언 아동 교육
• 지방 인디언교육기관 지원
• 인디언 교육의 전문성을 위한 지원</td></tr>
<tr><td>이민자녀</td><td>이민자 교육을 위한 관련 단체, 고등교육기관, 주교육기관 지원</td><td>초중등교육국
(OESE)</td><td>• 이민자 교육 프로그램(Even Start)
• 이민자 학생 교육을 위한 주의 기초 재정 지원
• 고등교육을 받는 이민자학생의 재정지원 프로그램
• 주별로 연계된 협동적 이민자녀교육 프로그램의 지원</td></tr>
</table>

출처: 박성혁 외(2009). pp. 102-103.

2 캐나다

캐나다는 1971년 세계 최초 다문화주의를 국가정책으로 채택하여 프랑스어와 영어를 공식 언어로 채택한 국가적 다문화주의를 강력하게 표방하는 나라이다. 소수집단의 언어와 문화를 국가정책으로 적극적으로 존중하는 모자이크 다문화주의를 강조하고, 다양성 유지의 관점에서 '2언어 2문화주의'를 추구하여 모든 소수민족을 대상으로 사회·경제적 평등 실현, 소수민족의 문화 존중, 인종차별 철폐를 통한 사회실현 추구를 목표로 하고 있다.

대표적인 프로그램으로는 1992년부터 이민자 정착 및 통합 프로그램인 LINC(Language Instruction for Newcomers to Canada)를 통해 새로운 이민자들에게 양질의 언어 교육(영어와 불어)을 무료로 실시하고, 문화수업도 병행하고 있다. 이민자 적응 및 정착을 위한 프로그램 ISAP(Immigration Settlement Adaptation Program)을 통해 새로운 이민자의 입국 전후 오리엔테이션, 통번역서비스, 상담 및 취업관련 서비스 등을 제공하고 있다. 또, 호스트 프로그램(Host Program)을 통해 자원봉사자가 새로운 이민자에게 친구 또는 도우미 역할을 하여 캐나다 사회에 적응하는 데 도움을 주고 있으며, 새로운 이민자의 출신국에서 취득한 학력과 경력을 캐나다 기준에 맞도록 평가·인정해 주는 PLAR(Prior Learning Assessment and Recognition) 등을 시행하고 있다(이숙경, 2015).

캐나다 다문화주의 발달과정은 〈표 11-5〉와 같이 인종 다문화주의 → 평등 다문화주의 → 시민 다문화주의로 3단계 발달과정을 가진다.

캐나다 다문화교육의 특징은 주류문화를 고집하지 않고 소수민족의 문화적 정체성과 자신감을 배양하는 것을 목표로 하고, 소수민족·집단 간 교류를 강조하며, 원격교육에 의한 이중언어교육 등을 들 수 있다. 교사교육에 있어서도 다문화교육이 필수로 강조되고 다문화교육 지침을 숙지하도록 하며, 학생들의 반차별·반편견 프로그램을 개발을 지원하고 학교 전체가 다문화교육 환경이 되도록 노력하고 있다. 또한 학교에서 지역공동체와 협조하여 이민자들의 적응 및 정착을 위한 다양한 프로그램과 정보·오리엔테이션을 실시하고 있다(최충옥 외, 2009).

▌표 11-5▐ 캐나다 다문화주의 발달과정

특징 \ 시기	인종 다문화주의 (1970년대)	평등 다문화주의 (1980~1990년대초)	시민 다문화주의 (1995~2000년대)
차원	문화적	구조적	사회적
초점	차이에 대한 존중	평등 부양	함께 살기
위임권한	인종	인종 관계	시민권
범위	개인적 조정	제도적 수용	완전한 참여
문제	편견	인종차별주의	배제
해결책	문화적 세심함	장애물 제거	포함(포괄)
결과	문화 자본	인적 자본	사회 자본
주요 비유	모자이크	동등한 조건	소속감

출처: 김욱(2011). p. 32.

3 오스트레일리아

오스트레일리아는 1799년 영국의 식민지와 죄수 수형지로 이민이 시작되어 1830년대 이후 자유 이민자들의 이민도 시작되면서 백인 중심의 국가를 형성하여 백호주의라는 백인 중심의 동화정책을 추진하였다. 그후 1973년 차별금지 이민정책의 제정과 대규모 이민자들의 유입으로 백호주의를 폐지하고, 다문화주의를 채택하여 다문화사회를 건설하기 위하여 노력하고 있다.

오스트레일리아의 다문화정책 방향은 이민자들의 정착지원, 언어지원, 오스트레일리아 시민성 함양, 사회통합과 관용, 오스트레일리아 사회의 문화적·언어적 다양성에 관한 이해를 증진시키는 것을 목적으로 하고 있으며, 대표적인 정책으로는 'Racism No Way'라는 반인종차별 교육 프로그램과 성인 이민자 영어교육 프로그램(AMEP), 무료 통번역을 통한 언어지원 서비스, 모든 초등학생들에게 LOTE(Language Other Than English)를 가르쳐 중국어, 프랑스어, 독일어, 그리스어, 인도네시아어 등 9가지 언어 중에 하나를 선택하여 10학년까지의 모든 아동이 다문화 언어를 배우도록 하고 있다.

2011년에 발간된 정부 보고서 '오스트레일리아 국민: 오스트레일리아의 다문화정책 2011(The People of Australia: Australia's Multicultural Policy)'은 다문화주의를 국가적 정체성 형성의 핵심요소로 규정하고 있다. 오스트레일리아 정부는 다문화주의를 구현하기 위한 수단의 일환으로 모든 학습자를 위한 다문화교육을 천명하고 인종주의에 대한 반대, 문화적, 언어적, 종교적 차이에 대한 이해와 공존, 다양한 문화적 배경을 지닌 학습자를 위한 맞춤형 프로그램과 교육서비스 제공 등의 노력을 하고 있다(차윤경, 2014).

4 영국

영국은 제2차 세계대전 이후에 부족한 노동력을 채우기 위해 많은 외국인노동자들을 폴란드, 아일랜드 등으로부터 유입하여 이들을 하나로 묶을 '문화적 동화주의(cultural assimilation)'를 통해 이들을 영국 사회의 주류문화로 흡수·동화되도록 하였다.

그후 다문화교육을 위한 정책으로는 Sure Start Program과 다문화 가이드북을 발간하였다. Sure Start Program은 사회·경제적 배경이 열악한 학생들에게 읽기, 쓰기, 셈하기 등의 교육을 통해 보상교육을 실현하여 사회·경제적 불평등을 완화하여 정상적인 학교교육을 받을 수 있도록 하는 교육복지 프로그램이다.

다문화 가이드북은 2004년 교육 및 기술부(Department for Education and Skills)에 발간·배포하였으며, 내용은 소수인종에 대한 분석, 편견, 인종차별주의, 소수인종을 위한 교육적 처치방법을 소개하고 있다.

영국의 다문화교육은 2005년 런던 지하철 폭탄 테러와 버스 테러 사건이 일어나면서 다문화사회와 다문화교육에 대한 인식이 제고되어 교육격차 해소와 학업성취 향상에 중점을 두고 있고, 문화 간 상호교류로 인종 간의 문화적 갈등 해소를 위한 통합·융합 교육을 강조하고 있다(류경애 · 이재득, 2016).

영국 정부의 다문화교육을 위한 노력으로는 '화합과 단결위원회(The Commission on Integration and Cohesion)'를 만들어 지방에서 화합을 위한 실질적인 정책을 만들어가고 있으며, '학교 교육개발원(The Training and Development Agency for Schools: TDA)'은 교사교육에 문화상호작용을 포함하도록 하고 있다(김선미, 2011).

최근 영국의 다문화교육은 인종적인 문제뿐만 아니라 계층, 여성, 성별, 종교, 장애와 특별교육 등의 사회적 문제와 같이 취급되고 있으며, 인종적인 측면에만 특별히 초점을 두지 않는다는 데 그 특징이 있다.

5 프랑스

프랑스는 초기에 이주민들에 대해 적극적인 동화정책을 실시하였다가 최근에는 동화주의와 다문화주의의 균형을 모색하는 것이 정책적 특징이며, 교육부 차원에서 다문화, 다언어의 구성원들과 완전한 통합체를 이루기 위해 노력하고 있다는 점이 가장 큰 특징이다. 이를 위해 관용, 비인종차별주의, 학문을 초월하는 접근방법 등에 역점을 두고 있다.

모든 다문화교육의 출발점은 교사로부터 시작된다고 보고, 교사들에게 통합과 차별 퇴치를 다루는 세미나에 참여시킬 뿐만 아니라, 재교육을 통해 이민, 탈식민지화 등을 설명하는 방법과 인권 관련 법규를 보다 효율적으로 가르치는 방법을 배우고 있다.

이주민 자녀를 위한 모국어 교육도 1976년 이래 초등학교 교육과정에서 실시하고 있다. 이주민 밀집 지역의 학교에 예산을 보조해 주고, 이주민과 같은 국가 출신의 교사임용 등의 지원책, 자녀교육 관련 자료를 이민자 부모의 모국어로 만들어 배부하고 있다(한승준, 2008).

프랑스는 2008년 '이민 · 국가정체성부'를 신설하여 그동안 각기 다른 기관에서 진행되던 이민정책을 하나의 부처로 통합하였다. 프랑스는 학교 내 다문화교육 프로그램과 학교 밖 다문화교육 프로그램으로 나누어 정책을 펴왔다. 학교 내의 다문화교육 프로그램은 이주민 자녀 학생과 일반 프랑스 학생들을 초등학교 1학년부터 3학년까지 시민성 교육을 위한 공통 필수 과목을 개설하여 다문화사회인 프랑스에서 다름을 인식하고 차별 없이 더불어 살아갈 수 있는 프랑스 시민교육을 하고 있다(이민경, 2009). 학교 밖에서의 다문화교육은 관심 있는 일반인과 이주민을 위한 다양한 다문화교육 프로그램도 개설하여 교육 대상자들이 프랑스 사회에 좀 더 잘 적응하고 통합될 수 있도록 하고 있다.

6 독일

독일의 다문화교육정책은 차별적 배제정책의 지속과 이주민통합정책의 부재에서 탈피하여 최근에는 이주민의 '통합정책'과 제도화를 추진하고 있는 상황이다.

1980년대에 외국인노동자의 유입으로 시작된 독일의 다문화교육정책은 '주류문화'와 '비주류문화' 사이의 갈등을 해소하기 위해 '상호문화교육' 프로그램이 발전하였으며, 학자와 관련 전문연구기관의 이론적 연구뿐만 아니라 연방정부, 주정부, 기업 등의 행정적·재정적 지원이 큰 역할을 하고 있다. 사회적 통합을 강조하면서 독일어 실력 향상을 최우선적으로 추진하고, 정규수업시간으로 부족하면 특별대책을 세워 지원, 언어습득을 위한 프로그램을 모든 주에서 진행, 취학전단계, 학교단계, 교육과정, 직업교육, 출신국 언어교육, 학부모와의 협력, 관련 단체들의 네트워크 등에 대한 대책을 제시하고 있다.

사회 전체의 협력과 체계적인 대응이 필요하다는 문제의식은 2007년 '국가통합계획(Der Nationaler Integrationsplan)'으로 집약된다. 여기에서는 연방정부, 주정부, 기초 자치단체 수준의 기여방안을 논의하고, 통합과정, 언어지원, 학교 교육과 직업교육, 여성과 소녀 지원, 지역의 통합노력 지원, 문화, 스포츠, 언론매체, 시민단체, 학계 등 관련 분야를 망라한 종합대책을 제시하고 있다.

2011년 연방정부, 시민사회, 다수의 이주민 조직들이 참여하여 '국민통합계획'을 위한 방안들을 점검 가능한 목표로 구체화한 '국민통합 실행계획'을 수립하여 이주배경을 지닌 청소년들에 대한 지속적인 언어교육 보장, 보편적 계속교육 참여비율 확대, 학력수준 및 직업교육 성취의 독일 평균 수준으로 향상, 대학졸업자 비율 증대 등의 구체적인 목표를 제시하고 있다(정수정, 2014).

7 네덜란드

네덜란드는 이슬람계 이주민, 아프리카계 이주민 등 많은 노동자들이 유입되면서 이들을 위한 다문화정책이 마련되었다. 초기의 정책은 지주제로서 자신과 이해관계를 같이 하는 사람들끼리 집단을 형성하여 서로 돕고 살며, 이해관계가 다른 집단과는 교류를 하지 않는 제도이다. 이러한 제도는 이주민들이 네덜란드 주류사회의 문화를 거부하고 동화되기를 거부하자, 다문화정책이 동화주의로 변화하게 되었다.

1978년 ACOM이라는 '문화적 소수민족 연구에 대한 자문위원회'를 설립하여 이주민과 소수민족에 대한 지원정책을 폈으며, 1998년에는 이주민 통합법(Win)을 제정하여 새로운 이주민에게 1년 동안 이주민 동화교육을 실시하고 있다.

2004년의 테오 반 고호 암살 사건 이후, 많은 네덜란드인들로 하여금 이민자가 네덜란드 사회에 기여하는지 또는 그들이 네덜란드에서 자신들의 고유한 전통을 유지하려고 하는지의 문제에 대해서 심각하게 생각하게 하는 계기가 되었다. 우파성향의 얀 페터르 발케넨더(Jan Pieter Balkenende) 총리가 집권한 2002년부터 2010년까지, 네덜란드는 이민자 유입을 제한하는 방향의 개혁을 단행했다. 특히 2005년 제정된 '이민자 사회통합법'은 네덜란드로 이민 오고자 하는 사람들에게 일정 수준 이상의 네덜란드어와 네덜란드 사회에 대한 지식을 요구한 최초의 나라가 되었다.

2011년부터 외국인이 네덜란드에 체류하려면 3년 안에 네덜란드어를 마스터해야 한다. 그 기간에 네덜란드어를 배우지 못한 외국인은 네덜란드 정부의 통합정책지원을 받지 못한다. 이민자에 대한 통합지원을 무기한 지원하던 것과 크게 달라진 점이다. 유럽에서 가장 먼저 다문화주의 정책을 추진해왔던 나라에서 큰 변화가 발생하고 있다(설동훈 · 이병하, 2013).

8 중국

중국은 56개 민족으로 구성된 다민족국가로 한족이 92%, 그 외 8%가 55개 민족으로 이루어져 있다. 이들 56개 민족은 오랜 역사 동안 각기 자기 민족의 문화를 발전시키면서 중국사회와 융합된 문화를 형성하고 있다.

초기의 다문화정책은 화이부동(華而不同) 사상으로 한민족의 문화를 보편화하면서 소수민족의 문화를 인정하는 특수성을 유지하면서 자체적으로 발전하는 것을 수용하였으나, 지금은 정책이 일관적이지는 않지만, 위구르족이나 티베트민족 등 소수민족에 대해 동화주의를 지향하고 있다.

민족구역 자치제도를 추진하여 5곳의 자치구, 30곳의 자치주, 120곳의 자치현, 1173곳의 민족향으로 편성하여 소수민족 자치구 내의 문화, 교육, 언어, 민족 풍습 습관 유지, 종교 · 신앙 자유 등 다민족의 전통을 유지 · 발전시켜 나가고 있다.

최근에는 중화민족 다원일체화 교육을 추진하여 소수민족 동화의 성격을 갖고 다원보다는 일체를 강조하여 소수민족에 대한 이중언어교육, 자민족 종교와 문화의 특성에 대한 교육을 실시하여 일체화교육에 중점을 두고 있다.

다원일체화 교육은 다른 말로 풀이하자면 한족과 소수민족은 각기 자기 민족의 문화를 학습하는 동시에 상대 민족의 문화도 함께 학습하여 다민족국가 내에서 서로 다른 민족의 문화가 공존하도록 하여 한족의 문화도 소수민족의 문화도 아닌 하나의 새로운 문화인 중화민족문화를 만들어내자는 것이다. 따라서 다원일체화 교육은 다민족국가인 중국에 있어 통일된 다민족국가를 이루기 위한 미래를 위한 소수민족 교육의 필연적인 선택이며, 이러한 이유로 중국소수민족교육정책에서 다원일체화교육은 부단히 발전시켜야 할 이론이다.

다원일체화 교육은 21세기 들어 의미가 확장되어 최근에는 '다문화통합교육(Multicultural Integration Education)'으로 용어가 통일되고 있다(김정호, 2008).

9 일본

일본은 1980년대 중반 이후 아시아, 남미 지역의 노동자들이 이주하면서 다문화정책은 국제이해교육이라는 관점에서 추진되었다는 것이 큰 특징이며, 이는 이주민을 위한 교육정책이라기보다는 일본인 학생들의 국제화를 목표로 하고 있다.

2005년을 기점으로 일본은 '다문화 공생'을 국가차원의 주요 과제로 설정하는 정책의 일대 전환을 이룬다. 이후 지방자치단체의 외국인 주민차원의 주요 과제로 설정하는 정책의 일대 전환을 이룬다. 이후 지방자치단체의 외국인 주민지원 시책에 대한 가이드라인인 '다문화 공생 플랜'을 확정하여 시행하게 되는데 주요 내용은 일본어 교육, 다양한 통·번역 등을 통한 외국인 주민의 생활 지원, 다문화 공생 지역 만들기 등이 주요 정책이다(김향지, 2009).

또한 일본 다문화정책의 특징 중 하나는 다문화 공생으로 다문화 공생정책은 커뮤니케이션 지원, 생활 지원, 다문화 공생지역 만들기 등이 주요 정책이다. 커뮤니케이션 지원정책은 외국인의 일본어, 일본사회 적응을 돕기 위한 학습을 지원하고 생활정보 등을 이중언어로 지원하는 것이며, 생활지원정책은 교육, 생활, 노동, 의료, 복지 등 일상생활을 지원하고 있고, 다문화 공생지역 만들기 정책은 외국인들이 많이 거주하는 지역에 다른 지역과의 활발한 교류를 통해 지역사회 주민으로 살아갈 수 있도록 지원하고 있다.

다문화 공생의 개념은 다민족·다문화주의를 표방하고 있지만 다른 한편에서 애국심과 일본의 문화, 역사에 대한 긍지를 고취하는 교육이 동시에 시행되어 일본의 국가주의와 결합한 일본 중심적이고 민족중심적인 인식이 깔려 있기도 하다.

10 인도

인도는 전통적인 다문화국가로서 국가가 지정한 170여 개의 언어와 500여 개의 방언들이 사용되고 있으므로 국가에서는 최우선적으로 공용어를 채택하는 정책을 펴왔다. 이를 위해 인도 헌법에서는 각 주는 힌디어 또는 주에서 통용되는 언어 중 하나 이상을 공용어로 채택하도록 규정하고 있다.

인도의 다문화교육정책은 역사적으로 오래된 다문화적인 요소들을 현대 국가행정의 효율성에 맞추기 위해 표준화하는 데 중점을 두고 있다. 따라서 중앙정부가 다문화정책을 추진하는 데 지역별 편차와 저항 때문에 많은 어려움을 겪고 있는 실정이다.

11 싱가포르

싱가포르는 다민족국가로 중국계, 말레이계, 인도계, 유럽 및 아시아 민족 등으로 구성되어 있다. 싱가포르의 다문화정책은 사회적 분류의 중요한 수단으로 민족을 의도적으로 강조하여, CMIO(Chinese, Malay, Indian, and Others)에 따라 인종 간의 사회적 거리와 현재의 인구구성 비율을 유지하도록 하고 있다.

교육에서는 이중언어교육을 통해 제1언어로 영어, 제2언어로 만다린어, 말레이어, 타밀어 중 하나를 선택하도록 하고 있다. 이러한 교육정책으로 말미암아 백인–중국인–인도인–말레이인의 순으로 사회계층을 유지하고 있다.

하지만 힌디어 반대운동이 조직적으로 일어나 국가의 안정을 해치게 되자, 영어가 국가의 공용어로 계속 사용되는 결과를 낳게 되었다.

이상과 같이 주요 국가의 다문화교육정책을 비교한 결과 얻을 수 있는 시사점으로는 대부분의 국가에서 우선적으로 추진하고 있는 정책이 언어 관련 정책이라는 공통점을 찾을 수 있다. 이는 세계 대부분의 국가가 이미 다문화사회로 다문화사회에 대한 정책 접근이 언어로 이어진다는 것을 알 수 있다. 즉, 언어의 다양성과 언어의 통합성을 주장하며 언어의 차별을 금지할 것을 주장한다. 따라서 기존의 다문화사회에서는 언어가 문화적 다양성을 이루는 가장 중요한 요소로 작용하고 있음을 알 수 있으며, 사회·경제적으로 차별과 소외되고 있는 소수를 위한 경제적 지원과 개발, 직업교육, 법제도 지원 등 실질적인 지원정책을 추진하고 있다는 점을 알 수 있다.

chapter 12

초 · 중등 다문화교육의 현장 사례

- 1. 다문화교육의 양상과 영역
- 2. 초등학교 다문화교육 사례
- 3. 다문화교육의 현장사례: 대구시 교육청을 중심으로
- 4. 효과적인 초 · 중등 다문화교육을 위한 제언

12 chapter 초 · 중등 다문화교육의 현장 사례

미래 사회는 '4차 산업혁명'으로 대변되는 예측 불가능한 상황 속에 있으며, 불안한 미래에 대한 인류의 적극적인 대책 마련이 시급하다고 말한다. 이러한 대책 마련에 큰 역할을 하고 있는 것이 '교육'이다. 왜냐하면 교육은 본디 '미래지향적'이기 때문이다. 다가올 미래 사회를 살아갈 청소년들에게 사회가 요구하는 인성, 지식, 기술 등을 가르쳐주는 것이 교육의 목적이다.

미래 사회는 '본격적'으로 다문화사회가 될 것이다. 외국에 거주하는 한국인이 늘어날 뿐만 아니라 한국에 체류하는 외국인도 점차 늘어가고 있다. 다문화 선진국의 사례를 보면 외국인과 내국인 간의 갈등이 심화되고 많은 사회문제를 겪고 있다. 이들의 선례를 비추어보건대 한국 또한 '본격적'인 다문화사회에 대비하는 교육이 필요한 시점이다.

다문화 선진국은 예전부터 다인종, 다문화사회를 대비한 교육을 진행해 왔으며, 우리도 다문화교육(multicultural education)이라고 지칭하면서 다양성과 인권의 중요성을 바탕으로 한 교육과정과 이론들을 개발하고 실천하고 있다.

이 장에서는 다문화교육의 다양한 실천사례를 살펴보고, 구체적인 다문화교육의 방법, 목적 등에 대해 알아보고자 한다. 이러한 사례를 통해 '본격적'인 다문화사회로의 전환에 대비하여 교육적 논의를 확장하는 데 의의가 있다.

1 다문화교육의 양상과 영역

깁슨(Gibson, 1976)은 미국의 다문화교육을 다섯 가지의 양상으로 구분하여 설명한다. 먼저 소수문화집단에 대한 교육(education of the culturally different)이며, 소수문화집단에 속한 학생들을 주류문화 및 사회에 통합시키는 데 목적을 둔다. 다음으로 문화 차이에 대한 교육(education about cultural differences)으로, 문화 간 이해를 증진시키고자 모든 학생들에게 문화 차이를 가르치는 교육이다. 세 번째의 양상은 문화다원주의를 위한 교육(education for cultural pluralism)으로, 소수집단 문화를 보호하고 소수집단의 권한을 증진시키고자 노력하는 교육이다. 네 번째의 양상은 두 문화 교육(bicultural education)으로, 서로 다른 두 문화 속에서 성공적으로 생활할 수 있도록 학생들을 준비시키는 데 목적을 둔다. 마지막으로 다문화교육(multicultural education as the normal human experience)이며, 학생들이 다양한 문화적 맥락 속에서 활동할 수 있도록 가르치는 데 목표를 가진다(Sleeter & Grant, 2007: 28에서 재인용).

전술한 다섯 가지의 다문화교육 양상을 살펴보면 다문화교육의 영역(dimension)을 유추해 볼 수 있다(Banks, 2002). 먼저 교육과정 및 교과서를 구성하거나 교육자료를 선정할 때 다양한 문화 및 집단의 사례를 활용하는 내용 통합이 필요하다. 아울러 암묵적으로 문화적 관점이나 편견들이 지식의 구성에 영향을 주고 있음을 간파하고 학생들이 지식에 대한 비판적 해석 능력을 개발하도록 구성되어야 한다. 또한 교수법 및 자료를 활용하는 데에 있어 다른 문화집단에 대해 긍정적이고 우호적인 태도와 가치를 발달시키도록 도와야 한다. 이는 곧 다양한 집단의 학생들이 평등한 교육을 받게 하기 위한 교수법 개발도 선행되어야 한다. 궁극적으로 다양한 집단의 학생들이 학교에서 교육적 평등과 문화적 능력을 경험할 수 있도록 학교의 문화와 조직을 재구성해야 한다(Banks, 2002).

이에 바람직한 다문화교육과정 및 교과서가 갖추어야 할 다문화적 내용요소를 크게 정체성, 다양성·다원성, 사회 정의의 세 가지 핵심 영역으로 나눌 수 있으며(조영달 외, 2008), 각 영역별 하위 요소 및 세부 내용을 ① 정체성의 개념 및 특성, ② 정체성의 차원,

③ 정체성의 형성 및 변화, ④ 정체성의 성향, ⑤ 문화다양성·다원성 인식, ⑥ 문화다양성에 대한 태도 및 관점, ⑦ 문화집단 간 상호의존성, ⑧ 사회정의감, ⑨ 인권존중, ⑩ 평등, ⑪ 소수자, ⑫ 차별 등으로 제시하였다.

2 초등학교 다문화교육 사례

다문화교육에 대한 학계의 연구 논문도 급증하고 있다. 2006년 이전까지 한국교육학술정보원에 등록된 '다문화' 관련 학술지 논문 수는 212여 편, 학위 논문 수는 87여 편에 지나지 않았으나 2021년 12월까지 등록된 학술지 논문 수는 15,876건, 학위 논문 수는 8,757건에 해당한다. 내용면에서도 초기에는 다른 나라 다문화교육의 소개 및 법적 검토에서 이제는 다문화교육에 대한 효과를 연구하는 등 세밀하고 진보된 논문들이 제출되고 있다(심재욱, 2013). 이에 본 절에서는 초·중·고 다문화교육 프로그램과 관련한 학술연구들을 중심으로 구체적인 사례를 살펴볼 것이다.

1) 초등학교 다문화교육 프로그램 사례: 반편견교육 프로그램

최근 염나리(2015)는 초등학교 고학년을 위한 반편견교육 프로그램이 다문화 수용성에 미치는 영향에 대해 탐색해 보고자 반편견교육 프로그램을 설계하였다. 이를 소개하면 다음과 같다.

다문화교육은 베넷(2007)의 담론에서처럼 민주주의 신념과 가치에 기초를 두고 문화적으로 다양한 사회 안에서 문화다원주의를 지지하는 평등지향운동이기에 모든 유형의 차별과 편견에 저항해야 한다는 기조를 따르고 있다. 구체적으로 드망-스파크스(Deman-Sparks, 1989)의 반편견교육 프로그램을 모델로 삼고 있다. 즉 이중문화권의 학생들에게 우월감을 갖지 않고 자신감을 심어주는 교육이며, 다양한 사람들의 차이점과 유사점에 대한 질문과 협의, 수용하는 과정을 통해 지식과 이해를 얻으며, 이를 통해 다양성을 가진 사람과 공감하는 태도를 지니는 것을 목표로 삼았다. 특히 인지적인 측면에서는 불공평한 상황에서 공정한 대우와 불공정한 대우를 구별할 수 있는 편견에 대한 비판적인 사고를 기르는 것이 최종 목표이다.

이와 같은 목표를 지닌 염나리(2015)의 초등학생을 대상으로 한 반편견교육 프로그램의 세 가지 유의점은 다음과 같다. 첫째, 초등학생의 발달 단계에 적합하게 구성되어야 한다. 둘째, 창의적 체험활동 교육과정에 적합하게 구성한다. 셋째, 특정 이주민 집단이나 다문화 제재(題材)를 직접적으로 드러내는 것보다 보다 다양하고 일상생활에서 경험 가능한 다문화 제재로 확장해야 한다.

먼저 반편견교육 프로그램을 설계 전, 설문조사를 통해 학생들이 가지고 있는 편견을 조사하였는데, 정경미(2009)의 편견 설문지를 참고하였다.

표 12-1 반편견교육 프로그램 구성 전 학생들의 편견 조사 설문

보기	질문내용
1	여학생은 얌전하고 순종적이어야 한다.
2	장애가 있는 친구를 보면 도와주고 싶다.
3	새터민(탈북자)은 믿을 수가 없다.
4	여자가 축구나 야구를 하는 것은 여자답지 못하다.
5	나와 피부색(인종)이 다른 사람을 보면 피하고 싶다.
6	손으로 밥을 먹는 나라의 사람들은 지저분하다.
7	남학생은 적극적이고 활발해야 한다.
8	장애가 있는 친구가 내 옆자리로 오면 자리를 옮기고 싶다.
9	새터민(탈북자)이 옆집으로 이사 오는 게 싫다.
10	외국어를 배울 때 흑인 선생님보다 백인 선생님께 배우고 싶다.
11	비싼 옷을 입고 다니는 친구와 더 친하게 지내고 싶다.
12	쉬는 시간에 장애가 있는 친구와 함께 놀고 싶다.
13	학급에서 반장은 남자가 더 잘할 수 있다.

14	새터민(탈북자) 친구들을 도와주고 싶다.
15	아프리카 대륙에 있는 나라의 문화는 열등하다.
16	가난한 친구를 생일에 초대하고 싶지 않다.
17	새터민(탈북자) 친구들을 도와주고 싶다.
18	동남아시아에 있는 국가보다 미국, 프랑스와 같은 선진국 문화가 더 훌륭하다.
19	장애가 있는 친구와 같은 모둠이 되기 싫다.
20	새터민(탈북자) 친구를 우리 집으로 초대하고 싶다.
21	힌두교도인 인도 사람이 쇠고기를 먹지 않는 것은 이상하다.
22	가난한 친구네 집에 놀러가기 싫다.
23	남자가 가족을 책임지므로 여자보다 월급을 더 많이 받아야 한다.
24	나와 가정환경이 비슷한 친구하고만 놀고 싶다.
이와 비슷한 자신만의 생각이 있으면 자유롭게 써 봅시다.	

출처: 정경미(2009). pp. 108-110.

이 설문 조사를 바탕으로 학생들이 프로그램을 적용하기 전에 가지고 있는 편견 중 다수의 학생들이 가진 편견을 우선순위로 하여 방언, 계층, 용모·체중, 성별 등 4가지 요소를 반편견교육 프로그램 제재로 선정하였다. 편견조사결과는 [그림 12-1]과 같다.

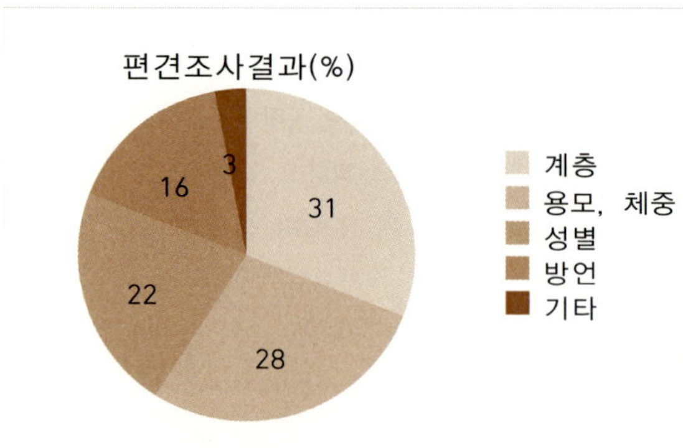

▌그림 12-1▌ 프로그램 구성 전 학생들의 편견조사결과

이 결과를 토대로 편견 감소 수업 단계(박윤경, 2006 참고)를 설정하였으며, 이를 나타내면 [그림 12-2]와 같다.

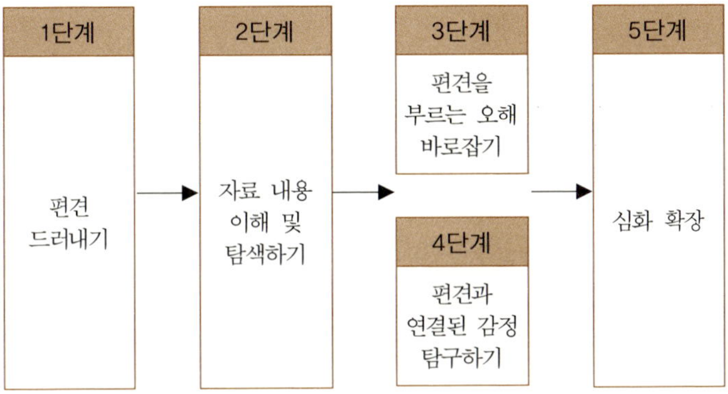

▌그림 12-2▌ 편견 감소 수업 단계

한편 수업별 교수·학습 활동 내용은 직접적으로 다문화적 요소를 나타낼 수 있는 인종, 국적, 피부색 등의 요소보다는 일상생활 속에서 마주할 수 있는 편견의 제재, 방언, 계층, 용모·체중, 성별 등으로 확장하여 내용을 설정하였다. 수업 자료 또한 학생들이 평소에 가지고 있는 편견을 미리 조사한 후 그와 관련된 다양한 도서와 영상 자료를 활용하였으며, 역할놀이, 토의·토론, 조사하기, 창의적 기법으로 구조화하기 등 고학년을 대상으로 학습 목표에 도달하기 적합한 방법으로 설계하였다.

아울러 프로그램에 대한 차시별 평가 내용은 반편견교육 프로그램에서 이루고자 하는 지식, 기능, 가치 및 태도를 반영하여 각각 평가하였으며, 평가방법은 관찰, 체크리스트, 상대평가, 자기평가 등이 활용되었다. 각 차시별 교육내용은 〈표 12-2〉와 같다.

▌표 12-2▌ 반편견교육 프로그램 내용

차시	차시별 제재	편견
1/4	편견의 뜻 알기	방언
2/4	편견과 차별의 차이 알기	계층
3/4	편견을 누구나 가지고 있음을 알기	용모, 체중
4/4	편견을 경계하는 태도 공언하기	성별

〈표 12-3〉은 차시별로 설계한 프로그램의 교수·학습과정안과 학습지 및 학습 자료를 제시한 것이다.

▌표 12-3▌ 1차시 교수·학습과정안

<table>
<tr><th colspan="2">편견</th><th colspan="2">방언</th></tr>
<tr><th colspan="2">학습목표</th><td colspan="2">사례를 통해 편견의 뜻을 알 수 있다.</td></tr>
<tr><th>단계
(시간)</th><th>학습
요소</th><th>교수·학습활동</th><th>자료와 유의점</th></tr>
<tr><td rowspan="2">편견
드러내기
(5′)</td><td>동기유발</td><td>■ 편견을 드러내는 상황 살펴보기
T. 사진을 살펴보고, 사진 속의 사람과 어울리는 대사를 선택해 봅시다.

T. 방언을 사용할 것 같은 사람은 누구입니까?</td><td rowspan="2">자) 편견 관련 상황(방언)</td></tr>
<tr><td>학습문제
확인</td><td>■ 학습문제 확인하기
이야기를 읽고, 편견의 뜻을 알아봅시다.</td></tr>
<tr><td>탐색
(10′)</td><td>편견
살펴보기</td><td>■ 편견 사례 살펴보기
T. 제시된 이야기를 살펴보고 문제점을 알아봅시다.
내는 얼마 전에 부산에서 서울로 이사를 왔데이. 내가 말만 하믄 아들이 웃는다. 어떤 때는 내가 지나가면 촌놈이라고 놀리기까지 한다. 내보고 지하철은 아냐고 놀리고, 배타고 학교 댕기냐고 물어본다. 내가 버스 안에서 말이라도 하믄, 사람들이 다 내만 쳐다본다. 내는 이런 게 너무 싫다.

■ 편견의 의미 확인하기
T. 편견이란 무엇입니까?
S. 공정하지 못하고 한쪽으로 치우친 생각입니다.</td><td>자) 편견 관련 이야기(방언)</td></tr>
<tr><td>정보수집
및</td><td>편견
바로잡기</td><td>■ 잘못된 점 알아보기
T. 무엇이 잘못되었는지 알아봅시다.</td><td>유) 새로운 편견이 발생하지 않도</td></tr>
</table>

처리하기 (15′)		T. 방언의 의의를 살펴봅시다. ■다른 관점에서 이야기 살펴보기 T. 이야기를 살펴보고, 내가 갖고 있는 편견을 찾아보고 바로잡아 봅시다. S1. 사투리를 쓰면 무식해 보인다는 생각이 잘못되었습니다. S2. 겉모습으로 사람을 판단하지 않습니다. S3. 방언 또한 하나의 문화이고, 나름의 의미를 지닙니다.	록 유의한다.
심화 확장 (10′)	편견 해소하기	■이야기 속 주인공 친구들에게 방언의 의의를 알려주는 편지 쓰기 ■방언으로 나만의 교과서 만들기	**유)** 학생마다 가진 편견이 다를 수 있음에 유의한다.
평가 계획	• 지식: 편견이 무엇인지 알 수 있는가? • 기능: 방언의 의의를 알려주는 편지를 쓸 수 있는가? • 태도: 편견에 대해 관심을 갖는가?		

▌표 12-4▐ 2차시 교수 · 학습과정안

편견		방언	
학습목표		사례를 통해 편견과 차별의 차이를 알 수 있다.	
단계 (시간)	학습 요소	교수 · 학습활동	자료와 유의점
편견 드러 내기 (5′)	동기 유발	• 편견을 드러내는 상황 살펴보기 T. 친구 월드컵을 통해 내 최고의 단짝을 뽑아 봅시다. 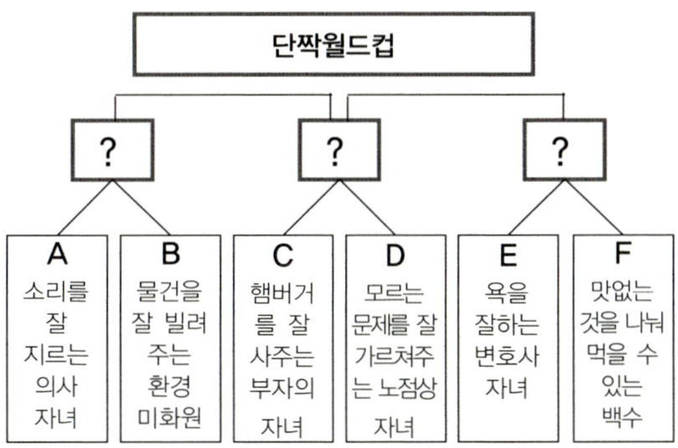 T. ( )이 내 단짝이 되기를 바라는 까닭을 말해봅시다. T. ( )이 내 단짝이 되지 않기를 바라는 까닭을 말해봅시다.	**자)** 편견 관련 상황 (계층)
	학습문제 확인	• 학습 문제 확인하기 이야기를 읽고, 편견과 차별의 차이점을 알아봅시다.	

탐색 (10′)	편견 살펴 보기	• 편견 사례 살펴보기 T. 제시된 이야기를 살펴보고 문제점을 알아봅시다. –2015년 3월 2일 맑음 "아이고 망했다!" 새 학년이 시작되어 자리 뽑기를 하게 된 것을 알게 된 엄마의 한숨 소리가 들렸다. 수아랑 짝지가 되지 않고 선혜랑 짝지가 된 것을 아셨기 때문이다. 나는 그런 엄마가 이해가 되지 않는다. 수아는 ADHD에 늘 소리를 지르는 이상한 아이인데, 그런 아이랑 짝지가 되라니? 얼굴도 예쁘고 수업시간에 모르는 것도 잘 가르쳐주는 선혜가 훨씬 좋은데 말이다.	자) 편견 관련 이야기(계층)
		• 편견의 차별의 차이점 확인하기 T. 차별이란 무엇입니까? S. 모욕적 언사, 폭행, 대인관계 거부, 고용에서의 불평등과 같은 행동적 측면을 말합니다. T. 편견과 차별의 다른 점은 무엇입니까? S. 편견은 대상에 대한 부정적인 감정이라면, 차별은 대상에 대한 행동적인 측면입니다. 편견이 반드시 차별적인 행동을 유발하지는 않습니다.	유) 편견은 누구에게나 발생할 수 있음을 지도한다.
정보수집 및 처리 하기 (15′)	편견 바로 잡기	• 선생님의 일기 살펴보기 T. 3월 1일 엄마의 일기를 살펴봅시다. 우리 대한이가 수아랑 같은 반이 되다니! 참 다행인걸! 수아는 아버지가 의사이기도 하고, 집에 돈도 많으니까 알아두면 참 좋을 거야. 우리 대한이가 내일 꼭 수아랑 짝지가 되어야 할 텐데.	유) 새로운 편견이 발생하지 않도록 유의한다.
		T. 3월 2일 선혜의 일기를 살펴봅시다. 오늘 자리 정했다. 작년에 친구들이 나와 우리 아버지께서 환경미화원이라는 이유로 같이 놀아주지 않았던 일이 생각이 나서 걱정이 되었다. 한참을 짝지를 찾지 못해 머뭇거리고 있을 때 대한이가 내 옆에 와서 앉았다. 참 기분이 좋았다. 내 짝지가 된 대한이에게 더 잘해줘야지! • 교육연극을 통해 속마음 알아보기 T. 역할놀이를 한 후 인물의 속마음을 헤아려 봅시다.	유) 학생들이 연극 후 인물의 마음을 솔직하게 말할 수 있도록 돕는다.
심화 확장 (10′)	편견 해소하기	• 진정한 우정에 대해 생각해 보기 T. 우리 주변의 진정한 우정을 가진 사람들을 조사해 봅시다.	유) 차별하지 않는 태도를 익힌다.
평가 계획	• 지식: 편견과 차별의 차이점을 알 수 있는가? • 기능: 이야기를 읽고 역할놀이를 할 수 있는가? • 태도: 차별받은 사람의 마음을 헤아릴 수 있는가?		

▌표 12-5▐ 3차시 교수 · 학습과정안

편견		용모, 체중	
학습목표		사례를 통해 편견은 누구나 가지고 있음을 인정할 수 있다.	
단계 (시간)	학습 요소	교수 · 학습활동	자료와 유의점
편견 드러내기 (5′)	동기유발	• 편견을 드러내는 상황 살펴보기 T. 사진을 살펴보고 살이 찐 이유에 대해 생각해 봅시다.  출처: https://cdn.thinglink.me/	자) 편견 관련 상황 (용모, 체중)
	학습문제 확인	• 학습 문제 확인하기 이야기를 읽고, 누구나 편견을 가지고 있음을 인정합시다.	
탐색 (10′)	편견 살펴보기	• 편견 사례 살펴보기 T. 제시된 이야기를 살펴보고 문제점을 알아봅시다. 급식 시간이었다. 친구들은 급식 배식을 하면서 꼭 철수에게 한 마디씩 한다. "난 조금만 줘." "야, 너 또 편식하니? 그러니까 네가 살이 찌지." 실은 나는 소아당뇨로 인해 어쩔 수 없이 살이 찐 건데. 아이들은 그것도 모르고 매번 놀리기 일쑤다. 선생님도 그렇다. "철수야, 운동 좀 하렴. 그래야 너 살 찐 것이 키로 가지. 아, 그리고 보건실에서 방과후 체육활동 신청하라고 하더라. 이번 기회에 살 좀 빼자." 매번 이렇다. 철수가 뚱뚱하고 싶어서 그런 것도 아닌데, 사람 속도 모르고. • 편견을 누구나 가질 수 있음을 확인하기 T. 이야기 속에 드러난 편견을 찾아봅시다. T. 이야기 속에서 편견을 가지고 있는 사람을 찾아봅시다.	자) 편견 관련 이야기(용모, 체중)
정보수집 및 처리하기 (15′)	편견 바로잡기	• 역사 속 인물 추측해 보기 전 세계를 이끌어나가야 할 지도자를 뽑아야 합니다. 여기 3명의 후보들에 대한 사실이 있습니다. 여러분이라면 누구를 지도자로 뽑을 건가요? **후보A.** 부패한 정치인들과 한 팀을 이룬 적이 있고, 때로는 점을 쳐서 결정을 한다. 두 명의 부인이 있고 하루에 8~10병의 마티니를 마신다. **후보B.** 두 번이나 회사에서 해고당한 적이 있으며, 낮 12시까지	유) 새로운 편견이 발생하지 않도록 유의한다. 유) 누구나 편견을 가질 수 있으므로 경계하는 태

		잠을 잔다. 대학시절 마약을 복용한 적이 있다. **후보C.** 전쟁 영웅이며 채식주의자이다. 담배는 피우지 않으며 가끔 맥주를 마신다. 한 평생 부인만을 사랑했다. T. 세계를 이끌 지도자를 뽑아 봅시다. T. 역사 속 인물을 확인해 봅시다. S1. 후보A는 루즈벨트 대통령입니다. S2. 후보B는 윈스턴 처칠입니다. S3. 후보C는 히틀러입니다. • 느낀 점 발표하기 T. 역사 속 인물을 확인한 후 느낀 점을 발표해 봅시다.	도가 중요함을 안다.
심화 확장 (15′)	편견 해소하기	• 편견을 경계하는 태도를 가지기 • 편견을 극복하는 표어 만들기	**유)** 편견을 극복하려는 태도가 중요함을 안다.
평가 계획	• 지식: 편견을 누구나 가지고 있음을 알 수 있는가? • 기능: 자료를 읽고 조사 정리할 수 있는가? • 태도: 편견을 경계하는 태도를 가질 수 있는가?		

▌표 12-6▐ 4차시 교수 · 학습과정안

편견		방언	
학습목표		사례를 통해 편견을 경계하는 태도를 공언할 수 있다.	
단계 (시간)	학습 요소	교수 · 학습활동	자료와 유의점
편견 드러내기 (5′)	동기유발	• 편견을 드러내는 상황 살펴보기 T. 영상을 살펴보고 느낀 점을 발표해 봅시다. * 영상 내용: 인간의 두 얼굴 "강력한 고정관념" (출처: http://home.ebs.co.kr/docuprome)	**자)** 편견 관련 상황(성별)
	학습문제 확인	• 학습 문제 확인하기 이야기를 읽고, 편견을 경계하는 태도를 공언해 봅시다.	
탐색 (10′)	편견 살펴보기	• 편견 사례 살펴보기 T. 제시된 이야기를 살펴보고 문제점을 알아봅시다. 나는 축구선수가 되는 것이 꿈이다. 그런데 사람들은 축구선수가 되겠다는 나를 좀 이상하게 생각한다. "넌 여자가 무슨 축구니? 좀 여성스럽게 행동해봐!"라고 모두들 말한다. 남학생들에게 축구 좀 같이 하자고 말하면 "여자랑 무슨 축구냐?"라고 말하며 축구에도 끼워주지 않는다. 나는 왜 여자로 태어난 걸까? 여자가 축구선수가 되는 게 뭐가 어때서!	**자)** 편견 관련 이야기(성별)

		• 편견 확인하기 T. 이야기 속 편견을 무엇입니까? S. 성별과 관련된 편견이 있습니다.	
정보수집 및 처리하기 (15′)	편견 바로잡기	• 잘못된 점 알아보기 T. 무엇이 잘못되었는지 알아봅시다. T. 편견을 반증하는 자료를 찾아봅시다. • 편견 극복을 위한 토의·토론하기 T. 이야기 속 편견을 바로잡아 봅시다.	유) 새로운 편견이 발생하지 않도록 유의한다.
심화 확장 (15′)	편견 해소하기	• 편견 극복 표어를 이용하여 편견 극복 캠페인 계획 세우기 T. 등교 시간, 아침활동 시간, 점심시간, 하교 시간을 이용한 캠페인 계획을 세워 봅시다. T. 벽보, 영상 등을 활용한 캠페인 계획을 세워 봅시다. • 편견 극복 캠페인하기	유) 다양한 캠페인 방법을 생각한 후 실천의지를 다진다.
평가 계획	• 지식: 편견을 경계해야 하는 이유를 알 수 있는가? • 기능: 자료를 읽고 토의·토론할 수 있는가? • 태도: 편견을 경계하는 태도를 다짐할 수 있는가?		

이와 같은 4차시의 반편견교육 프로그램이 초등학생 고학년의 다문화 수용성에 어떠한 영향을 주었는지 사전-사후 검사를 통해 확인하였다. 다문화 수용성은 다양성, 관계성, 보편성 등 3차원으로 측정하였다. 여기서 다양성이란 자신과 다른 문화나 가치를 동등하게 인정하거나 혹은 이에 대한 부정적 고정관념이나 편견을 갖지 않고, 나아가 차별하지 않는 정도를 말한다. 관계성은 이주민 집단과 얼마나 가까운 관계를 맺고자 하는지를 측정하며, 적극적으로 통합의 관계를 맺고자 하는지에 관한 것이다. 마지막으로 보편성이란 내집단과 외집단 간의 관계, 외부를 수용하는 데 있어서 일관된 기준을 기초로 보편적인 태도를 보이는지를 측정하는 개념이다.

따라서 반편견교육 프로그램을 실시하기 전, 후로 다문화 수용성의 향상 정도를 살펴보아 반편견교육 프로그램의 효과를 검증한 것이다. 그 결과 반편견교육 프로그램은 다문화 수용성 향상에 도움을 주는 것으로 확인되었다. 자세한 결과 예시는 다음과 같다. 먼저 다양성의 변화를 문화개방성, 국민정체성, 고정관념 및 차별의 세부 영역으로 살펴보았으며, 다양성이 대체로 확장되었음을 확인하였다.

〈우리 동네에 피부색이나 문화가 다른 외국인이 많이 들어와 살아도 전혀 이상하지 않다〉

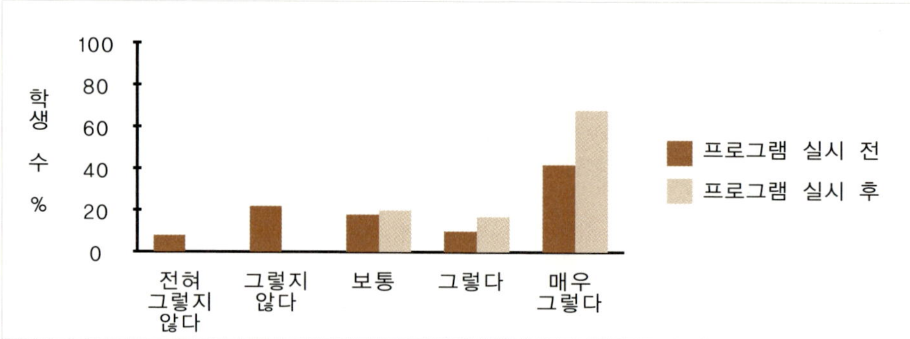

▌그림 12-3▐ 문화개방성

〈외국인이 한국에서 태어나고 자랐어도 진정한 한국 사람이라고 말하기 어렵다〉

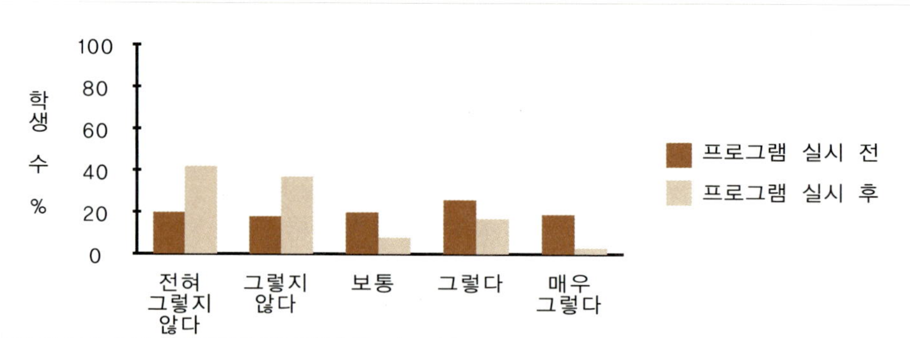

▌그림 12-4▐ 국민정체성

〈우리 학교에 다니는 다문화가정(국제결혼가정)의 아이가 한국말을 잘 못한다면 나와 같은 한국인이라는 생각이 들지 않을 것이다. (방언)〉

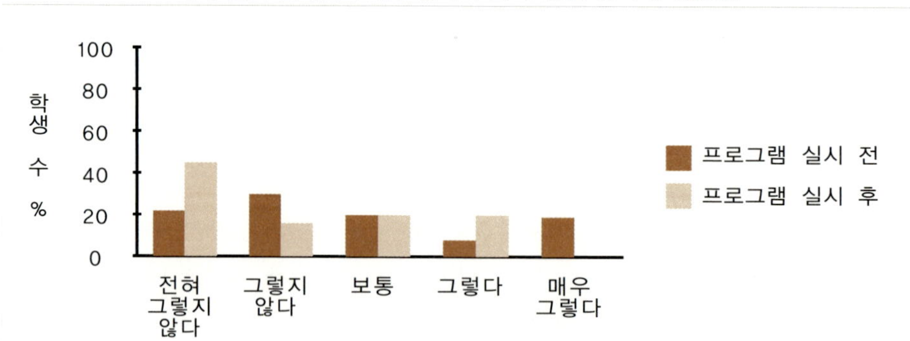

▌그림 12-5▐ 국민정체성

〈나는 한국에 사는 외국이주민들끼리 따로 모여서 자기들의 음악이나 무용, 공연을 즐기는 것을 보면 피할 것 같다.〉

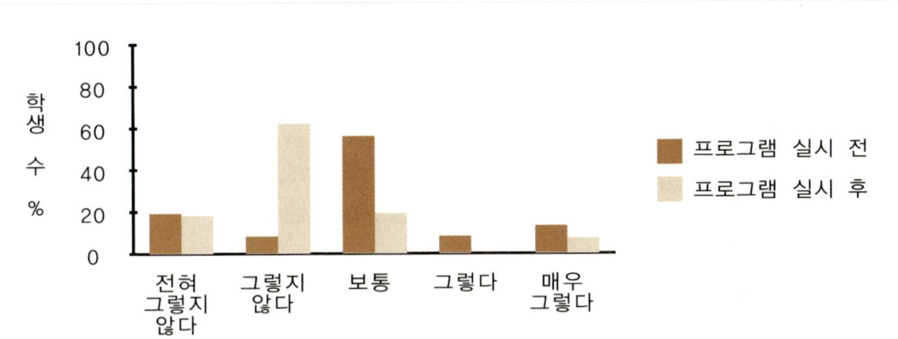

▌그림 12-6▐ 고정관념 및 차별

〈따돌림이나 놀림을 받는 아이가 피부색이나 생김새가 다른 다문화가정(국제결혼가정) 출신 아이라면 쉽게 편들어주지 못할 것 같다. (용모, 체중)〉

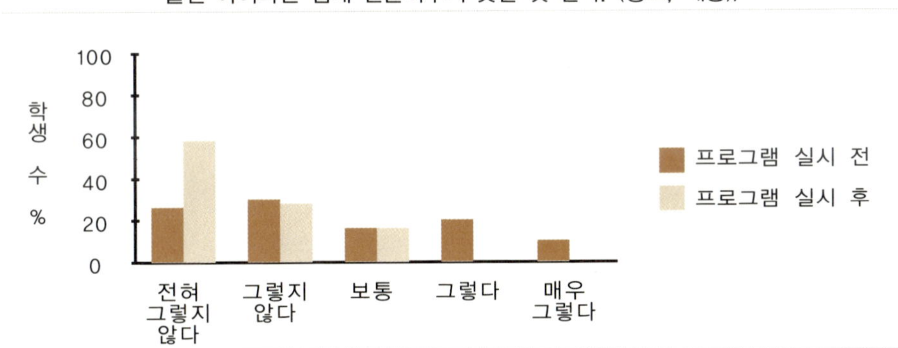

▌그림 12-7▐ 고정관념 및 차별

다음으로 관계성의 증진을 일방적 동화기대, 거부·회피 정서, 상호교류의지 요소의 변화를 통해 살펴보았으며, 관계성이 대체로 증진되었음을 확인하였다.

〈외국인이주민이 한국 국민이 되려면 자기의 문화를 버리고 한국문화나 관습을 따라야 한다.〉

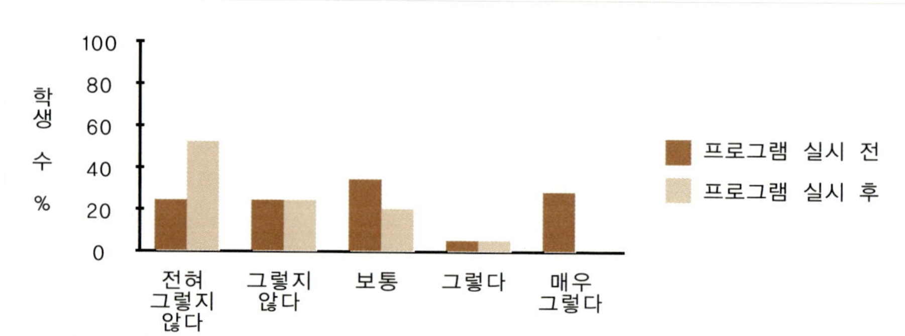

▌그림 12-8▌ 일방적 동화기대

〈버스에서 옆자리에 백인이 앉았을 때보다 흑인이 앉았을 때, 더 무서운 생각이 들었다.〉

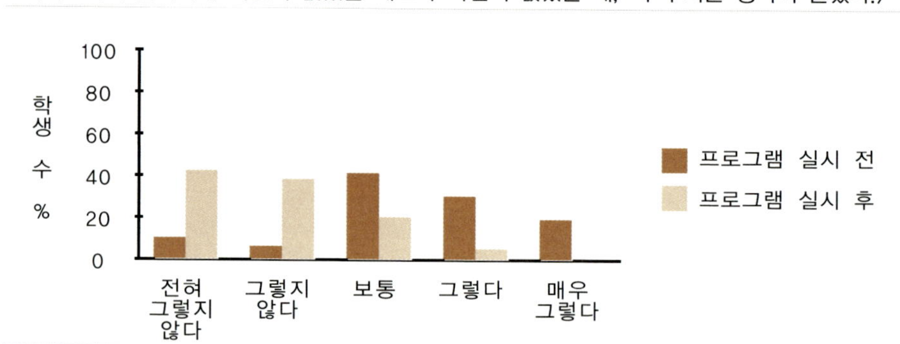

▌그림 12-9▌ 거부, 회피 정서

〈나는 기회가 있다면 상대방의 인종, 출신 나라, 문화에 상관없이 기꺼이 친구로 사귀겠다. (성별)〉

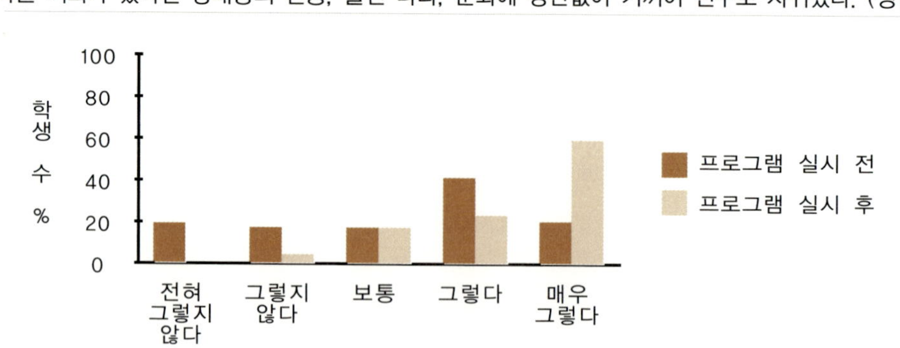

▌그림 12-10▌ 상호교류행동 의지

〈외국인 친구를 사귀려면 개발도상국보다는 선진국에서 온 친구를 사귀는 것이 좋다.〉

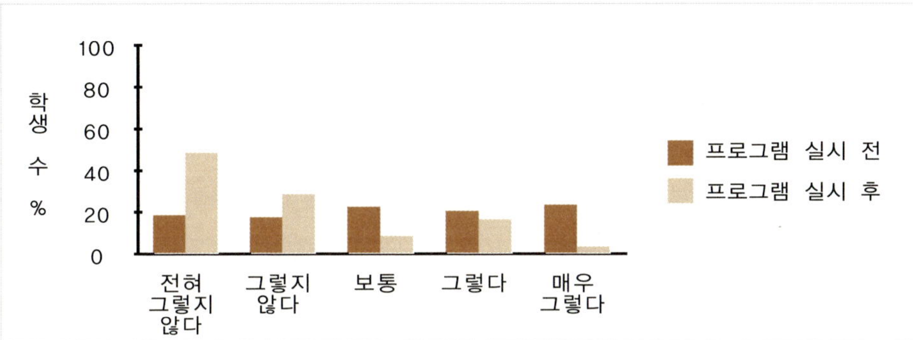

그림 12-11 이중적 평가

마지막으로 보편성 함양 측정을 위해 이중적 평가, 세계시민행동의지 요소의 변화를 통해 살펴보았으며, 반편견교육이 초등학생 고학년의 보편성 함양에 효과적이었다.

〈나는 부당한 대우를 받는 다른 나라에서 온 친구를 돕기 위한 활동에 참여할 마음이 있다.〉

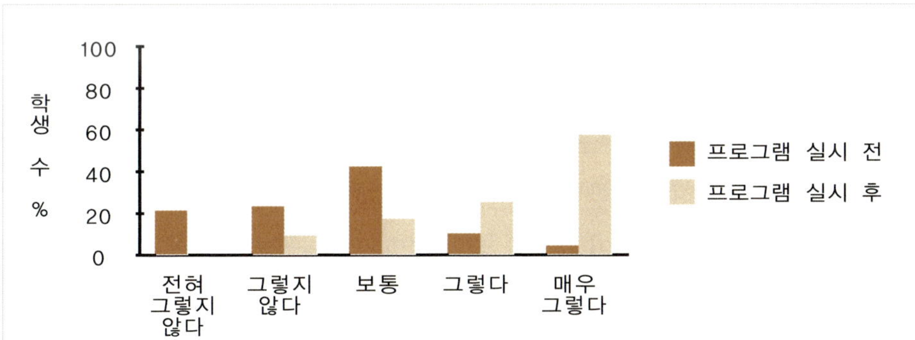

그림 12-12 세계시민행동 의지

이상의 염나리(2015)의 교육 사례는 초등학생 고학년을 대상으로 설계·적용한 창의적 체험활동에서의 반편견교육 프로그램이었음에도 불구하고 초등학생의 다문화 수용성 함양에 긍정적으로 작용한 사례라 할 수 있다.

2) 중등학교 다문화교육 프로그램 사례: 수학과 다문화교육 프로그램

최근 최충옥과 정은진(2010)은 협동학습을 활용한 수학과 다문화교육 프로그램을 개발하고 적용하여 중등학생들의 문화적 다양성과 다문화가정에 대한 인식변화를 조사하여 다문화교육 프로그램 효과성에 대해 검증하였다. 그 구체적인 사례를 소개하고자 한다.

최충옥과 정은진(2010)은 그동안의 다문화교육 프로그램들이 초등학교 중심의 다문화교육 연구자료 개발이 이루어지고 있고 다문화가정 자녀의 중등학교 진학이 예고된 만큼 중등학교 대상의 다문화교육을 위한 각 교과연구와 자료개발의 필요성을 역설하였다. 다문화교육은 모든 학생을 위한 기본교육과 종합적인 학교개혁과정이라는 입장과 다문화교육은 학교와 다른 교육기관에서 발생하는 과정으로 모든 교과와 교육과정과 관련이 있음을 주지시키며, 특정교과에 국한된 것이 아니고 전 교과에서 이루어져야 함을 주장한다. 특히 다문화적 내용과 관련이 있고 쉽게 접목시킬 수 있는 과목(도덕, 사회, 국어, 예체능)이 아닌 수학과와 접목을 시도한 점에서 흥미로운 사례라 할 수 있다.

프로그램 적용대상은 중등학교에 재학 중인 일반학생으로 문화적 다양성 교육과 소수자이해교육에 초점을 두고 진행되었다. 프로그램 내용은 수학교과의 '용어 이해'와 '통계' 영역을 선정하였다. 구체적인 프로그램은 다문화교육의 효과적인 학습방법으로 제시된 협동학습을 활용, 매 차시마다 학급구성원을 모둠별로 조직하여 학습활동을 하고 필요시 토론과 사례탐구학습을 도입하여 수업을 고안하였다. 내용구조에 따른 차시별 학습계획은 〈표 12-7〉과 같다.

표 12-7 내용구조에 따른 차시별 학습계획

차시	학습과정안	학습 주제	학습내용	학습방법
1/4	다문화교육과 협동학습의 아름다운 만남	협동학습을 통한 수학과의 다문화 수업 개관과 이해	• 수업진행 과정 설명 • 다문화가정 개념 설명 및 다문화사회 현상에 대한 이해 • 협동학습 원리와 방법에 대한 이해 • 다문화관련 SBS 뉴스(2009.7.31.) 시청과 모둠별 소감 적기와 발표활동	강의법, 토론학습

2/4	차이와 다름을 넘어 공존으로	남북한의 수학용어 비교분석을 통한 문화적 다양성에 대한 긍정적인 인식 함양	• 인권영화 〈다섯 개의 시선〉의 배낭을 멘 소년 도입부 시청 • 남북한 수학용어 단원별 비교분석 • 북한 수학용어 개관 및 특징 설명	협동학습: 모둠성취 분담학습(STAD) 모형 응용
3/4	숫자로 보는 우리 사회의 다문화 현상	통계자료를 통한 다문화가정 현실 이해와 긍정적인 인식 함양 및 통계 관련 내용 학습	• 다문화 광고 '마부하이' 시청 • 다문화가정 관련 통계자료 설명 • 통계학의 역사와 개념 학습 • 백분율, 누적도수, 상대도수 용어정의와 풀이방법 학습	협동학습: 과제분담학습모형(Jigsaw II 모형) 응용
4/4	통계로 보는 우리 사회의 다문화 현상	다문화사회 현황 통계자료를 이용한 통계학습을 통해 바람직한 미래 다문화사회를 이루기 위한 다문화적 태도 육성	• 기초적인 통계용어 개념 학습 • 다문화가정 통계자료 이용하여 백분율, 누적도수, 상대도수 구하는 방법 학습 • 통계자료 해석하여 미래 다문화사회를 예측하고 그에 대비하는 태도와 인식 함양을 위한 내용	협동학습: 모둠성취 분담학습(STAD) 모형 응용

수학과 다문화교육 프로그램의 효과성 검증을 위해 문화적 다양성과 다문화가정에 대한 인식 변화에 초점을 맞추어 사전-사후 검사 차이 분석을 실시하였다. 먼저 수학과 다문화교육이 일반학생의 문화적 다양성 인식에 미치는 효과를 나타내면 〈표 12-8〉과 같다.

▌표 12-8▐ 문화적 다양성 인식 차이

구분	실험집단(a)			통제집단(b)			t
	사전 m(sd)	사후 m(sd)	사전사후 차이 m(sd)	사전 m(sd)	사후 m(sd)	사전사후 차이 m(sd)	
전체	28.14 (5.92)	36.29 (3.17)	8.14 (5.61)	29.47 (7.46)	31.06 (6.47)	1.59 (7.04)	4.28***

주: n^a=35, n^b=34, *p<.05, **p<.01, ***p<.001.

수학과 다문화교육 프로그램은 문화적 다양성 인식에 긍정적인 영향을 주는 것으로 확인되었다. 다음으로 다문화가정 인식에 대한 효과는 〈표 12-9〉와 같다.

▌표 12-9▐ 다문화가정 인식 차이

구분	실험집단(a)			통제집단(b)			t
	사전 m(sd)	사후 m(sd)	사전사후 차이 m(sd)	사전 m(sd)	사후 m(sd)	사전사후 차이 m(sd)	
전체	29.29 (5.04)	32.26 (4.81)	2.97 (4.60)	26.82 (7.07)	27.24 (6.15)	.41 (7.87)	1.66

주: n^a=35, n^b=34, $^*p<.05$, $^{**}p<.01$, $^{***}p<.001$.

다문화가정 인식은 통제집단과 유의미한 차이가 없었으나, 실험집단만을 대상으로 한 결과에서는 유의미한 차이가 나타나 수학과 다문화교육 프로그램을 받은 집단에서 긍정적인 변화가 있음을 관찰하였다.

다문화사회가 도래하고 다문화교육의 필요성에 입각하여 다양한 교육프로그램이 개발, 보급되는 현실에서 그동안 다루지 못했던 수학교과에서 다문화교육 프로그램을 적용하여 실시하였다는 점에서 의의가 있는 사례라고 할 수 있다. 다만 수학과의 특성상 다문화교육을 접목하는 것이 어렵고, 다문화교육 활성화를 위해 보다 문화적 맥락에서 수학체계의 인류학적 탐구를 시도하는 민족지학적 수학에 대한 연구·고찰이 필요할 것이다.

3 다문화교육의 현장사례: 대구시 교육청을 중심으로

1) 성서초등학교 사례: 예술매체 활용 문화다양성 교육을 통한 문화 간 대화 능력 함양[1)]

예술매체를 활용한 문화다양성 교육 프로그램을 구안하고 적용한 사례로 궁극적으로

1) 대구성서초등학교(2016). 예술매체 활용 문화다양성교육을 통한 문화 간 대화 능력 함양 방안 운영보고서를 토대로 작성되었다.

문화 간 대화능력을 길러주는 방안을 모색하고자 한 연구학교 사례이다.

프로그램명	예술매체 활용 문화다양성교육을 통한 문화 간 대화 능력 함양 방안
프로그램 목표	본 연구의 목적은 예술매체 활용 문화다양성교육 프로그램을 구안·적용하여 문화 간 대화능력을 길러주는 방안을 모색하는 데 있으며, 그 구체적인 내용은 다음과 같다. 첫째, 예술매체 활용 문화다양성 교육을 위한 여건을 조성하여 문화다양성 교육에 관한 학생, 학부모, 지역사회의 관심과 이해의 폭을 넓히고 교사의 전문성을 신장시킨다. 둘째, 교육과정과 연계한 예술매체 활용 문화다양성교육 프로그램을 구안·적용하여 학생들의 문화 간 대화 능력을 기르고, 초등학교 교육과정에서의 체계적인 문화다양성 교육 지도 방안을 제시한다. 셋째, 우리마을교육공동체와 함께하는 체험중심 문화다양성 행사활동 운영으로 개인의 문화적 정체성을 창의적으로 표현할 수 있는 기회를 제공하고 가정과 지역사회에 문화다양성 인식을 정착 및 확산시킨다.
구체적인 실행내용 및 방법	1. 문화다양성 교육을 위한 여건 조성 ① 문화다양성 교육 환경 조성 ② 문화다양성 연수 활동 전개 ③ 문화다양성 인식 확산을 위한 홍보활동 전개 2. 예술매체 활용 문화다양성 교육 프로그램 구안 및 적용 ① 예술매체 활용 문화다양성 교육 프로그램 구안 ② 교과 연계 문화다양성 교육 프로그램 적용 ③ 창의적 체험활동 연계 문화다양성 교육 프로그램 적용 3. 체험중심 문화다양성 행사활동 운영 ① 문화예술체험 중심 문화다양성 행사활동 운영 ② 우리마을교육공동체와 함께하는 문화다양성 행사활동 운영
결론	1. 문화다양성 교육을 위한 여건 조성면에서 첫째, 문화다양성 교육환경을 조성하고 협력 체제를 구축하여 프로그램 운영의 효율성을 높이고 학생들의 관심과 학습동기가 높아졌다. 둘째, 문화다양성 연수활동 운영으로 문화다양성 교육에 대한 교사의 이해와 관심도를 제고하고 전문성이 신장되었다. 셋째, 문화다양성 인식확산을 위한 홍보활동 전개로 다양한 요인에 따라 다양한 방식으로 표현되는 문화의 차이를 이해하고 공감하는 능력이 길러졌다. 2. 예술매체 활용 문화다양성 교육 프로그램 구안·적용 면에서 첫째, 예술매체 활용 문화다양성 교육을 통해 학생들이 다양한 예술매체를 체험해 봄으로써 활동의 흥미를 높이고 창의적인 표현능력이 길러졌다. 둘째, 교육과정과 연계한 문화다양성 교육 프로그램 구안·적용으로 문화다양성이 증가하는 원인과 양상을 파악하고, 다양한 문화에 대한 감성과 존중하는 태도를 길러 문화적 공존을 위해 행동하며, 창의적인 문화 창작물을 생산해 나가는 문화 간 대화 능력이 길러졌다. 3. 체험 중심 문화다양성 행사활동 운영 면에서 첫째, 문화예술체험 중심 문화다양성 행사활동 운영으로 서로 간의 문화적인 차이를 이해하고 공감하며 공유해 나갈 수 있었고 자신의 문화적 정체성을 창의적으로 표현하는 능력이 길러졌다. 둘째, 우리 마을 교육공동체와 함께하는 문화다양성 행사활동 운영으로 문화다양성에 대한 인식이 가정 및 지역사회로 정착 및 확산되었다.

2) 안심중학교 사례: 다함께 어울림 프로그램을 통한 다문화 효능감 높이기[2)]

다함께 어울림 프로그램 활동을 통한 다문화 이해교육으로 다문화에 대한 효능감을 높이기 위한 연구학교 사례이다.

프로그램명	다함께 어울림 프로그램을 통한 다문화 효능감 높이기
프로그램 목표	본 연구의 목적은 다함께 어울림 프로그램 활동을 통한 다문화 이해교육으로 다문화에 대한 효능감 높이기에 있으며 이를 위한 활동 내용을 구체적으로 제시하면 다음과 같다. 첫째, 다함께 어울림 교육을 위한 인프라 구축 둘째, 다함께 어울림 교과 프로그램을 통한 다문화교육 전개 셋째, 다함께 어울림 체험활동을 통한 다문화교육 전개
구체적인 실행내용 및 방법	1. 다함께 어울림 교육을 위한 인프라 구축 ① 다문화교육을 위한 교육 환경 및 여건 조성 ② 다문화 이해교육을 위한 홍보 및 연수 활동 전개 ③ 지역유관기관 · 단체와의 연계 구축 2. 다함께 어울림 교과 프로그램을 통한 다문화교육 전개 ① 교과교육을 통한 다문화 이해교육 프로그램 구안 · 적용 ② 창의적 체험활동을 통한 다문화교육 프로그램 구안 · 적용 3. 다함께 어울림 체험활동을 통한 다문화교육 전개 ① 교내 행사를 통한 다문화 체험활동 ② 유관기관과 연계한 다문화 체험활동 ③ 일본 자매학교와의 교류활동
결론	1. 다함께 어울림 이해교육을 위한 인프라 구축을 통해 다문화에 관한 흥미와 이해를 높이고 창의 · 인성적 능력도 함양되었다. 아울러 다문화교육에 대한 학생, 학부모 교사 연수 및 홍보의 강화로 다문화 이해와 적응력을 향상시켰다. 2. 다함께 어울림 프로그램을 통한 다문화교육 전개활동은 전 교과에서 다문화와 연계한 교과 교육이 전개되었으며, 학생들의 다문화 효능감이 제고되었다. 특히 진로교육과 연계한 활동을 통하여 긍정적인 자기 발견과 다문화 관련 직업정보를 탐색하여 진로를 설계할 수 있을 것이다. 3. 다함께 어울림 체험활동을 통하여 다문화교육에 대한 반성과 발전의 계기가 될 뿐 아니라 다문화교육에 대한 폭넓은 정보를 제공하였다. 한편 유관기관과의 연계를 구축하여 실시한 다양한 체험활동은 실제 생활에서 접할 수 있는 다문화 체험활동이 되었으며 이를 통해 다양한 민족과 인종이 어울려 살아가는 사회 모습을 적극적으로 받아들이고 세계가 밀접한 관계를 맺고 있음을 인식하며 다문화 효능감을 높이는 계기가 되었다.

2) 안심중학교(2012). 다 함께 어울림 프로그램을 통한 다문화 효능감 높이기 운영보고서를 토대로 작성되었다.

3) 서부고등학교 사례: 다문화교육 프로그램 구안·적용을 통한 학생들의 다문화 공동체의식 함양[3)]

프로그램명	다문화교육 프로그램 구안·적용을 통한 학생들의 다문화 공동체의식 함양
프로그램 목표	본 연구는 학생들이 우리 안의 다양한 문화를 편견 없이 수용할 수 있는 태도를 기르고 이를 바탕으로 하여 다문화 공동체의식을 함양하기 위함이다. 첫째, 효과적인 다문화교육을 위한 기반구축을 위하여 학생·학부모·교사에 대한 교육 및 연수를 실시하고, 다문화교육을 위한 교내환경을 조성하며, 다문화 유관기관 협의체를 적극 활용한다. 둘째, 다문화교육 관련 교육과정 분석 및 활용의 일환으로 먼저 다문화 교수학습 요소를 추출하고, 이를 바탕으로 다문화 관련 교재를 개발하고 창의적 재량활동 수업에 적용하며, 교과별 다문화 교수학습지도안을 작성하고 이를 수업에 활용한다. 셋째, 다문화 이해를 내면화하기 위해 교내행사를 활용한 다문화 이해활동을 하고, 다문화가정 및 유관기관과 연계한 다문화 체험활동을 실시한다.
구체적인 실행내용 및 방법	1. 효과적인 다문화교육을 위한 기반 구축 ① 다문화 이해를 위한 학생·학부모 교육 및 교사 연수 실시 ② 다문화교육을 위한 교내환경 조성 및 유지 ③ 지역 다문화 유관기관 협의체 활용 2. 다문화교육 관련 교육과정 분석·활용 ① 다문화 관련 교수학습 요소 추출 ② 다문화교육 워크북 개발 및 수업 적용 ③ 교과별 너나우(교수학습지도안) 작성 및 수업 전개 3. 다문화 체험활동을 통한 다문화 공동체의식 함양 ① 교내행사를 활용한 다문화 이해활동 전개 ② 다문화가정 및 유관기관과 연계한 다문화 체험활동 전개
결론	1. 효과적인 다문화교육 환경 구성이 다문화교육을 진행함에 있어 일차적인 중요성을 갖고 있음을 인식할 수 있게 되었다. 효율적인 다문화교육을 위해 실시한 다양한 학생·학부모 교육과 교사연수, 교내환경 구성은 학생·학부모·교사 모두가 다문화교육의 필요성을 공감하게 하고 다문화에 대한 인식 변화에 큰 영향을 주었다. 2. 다문화교육 워크북을 활용한 창의적 재량활동 수업과 교육과정과 연계한 너나우를 활용한 교과별 수업은 다문화교육이 정규 교육과정 속에서 충분히 이루어질 수 있음을 잘 보여주었다. 3. 교내행사를 활용하여 다문화 이해활동을 실시하고, 다문화가정 및 유관기관과 연계한 다문화 체험활동을 실시함으로써 다문화 이해를 내면화할 수 있었다. 또한 단일한 주류문화 중심의 역사적 관점에서 탈피하여 이 세상에는 다양한 문화가 존재하며 각각의 문화는 서로 다름을 더 잘 이해할 수 있었다. 학생 모두가 자신의 문화를 이해함으로써 자아정체성을 확립하고, 인간은 인종이나, 성, 민족, 계급, 능력에 상관없이 평등함을 인식하여 타인의 삶을 반편견적으로 바라보고 타인을 배려하는 시각이 향상되었다.

3) 대구서부고등학교(2010). 다문화교육 프로그램 구안·적용을 통한 학생들의 다문화 공동체의식 함양 운영 보고서.

4 효과적인 초·중등 다문화교육을 위한 제언

최근 시행하였거나 연구가 진행 중인 다문화교육 프로그램 사례들을 살펴보았다. 이를 토대로 보다 효과적인 초·중등 다문화교육을 위한 제언을 하자면 다음과 같다.

먼저 학교마다 연구되고 있는 다문화교육 프로그램의 차별화를 위해 보다 각 학교별 특징을 담은 프로그램 운영이 절실하다. 특히 심재욱(2013)은 2006년부터 2012년까지 47개교의 연구학교 다문화교육 프로그램을 분석해본 결과 프로그램명과 프로그램 영역의 형식만 조금 다를 뿐이고 대부분의 프로그램 내용이 유사한 것을 발견하였다. 피상적이고 흥미위주의 교육이 주로 이루어지고 있어 다른 문화권 사람들의 역사적, 사회적, 심리적 다양성에 대한 깊이 있는 성찰이 부족하다는 것이다. 따라서 각 학교별 요구와 특징에 맞추어 개별화된 다문화교육의 비전, 정의, 목표 정립이 필요할 것이다.

다음으로 효과적인 학교 다문화교육을 위해서 지원체계 구축이 전제되어야 한다. 다문화교육을 담당할 수 있는 인력양성, 담당자 연수의 강화, 다문화교육 관련 연구회 조직 등의 인적 지원뿐만 아니라 다문화교육 담당 교사의 자격 기준 마련, 전공 개설 등의 행정적 지원도 필요하다. 아울러 이와 같은 지원은 재정적 지원이 안정적으로 이루어져야 한다는 전제가 필요하다.

또한 조영달 외(2008)가 지적하였듯이 초·중등학교의 다문화교육 프로그램을 내실 있게 운영하기 위해서는 각종 프로그램을 개발하여 보급할 필요가 있다. 많은 학교의 다문화교육 담당교사들이 가장 절실히 원하는 것이 연구소나 정부 기관에서 개발하여 보급해주는 다문화교육 프로그램이며, 그 이유는 교사들이 프로그램을 만들어 내는 것이 현실적으로 힘들다는 것이다. 전술하였듯이 현재 가장 많은 비중을 차지하는 프로그램이 외국의 문화를 단순히 소개하는 문화교육 프로그램이거나 한국의 전통문화를 알려주는 프로그램이기에 다문화교육의 현실적인 필요에 부응하는 프로그램이 개발되어야 할 것이다.

미래 사회를 살아갈 청소년들에게 필요한 역량 중 하나로 다문화 관련 역량을 꼽을 수 있다. 이에 학교 안팎으로 이들을 위한 다문화교육은 필수적인 교육이다. 또한 다문화교육 프로그램은 다양한 형태로 존재할 수 있으며 이는 다양한 집단의 사회 구성원들의 필요와 요구에 부응해야 한다. 이를 위해 다문화교육정책의 효과적인 시행과 현실적인 필요에 부응하는 프로그램 개발이 필요하다.

참고문헌

강창동(2010). 단일민족사관의 사회사적 형성과 다문화교육의 방향 탐색. **교육사회학연구**, 20(4). 1-25.

강휘원(2006). 한국 다문화사회의 형성 요인과 통합 정책. **국가정책연구**, 20(2), 5-34.

경기도교육청(2017). 민주시민교육 기본계획.

경기도교육청(2021). 다문화교육 추진계획.

경기도다문화교육센터 편(2009). **다문화교육의 이론과 실제**. 파주: 양서원.

경찰청(2015). 경찰범죄통계. 외국인 범죄자.

고종환(2014). 소설, 영화, 애니메이션을 활용한 다문화 인식 개선방안 - 초, 중, 고등학생들을 위한 수업 모형안-. **프랑스문화연구**, 29(0), 253-286.

곽영길(2009). 우리의 모습은 다르다, 그러나 마음은 하나다. **교육정책포럼**, 196, 12-15.

교육과학기술부(2009). 다문화가정 학생 교육지원방안 2009년 시도교육청 관계자 워크숍. 서울: 교육과학기술부.

교육과학기술부(2009). 다문화가정 학생교육을 위한 시도교육청 맞춤형 사업 지원계획.

교육과학기술부(2011). 2011년 다문화교육 강좌 개설 지원사업 워크숍. 교육과학기술부 한국연구재단.

교육부 (2019). **2019년 다문화교육 지원계획**. 세종: 교육부

교육부(2015). 도덕과 교육과정 고시문.

교육부(2021). 2021년 다문화교육 지원계획. 세종: 교육부.

교육부(2021). 2021년 다문화교육지원 계획. 세종: 교육부.

교육부(2021). 2021년도 다문화가정 자녀 교육지원 계획.

교육부(2021). 다문화교육 지원계획. 정책연구 보고서.

교육부, 한국교육개발원(2016). 2016년 교육기본통계. 보도자료(2016.8.30.).

교육인적자원부(2006). 다문화가정 자녀를 위한 교육지원 방안 연구.

교육인적자원부(2007). 2007년도 다문화가정 자녀 교육지원 계획.

구병두, 김범준(2007). **교육과정 및 교육평가**. 고양: 공동체.

구정화, 박윤경, 설규주(2009). **다문화교육 이해**. 서울: 동문사.

구정화, 박윤경, 설규주(2010). 다문화교육의 이해와 실천. 서울: 동문사.

권명희(2021). 공존하는 다양한 사회, 차별 아닌 다문화 시대를 꿈꾸며. 중도일보(2021.11.30.).

권미경(2021). 영화(완득이)를 활용한 이주배경 청소년 대상 한국문화 교육방안 연구. 문화교류와 다문화교육, 10(5), 183-202.

권오현 외(2013). 다문화교육의 이해. 서울: 서울대학교출판문화원.

권충훈, 김훈희(2008). 다문화교육을 위한 교수-학습 경험 선정 아이디어. 한국콘텐츠학회논문지, 8(8), 293-302.

권효숙(2006). 문화간 적응교육. 파주: 한국한술정보.

김갑성(2007). 어, 선생님이 바뀌었어요. 2007학년도 제4차 국제이해교육포럼 - 다문화사회를 위한 협력. 7월 7일. 아태국제이해교육원.

김경근(2006). 한국 중등교육의 수월성과 평등성의 조화를 위한 과제. 교육학연구, 44(1), 1-21.

김경식, 신종훈, 최성보, 이현철(2008). 다문화 학생의 학교생활과 딜레마: 배제와 상실. 한국교육사회학회 · 국제이해교육학회 공동학술대회. 다문화사회와 다문화교육 발표집, 195-215.

김경식, 최성보, 이현철(2009). 사회적 자본과 학교적응과의 관계: 가족, 학교, 지역사회 내 사회적 자본을 중심으로. 교원교육, 25(1), 60-83.

김광수(2010). 다문화가정 학생상담 실제. 원진숙 외. 글로벌 시대의 다문화교육. 서울교육대학교 다문화교육연구원 연구 총서 1. 서울: 사회평론.

김동진, 이슬기(2021). 학교 다문화교육의 현황 분석: 연구자, 교사, 학생의 인식을 중심으로. 문화교류와 다문화교육, 10(5), 253-275.

김두환(2005). 교육목표의 관계적 동조와 학업성취. 교육사회학연구, 15(1), 43-64.

김명정, 송성민(2018). 우리나라 다문화 법규의 특징 및 개선 방향 고찰. 법교육연구, 13(3), 43-77.

김범수 외(2010). 알기 쉬운 다문화교육. 경기북부다문화교육센터(편).

김병희 외(2008). 교육학 개론. 고양: 공동체.

김보미(2007). 외국인 이주 노동자 자녀의 생활만족도에 관한 연구: 문화적응 스트레스, 차별경험, 사회적 지지를 중심. 서울대학교 대학원 석사학위논문.

김상돈(2010). 다문화교육의 목표와 내용체계 연구. 고려대학교 대학원 박사학위논문.

김상무(2009). 독일 다문화교육정책의 전개. 교육정책포럼, 196, 16-21.

김선미(2009). 한국의 다문화교육, 어떻게 해야 할 것인가?. 인하대학교 교육연구소 심포지움, 10, 55-62.

김성곤(2002). 다문화시대의 한국인. 서울: 열음사.

김성회(2009). 한국의 다문화사회 현황과 정책, 다문화교육의 이론과 실제. 한국다문화교육학회 정기 학술대회 자료집.

김신일(2009). **교육사회학**. 서울: 교육과학사.

김연권, 한용택(2009). 영화를 통한 다문화교수 · 학습. 최충옥 외 다문화교육의 이해. 파주: 양서원.

김영순 외(2016). 처음 만나는 다문화교육. 서울: 북코리아.

김영순(2019). **다문화교육과 협동학습 경험**. 경기: 북코리아

김용신(2009). **다문화교육서설**. 파주: 한국학술정보.

김용신(2009). 한국사회의 다문화교육 지향과 실행전략. **사회과교육**, 48(1), 13-25.

김용신(2011). **글로벌 다문화교육의 이해**. 파주: 한국학술정보.

김용신, 김정호(2009). 사회과 다문화 수업을 위한 CAT 모형의 구안. **사회과교육연구**, 48(2), 65-77.

김용찬(2008). 국제이주분석과 이주체계접근법의 적용에 관한 연구. **국제지역연구**, **10권 3호**, 81-106.

김욱(2011). 주요 선진국가의 다문화정책 방향 비교 분석: 한국에 주는 정책적 시사점을 중심으로. 한국다문화가족정책연구원 자료집.

김윤정(2010). **다문화교육과 공생의 실현**. 서울: 일조각.

김윤주(2011). 문학작품을 활용한 다문화교육의 위계화 연구. 이화여자대학교 교육대학원 석사학위논문.

김이선 외(2007). 다민족 · 다문화사회로의 이행을 위한 정책 패러다임. 한국여성정책연구원, 56.

김이선 외(2009). 다문화가족의 자녀교육 역량 분석 및 지원방안. 한국교육개발원. 연구보고 RR 2009-12-3, 164-187.

김정원, 이혜영, 배은주, 허창수(2005). 외국인 근로자 자녀 교육복지실태 분석연구. 한국교육개발원.

김정호(2008). 중국의 소수민족교육과 다문화교육. **사회과교육**, 47(1), 103-131.

김정환, 강선보(1997). **교육학 개론**. 서울: 박영사.

김종갑(2017). 다문화 공감 능력 시민교육. 경제 · 인문사회연구회 인문정책연구총서 2017-06.

김종훈(2014). 다문화교육 분야의 교사 관련 연구동향 분석: 현황과 향후 과제를 중심으로. **다문화교육연구**, 7(4), 81-100.

김지원(2017). 초등학교 도덕과 다문화 내용 분석 - 2009, 2015 개정교육과정을 중심으로-. **초등도덕교육**, 55(0), 279-306.

김지혜(2019). 다문화 소설을 통한 상호문화교육 연구. 서울대학교 대학원 박사학위 논문.

김천기, 노상우, 박휴용, 이정애, 임은미(2013). **다문화교육의 이해와 실천**. 경기: 교육과학사.
김철홍(2008). 다문화사회에서 다문화관련 인권교육의 방향. 한국법과인권교육학회춘계학술발표회.
김충기(2003). **생활지도 상담진로지도**. 서울: 교육과학사.
김태호(2009). 다문화사회와 상담의 적용. 사회변화와 상담의 진화. 한국상담학회 연차학술대회 발표자료.
김학태(2015). 다문화사회의 사회통합을 위한 법 정책 연구: 한국과 EU의 사회통합 모델을 중심으로. **유럽헌법연구**, 18, 127-170.
김향은(2007). 학교에서의 다문화교육과 부모교육. **한국교육사상연구회 학술논문집**, 37, 1-10.
김향지(2009). 다문화교육 정책의 국제비교를 통한한국 다문화가정 장애아동 교육지원 방안. **유라시아연구**, 8(3), 225-255.
김현덕 외(2005). **교실에서의 국제이해교육**. 서울: 교육과학사.
김현주(2019). 다문화배경 고등학생 대상의 국어〈문학〉영역 지도 방안. 이화여자대학교 교육대학원 석사학위논문.
김현주, 정영근(2009). 학교 다문화교육 지원정책의 성격 탐색. 상명대학교 교육연구소. **교육연구**.
김혜숙(1997). 부모교육의 대상. 한국부모교육학회(편). **부모교육학**. 서울: 교육과학사.
김혜숙(2000). 가족이해와 변화를 위한 개입전략. 한국청소년상담원(편). 청소년 가족 · 부모 상담. 59-126.
김혜순(2007). 한국적 다문화주의의 이론화. **한국사회학회**, 15.
김혜순(2008). 결혼이주여성과 다문화사회 실험: 최근 다문화담론의 사회학.
김희석(2017). 다문화 시대의 사회통합에 관한 연구- SNS를 활용한 사회자본 형성을 중심으로. 박사학위논문. 동국대학교 대학원.
남부현 외(2016). **다문화사회교육론**. 파주: 양서원.
내일신문(2008). [NGO 칼럼] 새로운 외국인노동자 정책을.
노동부 공고 제2066-214호, 2006.12.15.
노보람, 정정화, 최나야, 이강이 (2019). 다문화 청소년의 학교적응에 대한 외모 만족도와 한국어 능력의 종단적 영향 및 자아존중감의 매개 효과. **Family and Environment Research**, 57(3), 407-417.
노충래, 홍진주(2006). 이주노동자 자녀의 한국사회 적응실태 연구. **한국아동복지학**, 22(1), 128-159.
대구광역시교육청(2010). 정책기획단 보고서.

대구광역시교육청(2021). 다문화교육 계획.

류경애, 이재득(2016). EU국가의 다문화교육에 관한 비교 연구. **유럽연구**, 34(1), 221-257.

류방란, 김경애(2014). 중등학교 교사의 다문화교육 인식. **다문화교육연구**, 7(3), 87-111

모경환 외 역(2008). **다문화교육입문**. 서울: 아카데미프레스.

모경환(2009). 다문화 교사교육의 현황과 과제. 제2차 평생교육정책포럼 다문화사회로의 이행. 평생교육의 새로운 정책패러다임. **평생교육진흥원·한국다문화교육학회**, 115-137.

모경환(2009). 다문화 교사교육의 현황과 과제. **한국교원교육연구**, 26(4), 245-270.

모경환, 황혜원(2007). 사회과교사의 다문화교육에 대한 인식과 교사교육의 과제. **한국교원교육연구**, 24(2), 199-219

문경희(2007). 호주의 다문화주의. 숙명여대 아시아여성연구소.

민용성, 최화숙(2014). 학습자중심 다문화교육과정의 개발 방향 탐색. **학습자중심교과교육연구**, 14(10), 1-21.

박경태(2008). 소수자와 한국사회. 후마니타스.

박기범(2009). 공동체적 관점에서 본 다문화교육의 과제 - 다문화교육 사이트 분석을 중심으로-. **사회교육연구**, 48(1), 45-55.

박남수(2000). 다문화사회에 있어 시민적 자질의 육성-사회과를 통한 다문화교육의 모색. **사회과교육**, 33, 서울: 한국사회과교육연구학회.

박병섭(2009). **다문화주의에 관한 철학적 연구**. 철학과 사회.

박상준(2011). 외국의 다문화교육의 동향 분석. **법과인권교육연구**, 4(1), 1-24.

박상철(2008). 다문화사회에서의 학교 교육과정 정책. **초등교육연구**, 21(2), 1-19.

박성혁 외(2009). 다문화교육정책 국제비교를 통한 우리나라 다문화교육정책의 방향 모색. **시민교육연구**, 41(2), 97-127.

박성혁(2007). 우리나라 다문화교육 정책 추진현황 과제 및 성과분석 연구. 교육인적자원부.

박성혁(2008). **다문화교육 정책 국제비교 연구**. 교육과학기술부.

박성혁, 곽한영(2009). 다문화교육정책 국제비교를 통한 우리나라 다문화교육정책의 방향 모색. **시민교육연구**, 41(2), 97-127.

박성희 외(2009). 초등학교 생활지도와 상담. 한국초등상담교육학회(편). 서울: 학지사.

박세훈 외(2009). 다문화사회에 대응하는 도시정책 연구, 국토연구원. 서울특별시사 편찬위원회. 1981. 서울육백년사. 서울특별시.

박소영(2008). 청소년 교우관계 질에 영향을 주는 변인들의 관계 구조. 경북대학교 대학원 석사학위논문.

박순호(2009). 다문화교육에 대한 의식과 정책적 함의. 한국지역지리학회, 15(4), 464-477.

박영순(2007). 다문화사회의 언어문화 교육론. 서울: 한국문화사.

박영진, 장인실(2020). 경기도교육청의 다문화교육 정책(2010-2020) 분석연구: Jenks, Lee, & Kanpol의 다문화주의 유형에 근거하여. 다문화교육연구, 13(2), 111-134.

박윤경(2006). 민족 및 인종 편견 감소를 위한 초등 다문화교육: 아동 문학을 활용한 간접 접촉. 초등사회과교육, 18(2), 27-45.

박윤경(2009). 다문화교육의 현황과 과제. 제2차 평생교육포럼: 다문화사회로의 이행, 평생교육의 새로운 정책 패러다임. 사학연금회관 세미나실.

박윤경, 성경희, 조영달(2008). 초·중등 교사의 문화 다양성과 다문화가정 학생에 대한 태도. 시민교육연구, 40(3), 1-28.

박일수 (2013). 교육과정 재구성의 학습효과에 관한 메타분석. 교육과정연구, 31(4), 141-164.

박재성, 강현석(2009). 다문화교육과정 개발 방향 탐색: 연구학교 사례분석을 중심으로. 사회과교육, 48(1), 27-43.

박정문(2006). 초등학생의 다문화 학습활동에 관한 반성적 실천 연구. 경남대학교 대학원 박사학위논문.

박정윤, 채지은, 조몽적(2020). 다문화가정 청소년의 문화적응 스트레스, 자아 탄력성이 학교적응에 미치는 영향: 다문화가정 중학생을 중심으로. 다문화와 평화. 14(2), 101-121.

박정은(2007). 다문화사회에서 생각하는 모어교육. 서울: 일지사.

박지원(2003). 싱가포르: 상호주의 공존질서의 선택. 민족연구, 11, 68-79.

박진규, 주영흠, 남현우(1999). 신세대를 위한 교육학 개론. 서울: 지선사.

박희훈, 이유정(2019). 다문화가정 중학생의 가정 내 사회적 자본과 학교생활 적응 간의 관계에서 다문화 정체성 인식의 매개 효과. 교육문화연구, 25(1), 725-743.

방월정(2015). 한국과 중국의 다문화교육과 정책에 관한 비교연구. 서울교육대학교 교육전문대학원 석사학위논문.

배상준(2015). 한국의 다문화 영화: 장르적 접근. 인문콘텐츠, 36, 75-108.

배현주(2009년) 미디어를 활용한 다문화교육의 가능성 모색. 교육문화연구, 15, 139~164.

백병부, 김정숙(2009). 학습부진 학생들의 학업 자아개념 결정 요인 및 학습부진 지도수업의 조절효과 검증. 교육사회학연구, 19(1), 125-149.

법무부. 다문화사회 전문가 양성과정 개설. 2008.11.28.

변수용, 김경근(2008). 부모의 교육적 관여가 학업성취에 미치는 영향. 교육사회학연구, 18(1), 39-66.

보건복지부. 법률 제8937호 다문화가족지원법. 2008.9.22.

서범석(2009). 한국의 선진화를 위한 학교다문화교육정책의 기본방향. 초등교육연구, 22(4), 1-26.

서범석(2010). 다문화교육정책의 현황과 발전 방향 탐색. 한양대학교 대학원 박사학위논문.

서재복(2019). 영화를 활용한 다문화교육프로그램이 중학생의 다문화 인식 효과 연구, **교육종합연구**, 17(4), 43-60.

서종남(2009). 지역사회 통합을 위한 다문화교육의 역할과 과제. **교육문화연구**, 15(2), 75-104.

서종남(2011). 다문화교육의 필요성과 방향. **교육문화연구**, 3(2), 23-40

설동훈 외(2006). 결혼이민자 가족실태조사 및 중장기 지원정책 방안연구. 여성가족부.

설동훈(2006). 선진 외국의 다인종 다문화정책 사례. 지방의 국제화 웹진(http://webzine.klafir.or.kr), 2006년 6월호.

설동훈(2009). 다문화교육의 방향. **교육정책포럼**, 196호.

설동훈, 이병하 (2013). 다문화주의에서 시민통합으로. **한국정치외교사논총**, 35(1), 207-238.

설동훈, 한건수, 이란주(2003). 국내 거주 외국인 노동자 아동의 인권실태 조사. 서울: 국가인권위원회.

설진배, 김소희(2017). 다문화 배경에 따른 사회적 지지와 다문화 수용성이 학교적응에 미치는 영향: 매개효과와 조절된 매개효과. **평화학연구**, 18(1), 155-180.

손민정(2008). 다문화 가정 초등학교 저학년 학생을 위한 학교적응력 향상 프로그램 구안. 한국교원대학교 대학원 석사학위논문.

송선진(2007). 국제결혼가정 자녀의 사회화 과정이 자아정체감에 미치는 영향: 다문화교육을 위한 시사점을 중심으로. 서울대학교 대학원 석사학위논문.

송혜림, 전숙영, 김경은(2016). 다문화가족 부모교육 프로그램 개발. 여성가족부 연구보고서(2016-6).

신윤동욱(2007). 이태원은 누구의 땅인가. 한겨레21, 제690호. 2007년 12월.

신재한, 김재광, 김현진, 윤영식(2014). **다양성과 차이를 존중하는 다문화 수업 설계의 이론과 실제**. 경기: 교육과학사.

심광현 외(2000). **문화사회를 위하여**. 서울: 문화과학사.

심재욱(2013). 초등학교 다문화교육 프로그램의 운영과 개선방안에 관한 연구: 다문화연구학교 프로그램을 중심으로. 동아대학교 교육대학원 석사학위논문.

안경식 외(2008). **다문화교육의 현황과 과제**. 서울: 학지사.

안미영(2012). 고전설화를 활용한 다문화가정의 한국문화교육 연구. 한국외국어대학교 대학원 박사학위논문.

양계민(2016). 다문화교육10년의 성과의 한계, 향후 정책 방향과 과제. 한국다문화교육학회 학술대회 자료집.

양계민, 장윤선, 정윤미 (2020). **2020 다문화청소년 종단연구: 총괄보고서**(연구보고 20-R13). 세종: 한국청소년정책연구원.

양미영(2011). 다문화교육을 위한 국어 교과서 내용분석- 10학년 16종 국어교과서를 중심으로. 한국외국어대학교 교육대학원 석사학위논문.

양영자(2008). 한국 다문화교육의 개념 정립과 교육과정 개발 방향 탐색. 이화여자대학교 대학원 박사학위논문.

양필승, 이정희(2004). 차이나타운이 없는 나라: 한국 화교경제의 어제와 오늘. 삼성경제연구소.

어성연, 정진희(2011). 교육대학 학생들을 위한 다문화 관련 교양과목 개발 및 효과성 연구. **한국교육문제연구**, 29(1), 61-82.

엄선희, 정영근(2009). 초 · 중학교 교육과정에 나타난 다문화교육의 기본방향 고찰. 상명대학교 교육연구소. **교육연구**, 2009.

엄한진(2006). 전지구적 맥락에서 본 한국의 다문화주의 이민논의.

엄한진(2007). 세계화시대 이민과 한국적 다문화사회의 과제. 한국적 다문화주의의 이론화. 한국사회학회.

여성가족부(2021). 2021년 가족사업안내(1). 세종: 여성가족부.

여성가족부(2021). 다문화가족 관련 통계 현황. 정책자료.

여성가족부(2021). 제2차 다문화가족정책 기본계획(2018~2022) 2021년도 시행계획.

염나리(2015). 초등학생을 위한 반편견교육 프로그램이 다문화 수용성에 미친 영향. 부산교육대학교 교육대학원 석사학위논문.

염태근 (2021). 다문화 수용성 증진을 위한 교육 방안 연구: Banks의 다문화교육 접근법을 기반으로. 한국교원대학교 석사학위 논문.

오경석 외(2007). **한국에서의 다문화주의**. 서울: 한울출판.

오성배(2006). 우리 사회의 소수민족(ethnic minority), 코시안(Kosian) 아동의 사례를 통한 다문화교육의 방향. 교육 양극화의 진단과 대책. 한국교육행정학회 · 한국교육사회학회 공동세미나 자료집, 157-181.

오성배(2006). 한국 사회의 소수민족 '코시안' 아동의 사례를 통한 다문화교육의 방향 탐색. **교육사회학연구**, 16(4), 137-157.

오성배(2008). 다문화가정 학생 교육지원 중장기 방안 마련을 위한 연구. 교육과학기술부.

오성삼, 구병두(1996). **교육과정 및 평가의 이해**. 파주: 양서원.

오은순 외(2009). 다문화교육을 위한 교수-학습 프로그램. 경기도다문화교육센터(편). **다문화교육의 이론과 실제**.

오은순(2009). 다문화사회에서의 학교 교육. **젠더리뷰**, 13.

오은순, 강창동, 진의남, 김선혜, 정진웅(2007). 다문화교육을 위한 교수학습 지원 방안연구(1), 한국교육과정평가원 연구보고, RRI 2007-2.

오한나(2015). 다문화교육의 개선 방안: 프랑스와 캐나다 사례를 중심으로. 한국외국어대학교 대학원 석사학위논문.

유네스코 아시아, 태평양 국제이해교육원 엮음(2004). 함께 배우고 나누는 세계의 교실 1. 한울아카데미.

유네스코 아시아, 태평양국제이해교육원 편(2008). **다문화사회의 이해**. 서울: 동녘.

유병규(2009). 국내 다문화 현상의 특징과 시사점 - 성숙한 다문화사회를 위한 과제. 현대경제연구원, 09-44(통권 373호).

윤인진(2008). 한국적 다문화주의의 전개와 특성. **한국사회학**, 42(2), 72-103.

윤진(2002). **현대사회와 다문화주의**. 서울: 한울출판.

윤희원(2008). **다문화교육 입문**. 서울대학교 중앙다문화교육센터.

이경희(2011). 한국 다문화교육 정책에 대한 비판적 고찰. **교육사회학연구**, 21(1), 111-131.

이명종(2013). 한국 다문화교육 정책의 내용 및 실태분석. 중부대학교 대학원 석사학위논문.

이민경(2007). 프랑스에서의 다문화교육. 아시아 태평양 국제이해교육원.

이민경(2008). 한국사회의 다문화교육 방향성 고찰: 서구 사례를 통한 시사점을 중심으로. **교육사회학연구**, 18(2), 83-104.

이민경(2009). 프랑스 이주민 정책과 다문화교육. 무지개청소년센터.

이삼열 외(2003). 세계화 시대의 국제이해교육. 아시아 태평양 국제이해교육원.

이숙경(2015). 우리나라 다문화교육 정책의 발전방안에 대한 고찰 - 2009년과 2014년 비교 -. 목원대학교 산업정보언론대학원 석사학위논문.

이승은 (2020). 2015 개정 교육과정에 나타난 다문화교육의 가능성과 한계 연구, **교육과학연구**, 22(4), 67-87.

이용승(2004). 호주의 다문화주의. **동아시아연구**, 8, 72-85.

이용재(2010). 다문화정책에서의 새로운 배제: 제3세계 남성과 결혼한 한국여성에 대한 배제의 모습을 중심으로. **젠더와 문화**, 3(1), 131-173.

이원희(2008). 다문화시대의 초등 교육과정. 초등학교 다문화교육의 현황과 과제. 서울교육대학교 초등교육연구원 2008학년도 초등교육 학술대회.

이유진, 김정은(2020). 영화 '가버나움'을 활용한 초등저학년 대상 다문화 인권교육 프로그램의 개발과 효과, **다문화교육연구**, 13(2), 1-20.

이윤식 외(2007). **교직과 교사**. 서울: 학지사.

이재분 외(2009). 다문화가족을 위한 통합적 교육지원방안 탐색 및 프로그램 개발(Ⅰ). 한국교육개발원. 연구보고 RR2009-12, 115-133.

이재분(2009). 다문화가족을 위한 교육지원 실태 및 과제. 다문화교육의 이론과 실제. 한국다문화교육학회 정기 학술대회자료집.

이재분(2009). 학교에서의 다문화가족 교육지원 실태 및 요구조사연구보고. 한국교육개발원. 16-36. RR 2009-12-2.

이정금(2018). 미래사회 한국 다문화교육정책의 방향 탐색. 교육문화연구, 24(1), 549-567.

이정미(2008). 문학제재를 활용한 다문화 이해 교육. 전주교육대학교 교육대학원 석사학위논문.

이정선 외(2010). 초등학교 다문화교육의 이해. 서울: 동문사.

이정은 (2017). 다문화영화를 활용한 다문화교육이 초등학생의 다문화 인식에 미치는 영향. 경인교육대학교 교육대학원 석사학위논문.

이정은 (2021). 문화다양성 신장을 위한 미술 수업 방안 연구: 고등학교 2학년을 대상으로. 한국교원대학교 석사학위 논문.

이종각(2003). 교육열 올바로 보기. 서울: 원미사.

이주현(2018). 사회과 협동학습이 초등학생의 다문화 수용성에 미치는 영향. 서울대학교 석사학위 논문.

이지희(2008). 탈레반 정신적 근원은 가장 폭력적인. 사우디 화합주의.

이학춘(2009). 다문화가정 학생의 교육실태와 교육적 비전. 제2차 평생교육정책포럼집.

이현주(2014). 초 · 중등교사의 다문화교육 인식과 경험에 대한 내러티브 탐구. 교육이론과 실천, 19(2), 75-95.

이혜경(2007). 이민정책과 다문화주의: 정부의 다문화정책 평가.

이호영(2021). 국내·외 한국어교육정책 현황 분석과 발전 방향. 서울교육대학교 교육전문대학원 석사학위논문.

이호영(2021). 국내 · 외 한국어교육정책 현황 분석과 발전 방향. 서울교육대학교 교육전문대학원 석사학위논문.

이희수(2001). 정보화시대의 문화교육. 새교육. 3월호.

임은미(2008). 다문화진로상담. 진로상담세미나 자료집. 서울경기상담학회.

임지현(2008). 문학교육을 통한 다문화교육 연구 - 개념중심 수업방안을 중심으로. 경희대학교 교육대학원 석사학위논문.

장경원(2014). 「학교의 다문화교육 평가도구 개발: 델파이(Delphi)와 계층 분석적 의사 결정(AHP)을 활용하여」. 경기대학교 박사학위논문.

장사형(2017). 다문화사회 및 다문화교육에 대한 논의와 그 적용의 적절성 고찰. 교육철학, 62, 99-126.

장원순(2006). 우리 안의 차별과 배제, 일상적 삶에서의 다문화교육 접근법. 사회과교육. 한국사회과교육연구학회, 13(3).

장원순(2009). 한국사회에 적합한 다문화교사교육과정에 관한 연구. **사회과교육**, 48(1), 57-79.

장인실 외(2014). **다문화교육의 이해와 실천**. 서울: 학지사.

장인실(2003). 다문화교육이 한국교사 교육과정개혁에 주는 시사점. **교육과정연구**, 21(3), 409-431.

장인실(2006). 미국의 다문화교육과 교육과정. **교육과정연구**, 24(4), 27-53

장인실(2008). 다문화교육을 위한 교사 교육과정 모형 탐구. 한국초등교육학회. **초등교육연구**, 21(2), 281-305.

장인실(2015). 다문화교육 실행을 위한 학교 교육과정 개발 방향 탐색. **교육과정연구**, 33(2), 45-70.

장인실, 박영진(2018), 다문화교유과정 개발 방향 탐색: 다문화밀집지역 초등학교를 중심으로, **다문화교육연구**, 11(4), 1-24.

장인실, 유영식(2010). 다문화교육 모형과 교과서에 근거한 다문화교육과정 개발 방법의 효과성 연구. **초등교육연구**, 23(1), 141-161.

장한업 역(2010). **유럽의 상호문화교육-다문화사회의 새로운 교육적 대안**. 서울: 한울아카데미.

전경숙 외(2007). 다문화교육 정책방안 연구. 경기도 가족여성개발원.

전경숙(2007). 다문화교육 정책의 비전과 세부 정책추진 과제. 제4회 경기다문화교육포럼자료집, 43-46.

전라남도교육청(2021). 다문화교육 지원 계획.

전병관(2006). 수십 년 곪은 무슬림의 분노는 유럽의 시한폭탄, 주간조선, 2006년 11월호.

전세경(2017). 우리나라 다문화교육 정책의 성과 및 특징과 과제에 대한 고찰. **인구교육**, 10, 83-105.

전숙자 외(2009). **다문화사회의 새로운 이해**. 서울: 그린.

전영기(2016). 평생교육강사의 다문화교수전문성 형성 과정. 숭실대학교 대학원 박사학위논문.

전우홍(2009). 한국의 다문화교육 정책. **다문화사회연구**, 2(2), 125-148.

전은애(2008). 다문화가정의 어머니-아동 상호작용과 어머니 문화적응차원과의 관계. 서울대학교 대학원 석사학위논문.

정경미(2009). 반편견(Anti-bais) 교육 프로그램이 편견과 다문화 인식에 미치는 영향. 경인교육대학교 교육대학원 석사학위논문.

정두용 외(2000). **국제이해교육**. 파주: 정민사.

정수정(2014). 독일의 이주배경청소년 직업진로 지원정책. 국회다문화사회포럼 이주 배경청소년정책토론회-독일 사례 비교를 통한 이주배경청소년 진로지원 정책 모색(2014.11.20. 국회의원회관).

정영근(2009). 한국사회의 다문화화에 대한 교육학적 성찰. **교육철학**, 44, 113-137.

정영기, 김충현(2012). 영화 〈클래스〉에 나타난 다문화교육의 방법 연구. **다문화와 평화**, 6(1), 85-110.

정정희(2006). 결혼 이주여성 자녀교육 프로그램 개발과 교육지원 방안. 경북대학교연구보고서.

정태영(2009). 한국사회의 다문화 현상에 따른 도덕교육의 적용 연구. 계명대학교 교육대학원 석사학위논문.

정하성(2007). **다문화청소년 이해론**. 파주: 양서원.

정하성, 우룡(2007). 다문화가정 청소년의 사회적응 실태 및 사회적응 프로그램개발 방안. 한국청소년정책연구원 연구보고서.

정희태(2008). 한국의 다문화교육에 관한 연구. **통일전략**, 8(2), 253-283.

제갈민규(2020). 온 작품 읽기를 활용한 초등 다문화 교수 · 학습프로그램 개발에 관한 실행 연구. 대구교육대학교 석사학위논문.

조영달 외(2006). 다문화가정 교육 지원을 위한 자료 개발 연구, 교육인적자원부. 정책연구 2006-지정-21.

조영달 외(2008). 학교 다문화교육의 실태 분석. **시민교육연구**, 42(1), 151-184.

조영달(2006). 다문화가정교육 지원을 위한 연구. 정책연구과제 제2006-이슈-3. 교육인적자원부.

조영달(2006). 다문화가정의 자녀교육 실태조사. 교육인적자원부.

조영달, 박윤경, 이혁규, 이경수(2008). 학교 다문화교육 프로그램 운영실태 분석 연구. 교육과학기술부.

조용환(1998). 교육학에서의 문화연구, 문화의 다학문적 접근, 김광억 외. 서울: 서울대출판부.

조혜영(2013). 한국사회 다문화교육 주요 이슈에 대한 고찰: 이주민의 요구를 중심으로. **다문화교육연구**, 6(4), 1-25.

조혜영, 서덕희, 권순희(2008). 다문화가정자녀의 학업 수행에 관한 문화기술적 연구. **교육사회학연구**, 18(2), 105-134.

주경란(2009). 다문화가정의 자녀교육정책방향에 관한 연구. 조선대학교 대학원 석사학위논문.

주동범, 이현철, 이원석, 김광석(2020). 경기도형 다문화학생 지원체계 구축방안 연구: 다문화 밀집지역 소수 언어 지원중심으로. 정책연구 보고서. 경기: 경기도교육청.

주재홍, 김영천(2014). 효과적인 다문화교육 실천을 위한 학교 교육과정 개발. **교육과정 연구**, 32(4), 103-136.

차경수 외(1995). **교육사회학의 이해**. 파주: 양서원.

차윤경(2008). 세계화 시대의 대안적 교육모델로서의 다문화교육. **다문화교육연구**, 1(1), 1-23.

차윤경(2015). 선진국의 다문화교육. **교육개발**, 41(4).

최관경(2007). 다문화시대의 교육적 과제: 무엇을 위한 다문화교육인가. **초등교육연구**, 22,

245-272. 부산대학교 초등교육연구소.

최성보(2009). 내가 만난 세 명의 다문화가정아이들에 대한 토론. 다문화교육연구.

최성보(2010). 다문화가정학생의 학교생활 적응 분석. 경북대학교 대학원 박사학위논문.

최성보(2011). 다문화가정 학생의 학교생활적응에 영향을 미치는 변인간의 구조분석. **중등교육연구**, 59(2) 261-287.

최신일(2009). 다문화교육의 이해. 대구광역시교육청 2009 장학자료(교육과정정책자료-75), 함께하는 아름다운 동행 대구 다문화교육(이론과 실제편), 3-25.

최영준(2018). 다문화교육 정책의 변화와 개선방안. **평생교육 · HRD연구**, 14(2), 55-75.

최종렬 외(2008). 다문화주의의 이론적 패러다임과 국가별 유형비교. 한국여성정책연구원 · 한국사회학회.

최충옥 외(2009). **다문화교육의 이론과 실제**. 경기도다문화교육센터(편). 파주: 양서원.

최충옥(2009). 외국의 다문화교육정책 동향과 시사점. **비교교육연구**, 19(2), 175-191.

최충옥, 정은진(2010). 협동학습을 활용한 수학과 다문화교육 프로그램 개발과 효과 연구. **다문화교육**, 1(3), 115-132.

최현실(2009). 다문화가정 증가에 따른 한국 사회통합 정책 연구. **한국민족문화**, 35, 343-375.

추병완(2016). **문화감응 교육학**. 서울: 서울도서출판 하우.

통계청(2021). 2020년 다문화 인구동태 통계. 대전: 통계청

통계청(2008). 2007 한국의 사회지표. 대전: 통계청.

하성란, 박균열(2021). 다문화사회와 다문화교육. **인문사회21**, 12(4), 2239-2250.

하혜숙(2011). 다문화가정 학생에 대한 교사의 편견 분석 연구. **상담학연구**, 12(6), 2065-2083

한관종(2006). 영화를 활용한 사회과에서의 다문화수업, **사회과교육연구**, 13(3), 147~166.

한국교육개발원(2008). 신취약계층(다문화가정)을 위한 교육복지정책의 추진방향과 향후 과제. **교육개발**, 35(4), 33-39.

한국교육개발원(2019). 중학교 교사의 인식을 통해 본 우리나라 다문화교육의 현황과 과제: TALIS 2018결과를 중심으로. 이슈페이퍼 2019-03. 서울: 한국교육개발원.

한국교육과정개발원(2005). 일반 및 새터민 청소년 취학률.

한국사회학회(2006). 다문화시대 한국사회의 변화와 통합.

한국여성개발원(2006). 여성통계연보. 서울: 한국여성개발원.

한승준(2008). 동화주의 모델의 위기론과 대안론: 프랑스의 선택을 중심으로. 한국행정학회 하계학술대회 자료집.

한승준(2008). 동화주의 위기론과 다문화주의 대안론. -프랑스의 선택을 중심으로. 한국정책학회 하계학술대회, 99-126.

한용택(2010). 학교에서의 다문화교육을 위한 프랑스와 독일의 영화. **비교문화연구**, 19(0), 205-231.

한용택(2012). 영화를 활용한 다문화교육의 한 예 - 영화 〈블라인드 사이드 Blind Side〉와 중학교 다문화수업-. **다문화교육 연구와 실천**, 4(0), 93-116.

행정안전부(2009). 2009년 지방자치단체 외국인 주민 현황조사 결과.

행정안전부(2021). 다문화가족 자녀 연령별 현황. 외국인 주민 현황조사 보고서.

허영식(2010). **다문화사회와 간문화성**. 서울: 강현출판사.

홍영숙(2008). 다문화가정이 봉착하는 자녀교육 문제와 시사점. 광주교육대학교 대학원 석사학위논문.

화소군(2021). 한국 다문화교육정책의 시기별 분석. 원광대학교 대학원 박사학위논문.

황범주(2008). 다문화가정 자녀를 위한 교육정책 분석. 안양대학교 대학원 박사학위논문.

Banks, J, A. (2006). Improving Race Relations in Schools: From Theory and Research to Pra ctice. *Social Issues, 62*(3), 607-614.

Banks, J. A (2008). *An Introduction to Multicultural Education* (4th ed.). 모경환, 최충옥, 김명정, 임정수(역)(2008). **다문화교육 입문**. 서울: 아카데미프레스.

Banks, J. A. (2016). **다문화교육 입문**. 모경환 · 최충옥 · 김명정 · 임정수 역. 파주: 아카데미프레스.

Banks, J. A.(1991, 2001, 2002, 2008). *An introduction to multicultural education*. Boston: Allyn & Bacon.

Banks, J. A.(2004). Multicultural education: Historical development, dimensions and practice. In J. A. Bancks & C. A. M. Banks(Eds). *Handbook of research on multicultural education* (2nd ed). Sanfrancisco, CA: Jossey-Bass.

Banks, J. A.(2005). Multicultural education: Characteristics and goals. In J. A. Banks & C. A. M. Banks (Eds.), *Multicultural education-issues and persperctives* (5th ed.). 93-30. Boston: WILEY.

Banks, J. A.(2006). *Race, culture and education*. NY: Routledge.

Banks, J. A.(2008). Diversity, Group Identity, and Citizenship Education in a Global Age. *Educational Researcher, 37*(3), 129-139.

Banks, J. A.(2008). 다문화교육 입문. 아카데미프레스.

Banks, J. A.(2009). Multicultural education: Dimension and paradigm, Banks, J. A.(eds.) The Routledge International Companion to Multicultural Education. NY: Routledge.

Bennet, C. I. (2001). Genres of Research in Multicultural Education. *Review of Educational Research, 71*(2), 171–217.

Bennet, C. I. (2007). *Multicultural Education Theory and Practice* (6th ed). 김옥순 외 역(2009). 서울: 학지사.

Bennett, C. I.(2007). *Comprehensive multicultural education: Theory and practice* (6th ed.). Boston: Allyn & Bacon.

Bernstein(1973). Class, Codes and Control(vol.1). London: RKP.

Bowles, S., & Gintis, H.(1976). Schooling in capitalist America. New York: Basic Books, Inc.

Bruner, J.(1996). *The Culture of Education*. Harvard University Press.

Carl A. Grant & Christine E. Sleeter(2011). Doing Multicultural Education for Achievement and Equity. **교사를 위한 다문화교육**(2013). 김영순, 배을규 외 역. 경기: 북코리아.

Castlers and Miller(2009). The Age of Migration: International Population

Clark, E. R. et al.(1996). Language and culture: Critical components of multicultural teacher education. *The Urban Review, 28*(2), 185-197.

Coelho. E.(1998). Teaching and learning in multicultural schools. UK: Multilingual Matters LTd.

Coleman, J. S.(1988). Social capital in the creation of human capital. *American Journal of Sociology, 94*, S95-S120.

Cubberly, E. P. (1909). *Changing conceptions of education* (pp.15-16). Boston: Houghton Mifflin.

Derald, W. S. et al,(2008). **다문화상담의 이론과 실제**. 김태호 외 역. 서울: 태영출판사.

Derman-Sparks, L. & the ABC Task Force(1989). *Anti-Bias curriculum: Tools for empowering young children*. Washington, D.C: National Association for the Education of Young Children.

Dewing, M. & Leman, M.(2006). Canadian multiculturalism. Paper presented at http://www.parl.gc.ca/information/library/PRBpubs/936-e.htm#acanadian.

Fleras, Augie.(2009). *The Politics of Multiculturalism: Multicultural Governance in Comparative Perspective*. New York: Palgrave.

Freire(2000). **프레이리의 교사론**. 교육문화연구회 역. 서울: 아침이슬.

Gardner, H.(2006). Development and Education of the mind: The selected works of Howard Gardner. New York & London: Routledge.

Gay, G.(1979). On behalf of Children: A curriculum design for multicultural education in the elementary school. *Negro Education, 48*, 324-340 Education.

Gay, G.(1997). Multicultural infusion in teacher education: Foundations and applications. *Peabody Journal Education, 72*(1), 150-177.

Gay. G.(2015). Teaching To and Through Cultural Diversity. *Curriculum Inquiry, 43*, 48-70.

Gibson, M. A.(1976). Approaches to multicultural education in the United States: Some conce pts and assumptions. *Anthropology and Education Quarterly, 7*, 7-18.

Giroux, H. & Mclaren, P.(Ed.)(1994). Between Borders: Pedagogy and the politics of cultura l studies. New York and London: Routledge.

Giroux, H.(1993). Border Crossing: Cultural workers and the Politics of Education. New Yor k & London: Routledge.

Gomez, M. L.(1993). Prospective teacher's perspectives on teaching diverse children: A revie w with implications for teacher education practice. Journal of Negro Education, Macm illan, New York, 403-422.

Goodall, J.(1986). The Chimpanzees of Gombe: Patterns of Behavior.

Hartup, W. W.(1978). Issues in childhood social development. London: Methuem.

Hirsh Jr. E. D. et al.(1993). The Dictionary of cultural literacy. Boston: Houghton Mifflin Co.

Irvine, J. J. & Armento, B. J.(2001). *Culturally Responsive Eduction: Lesson Planning for Ele mentary and Middle Grade.* New York: McGraw-Hill.

Jary, D. & Jary, J.(1991). The Harper Collins Dictionary of Sociology, p.101.

Johnson. L.(2014). Culturally Responsive School Leadership for Community Empowerment. *Multicultural Education Review, 6*(2), 145-170.

Joshee, R.(2004). Multicultural States and Intercultural Citizens, *Theory and Research in Educ ation, 1*(2), pp.147-169.

Kendall, F. E.(1983). Diversity in the classroom. *A multicultural approach to the education of young children.* New York: Teachers College Press.

Kumashiro, K. K.(2002). *Troubling education: Queer activism and antioppressive pedagogy.* New York: Routledge.

Kymlicka, W.(2005). "Iberal Multiculturalism: Western Models," Global Trends.

Kymlicka, W.(2007). "He Global Diffusion of Multiculturalism" in Panassian.

Luuchtenberg, S.(ed).(2004). Migration, eduction and change. London: routledge.

Morrow, R. A., & Torres C. A.(1995). *Social Theory and Education.* Albany: State University of New York Press.

Mueller, B.(2006). Wirksamkeit-Zur Rolle von Evaluation und Praxisforschung, in: Nicklas, H. et al.(Hg), Interkulturell denken und handeln. Theoretische Grundlagen und gesell schaftliche praxis, Frankfurt/M.: Campus, 407-416.

National Association for Multicultural Education. https://nameorg.org

Price, J. N.(2002). Lessons from against the odds. *Journal of Teacher Education, 53*(2), 117-119.

Rubin, Z.(1980). *Children's friendship*. Cambridge. Mass: Harvard University Press.

Sleeter, C. E., & Grant, C. A.(2003). *Making Choices for Multicultural Education* (4th ed). New York: J. Wiley & Sons.

Sleeter, C. E., & Grant, C. A.(2007). *Making choices for multicultural education: Five approach to race, class, and gender* (5th ed.). Hoboken: Wiley.

Smith, G. P.(1998). Commonsence about uncommon knowledge. AACTE publications, Washing, DC.

Tayler, C.(1994). The Politics of Recognition In Gutmann, A.(eds.) Multiculturalism. NJ: Princeton University Press.

Taylor, C.(1992). Multiculturalism and the Politics of Recognition. Princeton.

Taylor, E. B.(1871). Primitive culture: researches into the development of mythology. University Press.

Thompson(1990). *Ideology and Modern Culture*. Cambridge: Polity Press.

Wasonga, T. A.(2005). Multicultural education knowledgebase, attitudes and preparedness for diversity. *International Journal of Education Management, 19*(1), 67-74.

경향신문(2010.9.29). 스웨덴마저 점령한 반(反)이민 광풍.

교육부, 한국교육개발원(2021). 2021 교육통계 주요지표: 포켓북. 통계자료 SM 2021-02.

국가평생교육진흥원 중앙다문화교육센터(2019). 다문화학생의 학업중단율 https://www.edu4mc.or.kr/ 2021년 11월 29일 검색.

네이버 지식백과(2013). 다문화교육. 다문화커뮤니케이션. https://terms.naver.com/entry.naver?docId=1691486&cid=42251&categoryId=42254에서 2021.12.01. 인출.

네이버 지식백과(2021). 북한이탈주민. https://terms.naver.com/entry.naver?docId=1821453&cid=46629&categoryId=46629에서 2021.12.01. 인출

뉴스워커(2016.11.27.). 제역할 못하는 외국인 고용허가제…. http://www.newsworker.co.kr/news/articleView.html?idxno=9051에서 2021.12.01. 인출.

데일리NK 사회(2010.11.15). 탈북주민 25000명.

동아일보(2009.05.11). [달라도 다함께] 순수혈통 중시 한국도 다문화 진입.
http://news.donga.com/3/all/20090511/8730240/1에서 2009.5.11. 인출.
동아일보(2009.05.11). [달라도 다함께] 순수혈통중시 한국도 다문화 진입. http://news.donga.com/3/all/20090511/8730240/1에서 2009.5.11. 인출.
동아일보(2010.10.16.). [달라도 다함께] 한국 이젠 다문화사회… 단일민족국가 아니다. http://news.donga.com/3/all/20101016/31908149/1에서 2011.2.10. 인출.
동아일보(2010.11.17). 반(反)유럽 광풍에 찢긴 유럽통합.
동아일보(2016.03.15.). 다문화 정책 10년, 전문가 10인에 물어보니.
http://news.donga.com/3/all/20160315/76996241/1에서 2016.3.15. 인출.
동아일보(2016.03.15.). 다문화정책 10년, 전문가 10인에 물어보니. http://news.donga.com/3/all/20160315/76996241/1에서 2016.3.15. 인출.
디케이 뉴스(2021). 다문화 배경 청년 개념과 사회적 위치. 사회문화 연구보고서.
https://dknews.kr/53에서 2021.12.01. 인출.
매일경제(2010.6.20). 이민과의 전쟁, 유럽 전역으로 확대될 듯.
매일경제(2021). 다문화 학생 3%시대. 201년 10월 12일 기사
https://www.mk.co.kr/news/society/view/2021/10/963384/ 2021년 11월 29일 검색.
문화일보(2010.11.30). 유럽이민자 마녀사냥.
문화일보(2011.2.11). 反이민자 정책과 연결 논란 소지.
법무부 출입국, 외국인정책본부(2016). 2016 출입국·외국인 정책 통계. 2016 출입국·외국인 정책 통계연보. http://www.immigration.go.kr에서 2017.7.10. 인출.
법무부 출입국, 외국인정책본부(2020). 2020 출입국·외국인 정책 통계. 2020 출입국·외국인 정책 통계연보. https://www.immigration.go.kr/에서 2021.12.01. 인출.
법무부(2021). 출입국통계. https://www.moj.go.kr/moj/2412/subview.do2021년 11월 30일 검색.
서울신문(2010). 다문화 갈등 방치 땐 폭동 날수도. http://www.seoul.co.kr/news에서 2011.5.2. 인출.
솜블리(2016). 다문화사회와 다문화교육. http://blog.naver.com/dasom9966?Redirect=Log&logNo=220667379175
연합뉴스(2010.10.17). 유럽 반이민주의 정서, 국수주의 고개.
연합뉴스(2010.8.28). 프랑스 동유럽 불법이민자 추방계속.
연합뉴스(2020.12.03.). 코로나19에도 결혼이민자 17만 명 육박…사상 최대.
https://www.yna.co.kr/view/AKR20201203062700371에서 2021.12.01. 인출.
정부 교육통계서비스(2021). 연고별 부모 국적별 다문화 학생수. https://kess.kedi.re.kr/2021년

11월 29일 검색

조선일보(2010.11.16). 남한 땅 밟은 탈북자.

주간동아(2010.10.4). 이슬람 이민자들 출산율로 독일 점령.

중앙 Sunday(2011). Special People, 2월 20일자 제206호. 혜택만 누리는 이민자에 실망, 관대하던 정책 깐깐해져.

출입국, 외국인정책본부(2016). 2016 출입국·외국인정책 통계연보. http://www.immigration.go.kr에서 2017.7.10. 인출.

코나스 오피니언(2011.2.22). 칼럼, 탈북 2만명 시대에 우리는.

통계월보(2011.1). 출입국 외국인 정책 통계월보. 법무부.

통계월보(2017.5). 출입국 외국인 정책 통계월보. 법무부.

트렌드모니터(2017). 한국 사회, '다문화가정'에 대한 차별과 편견은 여전. 다문화가정 및 사회 관련 인식 조사 연구.
https://www.trendmonitor.co.kr/tmweb/trend/allTrend/detail.do?bIdx=1579&trendType=CKOREA에서 2021.12.01. 인출.

한국교육개발원(2016). 2016 교육통계분석자료집. http://blog.naver.com/kedi_cesi/220994322897에서 2017.7.10. 인출.

한국일보(2010.10.17). 앙겔라 메르켈 독일 총리가 유럽을 휩쓸고 있는 반(反)이민 대열에 가담했다.

한국일보(2010.11.13). 믿었던 무슬림, 충격의 스웨덴.

newsis(2010). 계명대, 다문화사회 전문가 양성 대학에 최초 선정. 2017.7.9. 기사.

찾아보기

인명

내용

저자소개

김경식(경북대학교 교수)

권민석(경북대학교 교육학 박사)

김원영(경북대학교 충남대학교 강사)

박명희(경북대학교 강사)

박형진(경북대학교 교육학 박사, 창녕여자고등학교 교장)

서봉언(경북대학교 강사, 대구미래교육연구연 연구원)

윤미정(경북대학교 교육학 박사)

이현철(고신대학교 교수)

이 저서는 2010년도 교육과학기술부의 다문화교육강좌 지원사업과 2011년도 정부재원(교육과학기술부 사회과학연구지원사업비)으로 한국연구재단의 지원을 받아 저술되었음(NRF-2011-330-B00118)

다문화사회와 다문화교육(3판)

초판발행 2012년 3월 5일 **1판 1쇄 인쇄** | 2012년 3월 10일 **1판 1쇄 발행**
2판발행 2017년 9월 5일 **2판 1쇄 인쇄** | 2017년 9월 10일 **2판 1쇄 발행**
3판발행 2022년 3월 5일 **3판 1쇄 인쇄** | 2022년 3월 10일 **3판 1쇄 발행**

지은이 김경식 권민석 김원영 박명희 박형진 서봉언 윤미정 이현철
펴낸이 최용구 | **펴낸곳 도서출판 신정**
주소 (04316) 서울시 용산구 원효로 89길 19(원효로1가)
전화 02)3211-4782, 0266(영업부), 3211-4783(편집부), 3211-4784(팩스)
이메일 shinjeong72@naver.com | **홈페이지** www.sjbook.co.kr
등록 2001년 5월 11일 제13-702호
기획마케팅 최용구 장만동 최충구 진소희 | **책임편집** 석기은 황가연

ISBN 978-89-5912-795-5 93330
정가 20,000원